개정판

사회복지조사론

Research Methods for Social Welfare

RESEARCH METHODS FOR SOCIAL WELFARE

개정판

사회복지 조사론

고수현 · 박성복 공저

dm 동문사

『사회복지조사론』 교과목은 인간현상이나 사회현상에서 나타나는 사회복지문제들의 원인과 결과를 대상으로 논리실증적이고 경험적인 관점에서 조사하고 분석하는 과정을 다룬다. 따라서 급변하고 있는 인간현상이나 사회현상에서 나타나는 심리적 이슈나 사회적 이슈를 실천적으로 해결하고 삶의 질을 향상시키고자 하는 사회복지학문의 입장에서 보면 『인간행동과 사회환경』 교과목과 함께 가장 기초적인 학습과정에 해당한다고 볼 수 있다.

그러나 상당수의 사회복지학전공 학습자들은 이미 결과적으로 드러난 사회복지문제들을 해결하고 개선하는 실천적 지식과 기술의 학습에만 치중하는 경향이 있다. 따라서 사회복지문제가 발생하게 된 인과관계를 찾아서 분석하는 양적이나 질적조사 연구방법을 학습하는 데는 소홀한 점이 있다. 하지만 이러한 경향은 비단 사회복지학전공 학습자들만의 문제가 아니라 사회과학 분야 학습자 상당수가 공유하고 있는 문제이기도 하다. 그러므로 이러한 학습자들의 특성에 맞추어 학습할 수 있는 체계적인 『사회복지조사론』의 저술은 긴요하다고 할 수 있다.

따라서 본서에서는 기존의 다양한 저서들이 가지고 있는 내용상의 한계점을 분석하여 어떻게 하면 독자들이 용이하고 체계적인 학습을 할 수 있을 것인가에 초점을 두고 집필하였다. 아울러 사회복지사 1급 시험 등 국가시험의 출제범주에도 맞도록 하였다. 특히 본서는 공저로서의 약점을 보완하기 위하여 공동저자가 집필한 사회복지조사 연구의 기초지식과 표본의 측정에 관련된 일부 원고들도 주저자가 수정하고 보완하는 과정을 거쳤다. 특히 당초 2013년 8월에 정민사에서 박성복 교수와 공저 형태로 출간한 이후 2022년 3월부터는 동문사에서 새롭게 출판하게 되면서부터는 단독 저서 형태로 완전개정 하였다.

이러한 과정들은 이 책의 구성목차에서도 확인이 될 수 있는데, 세부적인 목차의 구성을 보면 다음과 같다.

제1부에서는 조사 연구의 기초와 개관에 관한 내용을 제1장에서 제4장까지 4개의 장을 배치하였다.

제2부에서는 조사 연구의 설계와 측정에 관한 내용을 제5장에서 제8장까지 4개의 장을 배치하였다.

제3부에서는 본격적인 조사 연구에서의 자료수집과 통계적 분석에 관한 내용은 제9장에서 제11장까지 3개의 장을 배치하였다.

제4부에서는 질적조사 연구방법과 소설이나 잡지, 신문이나 방송매체, 학회지 등에 나타나 있는 의사소통에 관한 표현 내용을 2차적 자료로 획득한 후 코딩하여 분석하는 내용분석 연구방법도 다루었다.

마지막으로 부록에서는 복지, 상담, 교육연구 분야의 논문작성과 심사에서 중요시되는 부분을 다루었지만 학부과정에서는 수업방식보다는 과제물로 다루어도 무방할 것으로 본다.

그러므로 이 책으로 학습하는 학부생들은 사회복지사 1급 시험에 충실할 수 있고, 실제로 학위논문이나 학술논문을 작성하는 대학원생을 비롯한 연구자들에게도 기술적이고 통계적인 지식을 무난하게 익힐 수 있을 것으로 확신한다. 아울러 이 책은 사회복지학의 인접학문인 상담심리학이나 교육학전공 학습자에게도 연구방법론 측면에서는 필요충분조건을 갖춘 교재가 될 것으로 본다.

끝으로 이 학술서의 편집과 공급을 맡아 수고해주신 동문사 임직원 여러분께 감사드리고, 이 책을 통하여 사회복지교육현장에서 마주하게 될 교수님과 사회복지학전공 학습자 여러분의 건승을 기원한다.

2024년 8월

고수현

차 례

PART 02 조사 연구의 설계와 측정

PART 03 조사 연구의 자료수집과 분석

CHAPTER 09 표본과 표집

CHAPTER 10 통계분석의 유형과 기술통계 분석

CHAPTER 11 연구문제와 가설의 추론통계 분석

PART 04 질적조사와 2차적 자료 연구방법

CHAPTER 12 질적조사 연구방법

차 례

01
PART

조사 연구의 기초와 개관

CHAPTER 01 과학적 지식 탐구와 과학철학

01 비과학적 지식

1) 지식과 비과학적 지식의 정의

(1) 지식

인간과 사회의 다양한 문제들을 해결하기 위해서는 그러한 문제들의 현상적 상태와 본질, 원인, 그리고 해결방안에 대한 '지식'이 반드시 있어야 한다.

일상적인 지식습득의 과정을 살펴보면, 기존의 지식을 받아들이기도 하고 경험적 관찰이나 직관을 통해서 새로이 습득하기도 한다. 특히 20세기에 접어들면서부터는 과학적 방법이라고 하는 일상적인 방법들을 뛰어넘는 새로운 지식습득의 방법이 지배적인 것이 되었다.

오늘날의 사회과학 연구에서는 주로 과학적 방법을 통해 지식이 탐구되고 있다. 따라서 여기서는 사회과학의 인식론인 과학적 방법에 대해 다루고자 하며, 그에 앞서 과학적 방법의 필요성을 인식하기 위해 지식의 근거와 일상적인 비과학적 지식탐구 방법들을 살펴보고자 한다.

지식의 대부분은 동의와 믿음에 근거하고 있다. 어느 사회이거나 성장과정의 상당 부분은 주변의 모든 사람들이 '알고 있는' 것을 그대로 받아들이는 학습과정이기 때문이다. 따라서 어느 누구라도 그것을 모른다면 그 집단의 구성원이 될 수 없게 되는 현상이 있다. 만약 지구가 정말로 둥근지에 대해 심각하게 의심하는 사람이 있다면, 즉시 그는 다른 사람들로부터 고립되어 버릴지도 모르는 것이다. 따라서 어떤 것은 전통을 통해 배우고 또 어떤 것은 전문가로부터 배우게 되는데, 이러한 것은 합의적 방식을 통해 지식을 얻는 것이다.

하지만 사물이나 현상을 아는 데 있어서는 그러한 합의적 방식과 다른 방식도 존재한다. 즉 관찰에 의한 직접 경험을 통해 현상을 알 수도 있는 것이다. 이것은 자신의 직접 경험에 의해 믿게 되는 경험적 지식을 말한다. 경험이 다른 모든 사람이 알고 있는 것과 상충될 때는 경험을 버리고 합의를 선택할 가능성이 높지만 그 반대의 선택도 역시 가능하다.

이렇게 보면 지식은 합의와 경험의 체계라고 할 수 있다. 이러한 합의와 경험의체계로서의 지식은 두 가지의 근거에서 정당화된다. 즉 다수의 사람들이 어떠한 것을 사실이라고 믿기 때문에 사실로 받아들여지는 합의적 사실(agreement reality)과 자신의 직접 경험에 의해 믿게 되는 경험적 사실(experiential reality)이다(김영종, 2001 : 24 참조 재수정).

① 합의적 사실은 다수의 사람들이 사실이라고 믿기 때문에 사실이 되는 것이다. 우리는 지구가 둥글다는 사실을 안다. 비록 직접 경험으로는 지구가 평평한 것 같지만, 그럼에도 지구가 둥글다는 사실을 인정한다. 그것은 일종의 합의적인 믿음이 존재하기 때문이다. 이러한 합의적 사실들은 다수의 사람들이 그렇게 합의함으로써 사실이 되고, 책을 포함한 다양한 문화적 사회화의 과정을 통해 전파가 된다.

② 경험적 사실은 자신의 직접 경험에 의해 믿게 되는 사실이다. 바늘에 찔리면 피가 나고 아프다거나 물은 위로 흐르지 않고 아래로만 흐른다는 사실은 우리의 직접적인 경험을 통해 믿게 되는 사실이다.

사실이나 지식에 대한 이러한 구별은 20세기 영국의 경험론적 분석철학자인 러셀(Bertrand Russell)이 논문 「지칭에 관하여(On Denoting)」(1905)에서 지식을 대상과 직접적인 인과관계를 가지거나 마주쳐서 알게 되는 대면적 지식(knowledge by acquaintance)과 기술적(서술적) 지식(knowledge by description)으로 나누면서부터 이루어졌다. 러셀에 의하면 사실에 관한 모든 지식은 경험으로부터 나온다. 즉 인간의 지식체계는 다른 형태의 지식들에 의존하는 것과 그렇지 않은 것으로 크게 구분되며, 다른 지식에 의존하지 않는 지식이 모든 인식체계 혹은 지식체계를 정당화시키는 기본단위를 이룬다.

그러한 기본단위들은 직접 경험에 근거하고 있기 때문에 모든 사실적 지식은 경험으로부터 나온다. 여기서 러셀은 직접 경험에 근거하는가의 여부에 따라 지식을 두 형태로 구분하고, 인간이 갖고 있는 거의 모든 지식은 직접 경험에 근거하지 않는 지식이라고 한 것이다.

예를 들어 약 2,500여 년 전에 중국 춘추전국 시대 노나라에 공구(孔丘)라는 사람이 살았는데, 일찍 아버지를 여의고 홀어머니 밑에서 성장하여 학문에 능통하여 많은 제자들을 길렀으며, 50세 때 잠시 관직에 있다가 그만두고 천하를 주유하며 나중에 대사상가가 되어 공자(孔子)로 불리며 유가의 학파를 이루었다고 알려져 있다. 그런데 이러한 정보들 중 어느 것도 개인적인 경험에 근거해서 알려진 것은 없는데 그것들을 지식으로 정당화시켜 주는 것은 무엇일까?

영국의 분석철학자 러셀에 따르면 직접 경험에 근거하고 있는 지식은 '대면적 지식'으로서 기본적인 것이며 어떠한 정당화도 필요가 없다. 그런데 직접 경험에 근거하지 않는 정보는 어떤 조건에 맞을 경우 기술적 지식으로 정당화된다. 즉 그러한 정보는 거슬러 올라가서 종국적으로 대면적 지식에 근거할 수 있는 데까지 추적해서 증명될 수 있을 때 지식으로 정당화될 수 있는 것이다. 공자에 대해 알려져 있는 것도 이러한 환원과정을 통해 지식으로 정당화될 수 있다. 이처럼 모든 정당한 지식은 직접 경험에 근거하거나 엄격한 역사나 인과의 연결고리에 의해 직접 경험에 근거한다는 것을 확인할 수 있다는 점을 러셀은 '환원 명제(reductive thesis)'라고 칭하였다.

(2) 비과학적(일상적) 지식

대체로 많은 일상적 판단이나 탐구들은 직관적으로 이루어지고 있다. 이것은 대개 자신이 '옳다고 생각하거나', '합당하다고 보는' 것에 기초해서 행동한다는 것을 뜻한다. 직관은 연역논리와 같은 어떤 공식적 의사결정과정에 근거하지 않으며, 자신이 가르침을 받았거나 직접 경험을 통해 획득된 정보에 근거하지도 않는다. 그러므로 직관적으로 도달되는 많은 일상적 추론들과 결론들은 자신의 통찰에 의하거나 신속한 지각과정을 거쳐 옳다고 생각한 결과의 비과학적 지식인 것이다.

물론 일상적인 직관은 가치 있는 탐구과정이기도 하다. 하지만 대부분의 경우는 직관에 의한 것이 정답이라거나 올바른 길이라고 간주하는 것 이외에 다른 수단을 대부분 갖고 있지 못한다고 볼 수 있다. 일상적 직관이나 판단은 이전에 당면한 일이 없었던 상황들에서 의사결정을 하는 데 도움을 줄 수 있다. 예컨대 다음과 같은 상황적 질문에 대해 일상적인 직관은 어떠한 판단을 제시하게 될 것인가?

> 당신이 노상범죄 피해자가 되어 있는 두 상황들을 고려할 수 있다. 첫 번째 상황에서는 노상범죄 현장을 목격하는 많은 구경꾼들의 무리가 있다고 가정하고, 두 번째 상황에서는 단 한 사람만이 그 현장을 목격하고 있다고 가정할 수 있다. 여기에서 질문은 "많은 구경꾼들이 있는 상황과 단 한 사람의 구경꾼이 있는 상황 중 당신이 도움을 받을 가능성이 더 큰 상황은 어느 것인가?"이다.

이 경우 일상적인 직관은 그 자리에 많은 사람들이 있을수록, 당신이 도움을 받게 될 가능성은 더 크다고 판단을 내릴지 모른다. 하지만 사회심리학자들은 그 정반대가 사실이라고 결론지어 왔다. 주위에 많은 구경꾼들이 있을 때보다도 한 명의 구경꾼이 있을 때가 위급상황에서 도움받을 가능성이 더 크다는 것이다(Latane & Darkey, 1970).

이처럼 일상적인 탐구와 과학적인 탐구가 내린 결론들은 얼마든지 다를 수가 있다. 이제 이러한 일상적인 탐구가 이루어지는 여러 경로들을 살펴보기로 하자.

2) 비과학적(일상적) 지식 습득의 경로

(1) 전통 · 관습에 의한 지식 습득

사회적으로 오랫동안 형성되어 온 선례, 관습, 전통 등을 받아들임으로써 지식을 습득하는 방법은 다수의 사람들이 사실이라고 확고하게 믿고 인정해 왔기 때문에 그러한 사실이 그대로 수용되는 합의적 지식의 경우이다. 이러한 방법은 인간의 탐구에서 여러 가지 이점을 지닌다. 모두가 아는 것을 받아들임으로써 경험적 규칙성을 발견하고 이해를 얻기 위해 백지상태에서 출발하는 엄청난 노력에서 벗어날 수 있기 때문이다. 이는 지식은 누적적이고 전달받은 정보에 따른 지식은 더 많은 지식을 개발하기 위한 출발점이 된다는 점을 말해준다.

하지만 전통이나 습관은 인간의 탐구에 걸림돌이 될 수도 있다. 사회적 관습이나 전통에 의한 지식이 항상 옳은 것은 아니며, 시대적 변화에 따라 새로운 지식으로 대체되거나 추론되기 마련이기 때문이다. 만약 어떤 것에 대해 모든 사람들이 이해해 왔던 것과 다른 방식으로 이해하려고 한다면, 바보나 이상한 사람으로 취급당할 수도 있다. 다수가 진실로 '알고 있는' 어떤 것에 대해 다르게 이해하려는 노력이 매우 필요함에도 불구하고 별로 이루어지지 않는 경향이 있는 것이다.

(2) 권위에 의한 지식 습득

권위란 특정한 지식에 대한 진실성이나 우위성을 사회적으로 공인받은 것을 말한다. 이것은 지식탐구에 필요한 많은 시간과 노력을 덜어 줄 수 있다. 어떤 병에 대한 의사의 설명을 곧잘 받아들이는 것은 의사에 의해 대표되는 의학지식체계의 전문적 권위를 믿기 때문일 것이다.

한편, 권위적 방법은 권위의 원천이 다른 경우, 지식의 진위 여부를 쉽게 판단할 수 없다는 단점을 지닌다. 또한 그러한 권위를 만들어 내는 지식체계 자체에 오류가 존재할 때에는 권위에 의한 지식습득은 문제를 낳을 수 있다. 즉 권위에 의해 잘못된 지식이 전달될 위험성이 있게 되는 것이다. 특히 전통과 권위는 지식탐구에서 검의 양날에 해당한다고 볼 수 있다. 예컨대, 전통과 권위는 지식탐구의 출발점을 제공해 주지만, 잘못된 지점에서 출발하게 하거나 잘못된 방향으로 가게 할 수 있는 것이다.

(3) 직관에 의한 지식 습득

직관에 의한 지식습득의 방법은 비판이나 의심의 여지가 없는 분명한 명제로부터 출발하여 논리의 전개를 통해 지식을 개발해 나가는 방법으로서, 선험적 방법이라고도 한다. 예컨대 "원인이 없는 결과는 없다."나 "전체는 부분보다 크다."와 같은 증명할 필요도 없이 자명한 명제에서 출발하여 논리적 추론을 통해 새로운 지식을 형성해 나가는 방법이다.

그러나 직관에 의한 방법으로 인정되었거나 인정되고 있는 명제가 자명성을 지니지 못하고 오류일 수도 있다. 예컨대 옛날에 많은 사람들이 의심없이 받아들였던 천동설(天動說)이나 "지구는 평평하다"와 같은 명제는 거짓된 명제인 것이다.

(4) 경험에 의한 지식 습득

대부분의 사람은 주위의 사물이나 현상을 이해하고 자신의 미래상황을 예견하고 싶어 한다. 따라서 인과적·확률적 추론을 이용하여 그러한 것을 시도해 보는 경향이 있는데 경험을 통한 일상적인 인간의 탐구를 살펴보면 예측과 이해가 분리되는 경우도 있다. 종종 이해가 없는 예측이 이루어지기도 하는데, 사람들은 무릎관절이 아프면 비가 올 것이라고 예측하는 것이 그 예이다. 그리고 왜 그런지는 이해하지 못하더라도 경험적으로 입증된 예측능력에 근거하여 별다른 의심이 없이 비가 올 경우의 대책을 실행에 옮긴다. 인간에게 있어서 예측능력은 흔히 지식과 이해의 맥락 속에서 이루어진다. 그러므로 왜 현상들이 서로 연관되어 있으며, 왜 규칙적인 유형이 발생하는지 이해할 수 있다면 단순히 그런 유형을 관찰하고 기억하는 것보다 더 잘 예측할 수 있을 것이다. 따라서 경험에 의한 탐구에서는 '무엇'과 '왜'라는 두 가지 질문에 대한 답을 목표로 삼고 관찰과 해석을 통해 답을 추구한다.

3) 비과학적(일상적) 지식 습득의 오류

인간의 일상적인 사유는 실제의 진실과 항상 일치되지는 않는데, 이것은 자신의 지각들이 이른바 인지적 편향들에 의해서 왜곡될 수 있다는 것을 인식하지 못하기 때문이거나 이용할 수 있는 증거들에 큰 비중을 두지 않기 때문이다. 특히 심리학에서 자주 언급되는 착각적 상관(illusory correlation)이라는 인지적 편향은 두 개의 사실들 간에 아무런 관계가 없는 데에도 불구하고 어떤 관계가 있다고 지각하는 경향성을 가리킨다. 즉 두 변인 간에 어떤 관련성이 있으리라 기대할 때, 사람들은 두 요인 간에 존재하는 관련성의 정도를 과대평가하거나, 실제 관련성이 없는 경우에도 관련성이 있는 것으로 여기는 경향이 있다는 것이다.

전통과 습관, 권위, 그리고 직관에 의한 지식탐구의 방법이 갖는 잠재적 위험과는 별도로 과학적 방법에 걸림돌이 되고 있는 일상적인 탐구에서의 일반적인 오류들도 존재하는 것이다. 과학이란 지식을 얻기 위한 인간 활동의 하나지만 지식을 얻으려는 인간의 모든 활동이 과학인 것은 아니다. 지식에 대한 인간의 접근방식은 과학적 방식 외에도 권위적 방식, 신비적 방식, 합리화 방식 등 여러 방식들이 존재한다.

이제 인간의 지식탐구 과정에서 보편적으로 관찰되는 비과학적 오류들을 살펴보면 다음에서와 같다(Babbie, 1999 : 8-9 ; 김영종, 2001 : 26-29 재수정).

(1) 부정확한 관찰과 과잉일반화

일상에서의 부정확한 관찰은 빈번하게 오류를 가져올 수 있다. 일상적 관찰은 대부분 엉성해서 정확하게 이루어지지 않는 경우가 많은 것이다. 특히 사전에 자세히 살펴보기로 작정하지 않았다면, 교수자가 첫 수업시간에 무슨 옷을 입었었는지 기억하지 못한다. 이 때문에 흔히 실제로 발생한 일에 대해서도 의견일치가 이루어지기 어렵게 된다. 이러한 부정확한 일상적 탐구와는 달리 과학적 관찰은 의식적인 활동이어서 많은 경우 오류를 줄일 수 있다.

제한된 대상에 관한 사실들을 보다 넓은 대상에게 확대·적용시키는 것을 일반화라 하는데, 이러한 것이 지나칠 경우 과잉일반화라고 한다. 즉 제한된 관찰에서 얻은 사실을 지나치게 보편화, 일반화시킬 때 과잉일반화가 일어난다. 이것은 보편적 이해에 도달해야 하는 압력이 클 때 많이 나타나지만, 그것은 객관적인 탐구를 잘못 이끌거나 방해할 수 있다.

한편 과학자들은 충분한 크기의 관찰표본을 확보해서 과잉일반화에 대비한다. 그 외 연구와 결과의 확인을 반복하거나 약간 변경된 조건하에서 연구를 되풀이함으로써 안전장치를 확보하는 수도 있다.

(2) 선별적 관찰과 합리화

과잉일반화가 갖는 한 가지 위험은 그것이 흔히 선별적 관찰을 하게 만든다는 것이다. 특정한 유형이 존재하며 그 원인은 무엇이라고 일반화뒤 이해를 하고 나면, 그러한 일반화에 들어맞는 사실들만 관찰되고 그것에 어긋나는 사실들은 관찰에서 제외된다. 인종차별이나 민족차별, 장애인이나 소외계층에 대한 편견, 지역적 혹은 계층적 편견 등은 주로 선별적 관찰에 근거하고 있다.

이러한 오류를 방지하기 위한 연구설계는 타당한 결론을 도출할 수 있는 관찰의 수와 유형을 미리 정하는 것이다. 예컨대 남자보다 여자가 낙태선택의 자유를 더 원하는지 알고자 한다면, 연구 프로젝트에서 관찰표본에 들어갈 사람들을 조심스럽게 선택해서 정해진 수의 관찰(질문)을 하는 데 집중해야 한다. 또 어떤 청소년이 긍정적인 어른 역할모델을 갖지 못해 비행청소년이 되었다고 결론지으면, 역할모델이 대부분의 청소년들을 경직되고 편협하게 되도록 영향을 미친다는 사실에도 관심을 기울여야 한다.

이 외에도 일상에서는 가끔 자신의 일반화된 지식과 완전히 위배되는 사실들에 직면하는 수도 있다. 이런 경우 자신의 일반화를 유지하기 위해 억지 지식을 만들어 낼 수도 있는데, 이것을 합리화 혹은 꾸며진 지식이라고 한다. 이 경우 예외적인 사건에 대해 자신이 내리는 결론을 정당화하기 위하여 흔히 정보를 거짓으로 꾸며 낸 것으로 볼 수 있다. 따라서 과학적인 설명에는 항상 객관적이고 비판적인 태도를 유지하고 나아가 자기수정적인 여지를 담고 있어야 한다.

(3) 사후가설의 설정

과학적인 지식탐구 방법에서는 대체로 사전가설의 설정방법이 사용된다. 즉 논리적 추론에 의해 사실들 간의 임시적인 관계인 가설을 먼저 설정해 두고 그것에 대한 진위 여부를 경험적으로 검정해 보는 절차를 밟아야 한다. 그런데 일상적인 탐구에서는 그와 반대로 사후가설의 설정이 이루어지는 경우가 많다. 생각 없이 경험이나 관찰이 먼저 일어나고 후에 그것에 대한 가설을 구성하면서 거슬러 올라가 이전에 일어났던 사건들을 서로 관련지어 보는 것이다. 이것은 비과학적인 탐구의 일종이라고도 할 수 있다. 사후가설의 설정은 경험적인 사실들 간의 연결을 말하는 것처럼 보이지만, 실제로는 그렇지 않고 우연한 설명이 될 가능성이 있고 또 그에 대한 검정방법도 없다(김영종, 2001 : 27 재수정).

한편 사후가설의 설정을 탐구에서의 오류만으로 생각할 수 없는 측면이 있다. 현실의 경험세계에서 관찰을 통해 어떤 유형을 발견해 내고 또 거슬러 그 원인에 대한 탐구를 계속함으로써, 어떤 일반적인 논리나 경험적인 법칙성을 발견할 수 있기 때문이다. 예컨대 부모가 집에서 우연히 독서를 하게 되었는데, 그것을 본 자녀들도 따라서 독서를 했다고 하자. 그러면 부모는 사후에 "아이들은 어른들이 말하는 것보다는 어른들의 행동에 더 많은 영향을 받는다."는 사후가설을 설정해서 설명할 수 있다. 일반화된 논리를 개발해 나가는 귀납적인 탐구에서는 사후가설의 설정이 매우 유용하게 사용될 수도 있는 것이다.

(4) 비논리적 추론과 자아개입

일상적인 생활에서 사물의 존재방식에 관한 우리의 이해와 맞지 않는 경험적 관찰을 다루는 또 다른 방법이 비논리적 추론이다. '법칙을 증명하는 예외(exception that proves the rule)'라는 말이 있지만 전혀 이치에 맞지 않는다. 예외란 어떤 법칙에 관심이 미치도록 유도할 수는 있지만, 어떠한 논리체계에서도 그것과 정면으로 충돌되는 법칙을 직접 입증할 수는 없기 때문이다. 이것은 일상적인 사유로는 그럴듯하게 보이지만, 엄격한 논리성의 기준에서 보면 오류를 내포하고 있다.

비논리적 추론의 대표적인 예를 들어 보면 통계학자들이 말하는 소위 '도박꾼의 오류(gambler's fallacy)'이다. 도박에서 행운이나 불운이 계속되는 것은 반대의 상황이 나타날 확률을 점점 더 크게 한다고 인식하는 오류이다. 포커게임에서 불운은 행운의 여신이 가까이 다가와 있다는 믿음을 부추겨서 많은 포커꾼들로 하여금 더 많은 돈을 잃게 만든다.

자아개입은 객관적인 지식탐구를 방해할 수 있다. 어떤 사실들을 설명할 때 자아가 손상받지 않는 방식으로 설명이 이루어지기 쉬우며, 그러한 설명들은 객관성이 떨어지는 경향이 있다. 예컨대 『사회복지조사론』 교과목에서 낮은 성적을 받은 학생의 경우라면, 일단은 그러한 상황을 객관적으로 이해해야 한다. 하지만 대개는 자아가 손상받을 수 있는 설명은 피하려고 교수자가 자신을 좋지 않게 보고 있다든지, 교과내용 중 중요하지 않은 것들을 출제했다는 식으로 말하는 경우이다. 이처럼 개인들의 일상적인 설명은 자아가 개입될 경우 객관적이지 않게 된다.

(5) 탐구의 조기종결과 신비화

인간과 사회에 관한 연구는 순환적인 성향이 있는데도 탐구를 조기 종결하는 것은 불완전한 지식을 낳는다. 어떠한 지식도 완전하지 않으며 계속 수정・보완되어 간다. 특히 인간에 관한 연구의 결과는 당초 연구대상이 되었던 인간들의 성향을 변화시키게 되고, 그렇게 변화된 연구대상으로 말미

암아 그에 대한 새로운 연구가 필요하게 되는 순환적인 측면을 지니고 있는 것이다. 따라서 인간과 사회를 대상으로 하는 사회과학 연구들에서는 한 현상에 대한 확고한 지식을 얻게 되어 더 이상의 탐구가 필요가 없는 경우란 매우 드물기 때문에, 탐구의 조기 종결은 바람직하지 않다.

이 외에도 인간의 이해능력에는 한계가 있기 때문에 현실적으로 도무지 이해나 설명이 되지 않는 사실들이 존재하기 마련이다. 그럼에도 그것을 어떤 방식으로 이해하고 싶어 하여 종종 신비적인 사유방법에 의존하곤 한다. 특히 우주창조의 목적이나 인간존재의 본질적 의미 등 주로 궁극적인 문제에 대해서는 인간의 인식능력으로는 속수무책이다. 결국 이러한 문제들에 대해서는 종교적 사유나 신화적 사유와 같은 초월적인 방법에 의존하게 된다. 예컨대 최근 미국에서도 인디언 원주민들의 평균수명이 늘어나서 과거와는 달리 그들 중 치매환자가 많이 늘어나고 있다. 그러나 그들에게는 경험해 보지 못한 새로운 현상이고 또 현실적으로 잘 이해가 되지 않으므로 치매환자들을 '영적인 세계와 교류하는 사람들'로 신비화시켜 이해하는 경우이다.

02 과학적 지식 탐구

1) 과학의 정의

일반적으로 과학이라 하면 물리나 화학 등과 같이 실험을 통해 이루어진 자연과학을 지칭하는 것으로 생각하기 쉽다. 그러나 이러한 생각은 과학에 대한 정의를 잘못 이해하는 데서 비롯된다고 볼 수 있다. 과학은 현상에 내재하고 있는 속성과 법칙을 객관적인 방법으로 규명하여 보편적인 진리로 인식하고 그것을 응용하는 과정을 거친 진술이나 이론을 의미한다. 여기서 현상이란 인간이 관찰할 수 있는 물체나 사건의 모든 부분을 말한다. 결국

과학이란 그 대상이 무엇인가에 의해 정해지는 것이 아니라 그 대상을 다루는 방법, 즉 과학적 방법에 의해 얻어지는 것이다.

컬링거(Kerlinger, 1973)는 과학적 방법을 '연구의 대상이 되는 현상들 사이에 가정된 관계에 대한 가설적 명제들을 체계적이고 통제된 관찰을 통하여 실증적이고 비판적으로 검정하는 방법'이라 정의하고 있으며 그 방법을 다음과 같은 단계별로 제시하고 있다.

- 어떤 현상이 있으면 →
- 그 현상에 대한 개념을 정립하고 →
- 그에 대한 가설을 설정한 뒤 →
- 가설검정을 거쳐 이론을 도출한다.

따라서 과학적 방법은 조사와 이론을 필요로 하며, 이 두 요소는 아주 밀접한 관계를 가지고 있다. 즉 연구자는 명백하게 진술된 이론에 대한 이해 없이 의미 있는 조사를 수행할 수 없고, 신뢰할 만한 조사결과 없이 이론을 개발할 수 없다. 이와 같이 과학은 조사와 이론 사이를 끊임없이 오가는 과정을 거치면서 점진적으로 발전해 나간다.

이때 관찰하고 조사하는 대상을 자연현상과 사회현상으로 나눈다면, 자연과학은 자연적·물리적 현상을 대상으로 연구하는 것이고, 사회과학은 인간의 행위와 태도, 사회제도 등과 같이 사회에서 일어나는 현상을 다루는 학문이며, 심리학, 교육학, 사회학, 사회복지학, 경제학, 경영학, 법학, 정치학, 역사학, 민속학 등의 영역들이 포함된다. 따라서 사회과학은 현실세계에 그 기반을 두기 때문에 이상세계나 형이상학적인 것을 추구하는 철학이나 신학과는 성격이 다르다. 사회과학은 인간을 대상으로 연구하는 학문이기 때문에 자연과학과는 달리 완전히 통제된 상황에서 연구를 진행할 수 없으므로 방법론이 중요하게 부각된다.

과학적 연구의 주된 목적은 특정 현상을 예측하고 설명할 수 있는 인과법칙을 정립하는 데 있으며, 이러한 법칙은 과학적 기준에 의하여 현상과 변수들 간의 관계를 파악하고 실증적인 과정을 거쳐 증명되어야 한다. 널리 받아들여지고 있는 과학적 기준은 연관성(association) 혹은 공변성(covariation), 시간적 선후관계(time order), 비허위적 관계(non-spurious relation) 등이며, 과학적 연구에서는 다양한 방법을 통해 이러한 기준들을 충족시켜야 한다.

여기서 '연관성'이란 한 변수의 체계적인 변화나 차이가 다른 변수의 변화나 차이의 전적인 혹은 부분적인 원인이 되는 것을 말한다. '시간적 선후관계'는 특정 변수의 변화가 다른 변수의 변화보다 시간적으로 앞서야 함을 의미하며, 변수들 간의 시간적 선후관계를 정립하는 일은 상황의 논리, 관찰, 이론, 자료분석에 달려 있다(래보비츠 · 해이그돈, 1988). '비허위적 관계'는 변수와 변수의 관계분석에서는 다른 변수가 원인이 되어 나타나는 것이 아니어야 한다는 것을 말한다.

2) 과학적 지식 탐구의 요건

과학적 지식을 탐구하기 위해서는 과학적 방법을 거쳐 현상 속에 내재한 규칙을 발견하여 일반화시키는 과정이 요구된다. 과학의 특징이기도 하면서 과학적 지식을 탐구하여 일반화시키기 위한 요건을 구체적으로 살펴보면 다음과 같다.

(1) 논리성

먼저 과학적 지식 탐구방법은 논리적(logical)이어야 한다. 논리성이란 어떤 현상이 나타나게 된 원인과 결과에 대한 설명이 시간적 순서와 이치에 맞아야 된다는 것을 의미한다. 여기서 시간적 순서란 원인의 변화가 결과의 변화보다 앞서야 된다는 것을 나타낸다. 그러나 많은 경우에 어떤 현상이 원인이고 어떤 현상이 결과인지를 잘 모를 수가 있다. 예를 들어 "경제상황이 악화될수록 범죄가 늘어난다."라는 진술을 살펴보면 경제상황의 악화가 범죄증가 현상보다 앞서 나타나므로 경제상황이 원인이고 범죄증가가 결과임을 쉽게 알 수 있다.

그러나 예로서 굴뚝에 황새가 보금자리를 많이 치고 있는 지역이 황새가 적은 지역보다 출생률이 높다는 관찰결과(장상희 · 홍동식, 1990)에서는 어느 현상이 원인이고 어느 현상이 결과인지가 불분명하고 또 이치에도 맞지 않다. 왜냐하면 황새가 인간의 아이를 낳게 하는 원인이라고 결론지을 수는 없기 때문이다. 따라서 논리성을 갖추기 위해서는 현상과 현상을 연결하는 데 있어서 시간적 순서도 맞아야 할 뿐 아니라 이미 알고 있는 지식체계 내에서 설명이 가능한 설득력이 있어야 한다.

(2) 검정 가능성

과학적 지식 탐구에서는 객관적인 증거나 근거를 필요로 하기 때문에 현상에 관한 모든 진술들은 경험적으로 검정할 수 있어야 한다. 여기서 경험적이란 의미는 연구대상이 인간의 인식이나 사고체계 내에서 지각될 수 있는 것을 말하며, 경험적으로 검정한다는 것은 지각된 현상과 관련된 정보와 자료를 수집하고 분석하는 것을 말한다. 따라서 현상에 대한 자료를 수집하여 얻은 결론이 아니거나 자료분석을 통하여 예측된 결론이 아닌 경우에는 설득력을 잃게 되고 과학적 연구로서의 요건을 갖추었다고 볼 수 없다.

(3) 반복(재생) 가능성

일반적으로 통용되는 모든 이론은 한 번의 검정이나 관찰로 이루어진 것이 아니라 여러 차례 반복적으로 검정되거나 관찰된 후 정립된 것이다. 따라서 이론으로 정립되기 위해서는 그 이론에 대한 신뢰성을 확보하기 위해 조사를 반복적으로 수행할 수 있는 재생 가능성(reproducibility)이 있어야 한다.

재생 가능성은 연구과정의 객관성과 밀접한 관계를 가지고 있다. 인간의 행동이나 태도 혹은 가치관 등을 연구대상으로 다룰 경우에는 어느 정도 연구자의 주관적 동기가 작용할 가능성이 있다. 그러나 과학적 연구에서 반복 가능성 혹은 재생 가능성이란 연구대상 혹은 현상에 대한 조사설계 및 자료수집과정을 포함한 연구과정이 객관적이라면 서로 다른 연구자가 각기 독립적으로 조사한다 하더라도 동일한 결과나 결론을 얻을 수 있다는 것을 나타낸다. 따라서 반복 가능성을 위해 연구자는 보고서나 논문에 개념의 조작화를 비롯한 조사설계 및 자료수집과정 그리고 자료분석방법 등에 대해 정확하고 상세히 기술해야 한다.

동일한 대상이나 주제에 대해 연구하면서도 각기 다른 결과가 도출되는 것은 현상과 관련된 개념을 측정하기 위한 조작화 과정이 상이한 데서 발생할 수 있기 때문이다. 다시 말하면, 현상을 나타내는 변수들을 각기 다르게 정의하고 측정하기 때문에 발생한다. 예를 들어 소득수준을 측정할 때 한 연구에서는 세전소득을 측정하는 반면 다른 연구에서는 세후소득을 측정할 경우 동일한 연구대상이라 할지라도 두 연구에서 제시하는 소득수준은 차이가 날 수밖에 없다.

(4) 공통적 일반성

과학적 지식 탐구에서 방법론이 중요한 비중을 차지하는 이유는 연구의 목적이 전체 현상 속에 내재한 일반적(general) 성향을 밝히는 데 있다. 이는 자연과학과는 달리 사회과학에서 다루는 인간의 행동이나 태도, 관념 등은 사람의 수만큼 다양하므로 그 가운데 공통된 특성, 즉 일반성을 찾는 것이 쉽지 않기 때문이다. 그러나 과학적 연구가 지향하는 것은 개별현상을 분석하고 설명하기보다 좀 더 광범위하게 적용될 수 있는 일반적인 이해를 추구하고 예측하는 데 있으며, 현상에 대한 일반성의 범위가 넓을수록 훌륭한 과학적 연구로 간주하게 된다. 예를 들어 경제위기 시기의 소비문화의식에 대해 조사하고자 할 경우 과학적 연구에서는 개별 소비자의 의식은 중요하지 않고 개별 소비자들로 구성된 전체 소비자들의 공통된 소비문화의식을 밝히는 것이다.

이외에도 과학의 특징이나 과학적 연구요건으로는 간결성, 구체성, 확률적 결정성, 객관성, 수정 가능성, 간주관성 등을 들 수가 있는데 세부적으로 설명하면 다음과 같다.

간결성은 어떤 현상을 유형별로 공통적인 요소를 찾아 일반화하는 데 도움이 되지 않는 요소는 배제하여 간결한(parsimonious) 것을 추구하는 것이다. 구체성은 개념들을 측정할 때는 조작화를 통해 정확히 측정하고 정의(개념화)해야 한다는 것이다. 확률적 결정성은 어떤 현상을 설명할 때는 단정적이어서는 안 되고 확률적으로 얼마나 가까운가 하는 개연성의 정도를 말한다.

객관성은 누구에게나 동일하게 인식되는 사건이나 현상은 객관적이어야 한다는 점이다. 수정 가능성은 과학은 진리를 추구하는 것이 아니라 효용(utility)을 탐색하는 것이므로 당시의 상황에 따라 수정가능(open to modification)해야 한다는 것이다.

그리고 간주관성(inter-subjectivity)은 실험(연구)과정에서 과학자들의 주관이 서로 다르더라도 그 결과는 같이 나와야 한다는 것을 의미한다.

3) 과학적 지식 탐구의 과정

인간의 다양한 지식탐구 방법들 중 하나인 과학적 방법은 객관성과 논리성을 전제하는 경험적 검정에 의한 지식습득의 방법이다. 관찰, 비판, 논증을 통해 자가수정적인 지식체계를 형성하는 인식방법인 것이다. 과학적 방법은 명제를 검정하기 위해 일련의 가설을 설정하고 가설에 의문을 제기하는 대립가설을 검정하는 과정을 거친다. 따라서 그것은 현상을 객관적으로 관찰하고 기술하며, 이를 가정적으로 설명하는 이론을 세워서 경험적·객관적으로 검정하는 과정이다.

과학적 지식 탐구의 과정은 연구과정과 연구주제에 따라 달라지는데, 그 과정 중에서 과학적 탐구과정의 공통적인 요소들을 본다면 다음과 같은 것들이 있다.

첫째, 사실을 관찰하고 의문(연구문제)을 제기한다. 현상을 사실대로 면밀히 관찰하여 문제점을 발견하는 단계이며, 이 단계에서 중요한 것은 주의

깊은 관찰과 강한 호기심을 갖는 것이다. 이 단계에서 특히 현상을 관찰해서 현상에 대한 설명과 예측을 목적으로 하는 이론을 구성하기도 한다. 이것은 주로 귀납적 과정인데, 때로는 이론이 다른 이론으로부터 논리적으로 연역되기도 한다.

둘째, 원인과 결과 간의 가설을 설정한다. 관찰을 통해서 발견한 문제점의 해결을 위한 그럴듯한 답을 제시하는 단계이다. 가설을 세울 경우에는 이미 알고 있는 과학적 지식 및 과거의 경험을 통하여 가장 근접한 답을 찾는 것이 중요하며, 충분한 자료의 수집을 거친 후에 이루어져야 한다.

셋째, 연구설계를 고안하고 그에 따라 연구를 수행한다. 즉 자료를 수집하고 분석하는 방법을 계획하여 수행하는 단계이다. 특히 실험을 통한 연구의 경우에는 통제집단을 설정하여 실험결과를 분명히 하도록 하는 것이 중요하다. 이때 과학적인 실험에서 실험결과에 영향을 끼치는 요인을 변인(혹은 변수)이라고 하는데, 그중에서 실험하는 사람이 체계적으로 변화시켜서 그 영향을 알아보고자 하는 변인을 '독립변인'이라고 하고, 독립변인의 변화결과 나타난 변인을 '종속변인'이라고 부른다. 독립변인 이외에 실험에 영향을 주는 다른 요인들은 없애거나 동일하게 해주어야 하는데 이를 변인통제라고 부르며, 이때 일정하게 유지되는 변인을 '통제변인'이라고도 부른다.

넷째, 자료를 수집하고 해석하여 가설을 검정한다. 조사나 실험을 통해서 얻어낸 자료에서 어떤 경향이나 규칙을 발견해 내고 이를 바탕으로 초기에 세웠던 가설의 참, 거짓 여부를 판별한다. 만일 거짓으로 밝혀지면 가설 설정의 단계로 다시 돌아가서 새로운 가설을 설정하여 실험과 해석, 가설검정을 반복하게 된다.

다섯째, 이론을 정립한다. 가설이 참으로 밝혀지면 이는 새로운 과학적 사실로 인정되어 새로운 지식이 되는 것이다. 그러나 한 번의 실험만으로 이론이 성립되는 것은 아니고, 동일한 결과가 다른 과학자들에 의해 반복적으로 확인이 되고 난 후에야 이론으로 인정이 된다. 따라서 일반적인 논문 연구에서는 일반적으로 이러한 점을 연구 제한점으로 제시해야 한다.

4) 과학적 인식과 판단

인간은 사물이나 현상에 대해 무한히 인식하고 기억하고 추리한다. 하지만 각자의 상황이나 시각에 따라 그 인식과 기억과 추리가 달라질 수 있다. 과학적 방법이란 바로 이러한 인간의 지적 활동이 보다 정확하도록 돕는 수단이기도 하다. 각자가 처한 상황이 다르다고 해서 사물이나 현상에 대한 판단이 서로 다르다고 한다면 규칙도 법도 존재할 수가 없다. 과학적 방법의 사명은 각자의 상황을 감안하더라도 개별적 인식이나 판단이 보다 합리적이고, 객관적이 되도록 하는 것이다.

(1) 과학적 인식의 방법

지식의 탐구에 있어 독특한 인식방법을 갖추고 있는 과학이 지식을 추구하는 대상과 영역들은 다양하다. 크게는 사람, 사회, 문화 및 그 상호작용 등의 사회현상과 물질계의 자연현상으로 구분할 수 있으며 그에 따라 사회과학과 자연과학이 구분된다.

대상과 영역에 따른 각 개별 과학들이 서로 다른 지식들을 추구하지만, 모두 과학이라는 큰 범주에 속하려면 공통점이 존재해야 하는데, 그것이 바로 과학적 인식방법이라는 것이다. 과학적 인식방법의 철학적 기초를 이루고 있는 것이 실증주의 혹은 논리적 실증주의이다.

실증주의란 용어는 19세기 초에 프랑스의 사회학자인 콩트(A. Comte)에 의해 이전까지 존재해 왔던 사유나 인식방법들과 구분하기 위해 처음으로 사용되었다.[1] 이에 따라 실증주의는 사실에 대한 인식만을 참된 지식으로 보고 경험과학이 제시하는 확실성을 모든 학문이 추구해야 할 모범형으로

1) 콩트에 앞서 이미 '실증주의'라는 용어를 처음 사용한 사람은 생시몽으로 "실증주의적 방법이야말로 진정한 과학적 방법이며 그 방법의 사용에 의해 하나의 과학이 정확성을 띨 수 있는 것이다."라고 에꼴 폴리테크닉 학생들에게 설명한 것으로 알려지고 있다. 이후 그의 비서로 있었던 콩트에 의해서 실증주의라는 용어가 철학적으로 사용되기 시작하였으며, 이때 실증주의는 유심론과 유물론을 모두 거부하여 이성주의적 선험성을 배제할 뿐만 아니라 동시에 경험론도 역시 거부한다.

보는 입장을 두루 포괄하게 되었다. 과학은 현상을 설명하기 위해 경험과 논리를 동시에 중요시한다. 과학적 인식방법은 논리와 경험을 결합하여 경험적 사실들을 이해하고 설명하기 때문에 '논리－경험적(logical-empirical)' 사유방법이라고 하는 것이다. 따라서 '논리적 설명(혹은 논리성)'과 '경험적 검정(혹은 경험성)'이라는 두 가지 용어가 과학의 가장 큰 특성에 해당한다.

논리적 설명(논리성)이란 현상에 대한 설명이 합리성과 논리성의 기준에 비추어 부인되기 어려운 것으로서 이론을 의미한다. 경험적 검정(경험성)이란 설명되는 현상이 주로 직접적인 관찰에 의해 확인되는 것으로서 조사 혹은 관찰을 뜻한다. 따라서 과학에서는 어떤 설명이 논리성과 경험성이라는 두 조건을 충족하는 경우에만 지식으로 인정할 뿐, 두 조건 중 어느 하나라도 갖추지 못할 경우 과학적인 지식으로 간주하지 않는다.

즉 과학적 지식은 논리성과 경험성 혹은 이론과 조사를 통해 만들어지며, 과학적 조사 연구들은 이론과 조사를 활용하여 과학적 지식을 만들어 내는 방법이 되고 있다. 따라서 과학적 인식방법은 과학적 조사 연구라는 도구를 필요로 하게 되고, 과학적 조사 연구를 수행하는 방법들을 다루는 것이 사회복지 조사방법론이 된다(김영종, 1999 : 30-31 재수정).

(2) 과학적 인식과 비과학적 인식의 차이

과학적 인식과 비과학적 인식의 주요 차이점들을 요약해 보면 〈표 1－1〉에서와 같다. 〈표 1－1〉 속에 있는 과학적 인식하에 열거된 특징들은 모두 합쳐져서 과학적 방법이라는 것을 정의하게 된다.

〈표 1－1〉에서 제시된 과학적 탐구와 비과학적 탐구 간의 구분들은 지식에 대한 과학적 접근의 특징을 갖는 사유방법과 일상적이거나 비공식적인(특히 상식적인) 종류의 사유방법 사이에 존재하는 차이점들을 강조하기 위한 것이다.

〈표 1-1〉 과학적 인식과 비과학적(일상적) 인식의 특징

차원들	비과학적 인식	과학적 인식
일반적 접근	직관적이고 전체적임	경험적이고 분석적임
관찰	우연적이고 비통계적임	체계적이고 통계적임
보고	편파적이고 주관적임	비편파적이고 객관적임
개념들	애매하고 여타의 의미들이 있음	명확한 정의와 조작적 특수성을 가짐
도구들	부정확하고 정밀하지 못함	정확하고 정밀함
측정	타당성이나 신뢰성이 없음	타당성과 신뢰성이 있음
가설들	검정 불가능함	검정 가능함
태도	무비판적이고 수용적임	비판적이고 회의적임

일반적으로 지식에 대한 과학적 접근은 직관적이라기보다는 경험적인 것이다. 경험적 접근(empirical approach)은 의문에 답변하는 방법으로서 직접 관찰과 실험을 중시한다. 하지만 이것은 직관이 과학에서 아무런 역할을 하지 않는다는 것을 의미하지 않는다. 모든 과학자는 아마 직관의 추론과 동일한 경험적 결과나 실험결과들을 얻기도 하지만, 동시에 직관의 추론에 반하는 발견들도 많이 할 것이다. 연구의 초기에 과학자는 직관에 의해 적절한 방향을 정할 수도 있을 것이다. 그러나 궁극적으로 과학자는 직접 관찰이나 실험에 의해 진실로 판명되는 것에 의해서만 방향을 정해야 한다.

한편 사회과학에서는 자연과학과는 달리 변수에 대한 개념화가 어렵고, 조작적 정의를 통한 측정이 명료하지 않을 수 있는 한계가 늘 따른다. 사회과학이 정립되던 초기에는 자연과학의 연구방법으로부터 영향을 받아 인간과 사회현상을 객관적·경험적 자료를 바탕으로 연구해야 한다는 경험주의, 실증주의와 같은 양적조사 연구방법론이 지배적이었다. 하지만 사회과학은 자연과학과 다른 관점으로 연구되어야 하며 인간의 주관성이 중시되는 질적 연구방법들도 존재한다.

03 과학철학

1) 과학철학의 정의

과학의 궁극적 목적은 현상을 설명하기 위한 이론과 법칙의 정립과 규명에 있다. 그렇다면 그러한 법칙과 이론의 경험적 근거에 대한 논의가 반드시 필요하게 되며, 과학철학(Philosophy of Science)은 바로 그러한 논의를 다루는 분야이다. 과학철학은 과학적 탐구의 특성을 분석하고 과학적 방법에 관한 철학적 질문을 제기한다. 즉 과학적 방법이란 것이 있는가? 있다면 그것은 어떤 것인가? 만일 그러한 방법이 있다면 그것은 과연 보편적인 지위를 갖는 것인가? 이와 같은 문제들이 과학철학의 주제가 된다.

과학철학이라는 분야가 별도로 발전한 것은 20세기에 와서이다. 20세기의 첨예한 논쟁거리 중의 하나가 어떤 입장을 과학으로 보고, 어떤 입장을 과학이 아닌 것으로 볼 것인가에 대한 문제였다. 예컨대, 과학철학은 과학이란 무엇인가 하는 문제에서부터 출발한다. 그러나 '과학철학'은 '언어철학'이 그러하듯이 어떤 철학적 경향의 총칭을 의미하지는 않는다. 크게 보면 20세기의 언어철학과 과학철학의 영역은 분석철학(Analytic Philosophy)에 근원을 두고 있다. 분석철학은 철학연구에서 언어분석의 방법이나 경험적 · 실증적 내용을 담고 있는 과학적 명제가 기호 논리의 활용이 불가결하다고 보는 것이다.

한편 사회복지조사론에서 다루고 있는 분야는 자연과학이 아니라 사회과학이므로, 일반적인 과학철학과 함께 사회과학철학도 알아볼 필요가 있다. 사회과학철학이란 사회과학의 본질을 다루는 분야로써 1960년대 이후 많은 진전을 보이고 있다. 그 중에서도 독일에서 전개된 논쟁은 경험적·분석적 방법과 변증법적 방법의 대결이었으며 사회과학의 과학성에 대한 과학론적 반성이었다. 즉 사회과학의 과학성에 대한 상이한 입장들의 대결은 오랜 역사를 지니고 있지만 결국은 실증주의와 변증법 간의 충돌이었으며, 이는 분석적 방법의 정립을 위한 노력과 역사화·사상화를 유지하기 위한 전통 간의 대립이었다고 볼 수 있다.

오스트리아 태생의 영국 과학철학자 칼 포퍼(Karl Popper, 1959)는 실증적 자연과학을 경험과학의 유일하고 정당한 합리적 방법으로 제시하고 있다. 그의 과학적 방법은 반증절차이며 가설적·연역적 방법(hypothetico-deductive method)으로 진행된다. 과학적 인식은 지각이나 관찰로 시작하지 않고 문제로 시작하며 문제는 지식과 사실 간의 모순에서 야기되고 자연과학이나 사회과학의 방법은 그 문제의 해결을 시도하는 데 있으며 이를 위해 가설을 설정하고 이 가설에서 연역해 나간다.

2) 과학철학의 분파

현대 과학철학의 흐름은 크게 두 가지로 볼 수 있다. 한 흐름은 지식의 객관성을 추구하는 절대론적인 입장의 학파들로서, 실증주의-경험주의-반증주의(Falsificationism)[2)]들이 여기에 속하며 관찰을 중시한다. 다른 한 흐름은 지식에 주관의 개입은 필연적이므로 지식은 구조적으로 파악되어야 한다는 상대론적인 입장의 학파들이다.

(1) 절대론적인 입장

① 논리적 실증주의

실증주의는 1920년대에 들어서 논리적 실증주의(logical positivism)의 형태로 출발하였다. 분석철학의 한 그룹인 비엔나학파(Vienna Circle) 모리츠 슐리크(Moritz Schlick)에 의해서 발전된 논리적 실증주의는 가장 중요한 원칙으로 의미의 입증을 받아들이고 있다. 이에 의하면 이론이나 명제는 오직

2) 반증주의는 칼 포퍼(Karl Popper, 1902~1994)의 주장으로서 하나의 이론에 반하는 현상이 관찰될 경우에는 그 이론은 즉시 폐기되어야 한다는 입장을 취한다. 칼 포퍼가 귀납적 추론에 근거를 두는 논리실증주의자들의 검증주의 입장을 반대하고 과학의 반증가능성(falsifiability)을 주장한 이유이기도 하다.

경험적으로 입증될 때만 의미가 있다는 것이다. 이것을 기준으로 의미 있는 명제와 그렇지 않은 명제를 구분한다. 따라서 과학의 목적은 과학의 기본 개념과 주장의 의미를 명료하게 만드는 것이지 궁극적 실재나 절대자의 성격 등과 같이 대답할 수 없는 문제와 씨름하는 것이 아니라는 입장이다.

이러한 논리적 실증주의는 귀납법(induction)의 문제점에 부딪히게 되었다. 경험주의 전통에서 과학이란 특정한 현상들의 체계적인 관찰을 축적해 나감으로써 이미 관찰된 사실에 맞는 일반적 법칙을 귀납적으로 도출하는 방법이다. 따라서 논리적 실증주의자들의 주장은 과학적 명제는 경험적으로 입증되었을 때만 참된 의미를 가질 수 있다고 하는 '사실적 유의미성에 관한 검정 가능성 기준'을 원칙으로 삼았다.

하지만 한정된 수의 경험적인 입증만으로 일반적인 법칙들을 진리라고 주장하는 데는 무리가 있을 뿐만 아니라 귀납에 의한 추론은 결코 순수한 논리적 근거를 바탕으로 정당화된다고 볼 수도 없다. 즉 귀납법은 미래가 과거를 닮을 것이라는 일관성 원칙(uniformity principle)을 가정하고 있으며, 또한 실제로 하나의 예외도 없는 보편적인 일반 법칙을 찾아낸다는 것이 실제적으로 불가능하다는 문제를 안고 있다.

② 논리적 경험주의

논리적 실증주의 문제점들은 같은 비엔나학파의 회원이었던 루돌프 카르납(Rudolph Carnap, 1891~1970)의 논리적 경험주의(logical empiricism)가 대두되는 시발점이 되었다. 이러한 논리적 경험주의는 과학철학 분야에서 거의 20여 년 동안 하나의 정설로 받아들여졌다. 논리적 경험주의는 과학적인 증명을 중시하여 초월적인 사고방식을 부정하고 진리는 경험적 검정으로 확인되었을 때만이 참된 의미를 가질 수 있다고 주장한다. 확인과정은 귀납적 추론에 근거하여 확률적으로 검정하게 되고, 그러한 검정과정을 거쳤을 때 정당화된다고 주장한다. 즉 검정결과 확인된 사실을 임시결론으로 간주하고 그 현상에 대해서 지속적인 관찰을 하게 되며, 이러한 관찰이 누적되면 그 임시결론에 대한 확률적인 지지도가 높아지게 된다는 것이다.

논리적 경험주의에서는 초기의 논리적 실증주의가 취한 검정 가능성(testability) 기준이 '증명 가능성(verifiability)' 또는 '확증 가능성(confirmability)' 등 좀 더 관대한 기준으로 바뀌었다. 입증의 개념을 완벽하고 명확한 진리를 설정하는 것으로 정의한다면 일반적인 명제들이 결코 입증될 수 없으므로 입증의 개념을 점증적으로 확정이 증가되는 것으로 대신하고, 일반적인 명제나 법칙이 연속적인 경험적 입증의 축적에 의하여 진리로 확정될 수 있다고 주장하였던 것이다.

논리적 경험주의의 두드러진 특성은 귀납적인 통계학의 이용에 있다. 관찰이 과학의 출발점이며 이를 통해 과학적 이론이 확률적으로 입증된다. 과학적 이론은 관찰에 의해서 정당화될 수 있다. 그러나 논리적 경험주의 역시 귀납법의 문제점에서 벗어나지 못하고 있다. 비록 확률적 관계를 사용하고 있기는 하지만 소수의 관찰에 의하여 일반적 법칙이 참이라는 논리적 결론을 도출해내는 데는 무리가 따를 수밖에 없다. 즉 통계적 법칙의 확률이 아무리 높다고 하더라도 그것이 100% 미만일 때에는 '설명되는 문장'(참)이 '설명하는 문장'(관찰에 의한 일반적 법칙)으로부터 정확히 도출된다는 보장이 없기 때문이다(Halfpenny, 1982 : 92-98 재수정).

귀납법의 이러한 문제점 외에도 논리적 경험주의는 인식의 근거를 확실한 관찰에 두려는 의도 때문에 세 가지의 심각한 문제점에 부딪힌다.

첫째, 가장 근본적인 문제로서 유한한 관찰로 파악된 것만이 존재한다고 믿기 때문에 인식되지 않은 것이나 관찰되지 않은 것의 존재에 대해 간과할 수 있다.

둘째, 관찰에서 관찰자의 주관성이 필연적으로 개입될 것이므로 관찰에는 항상 측정오차가 존재한다. 이에 따라 측정의 신뢰성과 타당성이 사회과학 연구에서 핵심적인 방법론적 문제가 되고 있다. 관찰 및 측정기술이 향상됨에 따라 측정오차를 완전히 제거할 수는 없지만 최소화할 수 있게 되었다.

셋째, 관찰은 이론에 의존한다. 즉 관찰의 결과는 관찰자가 이미 알고 있는 지식의 범주 내에서 해석된다. 예컨대 지동설 이전의 사람들은 지구는 정지되어 있고 태양이 지구의 주위를 맴돌고 있다는 것을 전제하였고, 지동설 이후의 사람들은 지구가 태양의 주위를 맴돌고 있다는 것을 전제로 하여 모든 태양계 현상을 관찰하였다.

이처럼 논리적 경험주의는 관찰결과를 해석할 때 지지하고자 하는 기존 이론의 틀에 의존하기 때문에 그 이론의 범주 안에서 적합하게 해석하므로 인간의 인식세계를 구속하고 한정하는 문제점이 있다.

③ 반증주의

1930~1960년대 논리적 경험주의에서의 검정 가능성 기준은 증명 가능성 또는 확증 가능성 등의 좀 더 관대한 기준으로 바뀌게 되었다. 하지만 과학자는 여전히 불완전하고 간접적인 검정, 즉 '증명'이나 '확증'을 바탕으로 한 법칙을 받아들인다. 예를 들어 "모든 고양이는 발톱을 가지고 있다." 라는 보편적인 명제는 이 세상의 모든 고양이를 검사할 수 없는 한 긍정적 사례들로는 부분적 지지만 가능하고 완전히 검정할 수는 없다.

이러한 귀납법상의 문제점을 극복하기 위한 하나의 대안으로서 칼 포퍼(Karl Popper, 1902~1994)가 제시한 것이 가설적·연역적 방법(hypothetic deductive method)이었다. 이것은 검정 가능성 기준 대신 반증 가능성(falsifiability) 기준을 제시한 반증주의(falsificationism)이다. 여기에서 반증 가능성 기준은 경험적·과학적 진술과 초경험적·비과학적 진술을 구분하는 기준이다. 이에 따르면 반박 증거(refutability)를 원칙적으로 허용하는 진술(법칙·가설·이론)이 경험적·과학적 진술이 된다(Popper, 1959: 40-42 재수정).

논리적 경험주의자들과는 달리 반증주의자인 포퍼는 관찰은 항상 기대되는 체계의 존재를 전제로 하여 이루어진다는 사실을 받아들이고, 과학의 발전은 기존 이론과 상충되는 현상을 관찰하는 데서 시작한다고 보았다. 반증주의에서는 문제해결을 위해 제시된 이론을 경험적으로 검정한다. 이러한 검정의 목적은 가설의 논박에 있으며, 이론에 의한 예측이 반박되는 경우에 이론은 기각되어 반증 혹은 허위화(falsification)가 되고 이러한 반증에도 견디어 남게 되는 이론이 비로소 채택되게 된다. 하지만 채택된 이론도 당분간 입증(corroboration)된 것으로 받아들여질 뿐, 언제든지 새로운 사실로 인해 허위화가 될 수 있는 가능성은 여전히 남아 있는 것으로 간주된다.

포퍼는 공리화된 연역체계인 이론에서 경험적 관찰이 가능한 결과가 도출되고, 그러한 결과가 부단히 논박되고 허위화가 될 수 있는 엄격한 검정과 비판적인 검토를 통해서만 새로운 이론을 합리적으로 선택할 수 있으며 과학의 합리성도 보장할 수 있다고 보는 반증주의 입장을 가지고 있었던 것이다(Popper, 1972).

포퍼의 이러한 견해는 과학철학뿐만 아니라 다른 과학 분야에도 지대한 영향을 미쳤으나 여러 가지 문제점을 내포하고 있다는 비판을 받게 된다(채서일, 1993 : 31 ; Halfpenny, 1982 : 102 재수정).

첫째, 실제로 검정이 기존의 이론체계 내에서 이루어지므로 가설적 법칙을 검정하기 위해 경험적으로 연역되는 보조가설에 대한 가정도 이론을 논박하는 데 포함되고, 도출된 보조가설에 대한 반증의 타당화를 위해서 필요한 가정과 전제를 쉽게 왜곡시킬 수 있다. 또 관찰에 의한 반증의 경우, 그것이 가설적 법칙에 원인이 있는 것인지 아니면 보조가설로 인한 것인지 밝혀낼 방법이 없다.

둘째, 포퍼가 이론들의 개념적 내용이나 의미의 변동을 고려하지 못한 것은 이론들을 평가하는 과정에 대한 그의 인식이 제한되어 있다는 것을 의미한다. 개념적 수정은 예측에 대한 경험적 반증을 통해 촉진될 수도 있고, 아니면 그러한 요인 없이도 이루어질 수 있다. 그러한 수정은 내용의 논리적 관계를 재조정한 것이 아니라 이론의 개념적이고 기술적인 내용이 변동된 것이며, 이러한 내용 자체도 평가되는 것이 타당하다.

셋째, 이론은 임시적인 수정으로 반증을 쉽게 피할 수도 있다. 그런데 반증의 대응으로 이루어지는 이론의 조정을 반드시 회피라거나 이론의 약화라고 해석할 필요가 없다. 오히려 그것은 흔히 기각에 대한 인정이기도 하다.

넷째, 검정의 목적을 반증에 두기 때문에 필요한 가정과 전제를 쉽게 왜곡시킬 수 있고, 관찰 방법의 신뢰성이나 타당성이 부족하여 반증될 경우에 실제로는 옳은 이론이 완전히 부정될 가능성도 있다.

다섯째, 한 번의 반증으로 기존의 이론이 거부되는 경우도 드물거니와 과학의 역사를 살펴볼 때 검정 결과 반증된 이론들이 과학의 진보에 상당히 공헌한 경우도 많다. 일부에 대한 반증이 반드시 그 전체에 대한 전복으로 이어지는 것은 아니라는 것이다. 예를 들면 코페르니쿠스의 지동설, 다윈의 진화론, 아인슈타인의 상대성 이론 등도 과학역사의 어느 한 시점에서는 상당한 논란이 있었으나 오늘날까지도 과학이론으로 그 명맥을 유지해 오고 있다. 이와 같이 추측과 반박은 과학지식의 역사를 설명하기에는 부족한 것이다.

(2) 상대론적인 입장

포퍼의 반증주의에 도전하는 이론들이 1950년대 이후 제기되었다. 이들의 공통된 주장은 과학의 현실은 변화시키기 어려운 개념틀과 세계관에 의해서 지배된다는 것이다. 특히 토머스 쿤(Thomas Kuhn, 1962)은 기존의 개념틀은 존재하지 않는다고 주장하면서 연구활동을 안내해 주는 개념틀에 초점을 맞춰 과학혁명과 정상과학이라는 새로운 과학철학을 제시하고 있다. 즉 그는 첫 번째 저술인 『코페르니쿠스 혁명』(1957)에 이어서 두 번째 저작인 『과학 혁명의 구조』(1962)에서 과학혁명과 정상과학을 통한 '패러다임'이 과학연구와 과학사조를 규정한다고 주장했던 것이다. 그에 따르면 코페르니쿠스의 지동설이 프톨레마이오스의 천동설을 뒤엎고, 양자물리학과 일반상대성이론이 뉴턴 역학을 뒤엎은 것은 패러다임의 근본적 변화를 보여주는 실례가 될 수 있다.

① 과학혁명

칼 포퍼(Popper)와 토머스 쿤(Thomas Kuhn)은 현상을 관찰할 때 기존 패러다임에 구속되면 새로운 인식 체계를 추구할 수 없게 되어 과학의 발전을 저해하므로 그러한 구속에서 벗어나 새로운 개념 틀을 제시해야 한다는 점에서 서로의 과학철학적 사상은 일치하였다. 그러나 과학이 발전하기 위해서는 기존 패러다임의 반증에서부터 시작해야 한다는 포퍼의 주장이 실제 과학의 역사적 흐름과는 일치하지 않는다는 문제점을 극복하기 위해 쿤은 '과학혁명(scientific revolution)'의 이론을 도입한 것이다(Kuhn, 1962).

쿤이 그의 저서 『과학혁명의 구조(*The Structure of Scientific Revolutions*)』(1962)에서 주장한 핵심적인 개념은 '패러다임(paradigm)'이다. 패러다임이란 한 사회의 세계관을 구성하게 되며, 형이상학적 분야까지 포함하는 여러 이론들을 포함하게 된다. 그 외에 패러다임은 상징적 일반화와 공통된 가치관 또는 이론 평가를 위한 기준을 포함하며 사회의 모든 구성원이 알고 있는 문제에 대한 해결책을 제시한다. 따라서 패러다임은 어떤 한 시대 전체를 근본적으로 규정하고 있는 이론, 인식, 생각·사고를 규정하는 틀이라고 개념화할 수 있다. 이러한 패러다임의 예로는 자연과학에서 다윈의 진화론, 뉴턴의 물리학, 양자역학, 판구조론 등이 있으며, 사회과학에서는 행동주의, 프로이트의 정신분석학, 기술혁신의 확산, 마르크스의 과학적 사회주의, 기능주의 사회이론 등을 들 수 있다.

쿤에 의하면 이러한 패러다임은 과학혁명을 통해 이동한다. 즉 패러다임이 점진적으로 변화하는 것이 아니라 과학혁명의 기간 동안에 기존 패러다임과는 전혀 다른 새로운 패러다임이 혁신적으로 등장한다고 보는 것이다. 쿤은 과학의 발전이 점진적 패턴으로 이루어지는 것이 아니라 변칙적으로 어느 한순간의 급격한 변화에 의해 이루어진다고 본다. 즉 기존 패러다임에 근본적인 오류가 내재되어 있음을 발견하게 되면서 위기에 봉착하게 되므로 그 패러다임에서 완전히 벗어난 새로운 패러다임으로 이동하게 된다는 것이다.

> 결과적으로 새로운 패러다임의 수용으로 인해 관련 과학은 재정의되지 않을 수 없게 된다. 오래된 일부 문제들은 다른 과학 분야로 귀속되든가 아니면 완전히 비과학적이라는 판정을 받는다. 전에는 없었거나 보잘것없는 것으로 여

> 겨졌던 문제들이 새로운 패러다임에서는 의미 있는 과학적 업적의 대표적 유형으로 된다. 문제가 바뀌게 되면서, 형이상학적 사색이나 언어의 유희, 또는 단순한 수학적 풀이 등으로부터 진정한 과학적 해답을 구분해 낼 수 있는 표준도 달라진다. 과학 혁명으로 새로이 나타나는 정상과학의 흐름은 이전의 것과 서로 양립할 수도 없을 뿐만 아니라 전혀 호환성이 없다(Kuhn, 1962 : 103).

한편 사회과학의 패러다임 전환은 자연과학의 경우와 다른 의미를 가진다. 자연과학자는 일반적으로 한 패러다임에서 다른 패러다임으로 옮겨가는 것을 부정확한 관점에서 정확한 관점으로 넘어가는 진보 혹은 발전을 나타낸다고 믿는다. 이와는 반대로 사회과학에서는 이론적 패러다임이 인기를 얻거나 잃을 수는 있지만 완전히 버려지는 경우는 거의 없다. 사회복지 실천모델도 마찬가지지만 사회과학 패러다임은 다른 패러다임이 드러내는 사회적 삶의 측면을 무시하기는 하지만, 오히려 다양한 관점을 제공하고 각각은 다른 패러다임이 갖지 못한 통찰을 제공한다.

② 정상과학

과학활동에 관해 쿤은 기본적으로 정상과학과 과학혁명을 구별하고 있다. 정상과학(normal science)이란 토머스 쿤이 『과학혁명의 구조(*The Structure of Scientific Revolutions*)』(1962)에서 제시한 혁명적 과학관에 나타나는 또 다른 주요 개념의 하나로서 다음과 같이 언급하고 있다.

> 정상과학이란 하나 이상의 과거 과학 업적에 확고하게 근거를 두고 있는 조사 연구를 의미하며, 이러한 업적들은 일정 기간 실제적 연구활동의 기반을 제공하는 것으로 당시의 과학공동체에 의해 인정받는다(Kuhn, 1962 : 10).

과학도나 과학실무자는 과거의 여러 가지 과학적 업적에 토대를 둔 연구인 정상과학을 통하여 과학세계에서 사회화 과정을 거친다. 정상과학은 연구대상으로 삼을 연구문제의 종류, 이용할 전제와 개념의 종류, 이용할 연구 방법의 종류를 정한다. 정상과학의 기능에 대한 쿤의 견해는 다음과 같다.

> 역사적으로 볼 때 정상과학이 그러한 역할을 담당할 수 있었던 것은 두 가지의 본질적인 특성들을 지니고 있었기 때문이다. 즉 첫째 정상과학은 지속적인 연구활동에 종사하는 집단을 다른 경쟁적인 과학활동으로부터 끌어들이는 데 전례가 없을 정도로 성공했다. 둘째, 정상과학은 매우 개방적이어서 모든 유형의 문제를 실무자집단이 해결하도록 남겨 놓았다는 점이다(Kuhn, 1962 : 10).

이처럼 쿤은 과학혁명과 정상과학이라는 두 가지 특성을 공유한 성과를 패러다임(paradigm)이라 하고 패러다임은 정상과학의 아이디어와 밀접한 관련이 있다고 하였다. 패러다임 연구는 과학도에게 후에 몸담게 될 과학세계의 일원이 될 자격을 부여해 준다는 의미이기도 하다.

따라서 정상과학에서는 이후의 연구에서 이의를 제기하거나 본질에 대한 회의를 가지는 일은 거의 없다. 이것은 과학도가 몸담게 되는 과학세계에서의 권위 있는 과학자가 배우는 근원, 개념, 방법론과 똑같기 때문이다. 공유한 패러다임에 근거하여 연구를 수행하는 과학자들은 심리적으로 똑같은 과학활동상의 규칙, 규범, 준칙에 따르게 된다. 그러한 규범 합의가 정상과학의 선행요건이다.

이에 비하여 과학혁명(scientific revolution)이란 '정상과학(normal science)'에 대비되는 개념으로서 과학세계에 점차적으로만 받아들여질 수 있는 경쟁적인 패러다임(rival paradigm)을 새롭게 개발하는 것이다. 패러다임의 변화는 과학에서 혁명적인 형태로 일어난다. 예컨대 인간지능은 사회문화적 환경과 유전의 결과라는 패러다임이 지능은 전적으로 유전에 의하여 결정된다는 이전의 패러다임을 대신해서 형성되었다. 이러한 패러다임이 개성 및 인간행태의 연구에 변화를 주었고 사회정책, 교육정책, 경제에 관한 공공정책의 밑바탕이 되었다.

일상적이고 정상과학이 설명할 수 없는 예외적인 현상들이 나타남에 따라 지배적 패러다임을 받아들이지 않는 혁명적 과정이 시작되는 것이다. 지배적 패러다임의 여러 가지 차원 및 의미가 경험적으로 반증됨에 따라 연구자의 연구결과에 대한 순응이 약해지기 때문이다. 쿤은 이러한 모순상태를 비정상이라 부르고 입증행위 및 문제해결활동이 계속됨에 따라 비정상이 증대된다고 하였다. 따라서 어느 시점에서 다른 경쟁적인 패러다임이 구축되지만 낡은 패러다임과 새로운 패러다임 간에 갈등이 야기되고, 결국에는 새로운 패러다임이 받아들여지게 되면서 정상과학이 재수립된다고 보는 것이다. 아울러 낡은 패러다임에서 새로운 패러다임으로 대체되는 기간에 불확실한 상태가 발생하며 과학세계가 분열하게 된다고 보았다. 이 기간에 나타날 수 있는 행위로는 무계획적이고 무체계적인 연구, 목적의식 없는 입증, 우발적인 발견 등을 들고 있는 것이다.

그러나 과학혁명은 자주 일어나는 것이 아니다. 대부분의 과학활동이 정상과학의 틀 속에서 이루어진다. 과학혁명은 오랜 기간에 걸쳐 그리고 아주 드물게 일어난다. 대부분의 과학자들은 지배적 패러다임에 순응하려 하며 비정상 상태를 좋은 것으로 생각하지 않기 때문이다. 인간의 지각작용은 실제의 입증행위 이전에 형성된 관념에 따라 이루어지게 마련이다. 과학자들은 자기의 눈에 띄는 것을 보게 마련이다. 지배적 패러다임이 경험적 발견의 결과와 모순되기 시작한 지 오랜 시간이 경과한 후에나 경험적 발견의 결과를 새로운 패러다임으로 받아들이게 되는 것이다.

이러한 쿤의 패러다임 전환 이론 모형에 대해서 다음과 같은 많은 비판이 있다(채서일, 1993: 33 참조 재수정).

첫째, 패러다임 간의 비교가 실질적으로 불가능하기 때문에 이론의 평가과정에 상당한 어려움이 뒤따른다. 쿤에 의하면 다른 패러다임을 추구하는 과학자들은 서로 다른 세계에 살고 있는 것과 같다. 예컨대 인지심리학자와 행동과학자가 서로 일치된 결론에 도달할 수 없고, 경제학에서의 소비자 행동과 경영학에서의 소비자 행동의 상호 비교가 어렵다.

둘째, 이론의 평가과정에서 제기되는 또 하나의 문제는 새로운 패러다임이 기존의 패러다임의 문제점을 전부 해결할 수 있는 경우가 극히 드물다는 점이다.

셋째, 쿤의 견해가 역사적으로 일치하지 않는다. 자연과학은 물론 사회과학 분야에서 단일의 패러다임이 각 이론들을 지배한 경우는 극히 드물고, 일반적으로 여러 개의 경쟁적인 패러다임들이 공존하고 있다.

넷째, 쿤의 견해에 따르면 이론의 선택, 즉 새로운 패러다임을 추구하는 과학자 개개인의 노력은 미래의 약속에 대한 확신 하에서 이루어진다. 그러나 신념에 의해서 이론의 선택이 이루어지는 것은 아니다. 신념에 의해서 이론이 선택되면 합리적인 선택이 불가능해진다.

다섯째, 쿤에 따르면 발견의 논리는 있을 수 없고 발견의 사회심리만이 있을 수 있다. 과학의 주변에는 언제나 비정상과 모순이 존재하기 마련인데, 이러한 모순에도 불구하고 다른 패러다임으로 대체되기 전까지는 지배적 패러다임이 문제를 해결한다는 점이다. 그러나 비정상이나 모순이 나타나게 된 데에 어떤 합리적인 원인이 존재하는가? 왜 과학자는 갑자기 비정상이나 모순을 보게 되는가? 어떻게 경합적인 패러다임이 구축되는가? 쿤의 학설에는 이러한 의문점들에 대해 자세히 설명하고 있지 않다는 것이다.

③ 연구전통

과학철학자 라우든(Larry Laudan)에 의하면 과학은 연구전통(research tradition)이라고 불리는 개념적 틀 안에서 운영된다. 연구전통은 같은 전통을 따르는 과학들이 함께 갖는 형이상학적인 개념적 가정과 몇 개의 특정한 이론들로 구성되어 있다. 연구전통의 중요한 기능은 미래의 새로운 연구전통에 대한 방법론적 및 과학적 기초를 제공하는 것이다.

과학의 목적은 관심이 있는 문제에 대해서 수긍할 만한 해답을 제시하는 것, 즉 문제의 해결이라고 주장하고 있다(Laudan, 1978 ; 채서일, 1993 : 34-35). 흔히 자연현상이나 사회현상에 대해 사람들이 갖고 있던 기존 관념이 깨어졌을 때 여러 가지 경험적인 문제들이 발생한다.

여기서 이론이 참이냐 거짓이냐 하는 것은 이론의 가치에 대한 평가기준이 될 수 없으며, 오히려 핵심적인 문제는 이론이 그런 중요한 경험적 문제들을 제대로 설명할 수 있느냐 없느냐 하는 것이다. 이론에 대한 평가는 이론이 갖는 종합적인 문제해결의 정확성을 기준으로 이루어져야 한다는 것이다. 하지만 경험적인 문제의 해결 방법이나 설명력으로 이론들의 차이점을 밝혀낸다는 것이 실제로 불가능한 경우가 많다.

이에 따라 라우든은 이론을 평가하는 과정에서 고려해야 할 문제를 다음과 같이 제시하고 있다.

첫째, '해결 안 된 예외(nonrefuting anomaly)'의 문제로서 이는 현재 이론으로는 해결되지 않지만 경쟁이론(rival theory)으로는 해결되는 것으로, 이러한 예외가 경쟁이론에 의해 해결된다는 것은 현재 이론에 커다란 위협이 된다.

둘째, 개념적인 문제로서 이에는 이론 간의 일관성뿐만 아니라 이론 내에서의 논리적 일관성이 고려되어야 한다. 또 다른 개념적인 문제는 이론이 당시 사회의 보편적인 관점과 상반되는 경우에서 볼 수 있다. 예컨대 심리학에서는 인간의 행동을 이해하기 위해서 인간의 내면을 이해하려 하였으나 새로운 연구방법을 도입한 행동주의자들은 인간의 외부적인 행동만으로 이해해야 된다고 주장한 것과 같다.

④ 연구 프로그램(도구적 합리주의)

과학철학자 라카토스(Imre Lacatos)는 과학적 연구 프로그램의 방법론(Methodology of Scientific Research Program)은 '참'이나 '거짓'이라는 기준보다는 기능적 유용성에 의해 평가된다고 보는 도구적 합리주의를 취하였다. 이는 토머스 쿤(Kuhn)과 유사한 입장이다(Lacatos, 1974 ; 정창수, 1996 : 39-41). 하지만 쿤이 패러다임의 기능적 유용성은 자체의 내부적 맥락에서만 평가될 수 있을 뿐이고 패러다임들 간의 비교는 가능하지 않다는 상대주의적 입장인 것에 비하여 라카토스는 일정한 합리적 기준에 의해 연구 프로그램들의 평가와 객관적 비교가 가능하다고 보았다는 차이점이 있다.

그렇다면 연구 프로그램의 기능적 유용성을 객관적으로 평가하는 척도는 무엇인가? 이에 대해 라카토스는 어떤 역사적 단계에서 어떤 연구 프로그램이 좀 더 나은 과학적 지식으로 취급됨으로써 우위를 점하는가 하는 것은 그것이 얼마나 '발전적(progressive)'인가 하는 것에 달려 있다고 한다.

연구 프로그램이 '발전적'이라는 것은 두 가지의 상호 연관적 차원에서 지식 내용의 확장이 지속적으로 이루어지는 현상이다.

첫째는 '이론의 발전적 전환'으로서 좀 더 넓은 영역의 경험적 현상을 설명하거나 예측을 허용하는 이론적 모델들이 발전적으로 개발되어 나오는 현상이다. 즉 이론적인 면에서 이러한 발전적 전환이 지속적으로 이루어질 때 그 연구 프로그램은 발전하고 있는 것으로 본다는 것이다.

둘째는 '경험의 발전적 전환'이다. 이론의 발전적 전환이 이루어짐에 따라 전에는 예상하지 못했던 새로운 사실들이 그 이론의 맥락에서 새롭게 설명되거나 예측되기 마련이다. 그 예측하는 바와 경험적 사실들이 실제로 부합되는 것을 경험의 발전적 전환이라 하고, 과학자들은 그러한 예측의 적중을 주어진 연구 프로그램의 승리로 간주한다. 따라서 도구적 합리성은 철저한 논리성의 요건을 갖춰야 한다. 그 결과는 충분히 예견적(豫見的)이어야 한다.

⑤ 인식론적 혼란(이론적 다원주의)

페이어러밴드(Paul Feyerabend, 1975)는 라우든(Laudan)의 연구전통이 이론 선택의 합리적인 방법을 제시하는 데에 한계가 있다고 주장한다. 다른 사람들의 탐구활동이 문제해결의 진보인가 아닌가를 판단할 수 없다면, 문제해결의 진보를 기준으로 연구전통을 추구하는 것은 불가능해진다. 이것을 인식론적 혼란이라고 일컫고 있다. 그는 역사적인 기록을 예로 들면서, 아무리 그럴듯한 인식론에 바탕을 두고 있더라도 다른 이론에 의해 반박되지 않은 이론은 없었다는 점을 든다. 즉 보편적으로 받아들여지고 있는 과학적 규범을 위반하는 것이 오히려 과학적인 발전을 위해 필요하다는 것이다.

페이어러밴드에 따르면, 모든 구체적 연구들은 잠재적인 적용능력을 가지고 있다. 과학자들은 연구에 맞는 기준을 갖추려 하거나 기준을 유지할 수 있는 연구를 계속하려 하기 때문이다. 연구를 수행하는 과정에서 새로운 평가기준이 유행처럼 점차 도입된다. 이때 과거의 평가기준은 새로운 평가기준이 나와서 대체될 때까지는 그대로 적용되는 것이 보통이다. 기존의 법칙이나 연구과정들은 과학적 상상력과 창조성을 제한하므로 과학의 발전을 위해서는 이러한 과도기적 과정이 필요하다는 것이다(채서일, 1993 : 35-36).

아울러 그는 이론적 다원주의(theoretical pluralism)에서 더 나아가 과학적 방법 자체에 어떤 규칙이 존재할 수 없다는 입장까지 취한다. 과학철학과 인식론을 위해서는 무정부주의가 가장 좋은 방법이라고 전제하고, 세세한 방법론상의 규칙에 집착하는 것은 과학의 발전을 오히려 저해할 수 있다고까지 주장한다(Feyerabend, 1975 : 17). 방법론적 무정부주의야말로 과학 발달의 선행조건이며, 인간 발달의 모든 단계와 모든 상황에서 타당할 수 있는 유일한 원칙은 "모든 것이 좋다."라는 입장이다.

이처럼 페이어러밴드는 전형적인 상대주의의 입장을 취하고 있다. 모든 전통, 모든 생활양식은 각기 제 나름의 기준을 갖고 그에 따라 현실을 파악하고 문제를 해결해 나가기 때문에 어느 것이 옳고 또 어느 것이 더 나으냐 하는 것에 대해 궁극적인 판단은 내릴 수가 없다는 것이다.

⑥ 인지적 과학사회학(지식사회학)

전통적으로 과학지식의 본질은 사회학적 분석의 범위를 벗어난다고 생각되어져 왔으나, 최근에 이러한 가정들은 지식사회학자들에 의하여 도전받고 있다. 특히 에딘버러대학(University of Edinburgh)의 블로어(David Bloor)나 바니스(Barry Barness)가 주도하는 지식사회학(The socialogy of knowledge)의 연구팀은 과학적 지식을 올바로 이해하기 위해서는 상대주의가 반드시 필요하다는 입장을 취하고 있다. 비록 과학적 지식과 사회학적 과정은 다르지만, 과학적 지식을 사회학적 과정으로 보아야 한다는 데는 일치된 견해를 보이고 있다. 이러한 견해에 의하면 과학적 신념은 문화, 정치, 사회, 이데올로기 등 사회구성원들이 갖고 있는 신념들로부터 영향을 받는다는 것이다. 그들의 기본 입장은 다음과 같이 요약해 볼 수 있다(McGuire, 1992 : 160-162 ; 오명호, 1995 : 57).

첫째, 사회이론(social theory)은 과학의 생성과 과학 업적을 적절히 기술·설명할 수 있다.

둘째, 과학적 신념들(beliefs)이 사회적으로 형성되는 과정을 인과법칙으로 다룰 수 있다.

셋째, 자연과 사회를 이원화(duality)하여 인식하는 것은 잘못된 것이다. 사회나 사회이론은 자연이나 과학철학보다 더 중요하다.

넷째, 바니스와 블로어(Barness & Bloor, 1982 : 22-23)에 의하면 사실(facts)은 사회적으로 만들어진다. 사실에 관한 신념이나 사실의 본질은 사회의 이해관계, 집단의 필요나 욕구, 그리고 사회세력들의 권력 등에 의해 좌우된다. 과학적 신념이나 지식 및 사실이 사회적으로 만들어지며, 동시에 사회의 이해관계, 집단의 필요나 욕구, 사회세력들의 권력 등에 의해 영향을 받는다고 하면, 과학은 특정한 사회마다 있기 마련인 맥락적인 구속성(context-bound)을 가지며, 과학적 지식은 그 사회에만 타당한 '제한적 신뢰성(local credibility)'을 갖는 것으로 파악된다.

CHAPTER 02

과학적 이론의 요소와 체계

01 과학적 이론의 정의

과학적인 지식탐구는 과학적 이론으로 표현되고, 과학적 이론은 조사 연구를 통해 만들어진다. 이론이라는 용어는 복합적인 의미를 가진다. 사실들 간 관계를 논리적으로 설명한 것이라고도 하고, 더 나아가 경험적인 검정까지 거친 설명을 가리키기도 한다. 일반적으로 과학적 이론이라고 하는 것은 경험적 검정까지를 거친 설명을 의미한다. 앞장에서 과학적 탐구의 목적이 현상의 설명과 예측에 있고, 이를 위해서는 법칙 또는 경험적 일반화가 기본적 전제가 되고 있음을 살펴보았다. 이때 이론은 설명과 예측을 가능하게 하는 이러한 경험적 법칙들을 보다 높은 수준에서 설명해 주고 연결시켜 주는 역할을 한다.

이론은 과학적 탐구의 과정을 거쳐 만들어졌거나 혹은 만들어질 수 있는 모든 설명들을 포함한다. 과학적 이론은 단 한 번의 검정만으로 완성되기보다는 지속적인 검정과 수정을 통해 정교화되어가는 순환적인 특성을 지닌다. 따라서 현 시점의 과학적 이론이 순수한 논리수준의 설명인지 아니면 경험적 검정까지 거친 설명인지 명확하게 구분할 수 없는 경우도 종종 있다. 과학적 이론은 사실들 간의 관계에 대해 '논리성'과 '경험성'을 모두 갖춘 설명뿐만 아니라 그러한 논리성과 경험성의 가능성만을 갖춘 설명까지도 포함한다고 보는 것이 타당하다.

과학적 지식은 과학적 이론으로 체계화된다. 즉 과학의 기본 목적은 이론에 있고, 이론은 현상의 설명을 담고 있다. 따라서 과학적 이론은 현상에 대한 보다 정밀하고 정확한 이해와 설명을 통해 또 다른 현상들을 예측하거나 통제하는 데 사용될 수 있다.

이러한 이론적 구조와 관련하여 에밀 뒤르켐(Emile Durkheim)의 『자살론(*Suicide*)』(1987)의 예에서 논리적 및 경험적 연결을 구체적으로 살펴보면 다음과 같다(오명호, 1995 : 119-20).

[명제(postulates)]

① 사회통합의 결여는 많은 심리적 압박을 가져온다.

② 심리적 압박은 보다 많은 일탈행위를 가져온다.

③ 사회통합의 결여는 가톨릭교도보다는 신교도에서 더 심하다.

④ 일탈 행위가 많을수록 자살률도 높아진다.

[연역(deduction)]

⑤ 그러므로 신교도들 중의 자살률은 가톨릭교도들 중의 자살률보다 높다.

뒤르켐의 사회통합과 관련된 이기적 자살의 경우 이론적 구조의 특징은 네 개의 명제 혹은 가정들로부터 한 개의 연역문장을 추론해 내고 있는 것이다. 명제 ①과 ②는 이론적 언명으로 볼 수 있고, ③과 ④는 이러한 추상적인 이론적 언명을 관찰할 수 있는 경험세계와 연결하는 교량적 언명(bridge statements)이 되며, 연역문장 ⑤는 법칙 또는 경험적 일반화이다.

이처럼 과학적 이론의 구조는 추상적인 추리체계가 연역적으로 경험세계와 연관을 맺는 특성을 가지므로 과학적 탐구에서 이론이 갖는 기능은 다음과 같이 세 가지로 정리해 볼 수 있다.

첫째, 과학적 이론은 법칙의 상위에 존재하면서 현상을 보다 강력하게 설명할 수 있다. 경험세계에서 발생하는 규칙성은 법칙으로 정립되고, 과학적 이론은 이러한 규칙성 또는 법칙들을 설명할 수 있다.

둘째, 과학적 이론은 다양한 현상들에 대해 체계적이고 통합적인 설명을 제공한다. 즉 다양한 현상을 거슬러 올라가서 그 배후에 존재하는 어떤 심층적 과정이나 일관된 근본 원리를 찾아냄으로써 여러 가지 경험적 규칙성이나 일관성들이 어떠한 근본적인 원리들로 인해 나타나는가를 밝혀낸다.

셋째, 좋은 이론은 그때까지 알려지지 않았던 현상들을 예측하고 설명함으로써 세계에 대한 우리들의 지식과 이해를 넓힐 수 있다.

02 과학적 이론의 구성요소

과학적 이론이란 현상에 대한 체계적인 설명인데, 체계적 설명을 위해서는 주요한 요소들을 갖추어야 한다. 즉 개념, 변수, 개념적 틀, 이론(서술), 이론적 체계, 모델, 패러다임 등이 과학적 이론을 구성하는 요소들에 해당한다.

1) 개념

개념(concept)은 경험이나 사유의 대상이 될 수 있는 어떤 사물이나 현상 및 관념을 대표적으로 지칭하는 것이다. 즉 개념이란 구체적 사물이나 현상 혹은 관념 그 자체가 아니고 그러한 것들을 추상적·상징적으로 표현한 사유적 구성물로서, 관찰된 현상의 특정한 측면만을 표현하는 추상적인 관념을 용어 또는 기호로 표현한 것이다. 예를 들어 '인간'이라는 것은 개념이다. 어린이, 청소년, 노인, 남자, 여자, 장애인, 갑순이, 갑돌이, 김서방, 박서방 등 무수히 많고 다양한 사람들이 있지만 이들 모두를 공통적으로 묶어 인간이라고 대변할 때 그것은 개념이 된다.

물론 그러한 논리로 생각할 때, 서비스, 나이, 자아존중감, 자아정체감, 노인, 청소년, 성별, 소득수준, 정신질환, 상호작용, 빈곤선, 케이스워크, 시스템, 이론, 변수, 사회복지, 조사방법 등 사물이나 현상을 지칭하는 대부분의 용어들이 개념이라 할 수 있다.

따라서 개념은 가설과 이론의 구성요소로서 보편적인 관념 안에서 특정 현상을 나타내는 추상적 표현이다. 예를 들면 자유, 불안, 사랑, 복지와 같은 것이 그 대표적인 예가 될 수 있다. 이와 같이 직접적인 방법으로 관찰하는 것이 불가능한 개념들이 있는가 하면, 컴퓨터나 책과 같이 쉽게 관찰할 수 있는 개념들도 있다. 개념을 범주에 따라 분류하면 성별이나 종교의 유무 혹은 취업 유무와 같이 오직 두 개의 값만을 가지는 이분화된 개념들이 있는가 하면, 소득이나 연령과 같이 값이 매우 많고 연속적 특성을 지닌 개념들도 있다.

개념은 과학적 탐구의 가장 기초적인 연구단위인 동시에 과학적 이론의 가장 기초적인 구성단위가 된다. '노인의 삶의 만족도'에 관한 이론에서는 먼저 노인이나 삶의 만족도와 같은 개념들이 필요하고, 그 외에도 가족관계, 주거, 생활환경, 사회참여, 종교, 자원봉사, 신체적 및 정신적 건강, 노후준비도, 배우자의 생존 여부, 여가, 소득, 노인복지정책 등의 다양한 개념들이 동원될 것이다. 물론 이때 어떤 개념들이 중심이 되어 어떠한 골격을 이루느냐에 따라 서로 다른 이론이 형성될 수 있을 것이다.

이처럼 자연과 사회를 이해하고 그 속에서 일어나는 경험적 규칙성을 찾아내어 구체적인 사건이나 상황을 설명할 수 있는 기본 단위의 도구가 바로 개념이다. 개념을 통하여 현실의 경험세계에 대한 의미를 부여하고 그 속에서 형성되는 질서와 일관성을 파악할 수 있게 된다(Kaplan, 1964 : 46).

2) 변수

변수(variable)는 실증적인 검정과정에서 개념을 측정 가능한 형태로 변환시킨 것이며, 또한 변하는 속성을 가지고 있다. 개념이 추상적인 것임에 반해 변수는 그것을 경험화하는 일종의 조작화라고 말할 수 있다. 따라서 변수는 추상적인 개념의 경험적 대응물인 셈이다. 행복이나 만족은 사람마다 느낌의 정도가 각기 다르기 때문에 하나의 변수가 될 수 있다.

소득이나 자산의 소유 정도도 가계마다 다르기 때문에 변수로 간주될 수 있다. 따라서 범주가 단 한 가지뿐이거나 변하지 않는 것은 변수가 아니고 상수(constant)이다. 도시는 변수가 아니고 하나의 상수에 불과하지만, 지역은 도시, 농촌, 어촌의 세 가지 속성으로 분류될 수 있으므로 하나의 변수이다.

변수를 형태에 따라 분류하면 속성을 크기나 양에 따라 분류하는 연속변수와 속성의 종류나 특질에 따라 분류하는 불연속변수로 구분할 수 있다. 변수의 역할에 따라 분류하면 선행변수, 독립변수, 매개변수, 종속변수, 통제변수로 분류된다. 독립변수는 영향을 주어 다른 변수를 변화시키는 변수이고, 종속변수는 독립변수의 영향을 받아 변하는 변수이다.

독립변수를 선행변수라 하고 종속변수를 후행변수라고도 하는 이유는 시간적으로 독립변수의 변화가 먼저 일어나고 그 변화의 정도에 따라 종속변수도 변하기 때문이다. 예를 들어 소득이 증가하여 교통비가 증가한다고 가정하면 소득은 교통비를 증가시키는 원인이 되는 선행변수이므로 독립변수가 되며, 교통비는 독립변수인 소득의 영향을 받아 변화하는 결과변수이므로 종속변수가 된다. 같은 논리로 신문구독률은 교육수준에 따라 다르다고 가정한다면 교육수준은 독립변수이고 신문구독률은 종속변수가 된다.

엄격한 의미에서의 선행변수는 독립변수보다 먼저 발생된 변수로 ① 독립변수 및 종속변수와 연관이 있으며, ② 선행변수가 통제되어도 독립변수와 종속변수의 관계는 유지되고, ③ 독립변수가 통제되면 종속변수와는 아무런 관계가 없어야 한다는 세 가지 조건을 만족해야 한다.

매개변수는 독립변수와 마찬가지로 종속변수에 영향을 주지만 시간적으로 혹은 순서적으로 독립변수와 종속변수 사이에 존재한다. 따라서 매개변수는 독립변수에 의해 영향을 받으면서 종속변수에 영향을 준다. 이러한 매개변수는 독립변수와 종속변수의 관계를 보다 자세히 설명해 주는 기능도 있다. 반면에 매개변수는 독립변수에 포함되지 않은 변수로 독립변수와 종속변수 간의 관계를 설명하는 데 개입되어 변수들 간의 관계를 정확히 파악할 수 없게 하고 심하면 결과를 왜곡시키기도 한다. 따라서 독립변수와 종속변수 간의 관계를 정확히 검정하기 위해서 매개변수는 통제되어야 하는 경우도 있다.

조절변수는 독립변수와 종속변수 사이에서 종속변수를 변화시키는 제2의 독립변수를 말한다. 즉 독립변수가 종속변수에 미치는 영향을 조절하는 역할을 하는 변수이다. 예를 들면 새로운 교육정책(독립변수)이 학생들의 학업성취도(종속변수)에 미치는 영향에서 연구대상인 학생들이 가지고 있는 특성인 '성실성'이나 '지능지수(IQ)'는 또 다른 제2의 독립변수로서 제1의 독립변수와 종속변수 사이에서 영향력을 조절하는 기능을 하는 변수가 되는 것이다. 통제변수는 제 2 의 독립변수로 독립변수가 종속변수에 미치는 영향의 정도를 보다 정확하게 알기 위하여 통제되는 변수로서 주로 인구학적 특성에 속하는 성별, 학력, 종교, 나이 등이 있다.

3) 개념적 틀

개념적 틀(conceptual framework)은 서로 관련을 맺고 있는 여러 개념들의 체계이며, 그러한 체계 속에 포함된 개념이나 변수들 간의 관계가 대개는 명제들을 통해 서술된다. 즉 개념이나 변수들을 구성요소로 하고 이들 구성요소들을 관련지어 연결한 하나의 시스템을 말하는 것으로서, 구성요소들과 그들 간의 관계가 두 가지 핵심적인 요소이다. 그리고 이러한 개념적 틀은 도표, 등식 또는 다른 추상적인 형태로 표현되기도 한다. 따라서 하나의 구성요소만 가지고는 개념적 틀을 구성할 수 없다. 개념적 틀은 부적절한 요소들을 제거시키고 중요한 개념이나 변수들만을 선택하여 구성하므로 경험세계를 단순화시킨 것이다.

개념적 틀의 구조는 구성요소와 그 관계로 이루어지는데, 구성요소는 개념들이나 변수들이다. 구성요소로서의 개념은 추상성이 높지만, 변수는 개념을 구체화하여 경험세계의 사실로 측정할 수 있는 형태로 정의한 것이다. 그리고 구성요소로서의 관계는 개념이나 변수들의 관계와 위치를 말한다. 개념이나 변수의 관계로서는 대칭적 관계, 상호인과적 관계, 비대칭적 관계 등이 있다. 위치는 어떤 변수를 각각 선행변수, 독립변수, 매개변수, 종속변수, 통제변수에 배정하느냐 하는 것이다.

이러한 개념적 틀은 인과분석이나 목표수단 분석을 통해 분명해진다. 예컨대 의료보험제도에서 비용지출의 급격한 증가가 발생하여 이를 억제하는 연구를 생각해 볼 수 있다. 우선 의료비용지출의 억제라는 정책목표를 종속변수로 설정하고, 그러한 목표를 달성할 수 있는 대안들로서 수혜자 수의 축소, 수혜서비스 종류의 축소, 보험수가의 삭감 등을 고려해 본다. 그러면 이러한 대안들이 독립변수들로서 종속변수인 정책목표와 함께 개념적 틀에 포함된다.

4) 이론(서술)과 이론적 체계

이론이란 어떤 특정 현상을 논리적으로 설명하고 예측하려는 진술을 말한다. 따라서 현상을 설명하고 예측하고자 하는 의도가 없는 진술을 이론이라 할 수 없다. 이러한 이론은 경험적 세계에서 실증적으로 검정이 가능해야 한다. 아무리 이론 자체가 논리적으로 잘 정리되어 있다 할지라도 검정이 현실적이지 못하면 그 이론은 아무 의미가 없게 된다.

진술 자체는 논리적이고 검정이 가능하나 검정과정이 까다롭다든가 아니면 비용이 너무 많이 들기 때문에 지금 당장 검정할 수 없는 경우도 있겠지만, 궁극적으로는 검정이 되어야 한다. 관념적·추상적 세계를 나타내는 이론을 구체적인 현실세계와 연결시켜 주는 역할을 하는 것이 바로 조사 연구이다. 따라서 이론은 검정된 가설이라고 할 수 있다.

이론이 하나의 진술로 구성되는 경우도 있으나, 일반적으로는 두 개 이상의 진술로 구성되며 그러한 진술들은 상호 밀접한 관계를 가진다. 진술의 내용을 일상적인 용어로 표현하기도 하고 함수의 형태로 표현하기도 한다. 일반적으로 명제라고 알려진 이러한 진술들은 개념과 변수로 구성되어 있다. 정형화된 이론에는 공리, 전제조건(postulate), 정리(theorem), 명제(proposition), 가설(hypothesis), 경험적 일반화(empirical generalization) 등의 서술 형태들을 포함한다. 논리적 상호관계를 바탕으로 하여 결론적으로 도출된 개념 간의 관계를 나타내는 것을 명제라고 한다.

일반적으로 서로 밀접한 관계를 가진 두 개 이상의 진술들이 모여 하나의 이론이 정립되는데 예를 들면 다음과 같다.

명제 1 : A이면 B이다.
명제 2 : B이면 C이다. 따라서
명제 3 : A이면 C이다.

만약 명제 1과 명제 2가 사실이라면 명제 3도 사실이라고 추론할 수 있으며, 이 세 가지 명제가 모여 하나의 이론이 형성된다. 명제 1과 명제 2를 공리(axiom) 혹은 필요조건이라 하고, 두 명제로부터 추론된 명제 3을 정리(theorem)라고 한다. 공리나 필요조건이라는 개념은 거의 같은 뜻으로 사용되나 차이점이 있다면 공리는 수학이나 기하학 이론들에 주로 이용되며, 필요조건은 경험적으로 증명된 진술에 이용된다. 명제 3은 이론의 중추로 간주되지는 않는데 그 이유는 명제 1과 2가 사실이면 명제 3은 검정할 필요도 없이 당위성을 지닌 사실로 추론될 수 있기 때문이다.

개념적 틀 혹은 개념적 도식이 사유, 논리, 조사 등을 통해 잘 개발되면 이론이 된다. 이에 비하여 이론적 체계(theoretical system)는 명확한 범주체계에 의한 분류들과 개념적 틀이 모여서 구성되며, 개별 개념이나 개념들 간의 관계에 대한 체계적인 기술, 설명, 예측 등을 담고 있다. 따라서 이론적 체계는 경험적 현상에 대한 완전한 설명을 위한 하나의 구조를 이루고 있다고 볼 수 있다.

5) 가설

가설(hypothesis)은 두 개 이상의 변수들 간의 관계에 대한 잠정적인 진술이다. 그러한 진술을 가설이라고 하는 것은 그것이 아직 검정되지 않은 사실이고 연구자가 생각한 잠정적 해답에 불과하기 때문이다.

연구자는 가설이 검정에 의해 확정되면 받아들이고 사실과 다르게 나타나면 기각하게 된다. 가설은 일상생활의 관찰이나 선행연구, 보편적인 신념, 탐색연구를 위한 자료 분석, 혹은 기존 이론으로부터 추론될 수 있다. 하나의 진술을 정설(定說)이라 하지 않고 가설(假說)이라고 하는 이유는 아직 검정되지 않은 상태에 있기 때문이다.

따라서 가설이 될 문장 안에는 조건문 형태로 선행조건과 결과조건이 명시되어야 하므로 가설은 다음과 같이 진술할 수 있다.

> 만약 … 하면 … 할 것이다.
> (예 : 인구밀도가 증가하면 범죄율도 증가할 것이다.)
>
> … 와 … 는 관계가 있을 것이다.
> (예 : 인구밀도와 범죄율은 관계가 있을 것이다.)

앞의 가설에서 인구밀도 증가는 선행조건이고 범죄율 증가는 결과조건이다. 즉 인구밀도가 증가할 때 범죄율도 더불어 증가한다는 것이다.

6) 관계

가설이나 이론은 단지 개념들의 나열이 아닌 그 이상의 것, 즉 관계(relationship)를 나타낸다. 관계에 대해서 말할 때는 주로 독립변수와 종속변수와의 관계를 말하며, 관계에는 정의 관계와 부의 관계가 있는가 하면, 대칭 관계와 비대칭 관계도 있다. 또 선형 관계가 있는가 하면 비선형 관계도 있다.

(1) 관계의 유형

① 정의 관계와 부의 관계

정(+)의 관계(positive relationship)란 [그림 2-1]에서 볼 수 있듯이 두 변수가 같은 방향으로 변하는 것을 말한다. 즉 한 변수가 증가(감소)하면 다른 변수도 증가(감소)하는 관계이다. 예를 들어 소득수준과 교육비가 정의 관계를 가지고 있다면 소득수준이 증가할 때 교육비도 증가하고, 소득수준이 감소할 때는 교육비도 감소된다는 것을 나타낸다. 부의 관계(negative relationship)는 두 변수가 각기 다른 방향으로 변하는 것을 말한다. 만약 X와 Y가 부의 관계를 가지고 있다면 X가 증가할수록 Y는 감소할 것이고, X가 감소하면 Y는 증가한다.

도표에 통계수치와 함께 관계를 표시할 때, 정의 관계는 (+)의 의미를 지니고 있지만 플러스(+)를 표시하지 않고 통계수치만 적는 반면, 부의 관계는 수치 앞에 마이너스(−) 표시를 해준다. 여기서 주의할 점은 (+)와 (−)는 단지 두 변수가 변화하는 방향이 서로 다르다는 것뿐이지 (+)가 (−)보다 관계의 정도가 강하거나 약한 것을 나타내지는 않는다.

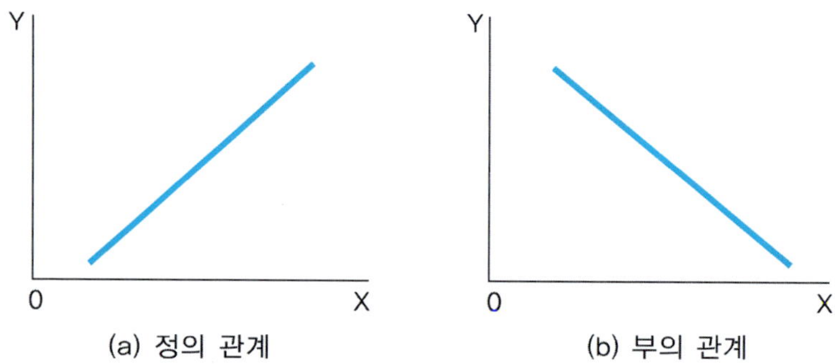

[그림 2-1] 정의 관계와 부의 관계

② 선형 관계와 비선형 관계

선형 관계(linear relationship)는 두 변인이 같은 비율로 변하는 것을 말하고, 비선형 관계(nonlinear relationship)는 두 변인의 변화비율이 다른 것을 말한다. 선형과 비선형의 차이가 [그림 2-2]에 잘 나타나 있다.

그림에서 변화율을 기울기로 판단할 때, 선형 관계든 비선형 관계든 기울기가 급격하면 X의 변화율이 Y의 변화율보다 작고, 기울기가 완만하면 X의 변화율이 Y의 변화율보다 크다는 점에 있어서는 선형과 비선형이 같다.

그러나 선형에서는 X가 변할 때 Y가 일관성 있게 같은 비율로 변하는 반면, 비선형에서는 X가 변할 때마다 Y의 변화율이 다르다. 뿐만 아니라 비선형은 X와 Y가 같이 증가하다가 어느 극대점에 도달하면 X가 변해도 Y의 변화율은 0이 되고 그 이후부터는 X가 증가해도 Y는 감소되어 마이너스 (−) 값을 갖게 된다.

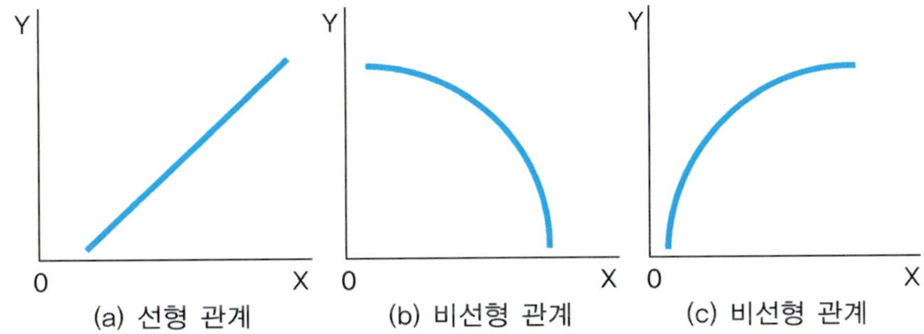

[그림 2-2] **선형 관계와 비선형 관계**

비선형 관계를 가지는 대표적인 예로 인적자본이론에서 설명하는 교육수준과 임금과의 관계를 들 수 있다. 교육수준이 증가할수록 개인의 기술이나 창의력, 통찰력, 문제해결능력 같은 인적자본이 인간 내부에 축적되므로 교육수준이 낮은 사람보다 생산성이 높기 때문에 임금도 오르게 된다. 그러다가 어느 점에 도달하면 그러한 인적자본도 효율성이 떨어지게 되므로 자연히 임금도 하락하게 된다.

(2) 관계의 정도

두 변인이 관계가 있다면 관계의 정도를 파악할 필요가 있다. 특히 이 관계의 정도는 한 변인의 변화에 따라 변할 수 있는 다른 변인의 변화 정도를 예측하고자 할 때 중요한 역할을 한다. 예를 들어 재화의 가격과 수요량이 서로 관계를 가지고 있다면, 현 가격수준에서의 수요량은 얼마이고 또 가격이 얼마간 증가할 때 그에 따라 수요량이 얼마만큼 하락될 것인지를 정량적으로 예측할 수 있다.

(3) 인과관계

인과관계란 개념에 대해서는 흄(Hume)을 거쳐 밀(Mill) 이후에도 많은 철학자들에 의해서 활발한 연구가 진행되면서 논란의 대상이 되어 왔다. 그러나 여전히 논란의 여지가 많음에도 불구하고 연구의 목적이 특정 현상에서 인과관계를 찾는 것이기 때문에 여러 과학 분야에 깊이 뿌리를 내리고 있고 이론 형성을 위해 이용되고 있다.

인과관계(causal relationship)란 두 변인 간의 단순한 정 혹은 부의 관계를 의미하는 상관관계와는 다르며, 두 변인이 변화할 때 어느 한 변인이 원인이 되어 다른 변인을 변화시키는 관계를 말한다. 여기서 원인이란 특정 현상을 발생시키는 것이다. 이것은 엄격한 의미에서의 논리적인 개념이라기보다는 구체적인 현상들 사이의 관계에 경험적으로 적용하여 증명하고자 하는 실증적인 개념이다.

① 인과관계의 성립조건

두 변인, 즉 "X라는 원인이 Y라는 결과를 초래할 수 있다"라는 인과관계를 추정할 때는 다음의 네 가지 조건이 충족되어야 한다.

첫째, 변인 X와 Y는 서로 관련되어 있어야 한다. 이 말은 X(혹은 Y)가 변화하면 Y(혹은 X)도 그에 영향을 입어 변화하는 것을 말한다. 물론 두 변수가 정의 방향으로 변화할 수도 있고 부의 방향으로 변화할 수 있다.

둘째, 두 변인은 비대칭 관계(asymmetrical relationships)를 가지고 있어야 한다. 즉 X는 Y에 영향을 미치지만, Y는 X에 영향을 미치지 않는다. 예를 들어 흡연(X)과 폐암 발병(Y)의 관계를 살펴보면, 흡연으로 인하여 폐암이 유발될 수 있으나 폐암이 원인이 되어 흡연을 초래하지 않는다.

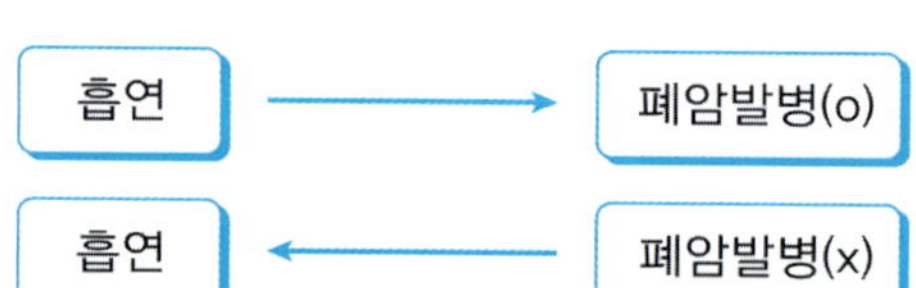

셋째, X의 원인은 Y의 결과를 일으키지만, Y의 결과는 X의 원인 이외에는 절대로 일어나지 않는다. 즉 Y는 X에 의해서만 설명될 수 있으며, 다른 변수들에 의한 영향은 통제되어야 한다. 흡연과 폐암 발병과의 관계에서 폐암은 흡연에 의해서 발병된 것이지 다른 요인에 의한 것이 아니어야 한다.

넷째, X가 원인이고 Y가 결과라면 반드시 X의 변화가 Y의 변화보다 시간적으로 앞서야 한다. 인과관계를 논할 때는 시간적 우선이라는 입장을 명확히 해야 한다. 때로 두 변인 사이에 상호 인과관계가 존재하여 대칭적 관계(symmetrical relationships)를 가지면서 두 변인의 변화가 동시에 일어나기도 한다. 즉 X가 Y의 결과를 초래하기도 하고, 또 Y가 원인이 되어 X의 결과를 초래하기도 한다.

이런 경우에는 두 변인 X와 Y가 원인변수인 동시에 결과변수이다. 그러나 대부분의 인과관계는 비대칭적이기 때문에 원인이 결과보다 시간적으로 앞선다. 위의 예에서 흡연을 하고 난 후에 폐암이 발병하게 되는 것이지, 폐암이 발병하고 난 후에 흡연을 하게 되는 것은 아니라는 말이다.

② 인과관계의 유형

인과관계에 대해서 논할 때는 필요조건과 충분조건이라는 점에서 세 종류의 인과관계를 살펴볼 필요가 있다(Bailey, 1982).

첫째, X_1의 변화가 Y에 영향을 미치는 것은 필요조건이지 충분조건은 아닌 경우이다. 즉 X_1의 변화가 Y의 변화보다 먼저 일어나긴 하지만 그렇다고 Y 결과의 원인이 변인 X_1 하나만으로는 충분히 설명될 수 없고, X_1 이외에 또 다른 변인 X_2가 영향을 미치기 때문이다. 예를 들어 담배를 피우는 사람들만이 폐암에 걸리고 담배를 피우지 않는 사람들은 폐암에 걸리지 않는다고 가정할 때, 흡연(X_1)은 폐암(Y)을 설명하는 데 있어 하나의 필요조건이다. 그러나 여기서 담배를 피우는 모든 사람들이 다 폐암에 걸리는 것은 아니며, 담배를 피우지 않는 사람도 담배연기(X_2)가 자욱한 곳에 있는 시간이 많게 되면 폐암에 걸릴 수 있다고 가정한다면, 흡연 그 자체만이 폐암의 원인이 되는 것은 아니며 흡연과 담배연기 모두가 폐암의 원인이라 볼 수 있다. 이때 두 변인은 폐암의 원인을 설명하는 데 있어 충분조건이 된다.

둘째, X_1의 변화가 Y에 영향을 미치는 것은 충분조건이지 필요조건은 아닌 경우이다. 위의 예에서 이번에는 반대로 흡연이라는 요인만으로도 폐암이 유발될 수 있고 또 담배연기만 마셔도 폐암에 걸릴 수 있다고 가정한다면, 이때 흡연과 담배연기는 각기 하나의 충분조건이지 필요조건은 아니다. 왜냐하면 폐암은 흡연을 하지 않고 담배연기만 마셔도 걸릴 수 있고 또 담배연기가 있는 곳에 가지 않더라도 흡연만으로도 걸릴 수 있기 때문이다. 이 두 번째 조건에서는 사람들이 흡연이나 담배연기 둘 중에 하나에는 반드시 노출되어야 하며, 흡연과 담배연기는 폐암을 유발하는 데 있어 서로 대체성을 가지고 있어야 한다. 즉 흡연과 담배연기가 같이 부분적으로 폐암을 유발시키는 원인이 아니고 두 변인이 독자적으로 각기 폐암을 유발시킬 수 있음을 의미한다.

셋째, 가장 이상적인 인과관계로 결과 Y를 설명하는 데 있어 X_1이 필요조건인 동시에 충분조건인 경우이다. 이러한 필요충분조건은 본질주의를 주장하는 학자들에 의해서 강조되어 왔으며, 관찰 가능한 필요충분조건만을 원인으로 보는 견해이다. 예를 들어 X_1에 의해서만이 결과 Y가 발생하기 때문에 X_1이 존재하지 않으면 결과 Y도 발생하지 않는다. 즉 X_1이 유일한 그리고 완벽한 원인이기 때문에 X_1 이외에 다른 대체요인은 전혀 없다. 만약 흡연이 충분조건인 동시에 필요조건이라면 흡연하는 모든 사람들은 폐암에 걸리게 되고 흡연하지 않은 사람은 폐암에 걸리지 않게 된다는 것을 의미한다.

③ 인과관계 추정 시 고려사항

인과관계를 추정할 때는 풍부한 연구경험과 통찰력이 필요하다. 왜냐하면 어떤 현상의 원인이 되는 요인을 정확히 찾아야 하기 때문이다. 그렇지 않으면 실제로는 원인이 아닌 요인을 원인으로 잘못 판단하여 그대로 분석할 수도 있다. 또 특정 현상에 영향을 미치는 요인이 다수일 경우, 즉 서로 다른 원인들이 같은 결과를 발생시켜 원인들 간에 공통적인 요소가 있을 때는 어느 요인이 진실한 원인인지를 파악하는 것이 어려울 뿐만 아니라 다른 요인들의 영향을 완벽하게 통제할 수 없기 때문에 인과관계를 명확하게 밝히기란 그리 쉽지 않다.

특히 사회과학 분야에서는 실험을 통해서 처음부터 모든 과정을 관찰하면서 자료를 수집하지 않고, 대부분 조사로 수집하기 때문에 어느 요인이 먼저 발생했는지를 관찰하기가 어렵고, 사회현상들이 독립적이지 않고 서로 유기적인 관계를 가지면서 끊임없이 변화하기 때문에 단순히 인과관계를 추론할 수밖에 없다.

7) 모형

모형(model)은 현실을 추상화된 요약의 형태로 모방한 것이다. 즉 모형은 어떤 실체를 모방하되 복잡한 실상을 특정한 측면에 맞추어 단순화시킨 추상물이다. 모형은 개념들을 체계적으로 관련짓고 구성한다는 점에서는 이론과 일치한다. 하지만 이론이 추상적이고 일반화의 가능성을 중시하는 데 비해 모형은 특정한 현실의 묘사를 축약적이고 정교하게 한다는 점이 다르다.

토머스 다이(Thomas Dye)는 특히 정책의 세계와 관련하여 모형의 특성을 잘 설명했다. 그에 의하면 모형은 정책활동을 추상화시켜 놓은 것이거나 그것을 표현한 것이다. 즉 '정치체제', '엘리트', '집단', '합리적인 의사결정', '점증주의', 혹은 '게임', '공공선택', '정치경제', '조합주의' 등을 이야기할 경우, 실제로 정책과정에서 중요한 점을 단순화시키고, 명확하게 하며, 그 이해력을 높이기 위해 현실세계를 추상화하고 있다고 보고 다음과 같이 설명하고 있다(Dye, 1981 : 43-46).

첫째, 모형은 우리가 현실세계에서의 관련성들을 보다 명확하게 사고하고 이해할 수 있도록 우리의 관점에 질서를 부여하고 그것을 단순화시켜 줄 수 있다. 그러나 지나친 단순화는 현실에 대한 우리의 사고를 부정확한 것으로 만들어 버릴 수도 있다. 만약 하나의 개념이 너무 편협되거나 단지 피상적인 현상만을 인식한 것이라면 우리는 사회현상을 설명하는 데에 그것을 이용할 수 없을 것이다. 반면에 개념이 너무 포괄적이고 복잡한 관련성을 모두 설명할 경우 너무 복잡하므로 현실에 대한 우리의 이해에 별다른 도움을 주지 못할 것이다. 달리 말하면, 어떤 사회이론들은 너무 복잡해서 그리고 다른 이론들은 너무 단순해서 도움이 되지 않는다는 것이다.

둘째, 모형은 사회현상의 중요한 측면들을 인식하게 해주어야 한다. 그것은 관련성이 별로 없는 변수나 상황을 무시하고 사회현상의 실제적인 원인과 중요한 결과에 관심이 집중될 수 있게 해주어야 한다. 물론 무엇이 실제적이며 무엇이 중요하고 어떠한 것이 관련성을 갖느냐 하는 것에는 어느 정도 개인의 주관적인 요소가 개입되어 있다. 그러나 우리 모두는 실제로 현상에 있어서 중요한 점을 인식하게 해줄 수 있는 능력이 모형의 유용성과 관계있다는 것에는 수긍할 수 있을 것이다.

셋째, 모형은 일반적으로 현실적합성을 지녀야 한다. 즉 모형은 실제로 경험적인 요소를 바탕으로 해야 하는 것이다. 현실에서 발생하지 않는 과정을 식별하거나 현실세계에 존재하지 않는 현상을 상징화하는 그런 개념은 문제가 있다. 반면에 만약 개념들이 우리로 하여금 그것들이 왜 비현실적인 것들인가 하는 점에 관심을 갖게 해 준다면 우리는 그러한 '비현실적인' 개념들을 경솔하게 버려서도 안 된다. 예컨대 정부의 의사결정이 완전히 합리적으로 이루어진다고 주장하는 사람은 아무도 없다. 하지만 그것이 정부의 의사결정이 실제로 얼마나 비합리적인가를 인식하게 해주고 또한 왜 비합리적인가를 연구하게 하는 촉매역할을 한다면 '합리적인 의사결정'이라는 개념은 여전히 유용할 것이다.

넷째, 모형은 의미 있는 것에 대해 서로 의사소통할 수 있게 해주어야 한다. 만약 너무 많은 사람들이 개념이 갖는 의미에 대해 의견일치를 볼 수 없다면 의사소통에 있어서 그러한 개념이 갖는 유용성은 줄어들 것이다. 예컨대 만약 우리가 민주적인 절차를 통해 선발되고 일반적인 공중(公衆)을 대변하는 공무원을 엘리트로 정의한다면, 자신의 이익에 근거해서 사회에 대한 의사결정을 내리는 대표성이 없는 소수로서 엘리트를 정의하는 사람과 전혀 다른 의미를 지닌 용어로 의사소통을 하고 있는 것이 될 것이다.

다섯째, 모형은 사회과학 연구에 방향을 제시해 줄 수 있어야 한다. 개념은 조작적인 정의가 가능하고, 관찰과 측정 및 검정이 가능한 현실세계의 현상을 직접 언급해야 한다. 하나의 개념 혹은 상호 연관된 일련의 개념들(이것을 우리는 모형이라고 한다)은 검정될 수 있는 현실세계의 관련성들을 말해야 한다. 하나의 개념이 제시하고 있는 관념이 맞거나 틀렸다고 증명할 수 있는 방법이 없다면 그러한 개념은 사회과학을 발달시키는 데 실제적으로 아무런 도움을 줄 수 없다.

여섯째, 모형 접근법은 사회현상에 대한 설명을 제공해 주어야 한다. 그것은 사회현상의 원인과 결과에 대한 가설임과 동시에 현실세계의 자료를 통해 검정될 수 있는 그러한 가설을 내놓아야 한다. 단순히 사회현상을 기술하는 개념은 사회현상을 논리적으로 설명하거나 적어도 논리적인 수준까지 발전될 수 있는 설명을 제공해 주는 그러한 개념만큼 유용하지가 않다.

8) 패러다임

토머스 쿤은 그의 저서 『과학혁명의 구조(*The Structure of Scientific Revolutions*)』(1962)에서 '정상과학'과 '과학 혁명'을 패러다임(paradigm)이라는 개념을 이용하여 설명하였다. 즉 과학의 어느 분야에서나 초기단계에서는 현상에 대한 논리와 그 현상을 연구하는 방법론에 대해 서로 일치하지 않는 견해를 주장하는 학파들이 존재한다. 그러나 학자들 간의 혼란과 불일치도 시간의 흐름에 따라 정리가 되어 단일 패러다임으로 구축되고 받아들여지면서 점진적으로 체계화된다. 그리고 체계화된 단일 패러다임은 이론적 가설들과 응용방법에 대한 근거를 제공하며 연구 활동에 기반을 두게 한다는 설명이다.

정상과학은 기존의 과학적 지식을 효과적으로 확장시키며 새로운 사실의 발견이나 새로운 이론을 정립하는 것에는 그다지 관심을 가지지 않는다. 따라서 시간이 지남에 따라 단일화된 패러다임이 받아들여지지 않는 여러 예외적 현상들이 하나둘 나타나게 되고 그 예외적 현상을 설명하기 위해서 기존의 패러다임을 적용하려고 노력은 하지만 여러 측면에서 한계에 부딪히게 된다.

결과적으로 그러한 예외적 현상은 갈등과 도전을 야기시키게 되고 과학자들은 점차 예외를 인지하고 새로운 패러다임을 창출하게 되는데, 이것이 바로 과학혁명이다. 새로운 패러다임은 과학의 재정립을 유도하며 현상에 대한 이론적 가설과 응용방법에 대해 새로운 기준을 제시하게 되고 차츰 기존의 패러다임은 보다 설득력이 있는 새로운 패러다임으로 교체되면서 인간의 인식체계와 가치관을 바꿔 놓기에 이른다.

이처럼 패러다임은 인간이 사물과 현상을 관찰하는 데 있어 공통적으로 가지고 있는 '인식체계' 혹은 '인식의 틀'을 의미한다. 인식의 틀은 인간이 사고하는 데 있어 매우 중요한 역할을 한다. 어떤 인식의 틀을 갖는가에 따라서 가치관과 의식구조가 다르게 형성되기 때문에 동일한 현상이라 하더라도 인식의 틀에 따라 그 현상의 진정한 의미와 실체가 달라진다.

03 과학적 이론의 방법체계

모든 과학적 이론은 논리와 경험에 근거해야 한다. 현상을 체계적으로 설명하는 이론은 먼저 논리적으로 타당해야 한다. 논리 전개가 엄격하지 못하고 거칠거나 허술하게 되면 경험적 검정을 따질 것도 없이 아예 이론으로 성립되지 못하고 탈락해 버린다. 한편 어떤 설명이 논리성이라는 1차 관문을 통과했다 하더라도 경험세계의 검정이라는 2차 관문을 무사히 거치지 못한다면 과학적 이론으로 인정받지 못한다.

논리라는 것은 어디까지나 경험세계와 독립된 사유의 결과물이어서 한계를 갖기 마련이다. 실제로 과학의 역사에서도 알 수 있듯이, 논리적으로 타당한 이론들이 경험세계의 검정을 거치면서 부정된 경우들이 많았다. 이처럼 과학적 이론은 논리와 경험이라는 두 개의 핵심적인 요소를 갖고 있다.

과학적 이론을 만들기 위해서는 논리와 경험이 결합되어야 하는데, 결합 방법으로는 전통적으로 연역적 접근과 귀납적 접근이라는 두 가지가 있어 왔다. 일반적으로 추론은 논리적 법칙에 의한 일종의 사고과정으로 일반적인 진술에서 특수한 결론에 도달하기도 하고, 반대로 특수한 진술에서 일반적인 결론에 이르기도 한다. 즉 과학적 이론을 형성하는 방법 혹은 논리적 추론체계에는 연역적 논리와 귀납적 논리가 있는 것이다.

1) 연역적 이론체계

연역적 방법이란 기존의 이론이나 일반적인 원리로부터 특수한 결론에 이르는 추론 방법으로 전체에 대하여 사실인 것은 부분에 대해서도 사실이라는 법칙에 의한 방법이다. 따라서 논리에서 출발하여 경험에 이르는 추론의 방법이 사용된다.

연역적 방법에서 가장 흔히 인용되는 삼단논법적 전개방식의 예를 논리와 경험의 결합방식과 관련하여 보면 다음과 같다.

(논리, 이론, 일반화된 설명)	▸ 숨 쉬는 모든 생물체는 죽는다.
(조작화)	▸ 사람은 숨을 쉰다.
(관찰, 경험)	▸ 그러므로 사람은 죽는다.

연역적 추론과정에서 만약 숨 쉬는 모든 생물체가 죽고, 사람이 숨을 쉬는 존재라는 것이 사실이면 사람이 죽는다는 것도 당연한 사실로 받아들이게 된다. 이와 같이 연역법은 일반적인 원리인 "숨 쉬는 모든 생물체는 죽는다."라는 명제로부터 특수한 원리인 "사람은 죽는다."라는 추론에 이르는 방법이다.

이러한 추론은 실증적 검정과정을 거쳐 가설이 현상을 입증하여 모든 사람이 죽으면 하나의 이론으로 정립된다. 여기서 우리는 연역적 논리로 기존의 지식체계에서 새로운 지식체계를 정립할 수 있다는 것을 알 수 있다. 연역적 논리는 기존 이론이나 일반적 논리에 의하여 경험적 현상을 규정하는 가설을 도출하게 되고 이를 실증적으로 검정하게 된다. 검정한 결과에 따라 기존 이론이나 일반적 논리가 경험적 사실을 반영하는 가설과 일치하게 될 때 하나의 법칙이나 이론으로 발전하게 된다. 즉 '과학적 논리 → 가설 → 검정 → 이론(가설채택 혹은 기각)'의 과정을 거친다.

예를 들면 경기전망과 투자심리와의 관계를 보고자 할 경우 기존 이론에 의해 경기전망이 좋을수록(나쁠수록) 투자심리가 활성화(위축)되는 정의 관계에 있다는 가설을 도출할 수 있다. 가설을 도출하고 난 뒤 다수를 대상으로 현상에 관한 자료를 수집하여 분석함으로써 가설을 검정하게 되고, 가설과 분석결과가 일치하면 경기전망과 투자심리와는 정의 관계에 있다는 결론을 얻게 된다. 이와 같이 연역적 방법은 일반적이고 보편적인 전제 혹은 이론으로부터 논리적 추론을 통해 경험적으로 검정할 수 있는 가설을 도출하여 그것을 경험세계의 검정을 거치게 함으로써 이론이 '참' 혹은 '거짓'을 증명하는 방법이다.

2) 귀납적 이론체계

귀납적 방법은 특수한 전제로부터 일반적인 결론에 이르는 추론방법으로서 연역적 방법과 반대로 논리와 경험을 결합한다. 이것은 부분에 대하여 사실인 것은 전체에 대해서도 사실일 수 있다는 법칙에 의한 방법으로 "사람은 반드시 죽는다." 그리고 "모든 사람은 숨을 쉰다."는 사실에 근거하여 "숨 쉬는 모든 생물체는 죽는다."라는 결론에 도달하게 된다.

귀납적 방법은 경험의 세계에서 어떤 공통적인 특성을 발견하고 그 특성을 과학적인 방법으로 증명함으로써 일반적인 논리나 법칙으로 발전시키는 사고의 과정이다. 현상에 대한 어떤 특성이 일반화되기 위해서는 그 현상을 관찰하고 관찰한 것에서 공통적 사실 및 원리를 발견하고 이를 실제 현상에 적용하여 확인하는 과정을 거쳐 잠정적 결론을 내림으로써 일반화하게 된다.

여기서 잠정적 결론이라고 말하는 이유는 현상에 대한 공통적인 특성 및 원리가 연역적 방법처럼 경험적 검정과정을 거친 것이 아니고 관찰에 의해 도출된 것이기 때문이다. 즉 "현상에 대한 관찰 → 공통적 특성 및 원리의 발견 → 잠정적 결론"의 과정을 거친다. 귀납적 방법을 경기상승에 대한 기대와 소비지출과의 관계에 적용시키면 다음과 같다.

- 경기상승에 대한 기대와 외식비는 정의 관계를 갖는다.
- 그러므로 경기상승에 대한 기대와 모든 소비지출은 정의 관계를 갖는다.

귀납법적 추론에서 연구자는 경기상승에 대한 기대와 외식비가 정의 관계를 갖는다는 부분적 관찰을 통하여 경기상승에 대한 기대가 피복비, 교통비, 주거비, 문화비 등 다른 모든 지출 비목에도 정의 영향을 미칠 것이라는 잠정적인 결론을 내릴 수 있다. 따라서 귀납적 방법은 특수한 사실(경험)을 전제로 일반적 원리(논리)를 이끌어 내어 이론을 형성해 나가는 방법이다.

이처럼 귀납적 이론은 경험세계의 사실들이나 현상들을 관찰한 후에 일반적인 결론, 즉 이론에 도달하는 것으로서 연역적 방법과는 정반대의 추론 과정을 거친다. 이러한 귀납적 방법은 문화인류학자들이 현상을 설명하는 주된 방법으로 사용해 왔다. 사실들에 대한 선입견을 배제한 상태에서 사실들을 먼저 관찰하면서, 그 안에서 어떤 규칙성이나 유형을 밝혀내고 그것에 따라 현상을 설명하는 데 귀납적 방법이 적합하기 때문이다.

3) 이론 형성 방법의 통합

연역적 방법과 귀납적 방법은 연구목적에 따라 각각 독립적으로 적용될 수 있으나 성격상 두 가지의 추론체계는 순환적으로 반복되는 과정을 되풀이하면서 지식이 형성된다. 위의 예에서 연구자는 경기전망에 대한 기대와 소비지출의 정적인 관계가 모든 소비자들에게서 그리고 모든 비목에서 공통적으로 나타나는지를 조사해 볼 필요가 있다.

그러나 실제에 있어 모든 소비자들을 대상으로 조사한다는 것은 거의 불가능하므로 일반적으로 소수를 대상으로 한 관찰을 근거로 추론을 하게 된다. 따라서 어떤 경우에는 추론된 결론이 특정한 집단이나 관찰된 집단에게만 적용되는 수도 적지 않다. 하지만 여기서 한 가지 지적해야 될 중요한 사항은 분석적인 연역적 방법에만 의존한다든가 경험적인 귀납적 방법만을 적용하게 되면 만족할 만한 결론을 도출할 수가 없고, 연구과정에서 두 방법이 통합적으로 적용될 때 연구가 좀 더 효율적인 방향으로 실행될 수 있으며 과학에서 필요로 하는 지식을 구축할 수 있다는 점이다. 왜냐하면 위에서 언급한 바와 같이 두 논리는 상호 순환적 연결관계를 가지고 있기 때문이다.

구체적으로 설명하면 가설적-연역법은 기존의 이론으로부터 도출된 가설을 실증적으로 검정하여 가설이 현상을 설명하고 있는지를 검정하는 전형적인 양적 실험연구의 특성을 지니고 있다. 따라서 가설적-연역법은 방법론적 특성으로 인하여 새로운 지식체계를 정립하는 데 있어 제한적인 면이 있다.

반면에 경험적-귀납법은 현상에 내재된 요인을 규명하고 이들 간을 파악하는 질적 연구의 성격이 강한 방법으로서 새로운 지식을 발견하고자 하는 탐색연구적 특성을 지니고 있다. 따라서 조사된 특별한 부분의 이해를 돕기 위해 그리고 미래의 연구를 위해 검정 가능한 가설을 제안한다. 따라서 연역법과 귀납법은 상호 보완적인 관계를 가지고 있음을 알 수 있고, 그러한 관계는 [그림 2-3]에 나타나 있다.

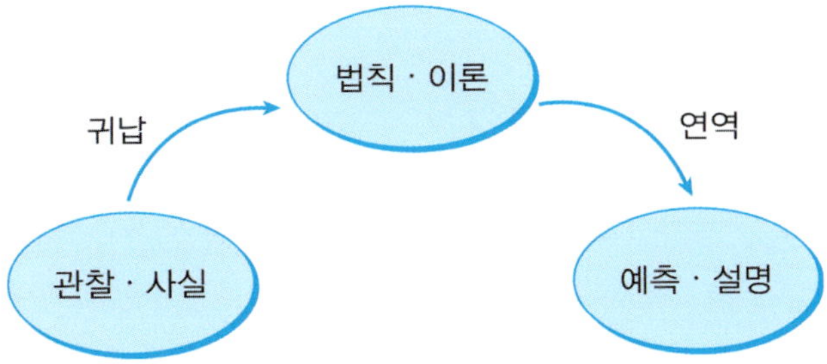

[그림 2-3] **연역과 귀납적 관점**

모든 학문은 절대적이지 않고 환경 및 여건의 변화와 시대의 변천에 따라 끊임없이 새로운 이론들이 생기면서 발전해 왔다. 경험적 현상에서 발견된 공통된 사실이나 원리는 가설의 형태로 검정해서 일반화되어 다수가 인정하고 받아들이게 되면 하나의 이론이나 지식으로 정립된다.

그러나 기존의 이론이 새로운 현상을 설명하지 못하고 예측하지 못할 경우에는 새로운 지식과 인식의 틀이 요구되며 [그림 2-4]와 같이 귀납적 방법과 연역적 방법의 과정을 되풀이하면서 이론을 수정해 나가게 된다.

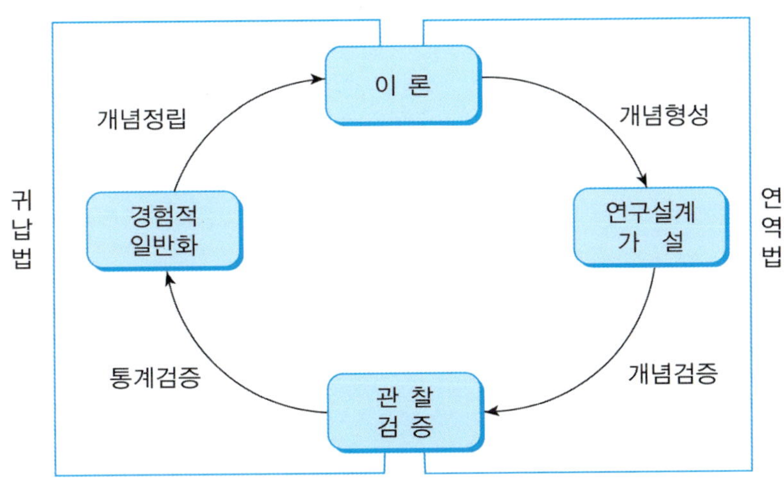

[그림 2-4] **귀납법과 연역법의 상호 보완적 관계**

CHAPTER 03

사회과학 연구의 특성과 접근

01 사회과학의 개념과 철학적 특성

1) 사회과학의 개념

사회복지학(social welfare)은 사회과학(social science)의 한 분야이다. 사회복지조사(방법)론을 이해하려고 하면 우선 사회복지학의 대범주인 사회과학에 대한 이해가 전제되어야 한다. 사회과학은 자연과학이나 기하학과는 달리 여러 가지 원인의 합성으로 인하여 사회현상의 결과를 설명하는 체계를 가지고 있으므로 사회적 변동에 따라 영향을 받는 사회복지현상을 파악하기 위해서는 사회과학적 기초가 필요한 것이다.

그리고 사회과학에 대한 기본적인 이해는 사회복지의 이념을 지향하는 사회복지철학의 근간을 알 수 있게 하는 사전 단계의 역할을 한다. 우선 사전에서 그 의미를 찾아보면 사회과학은 사회학 · 법학 · 정치학 · 경제학 · 역사학 · 철학 · 언어학 등 사회적 여러 현상을 연구하는 학문을 말한다.

사회과학도 자연과학과 같이 사물의 법칙을 알아서 사물을 지배한다는 이념에서 발생한 것이지만, 17~18세기까지만 해도 자연적 존재로서의 사회에 관한 실증적 이론에 지나지 않았다. 19세기 후반에 이르러 자연과학의 발전과 산업혁명 이후 지속된 노동문제의 심각화를 배경으로 한 역사적 유물론에 의하면 모든 과학은 역사과학이고, 자연역사에 관해서는 자연과학, 사회역사에 관해서는 사회과학이 성립된다고 보았던 것이다.

과학(science)[1]은 자연과학이나 사회과학을 막론하고 학문 전체를 의미하는 용어이다. 그러나 협의적으로는 자연과학만을 뜻하기도 한다. 즉 철학·종교·예술과는 대립하는 의미가 된다. 그리스시대에는 아리스토텔레스가 제1 철학으로서 형이상학을 수립하고 물리학·심리학·윤리학의 분화를 설명하기도 했지만, 그 시대에는 자연과학이 발달하지 않았기 때문에 분화된 학문을 과학 자체로 보기는 어렵고 철학에 속하는 영역으로 간주할 수 있다.

그러므로 과학의 개념화는 근대 이후에 발달한 자연과학이 그 방법론으로서 관찰과 실험의 반복을 통하여 얻어진 원리에서 찾을 수 있다. 그리고 사회과학적 방법론으로서는 귀납과 연역의 무한한 반복에서 같은 결과물을 얻을 수 있었을 때 과학적 원리가 성립되는 것이다.

사회과학이란 무엇인가?에 대하여 구체적인 본질과 목적을 알기 위해서는 우선 학문 분야를 구분해 보는 것이 유의미할 수가 있다. 물론 오늘날의 서양학문체계의 원류를 거슬러 올라가면 철학이라는 공통된 영역과 접하게 되는 것은 분명하지만 현대에서는 수많은 분과학문이 탄생하였고, 그 발전과정에 있다고 본다면 개략적인 구분(classification)은 상호 관련성과 독자성 파악을 통한 본질 파악을 용이하게 할 수 있다.

우선 과학이라고 부르는 학문 속에는 사회학·심리학·경제학·법학과 같은 사회과학이 있고, 물리학·화학·생물학과 같은 전통적인 자연과학이 있다. 그 외에 미술·음악·언어·문학 등은 교육과정에서 학문의 영역으로 다루기는 하지만 그 실재(實在)로 본다면 아직 과학적으로 구체화된 것으로는 보기 어렵고 예술의 영역에 속한다. 그리고 종교·심령학 등과 같이 인간의 일반적인 능력과 판단으로는 해결이 어려운 문제를 다루는 형이상학이 있다.

물론 형이상학도 앞에서 다룬 바와 같이 존재론으로서 인식론이나 가치론과 함께 철학이라는 학문의 영역으로 본다. 그러나 이 분야 역시 예술 분야와 마찬가지로 과학성을 논구하기는 어렵다. 과학적 방법(scientific method)을 주된 방법으로 사용하지 않는다는 특징이 있는 것이다.

1) 과학의 어원은 라틴어의 'scire(알다)'에서 찾을 수 있으며, 아는 방법에 치중하는 의미가 강하다. 즉 찾아내는 방법(a method of inquiry)을 중시하는 의미라고 볼 수 있다.

이상과 같은 학문의 구분으로 볼 때 사회과학은 인간의 일반적인 능력으로 해결이 가능한 문제를 다루며, 사회현상이나 인간현상을 과학적 방법에 의하여 설명하는 것으로 개념화할 수 있다. 예를 들면 사회학자나 심리학자는 사회적 현상[변화]이나 인간행동의 변화를 여러 가지의 원인 변수를 대상으로 사실을 확인하여 일반적인 원리를 찾아내고 이론화시키는 과정을 거친다.

그렇다면 이러한 과학의 본질이 추구하는 목적은 어디에 있는가를 규명해 보면 사회과학의 개념화는 더욱 분명해진다.

첫째, 사회과학은 원인과 결과라는 인과성과 관련된 변수를 찾아 설명하려고 한다. 자연과학이 자연현상에서 사실을 규명하려는 과학주의(scientism)를 지향하는 것에 비하여 사회과학은 사회현상이나 인간현상에서 사실을 규명하는 데 목적을 두는 것이다.

둘째, 인과관계가 설명이 되면 그것을 이론화시킨다. 이론화의 과정은 일정한 가설에 따라 검정을 거쳤을 때 반복적이고 경험적인 결과가 도출되었을 때 구체화되는 것이며, 우연에 의한 것이 아니라 어떤 원인에 따라 결정(determination)된다는 것을 일반화시킬 수 있다. 단지 사회현상과 인간현상을 설명하는 원인에는 다양한 변수가 적용될 수 있다. 그러므로 대부분의 경우는 확률(probability)로 예측이 된다.

셋째, 사회과학은 어느 정도의 설명력을 갖는가에 초점이 있으며 다른 한편으로는 단순한 원리를 확보해야 한다. 원인 변수를 많이 채택하게 되면 설명력은 높일 수 있으나 간결하고 단순한 원리를 구하는 데는 한계가 있다.

넷째, 원칙적으로는 추상적이거나 가치론적인 것은 연구의 대상이 되지 않는다. 특히 양적인 통계기법을 사용한 연구에서는 구체적(specific)인 것을 설명대상으로 삼는다.

다섯째, 사회과학은 합리적(rational)이고 논리적(logical)인 설명을 목적으로 한다. 베이컨이 오직 실험과 관찰에 의해서만 성립되는 귀납논리학을 정립한 것은 자연과학적 방법을 사회과학에 적용하려고 한 것이다.

여섯째, 종교나 심령학 등은 변하지 않는 진리를 계시에 의하여 설명하지만 사회과학의 연구결과는 상황에 따라 변화하며 수정(modify)이 되므로 그 활용성을 추구하는 데 목적이 있다.

2) 사회과학의 철학적 특성

사회과학의 철학적 특성을 찾는다는 것은 이미 앞에서 살펴본 양자 간의 차이성에도 불구하고 인간현상이나 사회현상을 설명할 때는 양자 간의 접합점과 교류점이 존재한다는 관점이 전제된다. 특히 사회복지학과 같이 인간이 가지고 있는 욕구나 문제에 대응하여 궁극적인 원인(ultimate cause)을 찾아내어 직·간접적으로 해결하려는 종합사회과학에서는 과학성 이외에도 존재론이나 인식론 그리고 가치론적인 접근이 필요하게 된다.

뿐만 아니라 직접적으로 클라이언트를 대하고 심리적 치료과정에서는 문학이나 언어, 미술·음악과 같은 도구를 사용하게 되는 경우가 대다수라는 점에서 본다면 예술의 영역과도 밀접한 관련성이 있다.

일반적으로 학문은 체계화된 지식의 총체라고 정의된다. 그리고 학문은 그 연구의 대상과 방법이 어떠한가에 따라서 크게 과학과 철학으로 나누어진다. 즉 과학은 항상 어떤 가정 위에 서서 전제를 예상하는 반면에 철학은 애초부터 가정을 하지 않고 사물의 근본원리나 사실을 규명하려고 한다. 그러므로 철학은 과학의 기초나 배경을 형성하여 주는 것을 그 임무로 하는 특징도 있다.

특성적으로 볼 때도 철학은 사물을 보편성이나 일반성에서 파악하여 추상적·선험적으로 탐구하는 태도를 가지고 있는 반면에 과학은 사실을 개별적이고 특수성에서 파악하여 구체적·경험적으로 탐구하는 학문이다. 과학은 다시 선험적 과학[형식적 과학]과 경험적 과학[실질적 과학]으로 나누어지는데, 수학 혹은 논리학과 같이 그 실질에 관계하지 않고 성립할 수 있는 것은 선험과학에 속한다.

또 경험과학은 사물 중에서 자연현상을 탐구의 대상으로 할 때에는 자연과학이 되고, 인류의 정신현상을 그 대상으로 할 때에는 정신과학[문화과학]이 된다. 그리고 정신과학은 다시 인간의 개인적 정신현상에 그 탐구의 중점을 둘 때에 교육학·언어학·심리학 등의 인문과학이 되고 특히 사회적 현상을 그 탐구의 대상으로 할 때에 사회학·정치학·경제학 등의 사회과학이 된다(박남규, 1999: 13 재수정).

그러면 이제 이러한 사회과학과 철학 간의 구체적인 관련성에 따라 특성을 찾아서 정리해 보면 다음과 같다.

첫째, 철학은 사회과학의 기초학문으로서의 기능이 있다. 독일의 신칸트학파인 릭케르트(Heinrich Rickert)는 역사과학을 문화과학으로 일반화하여 그 기초학으로서의 가치철학을 완성하였고, 후설(Edmund Husserl)도 현상학을 정립하면서 과학 일반의 기초학으로서 철학을 다루었다. 그러한 의미에서 그는 현상학을 제일철학이라고 명명하기도 하였다. 그리고 베이컨이 "아는 것이 힘이다(Scientia est potentia)."라고 그의 저서 『신기관(*Novum Organum*)』에서 말한 것도 철학이 사회현상을 연구하는 데 있어서 기초가 될 수 있다는 의미로 볼 수 있다.

둘째, 철학과 사회과학은 그 시원에서부터 혼동되는 미묘한 관련성이 있다. 19세기 이후에 과학이 발달함에 따라 철학에 반대하는 사회과학의 독자성이 추구되었고, 철학은 단지 사회과학의 종된 위치에 머물러야 한다는 태도는 바로 양자 간의 혼돈성에 기인하는 것이다. 철학이 사회과학의 과학적 연구방법을 채택하여 체험이나 구체성을 추구하고자 한다면 철학의 본질을 포기한 것이며, 과학이 철학이 가지고 있는 가치론이나 존재론까지도 포괄하려고 한다면 분명 양자는 혼동되지 않을 수 없다. 물론 과학철학(philosophy of science)의 영역에서는 그 연구의 결과가 과학에도 영향을 미치고 철학 일반에도 영향을 미치게 되므로 학문의 위치를 명확하게 규정하기는 어렵다. 일반적으로 과학철학에서는 그 연구대상의 주제를 세 가지[2] 정도로 정하고

2) ① 모든 과학의 방법, 과학적 기초의 본질, 그리고 과학적 기초체계의 논리적 구조에 대한 비판적 연구로서 여기에는 경험과학이나 이론과학, 가치과학적 방법이 포괄된다.
② 모든 과학의 기본적 개념·전제·공적 기준을 명확히 하려고 하는 연구로서 경험적·이론적·실용적 근거를 찾으려고 한다.
③ 모든 개별과학의 한계를 확정하고, 그들 상호 간의 관계를 밝혀 우주이론을 형성하려는 혼합적이고 다양한 연구로서 과학의 사회적 문제를 다루려고 한다.

있는데, 그 내용을 보면 사회과학과 철학의 미묘한 관련성을 찾을 수 있다.

셋째, 과학의 진보는 사회과학에서도 학문적 진전을 가져오게 하였고, 인간의 삶의 질을 향상시키는 실천성을 구가하고 있다. 예를 들어 의학이나 생명공학의 발달은 인간 생명의 연장기술에 영향을 미쳤고, 그에 따른 고령화는 노인복지학이나 사회복지학의 발전에도 영향을 미친다. 그러나 사회과학의 영역에 속하는 사회복지학은 그 배경사상으로서 과학주의보다는 철학주의와 관련이 많은 학문이다. 인간의 존엄성이나 생명평화사상, 그리고 국가책임사상 등은 바로 철학의 가치론에 속하는 연구주제이다. 그렇다면 결국 사회과학은 철학의 존재 이유를 인정하지 않을 수 없고, 철학이 인정된다면 그 철학의 개별적 사상은 사회과학적 지식에 의해서 오히려 영향을 받게 될 것이다. 이러한 견해는 반드시 철학이 사회과학의 기초학문으로서의 역할만 하는 것이 아니라 상호 보완적이고 대등한 위치에서 연구되어야 하는 근거를 제공한다.

이상과 같이 고찰된 내용을 볼 때 사회과학과 철학은 고유한 연구대상을 가지고 특정 주제를 연구해 온 특질이 있는가 하면 상호 관련성도 여러 측면에서 고려될 수 있다. 실제에 있어서도 양자는 서로 독자적인 분야를 학문으로서 정립하기도 하였지만, 어떤 영역에서는 개별적인 한계성을 실감하고 마치 변증법적인 변화과정을 겪어 왔다. 그렇다면 이러한 철학과 사회과학의 특징과 관련성에서 그것을 극복할 수 있는 학문적 노력이 필요한 것이며 과제가 된다. 즉 사회과학이 사회현상을 변수 간의 인과성으로부터 사실을 탐구하여 진실을 얻고자 하지만 인간사회에는 인간의 판단과 능력으로 측정할 수 없는 일정 부문이 있음을 인식하지 않을 수 없는 것이고, 철학의 경우도 마찬가지로 포괄적 접근으로서는 진정한 지식이나 진리를 구할 수는 없다. 그렇다면 바로 그것이 학문적 과제가 되는 것이다(고수현, 2011 : 183-189).

02 사회과학 연구의 특성과 한계

1) 사회과학 연구의 개요

현대사회에서는 빈곤문제, 실업문제, 청소년 비행문제, 마약문제, 성차별 문제, 성폭력 문제, 장애인 및 노인문제, 아동학대 문제, 노숙인 문제, 가족 해체 문제, 환경문제 등 많은 사회문제들을 해결해야 할 과제를 안고 있다. 그러나 개인적인 경험만을 통해 얻은 정보와 해결방안은 그러한 사회문제들에 대해 본질적인 차원에서 적절하게 대처하지 못하는 경우가 대부분이므로 본질적인 차원에서 문제의 현상과 원인을 규명하고 그 해결에 유효한 정책과 실천방안을 마련하기 위해서는 반드시 과학적이고 객관적인 연구가 필요하게 되었다.

사회과학 연구는 사회문제의 현상과 본질을 객관적이고도 냉철하게 다룸으로써 주관적 판단이 빚어내는 오류를 최소화하고 객관성을 최대한 확보할 수 있는 체계적인 노력이다. 사회과학은 용어 자체에 있어서도 사회에 대한 과학적인 접근이라는 의미를 담고 있듯이, 다양한 사회현상의 배후에 존재하는 일련의 경험적 규칙성을 논리적이고 객관적으로 밝히려고 한다.

사회복지학도 사회현상과 인간현상을 대상으로 연구하고 있으며, 사회문제를 해결하기 위한 사회적 노력에 관한 학문이라는 점에서 사회과학 연구의 방법을 따른다. 아울러 사회복지학은 종합과학적(multi-disciplinary)이고 학제적(inter-disciplinary)인 특징을 가지고 있기 때문에 여타의 사회과학적 연구에서와는 다른 다소 차별적인 측면이 요구되기도 한다.

사회복지학을 포함한 사회과학에서 연구대상으로 하는 사회문제나 사회현상은 다른 것들과 횡단적 연결성 혹은 종단적 연결성을 갖기 때문에 사회에 대한 과학적 연구는 그만큼 어려움이 따른다. 먼저 다양한 사회현상들은 각자 독립되어 존재하지 않고 거미줄처럼 서로 연관되어 있기 때문에 사회현상의 분석은 정치, 경제, 사회, 문화, 심리 등의 여러 분야에 대한 통합적 고찰이 필요하다.

예컨대 IMF와 같은 국가경제의 위기로 인해 실업문제, 노숙인 문제, 결식아동 문제, 가족해체 문제 등과 같은 심각한 사회문제들이 발생하였다. 또 오늘날 세계화로 인해 대부분의 사회가 무한경쟁체제로 변함에 따라 사회구성원들은 더 많은 스트레스를 받게 될 것이고 공동체 정신은 더욱 쇠퇴할 것이며, 이러한 현상이 또 다시 다른 사회문제들과 연관될 것이다. 이러한 점은 사회문제나 사회현상들이 서로 횡단적 연결성을 갖는다는 것을 의미한다.

또한 사회현상은 종단적 연결성을 갖기도 한다. 현재 우리가 직면하고 있는 사회문제는 현재의 문제일 뿐만 아니라 과거로부터 계속되어 온 영향력이나 조건에 의해 재생산되거나 규정되는 경우가 많다. 예컨대 오늘날 자본주의적 시장사회에서 불안정한 고용 영역에 취업하고 있는 맞벌이부부는 장시간의 중노동을 겪으면서도 낮은 임금소득을 얻게 될 것이다. 그로 인해 그들은 힘든 생활고에 허덕이게 되고 자녀들에게도 양육을 위한 여러 가지 혜택이나 교육기회를 제공해 줄 여력을 갖지 못한다. 자녀들은 물질적·교육적 혜택으로부터 소외되고 절대적·상대적 박탈감을 느끼면서 부정적 자아정체감을 형성하게 되고, 보다 나은 교육과 성장의 기회를 충분히 얻지 못하게 될 것이다. 이로 인해 자녀는 다시 불안정한 고용 영역에 취업하게 되고 결국은 쳇바퀴 돌듯이 빈곤이 악순환되는 결과를 가져온다. 즉 현재의 문제는 과거로부터 표현되며 나아가 미래에 연결됨으로써 모든 사회현상은 종단적 연결성을 갖게 되는 것이다.

이처럼 횡단적 및 종단적 연결성으로 인한 복잡성과 다변성으로 사회현상은 동일한 형태로 재현되거나 실험될 수 없는 고유한 특성을 지닌다. 사회현상의 이러한 특성으로 인해 사회과학의 예측이 맞지 않는 경우도 허다하다. 따라서 우리는 사회과학이 항상 정확한 예측을 한다거나, 언제나 정확한 결론을 유도해 낸다고 기대해서는 안 된다. 사회과학의 예측은 성공할 수도 있고 실패할 수도 있는 확률론적 결론에 불과하다.

사회과학 연구는 궁극적인 진리를 밝히거나, 신학적·철학적 논의나 사회문제의 해결에 항구적인 해답을 제시해 줄 수는 없다. 즉 사회과학 연구는 개연성 수준에서 일반화된 지식을 제공하기 때문에 그러한 지식에 절대적 확신을 둘 수 없고 다만 확률적으로 신뢰할 만한 객관적이고 보편화된 지식이나 정보를 제공할 수 있을 뿐이며, 바로 이것이 사회과학 연구의 존재 이유이기도 하다.

2) 사회과학 연구의 차별성과 특성

(1) 사회과학 연구의 차별성

전통적으로 사회과학도 자연과학과 큰 차이 없이 과학적인 연구방법을 이용하여 이론을 형성하여 왔다. 그러나 사회과학에서는 자연과학에서 통용되는 엄격한 의미의 과학주의(scientism) 혹은 과학적 방법을 적용하여 이론을 만들어 내는 데에는 한계와 차별성이 많다는 것도 하나의 사실로 받아들여지고 있다. 사실 사회과학에서도 자연과학처럼 과학적 연구방법만으로 아무런 문제 없이 연구할 수 있었으면 연구방법론에 관한 논쟁은 처음부터 발생하지 않았을 것이다.

사회과학의 연구방법론으로 과학적인 접근방법과 과학성을 논의한 연구문헌은 무수히 많고 또한 그 논의의 핵심은 대동소이한데, 첫째는 사회과학이 연구하고자 하는 사회현상이나 인간행태에는 불규칙적이고 불확실하며 임의적인 요소가 많다는 점이다. 둘째는 가치나 윤리 등의 가치문제를 객관적인 사실로 관찰할 수 없기 때문에 과학적 연구방법을 사회과학이 사용하기에는 한계가 있다는 점이다.

이는 사회과학에서 전통적으로 과학적 방법의 한계나 문제점을 논의한 핵심적인 내용은 사회과학의 연구대상이 자연과학의 연구대상과 다르다는 전제가 된다. 그 연구대상이 엄격한 의미의 과학적 연구방법을 적용할 수 없기 때문에 사회과학에 타당하고 의미 있는 연구방법을 개발하고 발전시켜야 한다는 것이 사회과학 연구방법론의 논의에 관한 주요 내용이다.

따라서 이러한 과학적 방법의 제약과 한계점을 극복하려는 노력의 일환으로써 실질적으로 사회과학의 다양한 연구방법론이 개발되어 왔다. 대표적인 연구방법으로 베버(Max Weber)의 객관적 가능성의 범주론이나, 화이트헤드(Alfred Whitehead)의 이성기능론, 또는 간주관주의(intersubjectivism) 등을 들 수 있다. 공통적으로 이와 같은 이론들도 사회과학이 연구할 사회현상의 특성 그 자체가 자연현상과 다르기 때문에 다른 방법으로 연구해야 한다는 전제에서 출발한 것이다.

특히 사회과학은 자연과학과 달리 피란델로 효과(Pirandello effect)에 영향을 받을 수밖에 없다. 피란델로 효과란 자연과학에서는 관찰대상물과 관찰자가 명확히 구분될 수 있지만 사회과학에서는 이들 양자의 구분이 모호해지는 경우가 많음을 의미한다. 즉 사회과학에서는 연구자가 관찰자이기도 하면서 동시에 관찰의 대상이 되기도 하므로, 사회현상을 분석하는 과정에 객관성이 결여될 가능성이 그만큼 크다는 말이다.

그러면 사회과학과 자연과학의 방법론적 차별성을 정리해 보면 〈표 3-1〉과 같다(이홍탁, 1994 : 13-17 ; Bemal, 1979 : 27-28 참조).

〈표 3-1〉 **사회과학과 자연과학의 차이**

사회과학 연구	구분의 기준	자연과학 연구
사고의 가능성은 제한되어 있다.	1. 사고 가능성의 범위	사고의 가능성은 무한하다.
사고의 공식화에 관한 타당성에 의문을 제기한다.	2. 사고의 공식화	수학의 공식과 같은 분석방법에 의한 사고의 공식화를 강조한다.
분석기법은 단순한 하나의 겉치레에 지나지 않으며 중요성이 없다.	3. 분석기법의 중요성	분석기법이 매우 중요하다.
누적적이 아닌 독창적이고 고유한 성격을 다루는 학문이다.	4. 연구의 누적성	누적적인(cumulative) 성격을 가진 학문이다.
사회문화적 특성에 영향을 받는다.	5. 사회문화적 요인	사회문화적인 특성에 영향을 받지 않는다.
연구자 개인의 심리상태나 개성 또는 가치관이나 세계관에 영향을 받는다.	6. 연구자 개인의 영향	연구자의 개성이나 사회적 지위에 영향을 받지 않는다.
명확한 결론을 내리기 어렵다.	7. 결론	명확한 결론을 내릴 수 있다.
새로운 이론이라도 기존의 이론과는 단절되지 않은 성격을 가진다.	8. 새로운 이론과 기존 이론의 연결성	기존의 이론과는 전혀 다른 새로운 이론이 빈번히 대두한다.

(2) 사회과학 연구의 특성

과학은 논리-경험적(logico-empirical)이라는 데 그 특성이 있다. 즉 과학을 떠받치고 있는 두 기둥은 논리와 관찰(경험)이다. 따라서 현상에 대한 과학적 이해는 합리적으로 납득될 수 있어야 할 뿐만 아니라 경험세계에서 관찰된 것과 일치해야 한다. 이 두 가지는 과학의 본질적 요소로서 이론, 자료수집, 자료분석이라는 사회과학 연구활동 체계의 세 측면들과 밀접하게 연관되어 있다. 즉 단순화해서 말한다면 과학적 이론은 과학의 논리적 측면을 다루고, 자료수집은 관찰 측면을 다루며, 자료분석은 관찰된 것의 유형이나 규칙성을 발견함으로써 논리와 관찰을 연결시키는 것이다.

따라서 사회과학이 사회현상을 바라보는 다른 방식들과 구분되게 하는 근본적 특성들은 이론, 자료 수집, 자료 분석인데, 이러한 특성들을 좀 더 자세히 살펴보면 다음과 같다(Babbie & Earl, 1999 : 13-21 재수정).

① 신념이나 철학이 아닌 이론

사회과학 이론은 "무엇이 되어야 한다."는 당위적 명제가 아니라 "무엇이다."와 같은 사실적 명제를 다룬다. 즉 어떠한 사회가 바람직한가라는 문제가 아니라 사회현상이 실제로 어떠하며 왜 그런지에 관심을 초점을 둔다. "무엇이 옳은가?" 혹은 "무엇이 바람직한가?"와 같은 가치에 대한 논쟁은 과학에 의해 해결될 수 없다. 경우에 따라서는 과학도 가치판단과 관계 있는 것으로 보이는 질적 판단을 내릴 수 있다. 하지만 그러한 경우에 있어서도 논리와 경험을 연결시키는 절차가 반드시 있어야 한다. 가령 자본주의와 사회주의 중 어느 사회가 더 나은지 판단하는 문제를 상정할 수 있다.

과학이 이러한 판단에 기여하기 위해서는 두 사회들이 어느 특정한 면에서만 비교되어야 하며 또한 그러한 특정한 면을 비교할 수 있는 경험적 기준에 대해 서로 합의되어 있어야 한다고 볼 때, 우선 그 문제는 어느 사회가 인간의 존엄성과 자유에 대해 더 많이 증진시키는가 하는 보다 한정적인 문제로 축소될 필요가 있다. 동시에 인간의 존엄성과 자유의 정도를 관찰해 볼 수 있는 경험적 기준들이 개발되고 그러한 기준들에 대해 서로 동의한 경우에만, 어느 사회가 인간의 존엄성과 자유를 더 잘 증진시키는지를 과학적으로 판단할 수 있다. 한편 이 경우에 내려진 결론이라는 것도 경험적 기준을 통해 특정화된 의미에서만 성립되는 것이지 그것을 넘어서는 일반적인 의미를 갖지 않는다.

따라서 사회과학은 '무엇'과 '왜'라는 문제의 해결에만 도움이 된다. 사람들이 여러 결과나 결론 혹은 현상들을 비교할 수 있는 경험적 기준에 대해 합의하는 경우에만 "어떻게 되어야만 한다."는 결정에 사회과학이 이용될 수 있는데, 사실은 그러한 합의가 이루어지는 경우는 매우 드물다. 그렇다고 '무엇'과 '왜'를 안다는 것도 쉬운 일은 아니다.

② 사회적 규칙성

사회과학 연구는 사회생활의 규칙적인 유형을 찾으려는 노력이다. 이러한 노력이 가정하고 있는 것들 중 하나는 사회적 사건들이 완전히 혼란하거나 임의적인 것이 아니라 관찰과 조사에 의해 드러나고 이론에 의해 설명될 수 있는 높은 수준의 규칙성을 지닌다는 점이다. 사회현상들에 이러한 규칙성이 없거나 그것에 대한 이해가 없다면, 개인과 사회는 존속할 수 없게 될 것이다.

예를 들면 "수업은 정해진 시간에 정해진 장소에서 그리고 정해진 기간 동안 이루어진다.", "결석이 몇 시간 이상이면 학점을 받지 못한다.", "평가는 어떻게 이루어진다." 등 이런 규칙성들이 유지될 때 학교생활은 유지될 수 있고 또한 예측 가능하기도 하다. 매년 명절 때가 되면 주요 고속도로에 엄청난 교통체증이 발생한다든지, 주말이나 휴일이 되면 야외로 나가는 도로가 정체를 빚는다든지, 이자율이 낮아지면 부동산 투기가 늘어난다든지, 고령화 사회가 될수록 의료비의 사회적 지출이 늘어난다든지, 경제가 어려울수록 이혼율이 늘어난다든지, 저소득층은 진보적인 정당의 후보에게 표를 던진다든지 하는 것들은 사회현상 자체에서 찾아볼 수 있는 규칙성들이다.

물론 사회과학 분야는 자연과학 분야들보다 그러한 규칙성을 발견하기가 더 어려울 수 있다. 자연현상에서와는 달리 자발성이나 자유의지를 가진 인간들의 상호작용에 의해 나타나는 사회현상에서 아무래도 규칙성의 지배를 덜 받는 것 같으며, 따라서 엄격한 규칙성을 찾아내는 것이 그만큼 어려울 것이다. 그럼에도 불구하고 사회현상에는 상당한 수준의 그러한 규칙성들이 존재한다. 사회의 공식적 규정을 비롯한 여러 사회적 규범들은 사람들의 사회적 행동을 규제하고 정규화함으로써 사회적 규칙성을 만들어 내는 데 기여한다. 게다가 그러한 규칙성을 전제해야만 인간과 사회에 대한 이해의 폭을 넓히고 미래에 대해 예측할 수 있으며, 나아가 사회제도와 인간사회를 유지하고 경영해 나갈 수 있다. 실제로 개인이 살아가고 있는 모든 사회적 환경이 이러한 규칙성에 대한 믿음과 이해에 근거하고 있다.

③ 개인이 아닌 집합체

사회과학이 연구하는 사회생활의 규칙성은 수많은 사람들의 집합적 행동에서 나타난다. 따라서 사회과학은 개인생활이 아니라 사회적 유형과 규칙성을 만들어 내는 집단생활의 속성에 대한 이론을 만들어 낸다. 따라서 그 연구대상은 개인이 아니라 집합 혹은 집단들이다. 개인의 차원에서 보면 다양한 동기들로 인해 다양한 행동이 나타나지만, 개인들이 모인 집합의 차원에서 보면 놀랍게도 높은 수준의 어떤 규칙성이 나타난다.

따라서 사회과학 이론은 개인행동이 아니라 집단행동을 다루며, 사회과학자들의 목표는 집단에 속해 있는 개인들의 다양한 변화에도 불구하고 집단적 행동에서 왜 일정한 패턴이 나타나는지 설명하는 것이다. 그들은 사람들 자체가 아니라 사람들의 활동이 일어나는 집합체의 시스템(체계)에 관심이 있다. 그리고 이러한 시스템(체계)을 구성하는 요소들은 사람이 아니라 다음에 설명할 변수이다.

④ 변수에 대한 관심

정치에는 정치언어가 있고 논리학에는 기호언어가 있듯이 사회과학에는 변수언어가 있다. 사회과학은 특정한 태도가 어떤 경우에는 강하게 나타나고 다른 경우에는 약하게 나타나도록 하는 변수들의 체계를 연구대상으로 삼는다. 따라서 사회과학의 체계는 변수언어의 체계라고도 할 수 있다. 예컨대 환자를 다루는 의사의 목표는 아픈 환자를 회복시키는 것이다. 하지만 그와는 달리 의학자의 관심 주제는 질병을 야기하는 요인(변수)을 찾는 것이다. 의학자가 환자를 연구하기도 하겠지만 그에게 있어서 환자는 오직 질병의 감염체로서의 의미가 가장 크다.

이와 마찬가지로 사회과학 이론은 변수들 및 그 관계들을 연구하며, 변수언어로 사용되고, 사람들은 주로 그러한 변수들의 보유자로서 의미를 가진다. 예컨대 사회복지 전문 실천가의 입장에서는 클라이언트가 주된 관심의 대상이겠지만, 사회복지학자는 클라이언트 자체보다는 그에게 영향을 주는 변수들에 주된 관심이 있다고 볼 수 있다.

사회정책이나 사회복지 등 실천적인 사회과학은 변수들의 체계를 연구대상으로 하여 변수들 간의 관계나 사회현상 속에서의 경험적 규칙성을 찾아내는 것만이 지식탐구의 최종목적이 아니다. 이론적인 작업을 위해서는 우선적으로 변수들의 관계를 찾아내야 하겠지만, 그러한 연구를 통해 도출되는 이론들이 어떻게 사회나 클라이언트들에게 적용되어 바라는 변화를 가져올 수 있겠는가에 대한 관심도 역시 잃지 말아야 한다. 따라서 실천적인 사회과학들에서는 이론들이 실천 현장에서 적용되기 위해서는 이론과 가치의 접목을 통해 개발될 수 있는 실천 이론들이 추가적으로 더 필요하다.

3) 사회과학 연구의 한계와 과제

(1) 사회과학 연구의 한계

엄격한 의미에서 과학을 정의하고 이 기준에 따라 학문의 과학성을 판단한다고 하면 사회과학의 상당한 부분을 과학이라고 할 수 없다. 그것은 불규칙적이고 예측불가능하며 예외가 많은 사회현상과 인간가치를 설명하는 데에는 엄격한 의미의 과학적 방법이 적용될 수 있는 범위가 너무도 한정적이기 때문이다.

따라서 사회과학에서는 과학적인 이론이 불필요하고 나아가 과학적인 이론이 불가능하다는 주장과 논의가 상당히 활발하게 진행되기도 한다. 이를 대표적으로 지칭해서 반이론운동(antitheory movement)이라고 할 수 있다. 즉 이론은 현실을 반영하고 있지 못하기 때문에 현실을 설명하고 현실의 방향을 설정해 주는 역할을 할 수 없으며, 따라서 실용성이 없다는 주장이다.

또한 사회과학에서 과학적인 접근방법을 통해 이론을 추구하는 것은 하나의 신화를 창조하려는 것으로 이론적인 환상에 젖어 있다고 하는 비판도 있다. 즉 사회과학은 과학이라기보다 예술로서, 사회문제나 개인의 존재문제를 해결하고 그 추구하는 목표를 달성할 사회처방전을 제시하는 응용기술로써 가치판단적이고 가치지향적인 기술에 관한 것을 다룬다는 것이다. 이러한 관점에서 사회과학자를 과학자가 아니라 예술가라고 해야 더 타당하다는 주장도 있다. 예컨대, 사회과학이 대상으로 삼는 인간행위의 속성으로 인해 사회과학 연구에는 다음과 같은 여러 가지 한계점들이 따른다(김기원, 2001 : 38-39 ; 채구묵, 2003 : 24-27 참조).

① 연구대상

자연현상을 연구대상으로 삼는 자연과학과는 달리 사회과학은 인간과 관련된 사회현상을 연구대상으로 삼는다. 특히 사회과학의 주된 연구대상인 인간의 행태는 복잡하고 가변적이기 때문에 정확하게 예측하기 어렵다. 인간행태의 본질을 파악하는 데 있어 방법적 절차로서, 예컨대 실험과 같은 방법은 완전하지 못하다.

② 윤리성

사회과학은 비인간화를 초래하는 폐단을 낳을 수 있다. 즉 사회과학 연구는 인간에 대한 상징적 연구이기 때문에 연구대상이 규범적인데, 이를 과학이라는 이름으로 분석하고 기술하여야 한다. 따라서 인간과 관련된 사회현상을 다루는 사회과학은 인간을 목적으로 대해야 하지 수단으로 사용해서는 안 된다는 규범적 요청으로 인해 여러 가지 윤리적인 문제에 직면할 수 있으며, 그러한 것이 과학적 연구를 가로막는 경우가 흔히 있다.

③ 통제조작의 어려움

사회과학은 자연과학에 비해 연구대상에 대한 통제와 조작이 어렵다. 인간에게는 예측을 뒤집을 수 있는 능력이 존재하기 때문에 객관적 예측이 어려우며, 통제나 조작이 불가능한 경우가 많다. 그리고 인간은 자신이 실험대상이 되고 있다는 것을 알면 다른 반응을 보일 수도 있어 실험적 결과가 타당성을 가지지 못할 가능성도 많다.

④ 접근방법

연구대상에 대해 사회과학은 자연과학에 비해 다른 접근방법을 취해야 한다. 자연과학은 외적인 현상 또는 현상 간의 관계에 중점을 두는 반면 사회과학은 외적인 현상을 관찰·설명하는 데 그치는 것이 아니라 그 사건에 관련된 내면의 이해나 주변의 사회문화적인 요인을 고려함으로써 보다 정확한 분석이나 설명이 가능하다. 따라서 방법상의 정확도와 신뢰도를 지나치게 강조할 경우 사회과학의 적합도와 타당도는 오히려 떨어질 수도 있다.

⑤ 사회문화적 및 시간적 요인

사회현상에 대한 설명은 연구자의 사회문화적 요인이나 시간적 요인에 의해 많이 달라진다. 예컨대 이혼의 경우 한국에서는 이혼한 사람에 대해 편견을 갖고 개인적으로 문제가 많은 사람으로 보는 경향이 있으나 서구사회에서는 그것을 별 문제로 삼지 않는다. 같은 한국사회에서도 시대에 따라 이혼에 대한 시각이 다를 수 있다. 독신, 동성혼, 재혼 등에 대한 견해도 사회문화와 시대의 배경에 따라 다르기 마련이다.

⑥ 가치개입의 불가피성

사회과학은 가치중립성을 전제하고 있지만 가치개입과 불가분의 관계를 갖는다. 과학적 활동의 세계는 경험적 합리성뿐만 아니라 선험적 비합리성이 동시에 공존하는 세계이다. 사회과학 연구에서 가치판단이 개입되는 이유는 첫째, 연구문제를 선정할 때 가치가 개입되며, 둘째, 수집된 자료와 이들의 관계를 형성하는 명제나 이론의 전개와 관련 있는 개념 및 그 구성과정에서 가치가 개입하며, 셋째, 연구자 자신의 가치관과 준거하고 있는 개별과학 내지는 학문세계의 지배적인 가치가 은연중에 작용한다.

(2) 사회과학 연구의 과제

독일의 철학자이자 과학자 막스 베버(Max Weber)는 그의 『사회과학방법론(*The Methodology of the Social Sciences*)』(1949)에서 가장 힘들여 설명한 4가지의 주제로서 사회과학에서의 윤리적인 중립성, 객관성, 논리, 그리고 역사연구의 인과론과 객관적인 가능성 등을 지적했다. 특히 인간의 존엄성과 역사적인 환경이라는 사회과학의 연구대상을 분석할 경우, 분명히 가치와 윤리, 철학과 주관이 그 기초로 되어 있다. 따라서 이것들을 과학적으로 연구하여 과학적인 지식으로, 즉 학문으로 체계화할 수 있기 위해서는 많은 어려움과 인내가 필요하지 않을 수 없다.

사회과학의 과학성이란 사회현상과 인간존재를 과학적으로 설명할 수 있는 일반적인 이론이나 법칙을 완성할 수 있어야 한다는 의미이다. 그런데 인간사회의 현상은 항상 자연의 현상처럼 과학화할 수 있도록 논리 정연한 질서에 따라 규칙적이고 반복적이어서 그 지배적인 현상을 설명할 법칙을 검정할 수 있다고 할 수는 없다. 따라서 사회과학의 과학성을 자연과학의 과학성 기준으로만 판단할 수 없다.

사회현상은 원래부터 자연의 현상과 달리 고도의 자유의지와 철학을 가지면서 무엇이 선이며 정의이고, 무엇이 바람직한 것인가에 대해 판단하는 인간들이 상호작용하여 빚어내는 집합체 현상이다. 그러므로 여기서는 상당한 범위의 예외와 가외성과 예측불가능이 존재할 수밖에 없다. 그렇다고 사회현상에는 일정한 법칙과 질서가 없는 무정부상태만이 있는 것은 아니다. 많은 예외와 불규칙성 그 자체도 장기간 관찰하면 무작위적(확률적)이라는 법칙으로 발생된다는 사실을 알 수 있다. 불규칙적인 것 이외의 사회현상은 충분히 과학적인 방법으로 연구될 수 있으며 또한 그 법칙을 발견할 수 있는 것도 당연하다.

따라서 이론화된 사회법칙은 인간사회를 설명하므로 인간이 인식하고 이를 상호 공감할 수 있는 지적인 세계관으로 형성될 필요가 있다. 사회현상을 분석하고 설명하는 이론인 사회법칙은 인간들의 지적 세계관을 설명하고 여기에 기초해서 인간들의 존재가치를 밝혀 주는 인간에 관한 법칙이 되어야 한다. 이를 두고 사회과학 이론은 실천적인 이론이 되어야 한다는 의미이다. 이처럼 사회과학이 사회법칙만이 아니라 인간에 관한 법칙을 다루는 학문이라서 이를 인간과학(human sciences)으로 이해해야 한다는 주장에도 유의해야 한다.

사회과학의 과학성을 단순히 자연과학의 기준인 검정주의만으로 판단할 수 없는 또 다른 이유는 사회과학은 인식과학인 동시에 해석과학이라는 점이다. 이것은 간주관주의에 의해서 타인의 경험과 인식과 해석체계가 나 자신의 그것과 공감할 수 있다면 이것이 하나의 사회현상을 현재의 상태에서 설명할 수 있는 이론이 될 수 있다는 의미이다. 물론 설명내용이 축적되어 지식으로 체계화될 수도 있을 것이다. 종국적으로 지식은 관심 있는 사회현상이나 현실을 지도하고 그에 관한 새로운 인식지식이나 경험지식을 넓혀 갈 수 있는 길을 제공하는 것이 될 수 있어야 하며, 바로 그러한 관점에서 사회과학이 정의되어야 할 것이다.

과학으로서 사회과학은 과학적인 방법에 의해서 형성된 이론으로 사회현상을 설명하고 예측할 수 있어야 하고, 이것이 체계적으로 축적되어야 학문으로 형성될 수 있을 것이다. 비록 사회과학의 이론이 탄생되고 실천되는 사회현상이 완벽하게 규칙적이고 질서정연한 것은 아니지만 그 속에는 과학으로 체계를 세울 수 있는 충분한 진리가 내재되어 있다고 보아야 한다.

그러나 사회과학은 과학이어야 한다는 사실에는 다음과 같은 몇 가지 조건이 전제되어야 한다.

첫째, 과학을 자연과학의 의미에서 정의하고 여기에 속한 활동이 과학활동이고 이것만이 이론이라고 한다면 사회과학이라는 개념 그 자체가 있을 수 없다. 즉 경성과학(hard science)만이 과학이라면 사회과학 그 자체는 존재할 수 없다. 따라서 과학이란 경성과학뿐만 아니라 연성과학도 과학이라고 해야 한다. 예외와 무작위와 한계적인 상황과 실수, 또는 불규칙적인 사회현상 그 자체도 어떤 인위적인 가공으로 발생된 것이 아니라 사회현상에서 자연발생적으로 생겨난 것이다. 더구나 불규칙적이고 예외적인 현상도 이것을 시간적이고 공간적으로 그 차원을 확대했을 경우에는 충분히 과학적인 연구대상이 될 수 있을 정도로 규칙적이라는 사실이다.

둘째, 사회과학에서 과학은 단지 경험과학뿐만 아니라 인식과학과 해석과학도 포함한다. 사회과학에서의 이론은 물론 경험과학의 산물이다. 그러나 경험과학을 인간존재나 사회현상에 적용하여 설명할 때는 이를 우리 인간들이 어떻게 인식하고 있고 어떻게 해석할 것인가 하는 등의 사회현상에 관한 인식과학이나 해석과학 등도 사회과학에서는 주요한 연구대상이다. 예를 들면 경험사회에서 발생되고 있는 비교우위라는 경제현상을 단순히 관찰했다고 자연적으로 이것이 경제학의 이론인 경제법칙으로 형성되는 것은 아니다. 여기에는 인간의 지혜와 논리의 힘이 우선 작용해야 한다. 왜 사람은 자신이 가장 잘 할 수 있는 일을 하려고 하는가, 인간은 본능적으로 모방심리가 있는데 어째서 이웃에서 하는 일을 모방하지 않고 자신의 능력과 자질과 특성을 가장 잘 살릴 수 있는 일을 찾아 나설까, 시장에서 거래할 수 있는 방법과 제도는 어떻게 만들었을까, 아무리 특화된 상품을 값싸고 튼튼하게 만들 수 있어도 이를 이웃에게 선전하지 않고도 비교우위라는 경제법칙이 발생할까 하는 등에 관한 것을 설명할 수 있어야 경제법칙은 이론으로 정립될 것이기 때문이다.

셋째, 과학적인 이론을 어떻게 현실의 사회현상에 적용하고 응용할 것인가 하는 점을 판단하는 일도 사회과학의 주요한 연구대상이다. 또한 이를 체계적으로 설명하는 것도 사회과학의 과학적인 활동이고 그 결과를 사회과학의 이론이라고 할 수 있다.

넷째, 사회현상의 이해와 이론화를 위한 사회과학 방법론 자체도 사회과학의 중요한 연구대상이고 이를 체계화하는 일도 사회과학의 과학적인 활동영역이다. 사회과학 방법론 자체에 대한 연구는 사회과학의 모든 인식을 비판적으로 정당화하고 안전하게 정초시킬 수 있는 사회과학의 자기인식에 해당한다고 할 수 있다.

이처럼 사회현상을 항상 자기방식대로 이해하고 설명하려는 경향은 있기 마련이다. 따라서 모든 인간이 공통적으로 이해하는 방법론을 형성하는 것이 여간 어려운 일이 아니다. 그러나 자신의 렌즈로 본 그 결과가 타인의 결과와 비슷하다는 경우가 매우 많은 것처럼 사람이 보는 눈이 비슷하다는 것 또한 사실이다. 사람이 보는 눈이 서로 비슷하다는 것은 다양한 개성과 능력과 자질과 경험을 가진 인간들이 판단하고 생각하는 결과가 비슷하다는 것이고 또한 그 판단의 과정이나 기준이 비슷하다는 뜻이다.

이것을 간주관주의(間主觀主義, Inter-subjectivity)에 의한 사회과학의 과학적 활동이라고 하며, 결국 사회현상이나 인간존재를 판단하고 결정하는 방법이 적어도 유사하든지 또는 동일해야 가능하다는 의미를 담고 있다. 바로 이러한 '동일한 방법'을 체계적으로 설명하고 이를 이론화하는 것이 사회과학에서는 또 하나의 중요한 연구 분야이고, 이것 역시 사회과학의 과학적인 활동임에는 틀림없다.

03 사회과학 연구의 접근방법

과학적 지식탐구와 사회문제의 해결을 위해 사회과학이 그간 사용해 온 주된 연구방법론은 근대적 논리적 실증주의였으며, 그것은 합리주의, 행태주의, 객관주의 등의 용어로 표현되기도 한다. 그러나 이러한 인식론적 입장 혹은 접근방법에 대립적인 여러 인식이 나왔는데, 이들을 총칭해서 주관주의라고 한다. 이에는 현상학적 접근방법, 행위이론, 해석이론, 비판이론 등이 있다. 여기에서는 행태주의로 불리는 논리적 실증주의의 주된 주장과 그에 대립적인 주관주의(반행태주의) 견해들을 살펴보면 다음과 같다(Anastas & Macdonald, 1944 : 13-25 ; 김영종, 2001 : 44-45 참조).

1) 행태주의(논리적 실증주의)

행태주의(Behavioralism)는 전통적 사회과학에 대한 반성으로부터 시작된 논리실증주의적이고 경험주의적인 접근방법이다. 행태주의는 인간의 사회적 경험의 근원인 인간행태를 현대적인 분석방법과 타당성의 기준에 맞추어 탐구함으로써 사회현상에 대한 지식을 추구한다. 논리적 실증주의 혹은 객관주의라고 불리는 행태주의에는 과거의 역사적·철학적·기술적·제도적 접근에 대한 불만이 농축되어 있으며 과학적 연구와 분석방법을 통하여 사회현상을 정확하게 파악할 수 있다는 신념이 토대가 되어 있다.

즉 사회과학에도 검정된 명제와 이론을 제공할 경험과학적 방법을 도입할 수 있다는 입장이다. 즉 행태주의는 사회과학의 과학적 능력을 높이려는 시도이다. 행태주의자들은 경험적 지식에 초점을 맞추어 기존의 사회과학에 새로운 원칙과 방법을 적용하며 경험과학적 관점에 따라 사회과학을 새로이 시작한다.

(1) 행태주의(논리적 실증주의)의 이념

행태주의자(논리적 실증주의)들의 과학적 활동에 기초를 이루는 신념은 경험주의이다. 행태주의는 근대 경험과학의 규범과 전제에 비추어 수긍할 만한 방법과 이론을 토대로 사회생활의 경험적 측면을 설명함으로써 사회에 대한 이해를 높이려고 한다. 그 이념적 요소들로는 논리실증주의와 경험주의, 심리주의, 과학적 설명 등이 있다.

① 논리실증주의와 경험주의

과학은 누구나 접근할 수 있는 공통적인 경험에 기반을 두어야 한다. 감각은 모든 인간의 공통적인 경험으로서 과학적 판단의 기반이 되는 최대의 경험적 공통분모가 된다. 이러한 경험주의 입장은 과학으로부터 일체의 초감각적 경험은 배제되어야 한다는 것이다. 직관적이고 신비한 통찰력이나 철학적 비전과 같은 초감각적인 것은 개인적이고 불확실한 것이며 또한 주관적이고 반복할 수 없으며 지각할 수도 증명할 수도 없기 때문에 과학에서 배제되어야 한다.

행태주의자들은 경험주의의 기본가정을 바탕으로 새로운 사회과학의 기틀을 마련하였다. 첫째, 행태주의자들은 직관적이고 신비한 통찰력이나 철학적 비전 대신에 공통적이며 누구나 반복할 수 있는 감각적 관찰을 판단의 근거로 삼는다. 따라서 감각적 관찰이 불가능한 가치판단이나 초감각적 경험은 과학의 영역에서 제외되었다. 둘째, 행태주의자들은 사회과학 지식이 질적이고, 기술적이고 개괄적인 수준에서 벗어나 계량적이고 증명 가능하며, 정밀성을 요구하는 수준으로 나아가야 한다고 보았다. 이들은 과학적 연구가 가설에 대한 정확한 진술과 엄격한 자료처리에서 출발하여야 하며 최대한 계량적이어야 한다고 주장한다.

② 심리주의

인간의 행동 혹은 행태를 중심적인 연구대상으로 하고 있는 행태주의는 결국 심리주의(心理主義)로 귀결된다. 사회의 공식적인 제도, 구조 혹은 목표나 목적보다는 사람들의 심리적 동기에 대한 심층적인 분석을 추구한다. 이것은 과학주의로서의 '심리주의'는 경험주의의 최종 단계가 되기도 하기 때문이다. 경험적 심리학의 발달과 더불어 모든 지식이 심리적 법칙에 순응한다는 주장이 대두되면서 이성의 지적 행위가 단순한 심리현상으로 이해된다. 모든 철학적 활동은 감각적 활동이며 심리적 현상으로 간주된다. 지식의 형태는 의식의 기능적 형태를 말하며, 이러한 형태를 지배하는 법칙은 심리적 법칙을 뜻한다.

심리주의 관점에 의하면 인간의 사고과정은 심리적 법칙으로 수렴되는 논리적 법칙에 따라 지배되며, 개념정의, 가설, 추리, 이론 등은 심리학의 범주에 속하는 사실적 문제이다. 진리란 하나의 심리적 사건이며 사실이다. 따라서 과학적 방법론을 심리학의 분과로 보는 것은 당연하다. 여기서 심리학은 넓게는 논리학, 좁게는 방법론의 기초과학적 입장에 서게 되며, 궁극적으로는 모든 과학을 정립시키는 기본과학이 된다.

③ 과학적 설명

과학적 설명은 과학적 예측을 담고 있으며, 주어진 현실을 'if-then'의 설명적·예측적 명제로 재구성한다. 행태과학자들은 현실세계에서 발생하는 사건의 원인을 밝히고, 이것으로 현실을 설명하고 예측한다. 설명과 예측은 행태과학의 기본적인 목표이다.

행태주의 견해에 의하면 설명이란 인과관계의 결정이며, 이러한 결정의 진술이다. 사건에 대한 설명이란 사건발생의 과정을 보편적 인과관계 속에서 진술하고 그것을 인과적으로 풀이하는 것이다. 따라서 인과적 관련성은 사실을 수집하고 선택하는 기준이 된다. 인과관계의 모델을 형성하고, 불규칙한 사건들을 하나의 단순한 관계로 설명한다. 과학적 설명은 현상에 대한 인과적 진술이면서 동시에 물리적 진술이다. 즉 물리적 현실을 물리적 언어로 진술하는 것이며 조작적 개념은 바로 물리적 언어에 해당된다. 물리적 현실은 과학적 설명의 대상이며 그 술어이기도 하므로 과학적 설명의 필요 충분조건으로 간주된다. 과학적 설명은 언어 또는 상징의 의미를 대상으로 하는 의미론적 설명과 구별된다.

(2) 행태주의(논리적 실증주의)의 변천

행태주의(논리적 실증주의)의 변천 과정을 보면 3단계로 구분해 볼 수 있다(김광웅, 1997 : 147-153 재수정).

첫째 단계는 실증적 행태주의로서, 1920년대에 들어서면서 전통적 방법론은 행태주의로 대체되기 시작하였는데 이때의 행태주의를 말한다. 사회과학자들은 분명하고 간결하게 묘사해야 하며, 계량적이고 경험적인 노력으로 실체를 지향해야 하고, 인상주의적 표현에서 벗어나 사실주의적 표현으로 나아가야 한다고 주장되었다.

둘째 단계는 이론적 행태주의이다. 제 2 차 세계대전이 끝나면서 종래의 연구경향이 경험적 이론을 강조하는 방향으로 바뀌기 시작했다. 이론의 정립을 중요시하여 가설 구성과 그 검정에 많은 관심을 가졌다. 계량적 기법도 이론 정립을 위한 수단으로 사용되었다. 하지만 이론을 지나치게 강조하고 분석기법에는 관심을 두지 않으면서 자연과학과의 의사소통을 단절함으로써 국지주의 현상이 나타났다.

셋째 단계는 다기방법론(多岐方法論, Multimethodologism)인데, 이론 면에서 과학성과 철학성을 보다 높이고, 방법 면에서 세련화시켜서 국지현상을 극복하는 행태주의로서 1960년대 후반에 등장하였다. 이는 과거의 행태주의가 정책 수립에 기여하지 못했던 약점도 극복하고 지나친 관념과 숫자의 유희를 떨쳐 버리고 문제를 해결하려는 시도를 보였다.

넷째, 1970년대에 들어서면서 행태주의 전반에 걸친 한계를 인정하고 회의에 빠지면서 곧 후기행태주의(Post-Behaviorlism)의 입장이 만연하게 된다.

(3) 행태주의(논리적 실증주의)의 특성

행태론(행태주의)적 접근법은 구조나 제도의 연구에 치중하는 전통적 접근방법들과는 달리 특히 사회체제를 구성하는 인간의 행태를 비롯하여 의식구조, 가치관, 신념체계, 그리고 동기 등을 중심으로 사회이론을 정립하려고 한다. 행태주의의 전제 및 특징은 다음과 같이 정리될 수 있다.

첫째, 인간의 행동 혹은 행태를 중심적인 연구대상으로 한다. 사회현상에는 질서와 일관성이 존재하며 사회 속에서 개인과 집단의 행태에는 경험적 규칙성을 나타내는 경향이 있다고 가정하고, 인간의 행동 혹은 행태(human behavior)를 주된 연구테마로 삼는다.

둘째, 과학적인 방법으로 연구한다. 객관적 사실이나 경험적으로 검정될 수 있는 사실을 대상으로 가설검정을 위한 통계학적 방법 등 과학적·실증적 방법을 사용하여 논리적으로 분석함으로써 일반화된 이론의 개발을 추구한다.

셋째, 가치판단적인 내용을 연구대상에서 제외시킨다. 가치판단을 배제하고 사실판단적인 주제만을 연구대상으로 삼는다. 특히 연구자 개인의 가치관이 연구에 영향을 미치는 것을 경계하며 사회문제에 대한 가치판단이나 처방에 대한 고려는 배제한다.

넷째, 사회문화를 중시한다. 인간의 의식구조, 가치관, 신념체계, 동기 등 사회 구성원에 내면화된 규범인 사회문화의 분석에 관심을 둔다.

다섯째, 학제 간 연구를 한다. 현상을 보다 상위의 사회문화적 현상의 일부로 보고 심리학, 사회학, 정치학, 문화인류학, 생물학 등 여러 학문들에서의 개념, 접근방법 및 이론에 대해 개방적인 태도를 유지하면서 협동연구를 중시한다.

(4) 행태주의(논리적 실증주의)의 한계

행태주의적 접근이 사회과학의 과학화에 크게 기여하기도 하였으나 다음과 같은 한계를 지니고 있음을 인식해야 한다.

첫째, 연구의 범위와 대상의 편협성이다. 연구방법의 엄격성을 지나치게 강조함으로써 그러한 연구방법을 적용할 수 있는 것에만 연구가 한정됨으로써 연구대상과 범위가 매우 제약되었다. 따라서 전체적인 견지에서 보면 단편적이고 미시적이고 계량적인 분석이 가능한 문제들만을 연구대상으로 삼게 되고, 예컨대 권력구조라든지, 인간소외 문제 등 사회적 중요성을 가진 질적인 문제나 구조적이고 거시적인 문제들을 도외시하게 되었다. 실제로 중대한 판단을 요하는 행정문제는 계량화될 수 없으며 도덕적·윤리적 문제는 과학적으로 해결할 수 없다.

둘째, 가치판단 배제의 비현실성과 보수주의적 경향이다. 정책결정에는 가치판단과 선택이 개입될 수밖에 없는데 그럼에도 불구하고 가치판단을 배제하는 것은 비현실적이다. 또한 가치중립적 입장은 어용학설의 역할을 담당할 위험성이 있으며 결과적으로 사회의 현상유지에 기여함으로써 보수주의를 초래하게 된다. 사실 연구자가 연구주제를 선정하고 수집된 자료를 해석하며 나아가 연구결과의 의미를 파악하고 부여하는 모든 과정에 가치의 영향을 받을 수밖에 없다.

셋째, 불안정한 폐쇄적·이중구조적 사회에의 적용한계성이다. 사회현상이나 심리적 현상이 공개되어 정확한 자료를 구할 수 있는 개방사회와는 달리 폐쇄적·이중구조적 성격이 강한 사회에는 행태론적 접근방법을 적용하는 데 많은 제약이 따른다. 또한 논리적 실증주의에 입각한 행태론은 구조적으로 안정적인 사회의 행동 유형을 분석하는 데는 적합할지 모르나, 사회구조가 불안정하고 복잡하며 정치적·비합리적 요인이 지배하는 사회의 행동 유형을 분석하는 데는 많은 한계가 존재한다.

2) 반행태주의(주관주의)

시대의 변천에 따라 실증주의와 경험주의에 인식론적 근거를 두고 있는 행태주의에 대한 주관주의적인 반론이 제기되었다. 실증주의를 반대하는 입장들 중에서 역사주의가 그 중심을 이룬다고 볼 수 있다. 이러한 맥락에서 이스턴(Easton)은 역사주의를 후기행태주의라 일컬었다. 특히 역사주의적 관점은 행태주의가 논리실증주의와 논리경험주의를 과신했다고 비판한다. 여기서는 행태주의 이후에 등장한 역사주의, 비판이론, 현상학 등의 반행태주의적이고 주관주의(subjectivism)적인 접근에 대하여 살펴보면 다음과 같다.

(1) 역사주의

역사주의(historicism)란 사회의 발전에 관한 법칙을 발견하고 이 법칙에 근거하여 미래를 예측하는 것을 사회과학의 과제로 삼는 입장이다. 역사의 기능은 현재와 과거에 대한 깊은 통찰과 양자 간의 관계의 규명을 통하여 미래를 예측할 수 있게 해주는 것이다. 자연과학처럼 예측의 정확성은 높지 못하더라도 구체적인 사건들에서 논리적으로 도출된 예측을 토대로 같은 상황에서 특정 사건이 발생할 것이라는 예측이 가능하다.

역사주의의 인식은 인간의 모든 지식이 본질적으로 시간과 장소에 따라 상대적이라는 것이다. 역사주의는 과거의 어떤 사건을 연구함에 있어서 사건의 물질적인 외부 법칙을 밝혀내는 사건의 탐구뿐만 아니라 사건에 관한 내부 법칙의 직관과 관련된 행위의 탐구도 함께 추구한다. 행위란 사건의 외부 법칙과 내부 법칙이 통합된 것이며 따라서 역사주의는 사건의 외부 법칙에 대한 규명에서 출발하고 나아가 그 행위를 분석함으로써, 행위의 주체가 어떤 사상을 가지고 무엇을 사색했는가 하는 내부 법칙을 통찰한다.

역사주의는 시간이 흐름에 따라 인간성은 가변적인 것인데도 불구하고 과거의 추체험(追體驗), 즉 남이 체험한 것을 마치 자기가 한 것처럼 느끼는 것이 가능하다고 가정한다. 이것은 인간의 기호나 감정 자체는 직접 체험으로서 변화하지만 인간의 비판적 사고나 지적 활동은 공유할 수 있는 것이며 인간의 사상은 변화하지 않는다는 데 근거하고 있다. 어떻든 추체험에서는 자료가 정확히 처리되어야 함은 물론이며, 자료의 선택에서도 역사의 재구성에 대한 필요성에 초점을 맞추어 증거가 될 만한 것을 취사선택하되 아울러 자료의 비판을 통하여 증거를 확실히 하여야 한다.

이러한 역사주의 관점은 영국의 카아(E. H. Carr)가 새로운 사회의 문제들을 이해하는 데 필요한 것이라고 하여 제시한 역사적 탐구태도와 통한다. 역사는 '과거와 현재의 대화'이며 역사의식을 가지고 있는 사람들은 지난 과거를 재현하거나 재구성하려는 것이 아니라 그것을 수용하여 분석함으로써 그 속에서 어떤 의미를 찾으려 한다(Carr, 1960 : 18).

(2) 비판이론

비판이론(critical theory)은 당연시되던 기존의 사회구조를 비판적으로 재조명하려는 입장이다. 이러한 관점은 사회과학에 상당한 영향을 미치고 있으며, 인간해방을 위한 운동을 선도하고 있다. 비판이론에서는 사회과학 연구가 가치중립적이어야 하지만 몰가치적, 즉 가치상실적이어서는 안 되고 관련 문제에 유의하면서 현실성과 범위를 고려해야 한다고 생각한다. 따라서 그것이 실증주의를 비판해 온 것은 사실이지만 실증주의가 대변해 온 과학정신 자체를 거부하는 것은 아니다. 오히려 실증주의의 한계를 극복함으로써 과학정신을 보다 포괄적으로 재구성하려는 입장을 갖는다.

비판이론의 주된 과제는 사회를 비판하고 변화시킬 수 있는 무엇을 분명하게 드러내는 것이다. 이러한 목적을 달성하기 위하여 비판이론에서는 몇 가지 전제를 내세운다. 첫째, 사회과학의 대상인 사회는 기본적으로 사회행동으로 이루어진다. 둘째, 사회행동은 자연현상과 달리 의미적으로 구성된다. 셋째, 인간행동에도 자연과 마찬가지로 일정한 법칙성이 존재한다.

비판이론의 구체적인 내용은 경험주의, 상대주의, 변증법, 비판주의, 정신분석 등에 대한 인식과 태도를 살펴보면 드러날 수 있다.

첫째, 비판이론은 경험적 현실로서의 사회를 경험적 관찰을 통하여 비판하려는 것인데, 경험의 개념을 실증주의적으로 제한하지 않고 넓은 의미의 경험주의를 취한다.

둘째, 비판이론은 상대주의 관점을 갖고 인간을 역사에 의존하는 존재로 본다. 인간의 의식 작용은 심리적 상황이나 사회적 상황에 의존하며, 인간의 가치관은 경제적 상황이나 사회와 연결되어 있는 것으로 생각한다. 실증주의자들도 가치의 객관성을 거부하고 주관성을 내세우지만, 비판이론은 인간의 가치관을 제약하는 사회적·경제적·역사적·심리적 조건들을 적극적으로 문제화함으로써 실증주의의 가치주관설을 초월한다.

셋째, 비판이론은 변증법에 기초하고 있다. 변증법은 분석적으로 사유하면서도 추상적 재료들을 대상에 대한 표상을 나타내기 위해서 이용한다. 따라서 변증법적 사유에서는 자신의 사유와 타인의 사유에서 그 제약성과 일반성들을 발견함으로써 진리에 접근하려고 한다.

넷째, 비판이론은 비판주의를 바탕으로 교환의 원칙이 시민사회를 지배하기 시작한 역사적 경위를 살피면서 역사발전에 대한 철저한 분석을 중요과제로 삼는다. 교환 경제가 인간의 능력을 개발하고 인간을 해방시키고 자연에 대한 인간의 지배력을 무한히 증대시킨 다음 이제는 앞으로의 발전을 저해하고 인류를 야만의 상태로 나아가게 한다는 비판으로부터 출발한다.

다섯째, 비판이론은 정신분석학적 관점을 수용한다. 이 이론은 사회적 조건들과 삶의 상황에 얽혀 있는 개별적 인간에 관심을 가지고, 점차로 확대되고 있는 인간의 타율성을 제거하여 자율성을 보존하는 것을 과제로 한다. 따라서 인간의 선험적 의식 세계를 문제를 삼게 된다. 선험적이란 인간의 경험에 작용하는 주관적 조건들을 의미한다.

(3) 현상학

사회과학의 연구에서 계량적 방법의 한계가 드러나면서 1960년대부터 행태주의와 심리주의 등의 실증주의 철학에 대한 반감으로 현상학적 방법론이 대두되었다. 현상학(現象學, phenomenology)은 객관주의가 안고 있는 주관과 객관의 대립이라는 위기를 극복하고자 출발했는데, 오늘날 사회과학에서 중요한 방법론으로 받아들여지고 있다.

현상학은 모든 사상(事象)을 계량화하고 모든 문화현상을 물상화하려는 인식태도를 거부하고 인간주의를 재확립하려고 한다. 현상을 인간의 주관성으로부터 분리하여 관찰하고 측정하려는 실증주의 관점에 대해 회의적인 태도를 갖고 출발하였다. 인간행태의 외면만을 관찰해서는 인간의 내면적 세계의 의미를 파악할 수 없으며 인간의 내면적이고 심층적인 동기까지 파악할 때 인간에 대한 본질적 이해가 가능하다고 본다.

현상학에서는 사회현상을 인간의 행위로 환원하며 사회현상은 자연과학적 방법으로 계량화할 수 없는 의식의 세계로서 자아와 타인의 간주관적 세계이다. 따라서 지식의 사회적 성격은 지식과 사회에 관한 세 가지 관계에서 설명될 수 있다.

첫째, 인간이 사회의 한 구성원이라는 인식은 경험적이 아니라 선험적이다. 이 앎은 자아의식에 선행하며 '우리' 없는 '나'는 없고, '우리'는 '나'보다도 먼저 그 내용이 충실화된다.

둘째, 타자를 경험하는 데 있어 참여방식은 집단에 따라 다르지만 일반적으로는 일체화에 의한다.

셋째, '너'가 인간의 모든 사유의 존재범주가 된다. 즉 개인에 있어 외부세계는 내부세계에 앞서 먼저 주어지며 외부세계가 내부세계의 투사가 아니라 의미를 가진 전체 구조가 먼저 주어지고 그다음에 '나'와 '너'의 사회적 관계가 구체화되어 간다는 것이다.

사회과학의 관찰 영역인 사회세계는 인간에게 특별한 의미와 관련성의 구조를 갖는다. 인간은 일상생활에서 형성된 상식으로 세상을 이해하며, 상식이 인간의 행동, 행위 목적 및 목적의 달성수단을 결정한다. 사회과학자의 사고는 과학의 기준으로 관찰하고 설명하려는 행위자의 사고 유형에 근거해서 이루어진다. 그렇기 때문에 사회과학은 일상적 사회현실 안에서 진행되는 인간행위의 일상적 이해를 다룬다. 사회과학자는 행위자의 의도, 동기, 즉 행위의 주관적 의미의 전 체계를 분석한다.

여기서 행위자에게만 고유한 개인적이고 사회적인 행위의 주관적 의미를 과학적으로 어떻게 파악할 수 있는가 하는 문제가 나온다. 사회적 행위의 주관적 의미를 객관적으로 이해하는 방법을 얻으려면 다음과 같은 세 가지

원리에 따라야 한다.

첫째는 사회과학자가 추구하는 이론체계는 분명한 개념의 틀로 이루어져야 하며, 형식논리의 모든 원리에 완전히 부합해야 한다는 논리적 일관성의 원리이다. 이를 위해서는 사회과학자의 사고가 객관적 타당성을 지녀야 한다.

둘째는 주관적 이해의 원리로서, 사회과학자는 관찰대상인 사회현상을 일으킨 행위자의 의식 안에 무엇이 일어났는가, 어떤 유형의 의식이 형성되었으며 어떤 유형의 사고가 거기에 속하는가를 되짚어 봐야 한다. 이 원리의 이행으로 모든 행위를 그 행위자의 주관적 의미와 연결시켜 이해할 수 있다.

셋째는 적합성의 원리로서 사회과학의 방법론에서 매우 중요하다. 인간 행위에 관한 과학이론에서 쓰이는 모든 용어는 행위자 자신만이 아니라 그의 이웃들에게도 이해될 수 있고 이치에 맞도록 형성되어야 한다. 사회과학자에 의한 사회현실의 해석이 행위자나 그의 상대방에 의한 해석과 같을 수가 있다는 사실로 인해, 과학자는 실제 생활 속에서 일어나는 사회현상에 관계할 수 있게 된다.

이러한 세 가지 원리들을 통해 사회과학은 일상생활로부터 유리된 환상의 세계를 다루지 않고 실제로 사회현실을 다룰 수 있게 될 것이다.

그리고 사회과학의 연구를 위한 종래의 철학적 입장인 객관주의 혹은 논리적 실증주의(행태주의)와 새로운 시각인 주관주의(반행태주의)는 다음과 같은 차원으로 나누어 대비해 볼 수 있다(Harmon & Harmon, 1986 : 286-290 재수정).

① 존재론 혹은 실체론(ontology)의 차원 : 실재주의와 명목주의(realism vs nominalism)

실증주의나 객관주의는 인간의 인식대상인 사회적 세계가 경험적인 실체로서 존재한다는 입장이고, 주관주의는 사회적 세계는 인간의식의 산물에 불과하며 따라서 사회적 실체를 구성하는 제도나 역할이 이름에 불과하다는 명목주의의 입장을 가진다.

② 인식론(epistemology)의 차원 : 실증주의와 반실증주의(positivism vs anti-positivism)

실증주의는 과학적 지식을 발견할 수 있는 확실한 길은 경험적 사실에 대한 객관적 관찰에 몰두하는 것이며, 그러한 관찰은 사회적 생활에 대한 일반화된 설명 및 예측을 위한 가설검정의 자료를 제공한다는 입장이다. 반면에 반실증주의는 현상의 배후에 있는 경험적 규칙성과 인과법칙을 발견하는 것보다 연구대상인 주체들의 경험이 갖는 풍부성과 뉘앙스를 이해하는 데 더 관심을 갖는다.

③ 인간본성(human nature)의 차원 : 결정론과 주의주의

실증주의나 객관주의는 인간행동이 환경이나 유전과 같은 인과적인 힘에 의해 설명될 수 있다고 보는 반면, 주관주의적인 주의주의(voluntarism) 또는 의지주의(意志主義)는 인간본성을 결정론의 관점보다는 능동적이고 자율적인 것으로 보는 주의주의 입장을 취한다. 하지만 주의주의 입장에서도 자율적인 행동이 항상 의식적으로 행해진 합리적 행위인 것만은 아니라고 본다. 최근의 주의주의 입장은 사람의 행동에 있어서 무의식적인 동기가 중요한 역할을 한다는 점을 인정하고 있다. 다만 사람이 사회적 세계의 창조에 참여하고 동시에 참여의 의미를 성찰할 수 있는 능력이 있기 때문에 그러한 창조에 책임을 진다는 것이다.

CHAPTER 04

사회복지조사 연구의 개관

01 사회복지조사 연구의 개념과 목적

1) 사회복지조사 연구의 개념

사회복지조사 연구란 사회복지이론 형성과 가설검정에 관련된 전체적인 사고와 활동의 과정을 말한다. 그러한 과정은 설정된 이론에서 도출된 가설을 검정하는 것일 수도 있고, 관찰로부터 일반화를 거쳐 이론을 만들어 가는 것일 수도 있다. 과학적 이론을 만들기 위해서는 논리와 경험이 결합되어야 하는데, 그러한 결합을 구체화하고 체계화하여 알고자 하는 대상을 연구하는 방법과 활동이 조사 연구이다. 조사 연구의 방법은 논리와 경험을 어떻게 결합하느냐에 따라 크게 연역적 접근방법과 귀납적 접근방법으로 나눌 수 있다.

연역적 방법에서는 이론, 즉 논리에 관한 연구가 먼저 이루어진다. 이론은 추상적인 개념이나 변수들로 이루어져 있으며, 경험세계의 현상들에 대한 일반화된 설명을 담고 있다. 이러한 추상적인 이론이 조사 연구에서 직접 검정되지는 않는다. 다만 이론에서 논리적 추론을 거쳐 도출된 경험적 예측인 가설에 대해 검정이 이루어진다. 귀납적 방법에서는 이론에 대한 사전 지식이 없이 이루어지는 경험적 관찰로부터 시작된다. 그러한 관찰을 통해 일반화된 법칙이나 경험적 규칙성이 밝혀지고 나아가 이론적인 명제에까지 이르게 된다.

조사 연구를 어느 접근방법으로 할 것인가는 주로 조사 연구의 문제와 관련되어 있다. 우선 연구문제에 대해 관련 이론을 인용하거나 나름대로의 이론을 제시할 수 있을 정도로 선행지식이 많이 개발되어 있을 때에는 연역적 방법이 사용된다. 이 경우 연구문제에 대한 이론화가 먼저 이루어진 다음 논리적 추론을 통해 잠정적인 결론(가설)을 도출해 내고, 마지막으로 경험적인 자료들을 통해 그것을 검정하는 과정이 선택된다.

반면에 문제가 새로운 조사를 필요로 하거나, 알려진 내용이 별로 없거나, 전통적인 지식들이 의문시될 때는 귀납적 방법이 사용된다. 즉 우선 경험적 자료를 수집하고, 그 자료들을 토대로 어떤 유형이나 경험적 규칙성을 밝혀내면서 연구문제의 해답을 탐색해 가는 과정을 거친다.

2) 사회복지조사 연구의 목적

사회복지조사 연구의 궁극적인 목적은 이론을 개발하는 데 있으며, 어떤 현상에 내재된 논리적 특성을 이론으로 구축하기 위해서는 그 현상을 탐색하고, 기술하고, 설명하고, 예측할 수 있어야 한다. 그리고 통제는 엄격한 의미에서 과학적인 조사 연구의 목적에 포함되지 않는다고도 할 수 있겠으나 실천이론의 관점에서 보면 조사 연구의 목적에 포함시킬 수도 있을 것이다.

(1) 탐색

조사 연구는 흔히 특정한 주제를 탐색하기 위하여 수행되기도 한다. 이러한 탐색은 연구자가 어떤 문제에 대해 새로운 관심을 갖거나 연구주제 자체가 비교적 새로운 경우에 이루어진다. 이것은 어떤 사회현상에 대하여 좀 더 잘 알아보려거나 그에 대한 새로운 통찰을 얻기 위해 행해진다. 하지만 대부분 탐색적 연구는 그 자체가 목적이 아니고 연구하려는 문제의 성격을 우선 파악해 보거나 이론적 가설의 수립을 위하여 기초 작업의 수준에서 수행되는 미완성의 성격을 띠며, 그 방법은 문헌 검토일 수도 있고 실지 관찰일 수도 있다.

따라서 탐색적 조사 연구는 일반적으로 세 가지의 목적을 갖는다. 즉 연구자의 관심과 보다 나은 이해를 얻으려는 욕구를 만족시키는 것, 더 깊이 있는 조사 연구의 수행 가능성을 검정하는 것, 그리고 이후의 연구에서 이용할 수 있는 방법을 개발하는 것 등이다. 탐색적 연구는 사회과학 조사 연구에 매우 가치가 있다. 연구자가 새로운 작업을 착수할 때 탐색적 조사 연구는 필수적이며, 그것은 연구주제에 대해 참신한 통찰을 주는 경우가 많다. 또한 탐색적 조사 연구는 현실기반이론(grounded theory)의 원천이기도 하다.

탐색적 연구는 해답을 암시하고 어떤 연구방법이 결정적 해답을 줄 수 있는지에 대한 시사점을 줄 수는 있다. 하지만 가장 큰 결점은 연구문제에 대해 만족스러운 해답을 주는 경우가 드물다는 것이다. 이것은 아마도 조사 대상의 대표성과 관련되어 있을 수도 있다. 탐색적 조사 연구에서 연구대상인 사람은 실제로 연구문제와 관련된 모집단을 적절히 대표하지 않을 수가 있는 것이다.

(2) 기술

기술(記述)은 현상의 속성 및 특질, 그리고 현상과 현상 간의 관계성에 대한 관찰로부터 얻어진 사실에 대한 묘사이다. 관계성으로는 현상의 발생에서의 시간적 근접성과 연속성, 현상들 간의 속성적 유사성, 대비, 대칭성 등이 있을 것이다. 이러한 관계성에 대한 관찰을 통해 발생된 현상들 간의 인과관계에 대한 가설을 도출할 수도 있을 것이다. 이러한 과정에는 문헌 연구를 통한 이론적 검토가 선행할 수도 그렇지 않을 수도 있다. 그리고 현상들에 대한 관찰이 필수적이며, 관찰되는 현상들 자체에 대한 세부적인 내용뿐만 아니라 관찰 상황에 대한 내용까지 모두 체계적인 방법으로 기록되고 분석되어야 한다.

기술을 목적으로 한 연구에서는 어떤 현상이 있으면 왜 그런 현상이 나타나게 되었는지를 설명하기보다는 단순히 현상의 속성이나 특성을 있는 그대로 관찰하여 서술하는 데 그 주안점을 두고 있다. 예를 들어 연구목적이 현재 우리나라의 빈곤상황에 대한 평가를 기술적으로 하는 것이라면 긍정적으로 평가하는 비율은 몇 퍼센트이며, 부정적으로 평가하는 비율은 몇 퍼센트인지 그리고 교육수준별 분포나 소득수준별 분포는 어떻게 차이가 나는지를 설명할 뿐이다. 왜 일부는 긍정적으로 평가하는 반면, 또 다른 일부는 부정적으로 평가하는지에 대한 답은 하지 않는 것이다.

어떤 현상에 대해 기술할 때는 그 현상을 나타내는 개념이나 변숫값의 정도를 기술하기도 하고, 변수와 변수 간의 관계를 설명하기도 한다. 변수의 값의 정도를 설명할 경우에는 주로 평균이나 백분율 등과 같은 기초통곗값을 적용하고, 변수 간의 관계를 설명할 경우에는 변수들이 어떻게 상호 연관되어 있는지를 밝히기도 한다. 예를 들면 "경제적 불안정은 도시 범죄율을 증가시킨다."라는 진술에는 그러한 현상이 나타나게 된 원인과 결과가 명시되어 있다.

한편 많은 질적 연구는 일차적으로 기술을 목표로 한다. 예를 들면 인류학의 민족지학(ethnography)은 특정한 비문명사회의 문화를 상세히 기록한다. 하지만 그러한 연구는 단지 기술적 목적에만 그치지 않고, 관찰된 유형이 왜 존재하는지 그리고 이런 유형이 무엇을 의미하는지 추가적으로 조사함으로써 설명의 단계로 나아간다.

(3) 설명

설명적 조사 연구는 관계성 관찰들로부터 인과적 가설을 도출하고 실험적 방법을 통하여 그것을 검정한다. 실험적 방법이란 가설 속에 포함된 선행 영향요인에 조작을 가하고, 다른 영향요인들의 영향 가능성을 최소화하여, 실제 가설 속의 후행 현상이 발생하거나 변화되는지를 직접 관찰하는 것이다. 즉 인과관계 가설에 포함된 두 현상 간의 인과관계를 실험적으로 검정한다. 이 과정의 끝에는 인과적 기술로 된 논증(argument)이 포함된다. 논증은 논리적 '참'과 '거짓'의 여부를 포함한다. 이처럼 두 현상 간의 인과적 관계의 검정을 포함하는 주장을 설명이라고 한다. 논증의 논리는 당시 과학철학의 입장에 따라 다른데, 초기 확률적 귀납법에서 확률론적 확증논리로, 그리고 반증논리와 확률론이 결합되어 나타난 오늘날의 영가설(귀무가설) 검정으로 변천하여 왔다.

이러한 검정을 통해 축적되는 유사한 현상들의 인과관계들에 관한 주장들은 하나의 지식구조 속으로 통합되어 이론의 기초인 모델들이 된다. 그리고 이들에 대한 지속적인 검정 작업을 통하여 이론이 만들어진다. 인과관계는 함수관계로 불리기도 한다. 즉 과학에서의 인과성이 '종속변수 = F(독립변수들)'라는 함수관계로 표현될 수도 있다는 것이다. 그리고 과학적 방법이 수학이라는 형식체계를 빌려서 모든 변인들을 기술 가능한 특정 상황에서의 수량으로 기술한다는 점을 고려한다면, 이러한 인과성에 대한 함수관계로의 기술은 그 효율성을 인정받을 수 있다. 그러나 심리학을 비롯한 사회과학에서 논리적 진위는 등호관계가 아닌 확률론적 근접관계인 것이 대부분이다.

이처럼 조사 연구의 목적이 현상을 설명하는 데 있다면 그 연구는 과학적 검정과정을 통해 현상의 특성과 그러한 현상이 나타나게 된 이유를 제시하는 데 초점을 두게 된다. 즉 어떤 현상이 있으면 왜 그러한 현상이 나타나게 되었는지를 밝힌다. 도시 간 범죄율의 차이에 대한 보고는 기술의 사례이고, 왜 어떤 도시는 범죄율이 높은지를 설명해 주는 변수의 규명은 설명이다. "왜 출산율이 낮아지는가?", "왜 경제적 불안정이 이혼율을 증가시키는가?", "기초생활보장제도가 과연 빈곤 계층을 감소시키는가?" 등의 질문들은 경험이나 직관 또는 선행연구를 고찰하는 과정에서 가지게 되며, 과학적 연구는 이러한 질문에 답하려고 하는 데서부터 시작된다.

연구주제가 되는 이러한 질문에 답하기 위해서는 변수와 변수 간의 관계를 분석해야 하며 설명을 목적으로 하는 연구에서는 평균이나 백분율 등과 같은 단순 기초통계를 적용하기보다는 교차분석, 분산분석, 회귀분석 등과 같은 추리통계적 방법이 주로 적용된다.

(4) 예측 및 추론

예측이란 변인들 간의 인과관계를 기초로 앞으로 변화될 수 있는 현상을 과학적 근거에 의해 서술하는 것이다. 유용하고 가치 있는 이론이란 미래에 나타날 수 있는 현상을 정확하게 예측할 수 있는 이론이다. 엄밀한 실험적 방법을 통하여 검정된 인과관계는 동일하거나 유사한 다른 상황에 대하여 예측력을 지닌다. 이런 힘을 갖추고 있어야 과학적 이론이라고 할 수 있다. 이것은 이론의 일반화 과정이며, 이러한 과정을 통해 이론 적용의 한계를 명확히 할 수 있고, 예측이 적중하지 못하는 경우 예측 오차의 발생 원인에 대한 관찰과 분석은 또 다른 연구가설을 도출할 수 있는 기초자료를 제공해 주는 생산성을 지니기도 한다.

추론 및 예측의 핵심은 정확성이다. 이러한 예측의 정확성을 보장하기 위해서는 예측의 기초가 되는 이론의 정확성이 전제되어야 하며, 이론의 정확성은 다시 체계적인 관찰과 타당한 추론을 통하여 도출된 인과관계에 대한 가설과 이러한 가설의 타당한 검정방법을 전제로 하게 된다. 심리학 연구의 경우에 예측의 도구로 사용되는 것이 각종 심리검사도구들이다. 그러나 그것이 눈으로 관찰할 수 있는 것이 아니라 심리적 요소들(자아정체감, 지능, 불안, 우울 등)이라는 점에서 항상 그 정확성이 논의의 대상이 되고 있다.

(5) 통제

예측의 정확성이 검정된 이론은 실제로 관련 현상을 통제할 수 있게 된다. 즉 어떤 현상이 나타났을 때 왜 그런 현상이 나타났는지를 인과적으로 설명할 수 있다면 그 현상을 일으키는 조건을 찾아서 통제할 수 있다.

어떤 현상이 사회적으로 바람직한 경우에는 그러한 현상을 계속 유지시킬 수 있도록 조건을 강화해야 하지만, 그 현상이 사회적으로 바람직하지 못하여 사회적 문제를 야기할 경우에는 그런 현상이 일어날 조건을 최소화하거나 제거함으로써 문제를 미연에 방지할 수 있다.

예를 들어 이혼증가 현상은 청소년 문제, 여성빈곤 문제 등 여러 문제를 파생시키므로 사회적으로 바람직하지 못하다는 것은 일반적인 논리이다. 이에 따라 예측을 목적으로 한 연구에서는 이혼을 증가시키는 예측 가능한 변수들의 영향력을 파악하여 사전에 다양한 방법으로 그 변수들을 통제함으로써 이혼율의 증가를 완화시킬 수 있을 것이다.

또 다른 예로서 우울증 상태와 세로토닌의 주대사물질 중 하나가 대뇌와 척수 내 농도 저하 상태와의 관계가 높은 것으로 발견됨에 따라 '세로토닌의 농도를 높인다면, 우울상태가 호전될 것'이라는 가설이 세워졌고, 실제 세로토닌의 주사로 우울상태를 경감시킬 수 있게 되었다는 점을 들 수 있다. 이것이 약물실험을 통한 우울증에 대한 약리신경학이론이다. 이 이론에 의해 다시 유사한 실험을 통해 우울증 경감에 효과가 있다고 판정을 받은 다른 약물들과 동시 사용이라는 상황을 예측할 수 있고, 이것은 다시 동시 사용이라는 실험적 처치와 그 결과로 나타난 상승적인 경감 효과로 설명된다.

02 사회복지조사 연구의 유형과 고려사항

1) 사회복지조사 연구의 유형

(1) 연구목적에 따른 분류

① 탐색적 조사 연구

탐색적 조사 연구(exploratory research)는 특정 현상이 비교적 최근에 발생하였기 때문에 그 현상에 대한 사전지식이 부족하여 적절한 가설을 세울 수 없는 경우에 실시한다. 즉 현상이 발생하게 된 문제의 근원을 조사하는 것으로 주로 본 조사를 실시하기 전에 예비조사로서 실시한다. 탐색적 연구는 사전조사를 실시하여 현상과 관련된 변수들에 대한 정보를 가지고 정밀한

계획과 체계적인 절차에 따라 수행하여야 한다.

예를 들어 기성세대의 최우선 목적은 자기 집을 장만하는 것이고, 그다음 여유가 생기면 차를 구입하지만 신세대는 집이 없어도 차를 먼저 구입하고자 하는 경향에 대해서 조사하는 가정을 할 수 있다. 이때 연구자는 그런 현상이 최근에 나타났고 그렇기 때문에 그 현상에 대한 정보가 충분하지 않으므로 우선 소득, 직업, 교육수준, 가치관, 소비의식, 라이프 스타일과 같은 소비자 개인의 일반적 특성을 먼저 파악하고 기성세대와 신세대의 자가율과 자동차 보유율의 실태 등의 관련 변수에 대해서도 조사를 한다. 그러한 탐색적 조사과정에서 기대하지 않았던 요인들도 발견할 수 있다.

이 연구 유형은 사회복지 분야의 연구에서도 많이 사용되는 방식으로 연구자가 새로운 관심사에 대해서 연구하거나, 연구주제가 비교적 잘 알려지지 않은 새로운 것이거나, 보다 중요한 연구의 실행 가능성을 알아보고자 하거나, 혹은 보다 중요한 연구에서 사용할 방법을 개발하고자 하는 경우에 사용된다.

② 기술적 조사 연구

기술적 조사 연구(descriptive research)는 현상을 정확하게 기술하는 것을 주목적으로 하는 조사 연구 형태로 인구조사 등이 대표적이다. 특정 개인이나 상황, 집단이나 지역 등의 특성에 대해 정확하게 기술하는 조사 연구, 어떤 사건의 발생 빈도나 비율 등을 파악하는 조사 연구, 미래의 일정 시점의 구체적인 상황을 예측하기 위한 조사 연구, 둘 또는 그 이상의 변수들 간의 관계를 파악하는 조사 연구 등이 포함된다.

기술적 연구는 현상의 특성에 대한 평균, 비율, 빈도 등의 전체적 분포를 파악하기 위해서 실행된다. 기술적 연구에서는 왜 그런 현상이 나타났으며 그리고 어떻게 그런 현상이 나타날 수 있는지에 대해서는 언급하지 않고 다만 어떤 현상이 있고 그 현상의 특성이 어떠한지를 설명할 뿐이다. 기술 연구는 인구조사 등의 단순 실태파악을 목적으로 하거나 여론조사에 흔히 이용되는 유형이다.

예를 들어 다가오는 대선이나 총선에서 어느 후보 혹은 어느 정당을 지지할 것인지를 조사하고자 한다면, 기술조사에서는 단순히 후보의 예상 지지율을 빈도 및 백분율로 파악할 뿐 왜 특정 유권자들이 특정 후보나 정당을 지지하는지 그리고 어떤 요인들이 영향을 미치는지에 대해서는 언급하지 않는다. 이러한 기술연구는 조사의 시점에 따라 종단조사와 횡단조사로 분류할 수 있다.

③ 설명적 조사 연구(인과적 조사 연구)

설명적 연구는 어떤 사건이나 현상을 설명하기 위한 조사 연구 형태로서, '왜'에 대한 해답을 주기 위한 것이다. 예를 들면 "왜 어떤 도시들은 다른 도시들보다 아동학대율이 높은가?"에 대한 규명은 설명적 연구이다. 이 경우 연구자는 이미 연구대상에 대한 주요 변수들의 크기, 분포, 상호 관계에 대하여 상당히 알고 있는 상태에 있다.

설명적 연구는 흔히 인과적 연구(cause and effect research)라고도 하는데, 그것은 탐색적 연구 및 기술적 연구와는 달리 특정 현상을 파악하는 데 그치지 않고 예측하고 설명하여 변인들 간의 관계, 특히 인과관계를 정립하는 데 있기 때문이다. 예를 들면 혼전동거에 대한 태도조사는 다양한 부류의 사람들이 가진 태도를 보고한다는 가치 있는 기술적 목적에는 부합할 것이다. 여기서 연구자가 이 문제에 대해 사람들의 태도를 결정하는 요인이 무엇인지를 발견하려고 할 때는 설명적 연구가 된다. 즉 왜 어떤 사람들은 혼전동거에 대해 그러한 태도를 갖는가? 하는 '왜'라는 질문이 관심의 대상이 된다.

이러한 관계를 정립하기 위해 연구자는 신뢰성 있고 타당한 정보를 수집하여 가설을 세우고, 설정된 가설을 채택하거나 기각하는 데 필요한 기준에 근거하여 검정하게 된다. 연구의 목적이 이론적 원리와 특정 관계를 진술하는 데 있다면, 가설은 이러한 연구의 목적을 수행하기 위한 필수적인 도구이다. 사회과학 분야에서 이론은 적절한 원리와 검정 가능한 가설을 필요로 하고 있으며, 가설은 한정된 조건하에서 부분적으로 검정된다. 대부분의 연구논문과 학위논문은 인과연구에 해당된다.

인과적 연구에서는 하나의 문제로부터 출발하여 검정할 수 있는 형식으로 진술되어야 하며, 진술은 둘 이상의 변수 간의 관계로 나타난 가설 형태를 갖추어야 한다. 가설을 세우기 위해서 연구자는 관련 분야의 연구에 친숙해져야 한다. 그러기 위해 구체적이고 포괄적인 문헌조사가 따라야 하고, 연구자의 생각을 전문가 및 동료들과 충분히 토론하는 것이 좋다.

(2) 조사 시점에 따른 분류

① 횡단적 조사 연구

횡단적 조사 연구(cross-sectional survey)는 조사가 어느 한 시점(같은 시점)에서 광범위하게 한 번만 이루어지는 것을 말한다. 횡단이라고 하는 이유는 상이한 특성, 즉 상이한 연령, 교육수준, 소득수준 등을 가진 사람들이 폭넓게 표본으로 추출되기 때문이다. 횡단적 조사 연구의 목적은 이러한 상이한 특성을 가진 집단 간의 차이를 비교분석하는 것이며 따라서 표본의 크기가 각 집단을 충분히 대표할 수 있을 정도로 커야 한다. 횡단조사의 예를 들면 삶의 질의 지역 간 격차에 대한 조사나 한 지역의 소비패턴에 대한 조사 등이다. 조사는 주로 설문지를 이용하는 경우가 일반적이고 조사방법은 응답자와 직접 면접을 하거나 우편 혹은 전화로 또는 여러 사람들이 모인 곳에서 필요한 정보를 수집하기도 한다.

횡단적 조사 연구의 장점은 다음과 같다. 첫째, 자료수집이 용이하고 짧은 시간에 많은 사람들로부터 자료를 수집할 수 있다. 둘째, 종단조사에 비해 비용이 상대적으로 적게 든다. 셋째, 어느 한 시점에서 자료가 수집되므로 시간의 흐름에 따른 변화의 영향을 받지 않으므로 유사한 목적을 가진 연구결과들끼리 객관적인 비교가 가능하다. 따라서 대부분의 연구자들은 횡단조사 자료를 분석에 이용한다.

반면에 횡단적 조사 연구는 다음과 같은 단점들을 지닌다. 첫째, 자료를 수집하는 특정 시기에 변화가 일어나고 있을 수도 있으며, 특히 그 변화를 인지하지 못하고 보통 때와 같은 상태라고 가정할 때 측정상의 문제가 발생한다. 둘째, 횡단조사 자료로는 추세분석이나 계절에 따른 변동을 파악할 수 없기 때문에 분석결과 파악된 변인들 간의 관계가 그대로 유지될지 아니면 시간의 흐름에 따라 변화할지에 대해서는 말할 수 없다. 그러나 이러한 단점들로 인해 놓칠 수 있는 정보도 표본의 크기만 충분히 크다면 얼마간 보충이 된다고 할 수 있다.

② 종단적 조사 연구

종단적 조사 연구(longitudinal study)는 장기간에 걸쳐 같은 연구문제에 대해 조사를 반복하여 실시하는 것을 말한다. 즉 시간의 경과에 따른 변화를 분석하고자 사용되는 연구방법으로서 경향성 연구, 동류집단연구, 패널연구 등이 있다. 따라서 이 종단적 조사 연구에서는 패널이나 시계열 자료가 주로 이용된다. 패널연구(panel study)는 장기간에 동일한 응답자를 대상으로 조사하는 것을 말하며, 시계열 자료연구는 장기간에 상이한 응답자를 대상으로 시점을 달리하여 반복 측정하는 것을 말하고 경향성 연구(trend study)라고도 한다.

예를 들어 지난 10년 동안 노인 부양에 대한 의식이 어떻게 변화하여 왔는지를 알고 싶다면 종단조사를 실시해야 한다. 만약 이 문제에 대해 같은 응답자, 즉 같은 모집단과 표본을 대상으로 조사하였다면 패널 자료연구가 될 것이고, 각 조사마다 다른 응답자, 즉 모집단과 표본이 다르게 조사를 하였다면 시계열 자료에 의한 경향성 연구가 된다. 그리고 조사의 대상이 모집단은 같은데 표본이 다른 집단의 변화경향성을 분석하는 것은 동류집단 연구(cohort study)라고 한다.

또 다른 예를 들면 특정한 연도에 임용된 1,000명의 교수들의 교수직에 대한 만족도 변화를 연구하고자 할 때, 모집단은 특정한 연도에 임용된 교수들이 되고, 그 임용된 교수들의 1,000명의 리스트가 모집단의 목록인 표집틀이 되어 매년 다른 교수들이 무선추출방식으로 표본이 달라지는 연구를 말한다.

이 종단조사의 목적은 조사기간 동안에 일어난 변화와 그 변화에 영향을 미치는 요인을 파악하는 것이다. 그 외에도 특정 현상에 대한 인식변화에 대한 조사라든지 생활수준의 변화, 직업선호의 변화 등에 대한 자료는 종단조사를 이용하여 얻을 수 있다.

이러한 종단적 조사 연구의 장점으로는 첫째, 종단조사의 가장 큰 장점은 특정 현상이 시간의 흐름에 따라 어떻게 변화하여 왔는지 그 과정을 일목요연하게 파악할 수 있다. 둘째, 횡단조사에서는 파악하기 어려운 변인들 간의 인과관계를 종단조사에서는 측정이 가능하기 때문에 변화가 일어난 원인을 면밀히 분석할 수 있다.

반면 종단적 조사 연구의 단점은 다음과 같다. 첫째, 조사가 한 번에 이루어지는 횡단조사에 비해 장기간에 걸쳐 조사해야 하므로 비용이 많이 든다. 둘째, 응답자들이 처음의 조사에서는 비교적 객관적인 응답을 하지만 그다음부터의 조사에서는 그 연구문제를 알고 있어 선입관이 개입되어 객관적인 자료를 얻기가 어려워진다. 셋째, 조사기간 동안에 최초에 선정된 조사대상자들이 탈락되지 않고 조사가 끝날 때까지 조사대상자로 남아 있어야 측정치들 사이의 비교가 가능하나, 조사기간 중에 이사를 간다든가 아니면 사망 등으로 인해 패널탈락자(panel mortality)가 발생하여 표본이 줄어드는 문제가 발생한다. 이러한 난점들로 인해 연구에 패널조사 자료를 적용하기가 쉽지 않다.

2) 사회복지조사 연구의 고려사항

(1) 연구의 시간적 차원

어떤 사건과 상황의 시간적인 선후관계는 인과관계를 결정하는 데 핵심적인 요인이라는 것은 익히 알고 있는 사항이다. 또한 어떤 연구가 담고 있는 기술과 설명이 과거나 미래의 상황을 대변하는가 아니면 현재의 상황만을 대변하는가 하는 것도 조사 연구에서 고려해야 하는 사항이다. 연구자가 이러한 시간문제와 관련해서 선택해야 하는 두 가지 연구방법은 횡단적 연구와 종단적 연구이다.

횡단적 연구는 어느 한 시점에서 사람이나 상황의 표본을 관찰해서 수집된 자료를 토대로 하는 조사 연구 유형이다. 탐색적 연구와 기술적 연구는 횡단적 연구인 경우가 많다. 또한 설명적 연구도 횡단적일 때가 흔히 있다. 하지만 설명을 위한 횡단적 연구는 내재적 문제를 안고 있다. 횡단적 연구는 그 결론이 한 시점에서 이루어진 관찰에 근거하고 있는 반면, 그 목적은 여러 시점에서 발생하는 인과적 과정을 이해하는 것이다. 횡단적 사회조사를 통하여 사회의 일반적 유형에 대하여 결론을 내리는 것은 어렵다. 결국 그런 결론은 어느 한 기간에 한정된 것이며, 다른 시점에서 수집된 자료에 근거하여 추가적인 검정을 받아야만 일반화될 수 있을 것이다.

종단적 연구는 횡단적 연구와는 달리 동일한 현상을 긴 기간 동안 관찰하도록 설계된다. 예를 들면 신문 사설이나 대법원 판결의 시간적 추세를 분석하는 것은 연구자의 구체적인 연구 시점이나 기간과 무관하게 종단적인 연구이다. 그리고 직접 관찰과 심층면접을 함께 하는 현장조사 프로젝트는 종단적인 연구가 많다.

이러한 종단적 연구의 구체적인 유형으로는 추세 연구, 코호트 연구, 그리고 패널 연구가 있다. 추세 연구는 특정 연구대상의 변화를 여러 시기를 두고 관찰, 비교하는 연구이며, 코호트 연구(cohort study) 혹은 동류집단 연구는 특정한 경험을 같이 하는 특정 하위집단 사람들에 대해 두 번 이상의 다른 시기에 걸쳐 비교하는 연구이며, 그리고 패널 연구는 동일집단에 대해 두 번 이상의 다른 시기에 걸쳐 비교연구하는 유형이다.

(2) 분석의 단위

① 분석단위의 개념

조사 연구에서 분석의 단위는 무엇을 혹은 누구를 연구할 것인가 하는 문제이다. 조사 연구의 성격을 정하는 과정에서 분석의 단위를 명확하게 규정하여야 한다. 개인, 집단, 조직뿐만 아니라 사회보장제도나 과학적 발견과 같은 사회생산물도 분석의 단위가 될 수 있다. 이러한 분석단위를 명확히 규정해야만 조사 연구가 진행되는 전체 과정에서 여러 가지 오류들을 범하는 것을 막을 수 있다.

특히 법칙정립적 연구가 다수의 사람들이나 사물들, 혹은 집합체를 연구하기 때문에 분석의 단위가 불명확할 수도 있다. 분석의 단위와 일반화하고자 하는 집합체를 구분하는 것이 중요하다.

연구자가 상이한 개인들의 집단이 어떻게 서로 다른 행동 유형을 보이는가에 관한 조사 연구를 할 때, 분석의 단위는 집단이 아니라 개인이다. 예를 들면 연구자가 비수도권 사람들이 수도권 사람들보다 '공직의 지역할당제'를 더 선호한다고 하는 것처럼 개인들의 집합에 관해서 일반화하는 경우이다. 공직의 지역할당제에 대한 태도는 집단이 아니라 단지 개인의 속성일 뿐이다. 즉 태도를 가질 수 있는 집단의 '마음'이라는 것은 존재하지 않는다. 따라서 비수도권 사람들에게 일반화할 때도 그들이 개별적으로 가지고 있는 속성에 대한 일반화뿐이다. 조사 연구에서는 개인들이 가장 대표적인 분석단위가 될 것이므로 연구자들은 개인에 대한 기술을 종합하고 분석함으로써 나아가 사회집단과 상호작용을 기술하고 설명하는 경향이 있다.

그와는 달리 집단 전체를 개별 행위자나 개체로 보고, 집단 자체의 행동 유형이나 특징을 연구할 때도 있다. 이 경우 분석의 단위는 개인이 아니라 집단이 된다. 예컨대 어느 도시에 있는 상이한 유형의 깡패집단들의 특징을 비교하는 연구에서 대규모 깡패집단과 소규모 깡패집단 간의 차이, 도시외곽 깡패집단과 도시중심부 깡패집단 간 차이 등을 알아보려고 할 때, 개별 구성원보다는 깡패집단 자체에 더 관심이 있다.

따라서 이 경우 분석의 단위는 깡패집단이라는 사회집단이 된다. 집단 차원의 다른 분석단위로는 친구집단, 가족, 부부, 센서스 조사구, 종교집단, 성별집단, 지리적 단위 등이 있을 수 있다. 개인들과 마찬가지로 이들 각 집단들도 모집단이 있다. 따라서 개별집단들을 분석단위로 해서 모집단의 집단들 전체에 대한 일반적인 결론에 도달하게 된다.

공식적인 사회조직도 조사 연구의 분석단위가 될 수 있다. 예컨대 연구자는 개별 기업체들을 대상으로 종업원 수, 총자산, 연간순이익, 장애인 고용비율, 고령자 고용비율, 외국인 근로자 수 등의 특징을 어떤 기업 유형별로 알아볼 수 있다.

사회생산물(social artifacts)인 인간의 모든 생산물과 행동도 분석단위가 될 수 있다. 이들에는 책, 시, 그림, 자동차, 건물, 노래, 사설, 대법원 판례, 결혼, 낙태, 과학적 발견 등 무수히 많을 것이다. 사회적 상호작용은 조사 연구에 적합한 사회구성물이다. 예를 들어 결혼이 다른 종교 간이나 다른 소득 계층 간에 어느 정도 빈번하게 이루어지는지, 결혼 예식이 종교적인지 일반풍속에 따르는지, 혼수비용은 어느 정도인지, 어느 정도의 비율이 이혼에 이르는지 등은 결혼의 특징이 될 수 있다. 부모의 소득수준이 높을수록 자녀들의 혼수비용은 늘어나는 경향이 있다고 할 때, 개인이 아니라 결혼이 분석단위이다. 그 외 분석단위가 될 수 있는 사회적 상호작용들로는 친구선택, 재판 사례, 교통사고, 이혼, 범죄, 비행기 납치, 자녀동반자살, 집단 시위, 시험 부정행위 등 많이 있을 것이다.

② 분석단위 추론의 오류

조사 연구에서 분석단위를 잘못 고려할 경우 여러 가지 문제가 발생할 수 있다. 대표적인 것들로 생태학적 오류, 개체주의적 오류, 그리고 환원주의가 있다.

첫째, 생태학적 오류(ecological fallacy)는 생태학적 단위인 집단이나 집합체에 관한 사실을 그 단위를 구성하고 있는 개인이나 개체들에게 적용하는 잘못을 말한다. 이것은 분석의 단위와 관련된 문제로 지역이나 집단에 대한 자료에서 얻은 결론들을 개인의 수준에서 해석하는 오류이다.

예를 들어 어떤 도시의 시장 선거에서 여성 후보자가 받은 투표자 지지의 성격을 파악해 보기 위해 선거구와 후보자별로 투표수 집계 등 여러 가지 자료를 분석하였다. 특히 연령이라는 변수와 관련하여 분석해 본 결과, 평균연령으로 봐서 상대적으로 젊은 유권자를 가진 선거구가 나이 든 유권자의 선거구보다 여성 후보에게 더 큰 지지율을 얻었다. 이러한 결과로부터 "젊은 투표자들이 나이 든 투표자들보다 여성 후보에게 투표했을 가능성이 높다. 즉 연령이 선거에서 여성 후보의 지지에 영향을 미친다."는 결론을 내릴지도 모른다. 하지만 그런 결론을 내릴 경우 여기서 말하는 생태학적 오류를 범할 수 있다. 여성 후보에게 투표한 사람은 젊은 유권자의 선거구에 거주하는 나이 든 유권자들일 수도 있기 때문이다. 선거구를 분석단위로 하여 조사한 결과를 투표자 개인에게 적용함으로써 문제가 발생한 것이다.

분석 혹은 관찰의 단위와 설명의 단위가 일치하지 않는 이러한 생태학적 오류는 조사 연구에서 흔히 발생한다. 다음 두 예도 명백히 생태학적 오류의 문제를 안고 있다.

> 가톨릭 국가는 자살률이 낮다.
> 개신교 국가는 자살률이 높다.
> ∴ 가톨릭교도보다는 개신교도들이 자살을 더 많이 한다.
>
> 흑인 인구가 많은 도시가 범죄율이 높다.
> 흑인 인구가 적은 도시가 범죄율이 낮다.
> ∴ 흑인이 더 많은 범죄를 저지른다.

여기서도 개신교 국가에 사는 가톨릭 신도들이 주로 자살했을 수도 있고, 흑인 인구가 많은 도시에 사는 백인들이 주로 범죄를 저질렀을지도 모르기 때문에 그 결론들이 타당하지 않다. 이처럼 생태학적 오류는 분석단위를 혼동하여 집단만을 관찰하고는 개인에 대해 결론을 내리는 것이다. 집단수준에서 관찰된 변수 간의 패턴이 사실이라 해도, 실제로 개인을 관찰하지 않은 상태에서 그러한 관찰된 집단의 속성으로부터 그 구성원인 개인의 속성을 추론하는 것은 생태학적 오류가 발생한다.

둘째, 개체주의적 오류(individualistic fallacy)란 개인적 특성에 대해 알고 있는 것을 대상으로 그 개인이 속한 집단이나 사회의 특성을 파악하려고 할 때 발생하는 오류이다. 이것 역시 관찰이나 분석의 단위와 설명의 단위가 서로 일치하지 않음으로써 나타나는 문제점인 것이다. 예를 들면 공교육을 전혀 받지 않았는데 부자가 된 사람이 있다는 사례를 들어, "교육수준이 높으면 소득수준도 높다."고 하는 일반적 명제를 부정하려고 하면 개체주의적 오류를 범하게 된다.

셋째, 환원주의적 오류(reductionism)는 인간과 사회에 대한 현상들의 원인으로 생각되는 개념이나 변수를 지나치게 제한하거나 한 가지로 환원시킴으로써 지나친 단순화의 잘못을 범하는 경우를 말한다. 복합적 현상을 단 하나 혹은 몇 개의 개념에 의해 협소하게 설명해 버리는 것이다. 이 경우 실제로 복합적인 것을 단순한 설명으로 '환원'한다. 환원주의는 모든 현상이 근원적인 소수의 요인들로 환원되어 단순화된 설명이 가능하다고 믿는다.

예를 들면 전공이 다른 사회과학자들은 각자에게 친숙한 유형의 해답에만 주목하고 다른 해답들은 무시하는 경향이 있다. 사회학자는 가치, 규범, 역할 등 사회학적 변수들만을, 경제학자는 수요와 공급, 한계 효용 등의 경제학적 변수들만을, 그리고 심리학자는 퍼스낼리티 유형이나 심리적 외상 등 심리학적 변수들만을 고려하는 경향이 있는 것이다. 특히 대부분의 인간행동을 경제학적 요인으로만 설명하는 것을 경제적 환원주의라고 하며, 대부분의 인간행동을 심리적 요인으로만 설명하는 것을 심리적 환원주의라고 한다.

이러한 환원주의는 생태학적 오류와 마찬가지로 분석의 단위와 설명의 단위가 부합되지 않음으로써 발생한다. 하지만 연구문제에 적합한 분석단위가 항상 명확한 것은 아니다. 특히 전공 영역이 서로 다른 사회과학자들 간에는 이 문제에 대한 논쟁이 종종 일어난다.

03 사회복지조사 연구의 과정과 절차

여기에서는 사회복지조사 연구의 세부적인 절차를 개괄적으로 정리해 봄으로써 사회과학적인 조사 연구 내지는 사회복지조사 연구의 전체적인 맥락을 이해할 수 있도록 하였다.

과학적 방법은 문제들을 해결하기 위한 하나의 특수한 접근이라는 점에서 일반적으로 사회과학적 조사 연구는 [그림 4-1]에서 볼 수 있듯이 기본적으로 6단계를 거쳐 완성된다고 설명할 수 있다.

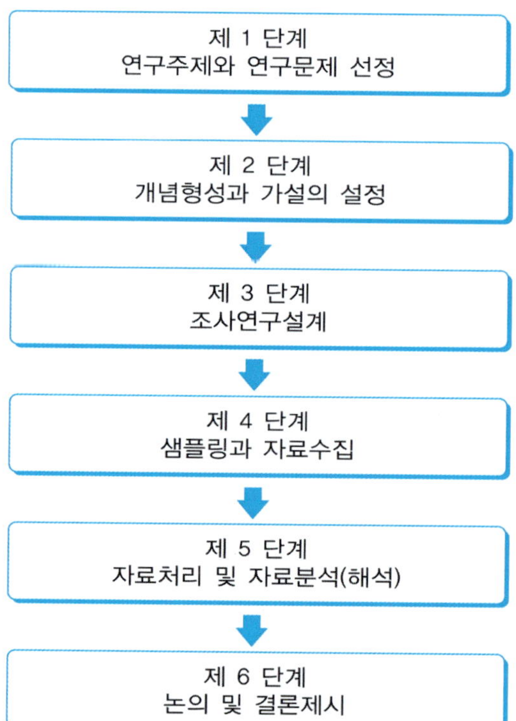

[그림 4-1] 조사 연구의 6단계

제1단계에서는 연구주제와 그에 따른 연구문제를 선정해야 한다.

제2단계에서는 연구문제에서 의문을 가지고 알고자 하는 주요 변수와 용어에 대한 개념형성을 한 후에 연구문제에서 의문을 가지고 제시한 주요 변수 간의 관계를 검정하고자 하는 가설을 설정해야 한다. 이때 제1단계와 제2단계는 이론적인 근거에 바탕을 두어야 한다는 전제가 따른다. 즉 제1단계와 제2단계는 이론연구에 해당하는 부문인 것이다.

제3단계에서는 조사 연구의 설계를 해야 하는데 연구문제에서 제시한 의문을 검정하여 결론을 도출할 수 있도록 설계하는 것이 중요하다. 주로 변수 간의 상관관계를 보고자 하는 횡단설계가 많지만, 시간의 흐름에 따라 계속적으로 연구하고자 할 경우에는 종단설계를 해야 한다. 반면에 어떤 프로그램을 진행시키거나 개입을 통하여 그 효과를 알고자 할 경우에는 실험설계를 하게 된다.

제4단계에서는 표본선정을 한 후에 서베이(survey)나 관찰 등을 통해서 자료 수집을 하게 되는데 이 단계는 제3단계와 마찬가지로 조사방법론에 근거하여 진행이 되어야 한다.

제5단계에서는 수집된 자료를 전산입력 등의 처리를 통하여 통계기법에 따라 검정한 자료를 분석하고 해석하는 과정이다.

제6단계에서는 검정된 자료를 기초로 기존연구와의 비교를 통하여 논의를 전개한 다음 결론을 제시하는 순서가 되는 것이다.

이러한 6단계의 조사 연구 과정은 조사 연구방법을 사용한 논문이나 보고서를 작성하기 위한 일반적인 절차가 되는데, 관료들이 업무과정에서 사용하는 정책보고서 등에서는 학술적이고 논리적인 검정절차가 생략되는 경우가 많으며, 기존에 연구된 논문들이나 보고서들을 검토하여 주어진 정책 추진을 위한 의사결정에 활용하는 정도이기 때문에 여기에서 다루고자 하는 조사 연구의 절차나 보고서 작성절차와는 많은 차이가 있다.

그리고 [그림 4-2]는 사회과학의 조사 연구과정과 절차의 흐름을 또 다른 차원에서 나타낸 것이다. 그림에서는 조사 연구가 의문, 아이디어, 이론으로부터 시작된다고 본다는 설명하고 있다.

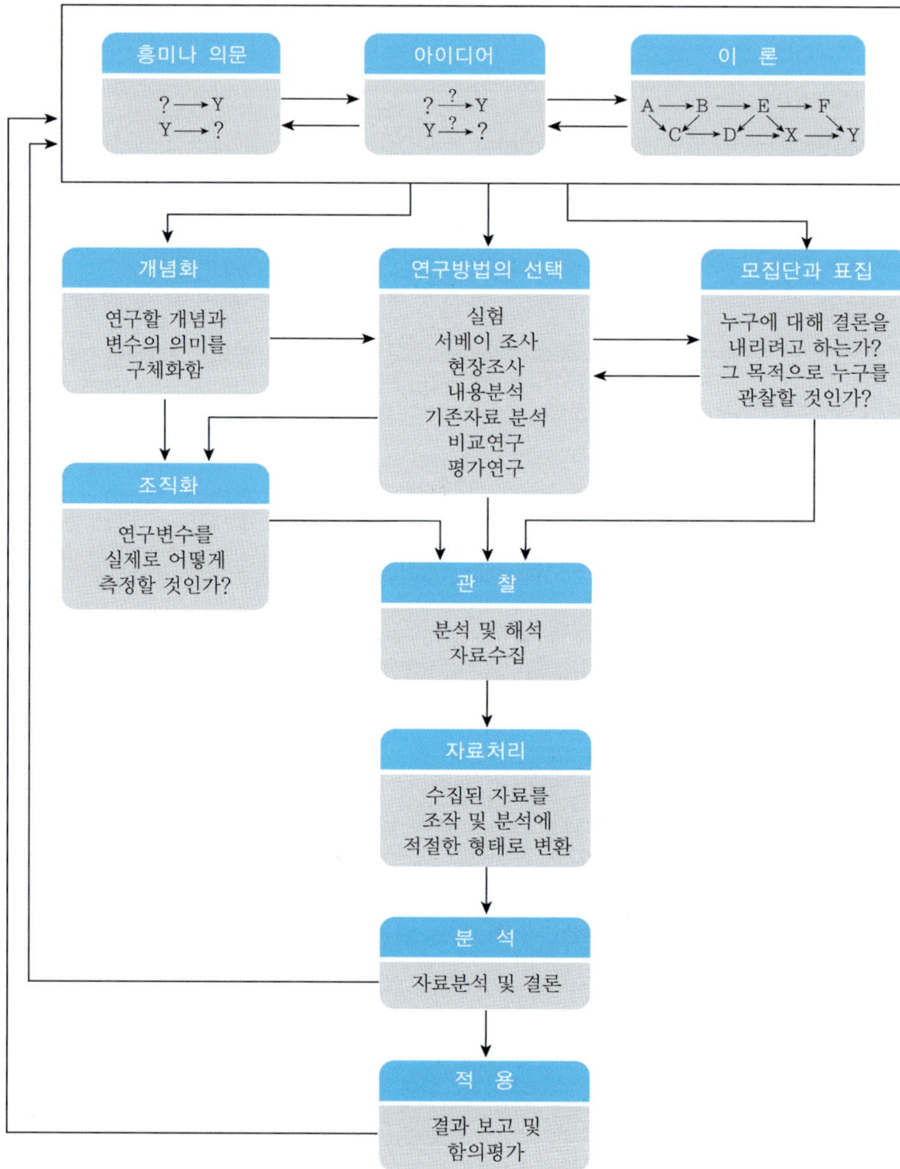

출처 : Babbie, Earl(1999). *The Basics of Social Research*. New York : Wadsworth Publishing Company, p.87.

[그림 4-2] 조사 연구의 과정

그림 속에서 제시된 문자(A－F, X, Y)는 편견이나 소외와 같은 변수 혹은 개념을 나타내는데, 예를 들면 어떤 사람들은 무엇 때문에 다른 사람들보다 더 편견을 갖게 되는가, 혹은 소외에서 발생하는 결과는 무엇인지에 대한 의문, 아이디어, 이론 등에서 조사 연구는 시작되는 것이다. 또는 인간현상과 사회현상의 이치에 대한 구체적인 견해를 가지고 탐구를 시작할 수도 있다.

특히 이론은 변수들 간의 복합적인 관계를 담고 있으며, 조사 연구에 대한 흥미, 아이디어와 양방향으로 서로 연관되어 있다. 즉 조사 연구에 대한 초기의 흥미나 의문으로부터 아이디어를 만들고, 이 아이디어로부터 보다 포괄적인 이론이 만들어지고, 그 이론은 새로운 아이디어나 흥미를 가져오게 하는 연관성이 있다(Babbie & Earl, 1999 : 85-88 재수정).

1) 연구주제와 문제의 선정

연구주제란 논문에서 다루어질 주요한 문제나 중심이 되는 내용을 말한다. 연구주제의 선정은 연구의 첫 번째 단계이며, 주제 선정에 일정한 규칙이 있는 것은 아니지만 주제를 선정할 때 연구주제의 중요성, 적용 가능성, 그리고 연구의 이론적 관련성 등을 고려해야 한다는 점에서 용이한 일이 아니다. 아무리 연구가 과학적인 방법으로 수행되었다 할지라도 연구주제 자체가 의미 없는 것이라면 그 연구는 실질적인 효용성이 없게 된다.

이 단계에서는 문제를 명확하게 규정하고 과학적 방법이 이 문제에 대한 해답에 사용될 수 있는지를 평가해야 한다. 예컨대 과학적 방법은 노예제도가 더 나은지 자유가 더 나은지, 또는 성교육이 학교의 교육과정에 포함되어야 하는지를 결정할 수 없다. 그러한 도덕적 판단들을 요하는 문제들은 조사 연구의 주제나 문제로 될 수 없다. 과학적 연구방법은 자료를 수집하고 변인들 간의 관계들을 결정함으로써 답변될 수 있는 문제들만을 취급할 수 있다.

연구주제의 원천이 될 수 있는 것은 매우 다양하여 개인적 경험, 문헌,

연구결과, 기존 이론, 연구자의 가치 등이 포함된다. 연구자는 이러한 다양한 원천으로부터 아이디어를 얻게 된다. 어느 원천으로부터 아이디어를 얻든 연구자는 평소에 흥미나 관심을 가지고 있는 주제를 선정하는 것이 좋다. 왜냐하면 흥미나 관심이 있다는 것은 문제를 어느 정도 파악하고 있으며 문제해결을 위한 접근방법의 윤곽이 서 있음을 의미하기 때문이다.

연구자는 여러 가지 방법으로 연구주제를 선정할 수 있는데, 살아가면서 경험하는 일상적인 현상이 어떻게 왜 일어났는지, 그러한 현상에 영향을 미치는 요인들은 무엇인지에 대해 의문을 지님으로써 연구주제를 선정할 수 있는 것이다. 하지만 어떠한 현상에 대해 연구를 할 때 그 현상에 대한 지식이 전혀 없이는 연구가 불가능하기 때문에 어느 정도는 그 현상과 관련된 기초지식을 필요로 한다.

가장 일반적인 방법은 전공 영역의 전문학회지나 논문집 그리고 저널들을 고찰함으로써 연구주제를 선정하는 것이라 할 수 있다. 연구자는 문헌고찰을 함으로써 논문 후미에 제시된 제언을 기초로 연구주제를 선정할 수 있고, 또 동일한 연구문제에 대해서 여러 연구들의 결과가 상충되게 나타났을 경우 그 연구문제의 진정한 인과관계를 찾기 위하여 그것을 연구주제로 선정할 수도 있다. 뿐만 아니라 기존의 이론적 체계나 개념적 틀을 이용하여 연구주제를 도출할 경우도 있고, 연구자가 인지하고 있는 문제가 기존의 이론이나 개념적 틀과 연결이 되지 않을 때에도 연구문제는 만들어지게 된다.

연구주제를 선정할 때는 너무 광범위한 주제를 선정하는 것보다 좀 더 구체적이고 깊이가 있는 문제에 초점을 맞추고, 주제를 선정하기 전에 잠정적으로 생각하고 있는 연구주제의 학문적 가치와 실행 가능성에 대해서 철저한 평가를 하고 난 뒤에 그 선택 여부를 결정하는 것이 바람직한 방법이다. 다시 말하면 변수들에 대한 명확한 개념정의와 측정이 가능한지를 검토하여야 하고, 시간과 비용의 제약, 연구대상자의 확보 가능성, 연구에 필요한 시설과 기구의 사용 가능성 등에 대한 전반적인 검토가 이루어져야 한다. 아울러 어떤 주제가 전문 연구자들 간에 논의되어 있는가를 알기 위해서는 기존에 출판된 전문 학술지를 검토하는 것이 필요하다.

연구문제의 기술에서 보편적으로 요구되는 특성은 문제는 의문의 형태로 서술해야 한다는 것과 단순 명료하게 의문을 지적해야 한다는 것이다. 그리고 그 의문문에는 변수들의 특성이나 변수들 간의 관계에 대해 서술해야 하며, 문제 기술에서 제시된 변수들은 경험적인 검정 가능성이 있어야 한다는 점이다.

2) 개념 형성(조작적 정의)과 가설의 설정

과학적 조사 연구가 수행되려면 우선 어떤 문제가 제기되고 있는가에 관해서 의문이 없도록 모든 용어들은 가능한 한 명확하게 정의되어야만 한다. 즉 서술되는 개념들에 대한 명확한 정의는 필수적이며 개념의 정의에는 '개념적 정의'와 '조작적 정의'가 모두 포함된다.

개념적 정의(conceptual definition)는 '재개념화'라고도 하며, 이는 모호한 개념을 명확하게 다시 규정하는 과정이기 때문이다. 즉 연구에서 사용되는 용어 혹은 개념들을 개념적으로 정의하는 것을 의미하며, 개념적 정의를 명확하게 하는 목적은 현재 연구의 관심과 초점에 합당한 측면의 개념 규정을 하려는 것이다. 그러므로 개념적 정의는 개념을 구체적이고도 추상적으로 묘사하는 것이 중요하다. 왜냐하면 개념적 정의는 조작적 정의의 전단계이기 때문이다. 예를 들면 '소외'에 대한 개념적 정의를 하자면 '무의미함'과 '무력감'이라는 하위 개념들을 통해 소외를 정의할 수 있는데 '무의미함'은 사회적으로 '떨어져 나와 있다는 고립이나 좌절의 느낌'으로 '무력감'은 무의미함과 같은 측면에서 '자신이 아무런 힘이 없음을 깨달았을 때나 무슨 짓을 하여도 아무 소용이 없음을 깨달았을 때의 허탈한 느낌'으로 개념적 정의를 할 수 있다.

조작적 정의(operational definition)는 개념에 대한 경험적인 지표로 활용될 특정한 조작 작업을 구체화하는 것이다. 좋은 조작적 정의가 되기 위한 충족 요건으로는 반복측정이 가능하고, 신뢰도와 타당도가 있어야 한다는 점이다. 신뢰도가 있다는 것은 동일한 조작적 정의를 사용하여 관측하는 사람들은 동일한 값들을 산출해 낼 수 있어야 한다는 뜻이며, 아울러 타당하지 않은 조작적 정의는 아무리 복제성과 신뢰도가 높아도 의미가 없는 것이다. 예를 들면 지능이라는 추상적인 개념을 측정하기 위해서는 IQ라는 경험적 지수를 통해 조작적 정의를 할 수 있는 것이다.

이러한 개념의 형성은 용어의 정의와 관련이 된다. 개념은 우리들이 공유하는 경험을 추상화한 것이며 사물 자체가 아니라 그것에 대한 우리의 관념이다. 연구문제와 관련된 경험세계의 현실 가운데서 중요하다고 생각하는 부분들을 추상화시켜 정의하여 조사 연구에 사용하게 된다. 다만 개념의 형성이 비록 어느 정도의 임의성을 갖는 것은 어쩔 수 없으나 다음과 같은 약간의 제약성을 아울러 고려해야 한다(Cohen, 1980 : 134-138).

첫째, 개념이 사람들이 공유하는 경험의 추상화이자 현상을 보는 공통적인 도구이기 때문에 상호 이해의 증진을 위해 커뮤니케이션의 기능을 할 수 있어야 한다.

둘째, 과학이 개념을 포함하는 진술을 평가하는 증거가 필요하기 때문에 개념이 경험적 근거를 갖출수록 좋다.

셋째, 개념은 지식의 확장에 도움이 되도록 그 의미의 영역이나 초기 형태에서 풍부성이 있어야 한다. 그리고 이 단계에서는 그러한 개념을 담고 있는 진술의 형태로 문제에 대한 어떤 잠정적 해답, 즉 가설이 제시되게 된다.

연구문제에 대한 개념 형성이 되었다면 조사 연구에서 이루어져야 할 다음 단계는 연구문제에 대한 어떤 가능한 해답을 진술하기 위해서 어떤 가설이 설정되어야 한다. 가설(hypothesis)은 둘 이상의 변수들 간 관계에 대한 일종의 추측이다. 가설의 설정은 연구문제에서 연구의 목적에 합당한 변수들을 잘 선택하였고, 그 변수들 간의 관계를 연구목적을 완수하는 데 합당한가를 기준으로 설정하여야 한다. 변수에 따라서 검정방법에 차이가 나기 때문에 가설의 설정은 통계적 분석방법에 대한 숙지를 전제로 이루어져야 한다. 그러므로 가설을 설정할 때 다음의 질문들을 사전에 점검해 보는 것이 좋다.

① 변수 선정은 연구의 목적에 맞게 되었는가?

② 알고자 하는 방향을 제시하였는가?

③ 종속변수에 영향을 주는 독립변수나 매개변수, 조절변수 등은 측정이 가능한 것인가?

④ 선정된 변수들은 연구의 목적을 이룰 수 있는 통계적 분석방법을 사용할 수 있는가?

그러므로 일반적으로 좋은 가설이 성립하기 위한 조건을 든다면 첫째는 변수들 간의 관계가 명확히 서술되어야 한다는 것이며, 둘째는 관계에 동원된 변수들은 경험적인 측정이 가능해야 한다는 점이다.

3) 조사 연구설계

연구자가 어떠한 연구를 수행하는 이유는 여러 가지가 있을 수 있다. 타인이나 다른 조직으로부터 의뢰를 받을 수도 있고, 자신의 학문적 열정에 의해 스스로 연구를 하거나, 학위논문이나 일반연구논문 등의 강제적 요소를 안고 연구를 수행할 수도 있다.

그러나 어떤 이유의 연구인가에 상관없이 연구자는 공통적으로 연구의 전반적인 연구설계를 하여야 한다. 따라서 연구의 설계과정 전에 연구 수행의 목적과 그 이유에 대해 철저한 자기 고민이 있어야 한다.

연구설계(research design)란 연구문제의 해답을 얻어내기 위한 전략과 전술이라고 할 수 있다. 따라서 연구에 대한 전반적인 문제 제기가 분명하고 연구의 목적이 명확히 정해졌다면 연구자의 상황에 따라 가장 적합한 형태를 취하여 연구의 진행 계획을 수립하는 단계로 나아가야 하는 것이다.

연구설계 단계에서 포괄해야 할 사항은 연구문제의 제기(설정), 가설의 설정, 조사 설계, 조사자료 수집, 자료의 처리, 분석 및 보고서 작성에 관한 사항을 모두 포괄하여야 한다. 여기서 '연구문제의 제기'는 일반적인 '문제의 제기'와 구별하여야 한다. 문제의 제기라고 하면 연구자가 어떠한 문제를 발견하고 한번 연구해 보겠다는 것이다. 따라서 문제의 제기는 연구의 목적을 발견하기 이전에 대한 사항이다. 이에 비하여 연구문제의 제기(설정)는 연구의 목적이 나온 다음의 일이기 때문에 구분하여야 한다.

연구문제를 제기한 후에는 그 문제를 해결하기 위해 가장 적합한 연구 디자인, 자료수집방법 등을 연구목적과 실행 가능성에 비추어 선택하여야 한다. 연구 디자인 및 자료수집방법은 크게 양적조사 연구방법과 질적 연구방법으로 나눌 수 있다.

양적조사 연구방법으로는 실험조사, 유사실험 조사, 서베이 조사, 상관관계 조사, 역사연구 조사, 비교연구 조사 등의 설계가 있고, 질적 연구방법으로는 현실기반이론(grounded theory), 사례연구, 민속지학 등이 있다. 하지만 이러한 구분도 절대적인 것은 아니고 자료의 수집, 분석, 해석 등에 있어서 어느 정도의 표준과학적인 기준들을 적용하느냐에 따라 판단될 문제이다.

한편, 실제 논문연구 수행에서는 '연구계획서'라는 것이 사전에 작성되는데, 이 연구계획서를 통해 연구설계에 관한 모든 사항들이 구체적으로 명시되는 것이 일반적이다.

4) 자료 및 표본수집

자료수집은 조사 연구를 수행하면서 연구설계에서 선택한 자료수집방법에 따라 자료들을 직접 수집하는 단계이다. 자료수집의 단계를 좀 더 세분화해 보면 자료수집에 사용되는 척도(측정도구)의 구성단계와 자료수집방법을 정하는 샘플링, 즉 표본수집(표집) 등의 과정이 우선되어야 한다. 그러므로 자료수집의 대상은 관심을 두고 있는 현상을 변수를 통하여 직접 관찰하거나 어떤 실험을 하거나 다른 사람이 만들거나 남겨 놓은 문서나 기록과 같은 것을 근거자료로 삼을 수 있지만, 사변적 이론만을 다룬 것이 아니라 누군가의 경험이 담겨 있는 자료이어야 한다. 과학적 연구는 경험적 자료를 다루는 활동에 국한되기 때문이다.

경험적 자료는 지적 능력을 갖춘 사람이 지각이나 인식을 통해 얻는 자료를 말한다. 그러므로 이론적으로나 실제적으로 검정된 척도를 필요로 하는 경우가 많다. 하지만 이것은 논리실증주의에서 말하는 엄격한 감각적 자료만을 한정하지 않고 인식의 대상이 되는 '앎의 내용'을 다루는 자료도 폭넓게 포함한다고 보아야 한다.

관찰을 하거나 수집하기 위한 특수한 절차들은 사용되는 연구설계에 달려 있다. 예를 들면 조사 대상과 직접 접촉하여 조사하는 서베이 조사는 주어진 설문지를 대상으로 조사대상자들이 자료를 만든 것이고, 관찰은 관찰자 혹은 연구자가 직접적으로 자료를 만들어 낸다. 따라서 시각의 차이에 따라 자료의 성격이 달라질 수 있다는 점을 고려해야 한다.

5) 자료처리 및 자료분석(해석)

자료처리 및 자료분석단계는 수집된 자료를 분류하고 기호화하여 입력시킨 다음, 그것을 분석하는 단계이다. 자료분석의 방법은 연구목적이나 가설검정에 적합한 것이어야 한다. 구체적인 분석방법은 자료의 성질, 사용된 연구방법, 연구자가 얻고자 하는 정보의 형태 및 기타의 고려사항들에 달려있다. 또한 자료들의 상이한 측면들을 평가하기 위해서 동일한 자료들에 대해서도 몇 가지 형태의 분석이 실시될 수도 있다.

조사 연구의 목적에 부합되는 자료를 수집하고 나면 연구자는 그러한 자료를 편집과정을 통해 요약표로 정리하는 자료처리 과정이 따른다. 이 과정에서는 편집과 코딩에 각별히 주의를 기울여야 한다. 편집(editing)이란 판독가능성, 일관성, 완전성 등에 따라 수집된 자료를 검토하는 활동이다. 코딩(coding)이란 조사대상자들의 반응을 구체적인 값들로 나타내기 위하여 수치를 할당하는 활동이다. 일단 자료들에 대한 요약표가 작성되고 나면 연구자는 그것을 개략적으로 검토함으로써 구체적인 분석방법을 결정할 수 있게 된다.

자료의 분석은 조사문제의 정의단계에서 인식된 정보욕구에 부합되는 정보를 산출하는 것이다. 물론 분석방법을 선택하는 데 있어서는 자료의 척도, 표본의 수와 독립성의 여부, 변수의 수, 외생적 요인의 통제 가능성, 적용할 검정방법의 가능 여부 등이 고려되어야 한다. 계량적 연구들에서는 통계기법을 사용한 자료분석을 중시하므로 연구자는 각종 통계치들에 대한 해석능력을 갖추어야 한다. 변수들 간의 관계에 대한 계량적 조사 연구는 연구문제나 가설검정이 그 주된 목적이 된다. 따라서 자료들을 주의 깊게 검토하고 객관적으로 분석하는 과정은 조사 연구 방법의 핵심이 된다.

6) 논의 및 결론 제시

조사 연구의 마지막 단계는 수집된 자료들을 해석하여 기존연구와 비교를 통한 논의를 함으로써 결론을 이끌어 내는 것이다. 자료를 논의하는 과정에서는 이론적인 명제나 연구문제들로부터 도출된 가설이 분석결과에 비추어 참인지 거짓인지 판단이 되고, 그러한 분석결과가 일반화될 수 있는지 검토되어야 한다. 그리고 연구방법론상의 한계와 그에 따른 결론의 한계는 어떤 부분이고 나아가 결과가 담고 있는 함의는 무엇인지도 제시해야 한다.

자료의 해석을 통해 얻은 사실들은 실천적 경험세계의 현상을 이해하거나 설명하거나 통제하는 데에 사용될 수 있도록 하기 위해서 서로 연관되어 조직화되어야만 된다. 따라서 연구자는 논의 단계에서 다음과 같은 일련의 의문들을 고려해야 한다.

① 자료들은 처음에 제기된 연구문제에 관련되어 있는가?

② 자료들은 여러 관계들 중에서 어떤 관계를 나타내고 있는가?

③ 자료의 해석은 다른 사람들이나 상황들에 대해 일반화시킬 수 있는가?

④ 자료 해석을 위해서 어떤 이론이 수정되거나 새로운 이론이 제시될 필요가 있는가?

⑤ 자료 해석에 의해서 어떠한 향후의 연구들이 시사되고 있는가?

02
PART

조사 연구의 설계와 측정

CHAPTER 05

연구문제와 연구가설의 설정

01 연구문제의 설정

연구목적에 부합되는 연구주제로부터 구체적으로 연구문제를 설정하는 것은 조사 연구의 공식적인 과정 중에서 첫 번째 단계에 속한다. 모든 조사 연구는 연구문제를 가지고 출발한다. 무엇이, 어떻게, 왜라는 질문을 제기하고 그 질문의 답을 찾는 것이 조사 연구의 목적이다. 시작단계에서 적절한 의문이나 연구문제를 찾아서 설정하는 것은 조사 연구의 전체 과정에서 가장 중요한 일이다. 즉 경험적 조사를 위한 연구설계나 자료의 수집・분석・해석 등 전반적인 연구 활동과 과정이 모두 연구문제와 긴밀하게 연결되어 이루어져야 되기 때문이다.

조사 연구의 출발점인 연구문제의 탐색과 설정은 창의적인 사고를 필요로 하며, 특히 연구자의 계속적인 사고가 무엇보다도 중요하다. 이 과정은 명확한 지침이나 절차가 있는 것이 아니어서 그 성패는 주로 연구자의 독창성, 논리적 사고와 추상화의 능력 등에 달려 있다. 경험적인 사건은 직접 관련된 당사자의 입장과 관찰자의 입장에 따라 서로 다르게 정의될 수 있으며, 이러한 다양한 시각으로 인해 문제 또한 다양하게 나타날 수 있다. 따라서 연구문제를 설정하는 과정에서는 다양한 시각, 풍부한 상상력과 독창력 등이 요구되며, 이를 위해서는 기존 연구에 대한 학습을 통해 필요한 능력을 키워야 할 것이다.

아울러 연구문제는 같은 학문을 연구하는 주위 사람들로부터도 얻을 수 있으므로 연구자는 관심이 있는 연구 분야나 그 실현 가능성에 대해 여러 사람들과 견해를 나누어 보는 것이 바람직하다. 그러한 의견 교환을 통해 연구자는 다양한 관점에서 연구문제를 바라볼 수 있게 된다. 여기서 만일 다른 의견을 접할 경우, 그 해결을 위해 연구설계를 다시 하거나 전문가의 의견을 듣는 것도 연구문제의 엄선에 도움이 된다. 연구문제를 얻는 다른 방법은 정리된 자료목록들을 조사하는 것이다. 요즘 자료들은 대부분 전산화되고 데이터베이스화되어 있어서 도서관이나 인터넷을 통해 키워드 검색만으로 관련 자료들을 쉽게 탐색할 수 있다. 더구나 얻어진 자료들이 인용하고 있는 참고문헌을 통해 자료의 탐색범위를 더 넓힐 수 있다.

연구문제가 도출되는 경우는 대체로 다음과 같다. 첫째, 지금까지 이루어진 연구의 결과들로는 알고자 하는 것에 대해 충분한 정보를 주지 못하거나, 둘째, 기존의 연구가 내놓은 결과들이 서로 일치하지 않거나, 셋째, 경험세계에서 관찰된 것이 기존의 이론으로는 제대로 설명되지 않는 경우 등이다. 그 외에도 연구결과가 학문적 공헌도나 실제적인 유용성을 가질 것으로 기대되거나 사회적 관심이 집중되는 경우 연구문제가 도출된다.

여기서는 각 단계별로 이러한 연구문제의 원천들이 도출되어 설정이 되는 단계들을 5단계로 구분하여 살펴보고자 한다.

1) 의문이나 착상의 단계

연구문제의 설정은 대부분 막연한 호기심이나 의문에서 시작된다. 하지만 시작단계의 막연한 의문은 그 자체로서는 연구문제가 될 수 없다. 계속적인 생각과 관찰, 기존 지식의 활용 등을 거쳐 막연했던 의문들이 점차 구체적인 문제나 질문으로 발전해야 한다. 무엇이, 어떻게, 왜라는 구체적인 의문들의 형태로 되고 그러한 의문들이 다시 다듬어져서 최종적으로 조사연구에 적합한 문제로 진전된다. 우선 연구문제의 출발이 되는 의문이나 착상이 나오게 되는 배경들을 살펴본다.

(1) 기존 지식의 한계

연구자는 기존의 이론이나 지식이 사회현상이나 인간행태를 설명하는 데 불충분하거나 불만족스러울 경우 의문을 갖게 된다. 즉 사회현상이나 인간행태를 기존의 이론이나 지식으로 설명하기 어렵거나, 그것들이 기존의 이론이나 지식과 전혀 관련이 없이 발생하거나, 또는 기존의 이론과 지식들이 서로 일치하지 않는데도 다른 이론에 의해 확실히 검정되거나 반증되지 않고 계속 존재하는 경우, 연구문제가 도출된다. 예컨대 다음과 같은 경우를 생각해 볼 수 있을 것이다.

> 미혼모 문제에 관심을 가지고 접근했던 연구자가 관련된 기존의 지식들을 탐색하여 검토해 본 결과, 대부분의 연구들이 미혼모가 되는 상황으로부터 가까운 전후 시기에 집중되어 있는 것을 발견했다. 따라서 그는 미혼모와 그 자녀들이 장기적으로 어떤 사회적·심리적 경험들을 겪게 되는지에 대한 지식들은 존재하지 않는 것을 알아낼 것이다(김영종, 2001 : 66).

이 경우 미혼모 가족은 장기적으로 어떤 경험을 가질 것인가? 어떤 미혼모 가족들은 일반 가족의 형태로 변화하고, 어떤 경우에는 그대로 미혼모 가족으로 남아 있게 되는가? 장기적인 미혼모 가족의 사회심리적 문제들은 어떤 것들이 있는가? 하는 연구의문들이 나올 수 있는 것이다.

(2) 기존 지식에 대한 축적의 필요성

연구자는 기존 지식들의 보충이나 축적을 위해 필요한 것으로 생각되는 의문을 갖기도 한다. 일반적으로 과학적인 지식은 축적을 통해 점진적으로 이루어지는 특성을 갖는다. 따라서 기존의 이론이나 지식체계에서 더 진전이 이루어질 수 있는 부분에 대해 흔히 연구의문들이 제기된다. 이때 선행연구들이 중요한 역할을 한다. 그렇다고 그것들이 무조건적으로 수용되는 것은 아니고, 비판적인 검토를 통해 부족하거나 발전의 여지가 있는 부분들이 확인된다.

(3) 사회적 욕구와 사회문제

사회구성원의 사회적 욕구를 충족시키고 사회문제를 해결해야 하는 필요성에서 의문이 나오기도 한다. 그뿐만 아니라 자원이 한정되어 있으므로 사회적 욕구의 충족과 사회문제의 해결을 위해 사회적 자원을 효율적으로 사용해야 할 당위적 요청 때문에도 의문이 나올 수 있다.

이 외에도 사회변화가 그러한 역할을 하기도 한다. 한 사회의 국민이나 어느 지역의 주민들이 살고 있는 사회생활 조건의 점진적인 변화는 여러 가지 의문이나 문제들을 야기한다. 지역사회의 인구에 변화가 온다든지, 경제적 생활조건이 바뀐다든지, 취학아동의 수가 늘어나거나 줄어드는 등의 사회변화는 여러 가지 사회문제들을 발생시키고 나아가 의문들을 생성한다.

(4) 사회적 규범

관습, 도덕, 종교, 법과 같은 사회적 규범들도 연구를 위한 의문의 원천이 된다. 남존여비와 같은 불합리한 전통적 관습이나, 경로효친이나 생명존중과 같은 사회도덕률, 이웃사랑과 자비사상 등의 종교적 규범, 사회권이나 행복추구권 혹은 인간다운 생활을 할 권리 등을 천명한 헌법이나 그 구체적인 실현을 위한 사회보장기본법이나 국민기초생활보장법 및 사회복지 관련 법과 같은 사회적 규범들은 조사 연구를 위한 의문들을 만들어 낸다.

(5) 실제 현장의 경험

실제 현장에서 연구가 개인이 얻는 경험이 조사 연구를 위한 의문이나 아이디어의 근원이 되는 경우가 많다. 연구자는 기존의 이론과는 관계없이 자신의 경험으로부터 얻은 의문에서 출발하여 조사 연구에 착수하는 경우도 있다. 실제 현장에서는 여러 가지 불확실한 점이나 의문이 있기 마련이다.

실제 현장에서의 이러한 문제나 의문들을 가볍게 지나치지 말고, 그 해답을 추구해 나가는 진지한 과학적 자세가 필요하다.

(6) 연구자의 탐구욕과 호기심

연구자의 강한 탐구욕이나 호기심이 조사 연구를 위한 의문을 만들어 내기도 한다. 특정한 대상이나 주제에 대한 탐구욕이나 호기심이 강할 경우, 그들에 대해 더 잘 알고자 하거나 문제에 대한 해답을 구하고자 하는 욕구도 강하다. 예를 들면 흡연의 신체적 폐해에 대해 호기심이 강한 사람은 "임산모의 흡연과 출생아동의 지능 간에 어떤 관계가 있지 않을까?" 하는 의문을 가져볼 수 있을 것이다.

2) 연구문제의 형성단계

의문이나 착상들이 모두 조사 연구의 시작이 되는 연구문제로 진전되지는 않는다. 많은 의문들은 구체적인 문제로 바뀌는 과정에서 스스로 해결되거나 기존 지식의 참고를 통해 그 해답을 얻게 된다.

의문이나 아이디어가 조사 연구의 문제로 되는 경우는 기존의 이론이나 연구, 지식체계로부터 충분한 해답을 찾지 못하여 직접 연구해야 될 필요성을 느낄 때이다. 의문에서 조사 연구문제의 형성으로 이어지는 과정은 [그림 5-1]과 같다(김영종, 2001 : 69 재수정).

적절한 의문을 갖춘 연구 분야가 정해지고 나면, 구체적으로 조사 연구가 가능한 형태의 조사 연구문제가 설정된다. 그런 다음 그에 따른 가설들이 제시되고, 연구문제와 가설에 비추어 적합한 연구 디자인과 자료수집 및 분석의 방법이 정해진다.

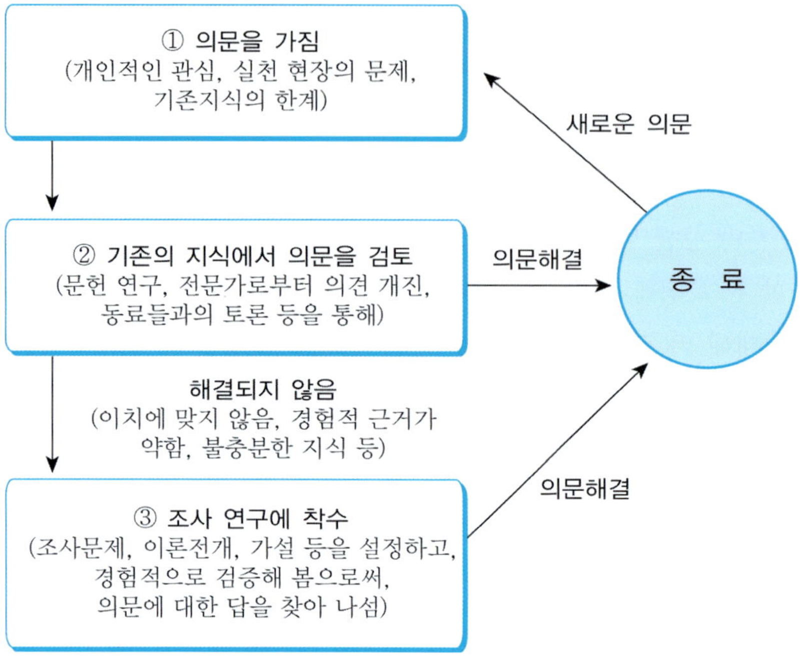

[그림 5-1] 의문에서 조사 연구문제의 형성에 이르는 과정

3) 문헌조사단계

문헌조사는 주어진 연구주제에 관한 책, 논문 등 인쇄된 자료의 소재를 파악하여 그 내용을 종합하고 분석해 내는 과정을 말한다. 연구할 주제와 영역을 확정한 다음에는 문헌을 조사하고, 그 결과를 바탕으로 연구문제를 확인한다.

연구문제를 정리하고 연구를 전략적으로 설계하는 데는 그 연구주제와 관련하여 어떤 내용이 이미 알려져 있는지 확인·검토하는 것이 중요하며, 문헌 연구는 바로 이런 목적에 유용하다. 또한 가치 있는 연구가 되기 위해서는 이전의 다른 연구들에 대한 철저한 평가가 먼저 이루어져야 한다. 그러한 평가를 통해서 연구의 중복을 피할 수 있으며, 이전의 연구에 근거하여 현재의 연구문제를 정당하게 규정할 수 있게 된다.

대체로 연구자가 문헌을 조사하는 과정은 ① 정보를 어디에서 찾을 것인가? ② 찾은 정보를 가지고 무엇을 할 것인가? ③ 정보를 구성하고 있는 것이 무엇인가? 등의 질문과 관련되어 있다. 특히 문헌 연구는 연구주제에 관하여 ① 다른 연구들에서 이미 어떠한 사실들이 발견되었는가? ② 어떠한 측정방법을 사용하였는가? ③ 어떤 통계분석방법을 적용하였는가? 등의 정보를 추가로 제공해 준다. 잘 써진 연구논문은 풍부한 문헌 연구를 제공하고 그것이 연구의 주제와 문제를 소개하는 서론 부분에서 중요한 역할을 한다. 서론 부분에서는 일반적으로 연구문제가 만들어진 상황과 배경에 대한 개요, 연구의 필요성과 중요성, 그리고 연구문제에 대한 논리적 근거를 제시하는 기존 연구에 대한 분석 등의 내용이 다루어진다. 연구문제의 도출은 연구의 배경, 연구의 필요성, 그리고 기존 연구의 분석을 통해 자연적으로 진행되어야 한다.

(1) 문헌조사의 목적과 범위

연구자는 선행연구에 대한 문헌조사를 통하여 자신이 수행할 연구의 영역·주제·문제, 연구의 방향·방법 등을 결정할 수 있다. 여기서 문헌조사의 기능, 목적, 범위, 단계 등을 살펴보면 다음과 같다.

첫째, 문헌조사는 연구의 주제나 연구의 위치를 확인시켜 주며, 기존의 지식 및 선행연구와 관련하여 어떤 연구가 실시되었는지를 확인하게 하고, 연구의 전략, 구체적인 절차, 측정도구를 말해 준다. 또한 연구의 방법 및 절차를 제시하며 연구결과의 분석과 해석에도 도움이 된다. 문헌조사의 역할과 기능은 연구에서 문헌 연구를 통해 달성하려는 목적의 근거가 된다.

둘째, 문헌조사의 목적으로는 연구자가 문헌의 조사·분석을 통해 연구의 기초를 마련하며 그 과정에서 연구를 수행하는 기능과 기술을 습득할 수 있다는 점을 들 수 있다. 이 과정에서 불필요한 반복연구를 피하거나 최신의 정보를 수집한다. 한편 문헌 연구는 연구의 첫 단계나 준비단계가 아닌 연구가 진행되는 전 과정에서 필요하다.

연구의 시작단계에서는 어떤 연구가 수행되었는지의 확인, 연구의 초점 및 연구과제의 상황에 대한 탐색이 이루어진다. 연구가 진행되는 과정에서는 연구주제에 대한 흥미와 관심이 지속되고, 적용방법 및 연구의 영역, 자료의 출처에 대한 이해가 증진될 수 있게 한다. 그리고 연구가 끝난 단계에서는 자신의 연구가 미치는 영향을 알아보고, 앞으로 수행할 연구과제를 생각할 때 도움을 받는다. 흔히 훌륭한 연구문제는 선행연구의 조사와 분석을 통해 계속 수정되는 반복적인 과정을 거쳐 얻어지는 경우가 많다. 그러한 과정을 통해 연구주제의 범위를 좁히고, 연구의 주된 변수들을 찾을 수 있으며, 연구문제의 논리적 전개를 명확하게 할 수 있다.

셋째, 문헌조사의 범위에서는 문헌조사도 그 자체가 목적이 아니라 연구자가 설정한 연구의 주제와 문제를 해결하기 위해서 이루어진다는 점에서 주제와 관련되어야 하며 다른 연구와 마찬가지로 시간과 비용을 고려해야 한다. 설정된 연구문제에 지나치게 많은 기존 연구가 관련되어 있다면, 연구자는 기준을 설정하여 연구목적에 맞는 연구만을 고려하는 것이 바람직하다.

넷째, 문헌조사의 단계에서는 가장 먼저 연구자는 무엇보다도 자신의 연구문제와 관련한 문헌 자료들이 어떤 형태로 존재하는지 파악해야 하는데, 이것이 문헌 연구에서 가장 어려운 일이다. 그 이후에 자료의 소재와 획득 여부를 파악하는 것은 기술적인 문제일 뿐이다. 따라서 무엇보다도 먼저 연구문제를 최대한 명확하게 규정되어 있을 필요가 있다.

그런 다음 관련 문헌의 존재 여부를 아는 데는 해당 분야의 권위자나 전문가에게 문의하는 것이 가장 빠른 방법이다. 그들을 통해 관련 문헌이 존재하는지, 또 있다면 그 기초 문헌들은 어떤 것들이 있는지에 관한 정보를 얻을 수 있다. 이 외에도 해당 분야의 전문서적이 존재하는지 확인하거나, 하나의 문헌에 나와 있는 참고문헌들을 추적해 가는 방법, 사서를 활용하거나, 탐색 전문가의 가이드를 활용하는 방법 등도 유용하다.

또 기존 연구를 검토하는 경우, 논문의 모든 필요한 정보를 얻었는지를 확인하기 위하여 다음과 같은 8가지 체크리스트를 확인하는 것도 좋은 방법이다(이군희, 2001 : 35).

- 논문에 대한 인용을 자세히 기록한다.
- 논문에서 사용한 연구질문과 연구가설을 기록한다.
- 연구대상에 대한 특징과 표본 수를 기록한다.
- 측정방법이나 측정도구에 대하여 간단히 기술한다.
- 연구진행 절차에 대하여 기술한다.
- 연구가설의 결과와 연구 질문의 결론을 연구결과와 함께 기록한다.
- 연구결과를 논의하거나 연구고찰 부분에서 중요한 내용을 기록한다.
- 비판적인 입장에서 논문을 평가하고 이에 대한 사실을 기록한다.

(2) 컴퓨터 문헌조사

문헌조사를 위해서는 도서관 이용이 필수적이다. 따라서 전통적인 도서관 이용 방법에 대해서 알아야 할 뿐만 아니라 최근에는 컴퓨터를 활용한 자료 찾기가 대부분의 도서관에서 활용되고 있으므로 그에 대해서도 어느 정도 알고 있어야 한다. 또한 인터넷을 통한 자료 찾기도 유용할 수 있다. 주로 웹(Web) 방식에 의해 공개되어 있는 컴퓨터 문헌자료들 중에서도 귀중한 자료들이 많으므로 인터넷 검색 엔진을 적절히 활용한다면 자료수집에 많은 도움을 얻을 수 있다. 컴퓨터 문헌 연구의 장점으로는 종합성과 속도, 저렴한 비용, 인쇄물 획득과 전송(download)의 가능성, 시간 절약, 그리고 동시 조사 등을 들 수 있다.

컴퓨터 문헌 연구 방법으로는 온라인 문헌조사나 인터넷 문헌 연구 등이 있는데 예비출처 및 다른 데이터베이스 검색, 전자우편(e-mail), 고퍼(Gopher)나 웹(World Wide Web), 전자 게시판, 전자신문, 서류전사(file transfer) 등의 방법을 통해 정보와 자료를 수집할 수 있다. 이러한 컴퓨터 문헌조사의 절차로는 연구문제의 분석, 문헌조사의 형태 결정, 데이터베이스의 선정, 용어의 선정, 문헌조사 실시, 인쇄물의 분석, 문헌조사절차의 확인 등이다.

(3) 문헌조사 결과의 정리 및 통합

연구자가 조사된 문헌의 분석과 평가를 위해서는 '비판적 읽기'가 필요한데, 연구의 논문과 보고서를 쓰는 것은 대안적 견해와 입장이 선택되는 경쟁의 장이 되기 때문이다. 이때 문헌의 분석과 평가는 읽고 쓰는 것에 관한 정보를 주며 전제되어 있는 가치와 이론이 명확히 드러나게 하는 기능을 한다. 이러한 관점에서 초보 연구자들에게 요구되는 문헌조사 요령을 보면 우선 서론과 결론, 초록, 요약을 찾아 내용을 대강 파악하고, 책이나 보고서의 색인이나 찾아보기를 조사하는 것이다. 그리고 본문의 핵심적인 내용의 첫째 문단이나 마지막 문단을 찾아 요약하는 것도 한 방법이 될 수 있다.

학위논문을 준비하는 연구자들이 문헌조사 결과를 발표할 시 흔히 범하는 잘못이 두 가지 있다. 첫째는 문헌을 찾는 절차를 간과하여 문헌 연구 결과를 기술할 때 이용한 예비출처, 이차출처, 기술자, 문헌이 발표된 기간을 분명히 밝히지 못하는 것이다. 둘째는 연구에서 발견된 것, 의견, 개념 등을 하나의 개념적이고 이론적인 체계로 통합시키지 못하고 서로 분리시켜 기술하는 것이다.

그리고 질적연구 방법은 개별적 사례를 연구하여 각 사례의 고유한 특징과 상황을 이해함에 그 목적이 있다. 여기서는 특히 연구문제의 제기에 유의해야 한다. 이것은 연구자가 앞으로 다루고자 하는 것을 말하는 것으로 다음과 같은 사항을 고려해야 한다.

- 연구의 관점은 무엇인가?
- 연구의 이론적 가치가 무엇이며, 그 분야의 선행연구와는 어떤 관계가 있는가?
- 검정의 이론적 전제는 무엇이며, 또 그것은 어떻게 도출되는가?
- 연구문제와 관련된 필요한 변수들은 어떻게 구성되어야 좋은가?
- 연구 외적 요인(시간, 비용)에 연구문제는 합당한가?
- 설정된 연구의 문제가 연구의 목적을 충분히 담아내고 있는가?

4) 연구문제의 적절성 검토단계

모든 연구문제가 조사 연구의 적절한 대상이 되는 것은 아니다. 따라서 조사 연구의 문제를 선정할 때에는 다음과 같은 점들을 고려해야 한다.

(1) 연구범위의 적절성

조사 연구가 이루어질 수 있는 적절한 범위의 연구주제는 연구자가 처음에 가졌던 추상적이고 넓은 개념의 주제나 의문으로부터 많이 축소되고 구체화되기 마련이다. 연구주제를 선정하는 처음 단계에서는 넓은 개념을 가진 연구주제가 적절할지 모르나 점차적으로 좁은 개념으로 구체화된 연구문제로 전환되어야 하는 것은 조사 연구가 현실적으로 가능하기 위해서 불가피한 일이다.

문헌 연구를 통해 기존의 많은 연구들에서 부족한 부분이나 그 결과가 불일치되는 부분들을 찾아내어 그곳에 집중하여 관련된 연구문제를 설정하는 것이 바람직하다. 한편 연구주제의 범위를 너무 넓게 잡으면 일관성이 있는 연구문제를 만들어 내기가 어려워지는 반면, 연구주제가 너무 좁은 경우도 관련된 기존 연구가 많지 않은 점 등의 어려움에 처할 수 있다.

(2) 조사 연구의 현실적 여건

조사 연구의 현실적인 여건들도 고려하여야 한다. 조사 연구에 소요되는 시간, 비용, 노력뿐만 아니라 자료수집의 현실성, 연구자 자신의 연구수행 능력, 필요한 조사 연구의 인력과 장비 등 연구를 마칠 수 있는 실현 가능성과 관련된 현실적인 문제들을 고려하여야 한다. 아무리 논리적으로 타당하고 연구범위가 적절한 연구문제라 하더라도 연구자가 감당할 수 없는 것이라면 적절한 연구문제라고 볼 수 없다.

그 외 도덕적·윤리적 차원에서 연구문제를 해결하기 위한 실험이나 조사를 수행할 수 없을 때도 연구문제로서 의미가 없다.

(3) 경험적 검정 가능성

과학적인 방법은 경험적으로 검정될 수 있는 문제만을 연구대상으로 삼는다. 조사 연구의 문제가 되기 위해서는 그 문제에 대한 답이 가능해야 할 뿐만 아니라 그것에 대한 참-거짓의 여부가 경험적인 사실을 통해 증명될 수 있어야 한다. 경험적으로 전혀 확인할 길이 없는 문제나 지나치게 추상적인 문제, 혹은 가치판단을 다루는 문제들은 모두 적절한 연구문제가 될 수 없다.

연구문제로부터 구체적인 가설이 도출될 수 있어야 하며, 가설에서 사용된 개념은 조작적 정의를 거쳐 경험적으로 측정될 수 있어야 하고, 이 가설의 진위는 조사된 경험적 사실이나 자료에 비추어 검정될 수 있어야 한다. 따라서 연구문제에 관련된 변수들에 대한 명확한 개념 정의와 측정이 불가능한 경우에는 그러한 연구문제는 적절하지 못하다.

(4) 실용성

적절한 연구문제가 되기 위해서는 연구가 학문적으로나 실제적으로 효용성을 가져야 한다. 과학활동의 궁극적인 목표는 지식의 증진과 인류행복에 대한 공헌이다. 우선 연구가 관련 분야의 지식 축적에 공헌을 할 수 있는 연구문제여야 한다. 연구라는 것은 현상에 대한 이해와 설명 및 미래 예측을 위한 지식의 축적을 중시하기 때문에 지식의 축적에 기여하지 못하는 문제는 연구의 가치를 가질 수 없다.

따라서 연구문제의 해결이 학문적으로 중요한 의미를 갖거나, 연구결과에 의해 얻어진 지식이 실제적으로 활용될 수 있는 효용성을 지녀야 한다. 또한 연구문제는 기존의 연구결과와 연관성이 있거나 아직 검정되지 못한 주장이나 가정들에 대한 평가에 도움이 되거나, 많은 사람들의 관심이 집중되어 사회적 요청이 큰 그러한 문제여야 한다.

이러한 실용성 혹은 효용성은 독창성과도 관련된다. 독창성이란 연구문제가 기존의 것을 답습하거나 그대로 전달하지 않고, 기존의 것과는 다른 새로운 관점이나 견해를 제시하거나 기존의 것들을 비교·분석 혹은 재구성하는 것이어야 한다는 것이다. 따라서 지금까지 사회에 만족스러운 해결이나 설명이 제시되지 않은 문제가 연구문제로 선정되는 것이 바람직하다고 볼 수 있다.

5) 연구문제의 서술단계

문제 형성의 마지막 과정은 조사 연구를 진행시킬 연구문제에 대해 서술하는 것이다. 연구문제들의 분야와 특성이 다양하기 때문에 서술에 대한 정답은 없지만, 문제를 서술할 때 요구되는 몇 가지의 일반적인 요건들은 다음과 같이 제시될 수 있다.

- 문제는 의문의 형태로 서술해야 한다.
- 문제는 단순 명료하게 지적해야 한다.
- 문제와 관련된 변수들 간의 관계를 서술해야 한다.
- 문제는 경험적 검정 가능성을 가져야 한다(김영종, 2001 : 72).

첫째, 연구문제는 의문문의 형식으로 분명하게 진술되어야 한다. 질문을 제기하고 그 질문에 답하는 일은 연구과제의 출발점이자 종점인 것이다. 따라서 "변수 A의 크기는 어느 정도인가?", "변수 A와 변수 B는 관련이 있는가?"라는 질문이 제시되어야 한다. 의문문 형태의 진술은 관심의 대상이 되는 연구문제를 곧바로 표현하는 장점을 가진다.

둘째, 연구자는 연구과제의 수행을 통하여 얻고자 하는 것을 분명하게 나타내기 위해서 문제를 단순 명료하게 지적해야 한다. 과학자는 되도록 적은 수의 요소를 추려서 사상(事象)의 원인으로 간주하여 설명해 보려고 한다. 투표행태의 예를 들면 어떤 학자는 사회계급과 정당가입의 여부만을 분석하여 투표행태를 보려 하며, 다른 학자는 인종, 사회적 관계, 성별 등의 인구사회학적 변수를 가지고 분석한다.

셋째, 연구문제는 둘 또는 그 이상의 변수 간의 관계에 대한 의문형의 질문이어야 한다. 과학은 어떤 사상도 그냥 자연발생적인 것이 아니라 어떤 원인에 의해서 발생하는 것이며, 그 원인이 논리적으로 확인되어야 한다는 전제가 있다. 사회현상의 정확한 파악 등 연구의 질은 연구문제의 설정에서 좌우되며, 연구자가 문제를 제기하는 것은 문제에 대한 해답이나 해결책을 분명히 알지 못하는 데 기인한다.

넷째, 조사 연구의 문제는 경험적 연구를 통하여 답을 얻을 수 있도록 만들어져야 한다. 과학은 해결 가능한 문제를 과학적 방법을 사용하여 이론을 도출하는 과정이며, 과학적 방법은 '현상 → 개념 → 가설의 설정 → 검정'의 과정을 거치는 것이다. 따라서 문제들에서는 경험적인 사실들 간의 관계가 서술되어야 하며, 그러한 관계에 포함된 변수들이 경험적으로 측정될 수 있어야 한다.

예를 들면 "미혼모에 대한 사회복지서비스 제공이 사회적으로 도덕적 해이를 초래할 것인가?" 하는 문제는 연구주제로서는 적절할 수도 있고, 또한 관련된 개념들의 조작적 정의를 통해 변수를 도출하는 것이 전혀 불가능한 것도 아니지만, 지나치게 추상성 높은 진술이므로 당장의 조사 연구를 진척시킬 수 있는 구체적인 연구문제가 되지 못한다.

따라서 실제의 논문에서 다루어진 연구문제를 예를 들어 제시하면 다음과 같다(예 : 본 연구는 대학생의 사회불안과 내현적 자기애, 부정적 정서와 우울의 관계에서 내면화된 수치심의 매개효과 검정을 위하여 다음과 같이 연구문제를 설정하였다).

- 대학생의 사회불안이 내면화된 수치심을 통해 우울에 어떠한 영향력을 미치는가?
- 대학생의 부정적 정서가 내면화된 수치심을 통해 우울에 어떠한 영향력을 미치는가?
- 대학생의 내현적 자기애가 내면화된 수치심을 통해 우울에 어떠한 영향력을 미치는가?
- 대학생의 내면화된 수치심은 우울에 어떠한 영향력을 미치는가?(고수현 외, 2011)

02 조작적 정의와 변수의 설정

1) 조작적 정의

과학적 조사 연구에서는 개념화를 위한 조작적 정의가 필요한데, 조작적 정의를 이해하기 위해서는 우선 개념적 정의에 대한 이해가 요구된다.

개념적 정의(conceptual definition)란 연구에서 사용되는 주요 용어인 개념들의 의미를 상세하게 구체적으로 정의하는 것이다. 개념은 일정하게 관찰된 사실에 대한 추상적인 표현이라 하기도 하고, 특정한 제 현상을 일반화하여 나타내는 추상적인 용어라 하기도 한다.

개념이란 주위에 있는 일정한 현상들을 보다 일반화함으로써 그들을 대표하는 추상적인 표현 또는 용어이며, 한 현상과 사실에 대한 존재가 전제가 되며 언어, 문자 또는 수학적 기호로 표시된다. 따라서 유용한 개념은 의사전달과 일반화의 수단이 된다. 경험적인 현상을 추상화하는 개념으로 사회과학에서 많이 사용되는 것들로는 태도, 의식, 주권, 소득 등이 있다. 경험적인 것에 대한 이러한 개념화는 물체 및 물체의 특성을 조사 및 관찰하고 분별하게 해주며 또한 설명과 예측이 가능하게 한다.

과학적 조사 연구에 있어서 개념은 다양한 기능을 수행한다. 그것은 경험적 현상에 대한 하나의 관점을 나타내 주거나, 커뮤니케이션, 분류와 일반화 및 이론 구성 등의 도구가 되기도 한다. 이러한 기능의 수행을 위해 개념은 그 의미가 명료하고, 정확하며, 합의되어야만 하고, 따라서 그것은 명료하고도 정확하게 정의될 필요가 있다. 동일한 용어라도 사용되는 분야나 맥락에 따라 다른 의미로 정의될 수도 있다. 예를 들면 '빈곤'이라는 개념을 연구에 따라서는 물질적인 박탈상태로 (그것도 절대적 박탈일 때도 있고, 상대적 박탈일 때도 있음) 정의하기도 하며, 가진 자가 가지지 못한 자를 착취하는 수단이라는 사회지배의 구조적인 측면이나 혹은 정신적인 문제나 문화적인 측면에서 규정하기도 한다. 연구주제에 따라서는 심지어 정서적 빈곤이라는 관점에서까지 규정하기도 한다.

개념적 정의를 내리는 목적은 다양한 정의들 가운데 어느 정의가 더 좋은 것인지를 판단하는 것이 아니라, 연구의 관심과 초점에 맞추어 거기에 합당한 의미를 확정 짓는 것이다. 빈곤을 다루는 조사 연구라면 그 개념을 연구하려는 측면에 비추어 적합하게 정의 내리면 되는 것이다.

개념적 정의는 개념에 대해 상세하고도 구체적으로 또 명확하게 그 의미를 밝히는 것이긴 하지만, 여전히 추상적인 수준에 있다. 예를 들어 소외(alienation)와 통합(integration)이라는 두 개념에 대한 개념적 정의들을 살펴보면 다음과 같다.

- **소외** : 자신의 사회나 문화로부터 격리되어 소속감을 느끼지 못하는 심리상태를 말한다. 사회적으로 공유된 가치나 규범들은 소외된 개인에게는 아무런 의미를 갖지 못하여 그 개인은 고립감과 좌절감, 그리고 무력감을 느낀다. 소외된 개인은 자신의 행위를 통해 자신의 운명을 통제한다거나, 외부세계의 중요한 일들을 한다거나 또는 그것들에 의미 있는 영향력을 행사하는 일들을 할 수 없다고 느낀다. 이처럼 일반적인 의미로 볼 때 무의미성(meaninglessness)과 무력감(powerlessness)이 소외의 중요한 측면들이다(Theodorson et al., 1969 : 9).
- **통합** : 사회체제의 구성원들을 서로 묶어 주는 응집성의 정도로서, 이것은 일반적으로 사회적 접촉, 협력, 합의 등이 서로 상승시키는 과정을 촉진하는 가치와 제도 및 커뮤니케이션의 측면에서 파악될 수 있다(McGaw & Watson, 1976 : 120-121).

이처럼 개념은 그 개념적 정의를 통해 비록 여전히 추상적이긴 하지만 담고 있는 의미가 훨씬 명확해진다. 여기서 소외를 설명하고 있는 무의미성과 무력감, 그리고 통합을 설명하고 있는 응집성, 사회적 접촉, 협력과 합의 등의 하위 개념들 역시 추상적이다. 하지만 이러한 하위 개념들을 통해 본래 개념들의 의미는 더 구체적이며 명료해지는 것이다.

그런데 여기서 나타나는 한 가지 문제점은 어떤 개념에 대한 개념적 정의는 다시 반복적으로 그 하위 개념들에 대한 개념적 정의를 필요로 한다는 것이다. 즉 개념적 정의가 계속 순환적으로 이루어져야 할 필요성이라는 곤란한 문제가 발생할 수 있다. 소외에 대한 개념적 정의의 경우에, 무의미성이나 무력감, 좌절감, 혹은 고립감 등의 하위 개념들은 원래의 개념적 정의에서 어느 정도 의미가 나와 있긴 하지만 보다 명확한 의미를 갖기 위해서는 개념적으로 다시 규정되어야 할지도 모른다.

또 다른 예로서 '상대적 박탈감'을 '가치기대감(value expectation)과 가치능력(value capabilities) 사이의 격차에 대한 행위자의 지각'으로 정의하기도 하는데, 그렇다면 '능력', '기대감', '지각' 등은 무엇을 뜻하느냐 하는 문제가 나올 수 있다. 따라서 '기대감'을 '즉각적인 경험적 · 사회적 · 문화적 · 정치적 환경으로 정해진 지배적인 규범의 표출이다.'라고 정의하면, 다시 '규범', '즉각적', '경험적', '문화적', '정치적'이라는 용어의 뜻은 무엇이냐 하는 또 다른 정의의 문제가 뒤따른다.

이러한 문제를 해결하기 위해서 개념적 정의는 가급적 적은 수의 원어(primitive terms)를 가지고 출발하는 것이 바람직하다. 원어란 다른 개념으로 정의할 수 없는 기본적인 용어로서 그 의미에 대해서는 이미 합의가 이루어져 있는 용어들을 말한다. 개념의 명료하고도 정확한 정의를 위해서는 그 의미나 용법에 있어서 광범한 합의를 이루고 있는 원어를 선택하는 것이 바람직하다. 또한 개념적 정의는 어느 한 명제나 이론의 체계 내에서 다루어져야 하므로, 하나의 개념 정의는 다른 개념 정의와 연관되는 상호 관련성을 갖게 된다. 즉 어떤 개념을 따로 떼어내어 정의하기가 힘들기 때문에 원어와 그로부터 도출된 용어를 적절하게 배합하여 연구목적에 접근해 가는 것이 필요하다(오명호, 1995 : 72).

개념적 정의가 이루어지고 난 다음에는 이어서 조작적 정의(operational definition)가 이루어져야 한다. 조작적 정의는 연구에 사용되는 개념을 그 의미를 손상시키지 않으면서 경험적으로 관찰할 수 있는 용어나 변수로 바꾸어 주는 것이다. 예컨대 지능을 '추상적인 사고능력과 문제해결능력'으로 규정하는 것처럼, 개념적 정의가 어떠한 개념을 다른 개념으로 묘사하는 것인데 비해, 조작적 정의는 이론적 개념의 수준과 경험적·구체적 수준의 간격을 메워 주는 것이다. 이러한 조작적 정의를 통해 개념에 대한 경험적 해석이 가능하고 또 그것을 통해 도출한 경험적인 과학 용어는 관찰이나 실험절차에 의하여 적용될 수 있는 기준이 되는 실용주의 측면도 갖는다.

과학자가 어떤 개념에 대한 의미 부여의 한 방법은 그 개념을 조작적으로 정의하는 것이다. 하나의 조작적 정의는 오로지 개념을 경험세계와 연결시켜 측정하는 면에서 그 개념을 설명한다. '사회적 적응'이라는 개념을 예로 보면 다음과 같다.

우선 사회적 적응에 대해 '부모, 학생, 고용인, 배우자 등의 역할과 같이 생활상의 주된 역할들을 적절하게 수행하는 것'으로 개념적 정의를 내려 볼 수 있을 것이다. 그런데 이 개념적 혹은 이론적 정의는 조작적 정의를 만드는 데 출발점은 되겠지만, 어떤 지표들을 관찰해야 할지 또 우리가 언급하게 될 사회적 적응의 정확한 범주들은 무엇인지 상세히 밝혀주지는 않는다. 이에 어떤 조작적 정의는 '사회적 적응을 측정하는 척도에서 얻은 점수'일 수도 있다. 또 다른 것은 한 개인이 '사회적 기능을 회복시키기 위한 사회적 서비스들을 받는지의 여부'가 될 수도 있다. 즉 그러한 서비스를 받는 사람들은 그렇지 않은 사람들보다 사회적 적응의 수준이 낮은 것으로 분류해 볼 수 있다.

다른 예로 '지능'은 '논리적 관계들의 이해와 단기기억 및 단어들의 의미에 대한 지식'을 중요하게 여기는 어떤 지필검사를 상술함으로써 조작적으로 정의될 수 있다. 지능의 이러한 조작적 정의가 만족스럽지 않을 수도 있지만, 일단 어떤 특정의 검사가 확인되었다면, 이러한 정의에 따라 지능이 무엇을 의미하는가는 명확해진다. 이처럼 조작적 정의는 어떤 개념이나 변수가 측정될 수 있는 방법을 제시한다.

개념이나 변수로부터 조작적 정의를 만들어 내는 것은 그들의 본래적 의미를 살리면서 관찰의 세계와 연결시켜야 하므로 미묘하면서도 창의성이 요구되는 작업이라 하겠다. 따라서 '정확한' 혹은 '참된' 조작적 정의라는 것은 대체로 존재할 수 없고, 다만 '잘된' 혹은 '좋은' 조작적 정의는 있을 수 있다. 좋은 조작적 정의가 되려면 최소한 다음의 두 가지 조건들을 갖출 필요가 있다(Mark, 1996 : 15-35 ; 김영종, 2001 : 75 재수정).

첫째, 신뢰도가 있고 복제할 수 있어야 한다. 정의가 명확하게 서술되어 있어서, 서로 다른 조사 연구들에서도 동일한 조작적 정의를 사용하면 동일한 측정이 나올 수 있어야 한다. 신뢰도란 동일한 조작적 정의로 여러 관련 현상들을 관찰하거나 측정할 경우 그 결과들에 일관성이 있어야 한다는 것이다. 따라서 동일한 현상에 대한 측정은 동일한 측정값을 산출해 내어야 한다.

둘째, 타당도가 있어야 한다. 타당도란 조작적 정의에 의해 측정된 것이 실제로 측정하려고 했던 원래의 개념을 측정한 것이어야 한다는 것이다. 이것은 조작적 정의가 원래 개념의 의미에 대해 축소나 왜곡 등의 손상을 가져오지 않아야 한다는 뜻이기도 하다.

2) 개념적 틀(연구 모형)

개념적 틀(conceptual framework)은 연구문제에 포함된 개념이나 변수들을 구성요소로 하고 이들 구성요소들을 관련지어 연결시킨 하나의 시스템이다. 따라서 그것은 개념적 구성요소들과 그 관계로 구성된다. 개념적 틀은 연구목적에 비추어 부적절하거나 여분의 요소들을 제거하고 중요한 개념이나 변수들만을 선정하여 하나의 체계를 구성하므로 연구주제와 관련된 현실을 단순화시킨 것이 된다. 따라서 그것은 흔히 이론적 틀(분석 틀)이나 모형으로 불리기도 한다.

사회현상에 대한 적절한 개념적 틀은 연구문제를 명료하고 검정할 수 있는 진술로 만드는 데 반드시 필요한 것이다. 모호한 생각으로는 바람직한 연구결과를 가져 올 수 없다. 검정할 수 있는 가설을 도출하려면 중요한 개념이나 변수들이 명확하게 규정되어야 하고, 어떤 변수들은 조작적 정의를 거쳐야 한다. 연구의 개념적 틀에는 둘 이상의 변수나 가설을 연결하는 관계 진술이 어떻게 관련되고 왜 그러한 관계가 성립하는지 구체화시켜 주는 이론적 원리까지 포함된다.

이론적 원리가 개념적 틀에서 어떤 역할을 하는지 교육, 직업적 위신, 소득 및 급진주의의 관계를 예를 들면 사회에서 정당한 보상을 받지 못한다고 인식하는 사람들은 대부분이 사회의 구조가 변화되기를 기대할 것이라는 가정을 기초로 다음과 같은 가설(hypothesis)을 설정할 수 있다.

- 높은 투자에 비해 낮은 보상을 주는 직업의 사람들은 낮은 투자에 비해 높은 보상을 받는 직업이나 혹은 투자와 보상이 동일한 직업의 사람들보다 급진적 신념을 가지는 비율이 높을 것이다.
- 높은 투자에 비해 낮은 보상을 받는 직업의 사람들은 낮은 투자에 비해 높은 보상을 받거나 혹은 투자와 보상이 동일한 직업의 사람들보다 시위나 서명운동에 참여하고 법률제도의 변화를 찬성하는 비율이 더 높을 것이다 (Homans, 1961).

가설은 보통 명제형식을 취하는데, 가설의 주요 목적은 이미 알려진 사실들의 원인을 추측하여 설명하는 것이다. 그러나 가설은 검증되지 않았다는 점에서 과학이론과는 달리 추측에 불과한 것이다.

(1) 개념적 틀의 구조

개념적 틀의 구조는 구성요소와 그 관계로 이루어지며, 구성요소는 개념이나 변수들이다. 연구자는 연구주제와 관련된 여러 개념과 변수들 중에서 개념적 틀에 어떤 개념과 변수들을 선정하여 포함시켜야 할지 또 그들 간의 관련성을 어떻게 설정해야 할지 유의해야 한다.

① 개념 및 변수

개념적 틀에 포함될 개념 및 변수는 연구주제의 이해와 설명에 관련된 것들이어야 한다. 변수는 추상적인 개념을 구체화하여 측정할 수 있는 형태로 정의한 것이다. 개념적 틀에 포함될 변수를 확인하고 선정하는 데 연구문제를 중심으로 '인과적 모델링' 방법이 있다(Mayer & Ernest, 1980 : 124-245). 이것은 연구문제의 해결방안을 탐색하는 데 인과분석, 목표-수단분석을 적용하는 것이다. 그 외 개념적 틀의 구성요소를 식별하는 방법으로서 연구자의 아이디어, 동료와의 토론, 기존 지식의 재검토, 그리고 기존 자료세트의 검색 등의 방법이 제시되기도 한다(남궁근, 1994 : 92).

② 개념 및 변수들의 관계

개념이나 변수의 관계와 위치도 개념적 틀에서 설정되어야 할 사항이다. 우선 관계부터 살펴보면, 변수를 두 개로 한정해 볼 경우 그 관계의 성격은 3가지로 구분된다.

첫째는 대칭적 관계로서 두 변수들 중 어느 변수도 다른 변수의 원인이 아닌 경우이다. 따라서 이러한 관계에서는 상관관계나 공동변화만 확인할 수 있을 뿐 인과관계의 방향은 알 수 없다.

둘째는 상호인과적 관계로서 두 변수들이 서로 영향을 미치는 경우이다.

셋째는 비대칭적 관계인데, 어느 한 변수가 다른 변수에 영향을 미치는 경우를 말한다. 이때 영향을 미치는 원인변수를 독립변수라 하고 영향을 받는 변수를 종속변수라 한다. 따라서 이것은 독립변수의 변화가 종속변수의 변화를 유발하는 관계이며, 이러한 비대칭적 관계에 대한 인과분석이 과학적인 설명과 예측 및 통제의 기초가 된다.

③ 개념 및 변수들의 위치

개념적 틀에 포함될 개념과 변수들 및 그 관계가 설정되고 난 다음에는 그 변수들이 개념적 틀 속에서 차지하게 될 위치를 설정해야 한다. 이러한 위치 설정을 위해 변수들 간의 인과적 선후관계를 살펴보아야 한다. 변수들의 인과적 관계에서 독립변수와 종속변수의 개념이 제시되기도 하였지만, 그 인과적 연쇄관계가 긴 경우에는 그 두 변수들의 개념만 가지고는 개념적 틀에서 변수의 위치를 설정하기가 어려운 경우가 많다.

독립변수와 종속변수의 관계에 개입하여 영향을 미치는 변수들로서는 흔히 선행변수, 매개변수, 구성변수, 그리고 통제변수 등을 들 수 있다. 선행변수는 인과관계에서 독립변수에 앞서면서 독립변수에 영향을 미치는 변수이며, 매개변수는 독립변수와 종속변수의 사이에서 독립변수의 결과인 동시에 종속변수의 원인이 되는 변수이다. 구성변수는 연구문제에서 다루는 포괄적인 개념의 변수를 세부적으로 구성하는 하위개념의 변수들을 말한다. 그리고 통제변수는 성별, 학력 등과 같이 독립변수가 종속변수에 미치는 영향의 정도를 보다 정확하게 알기 위하여 통제되는 변수이다.

(2) 개념적 틀의 기능

개념적 틀은 연구자가 자신의 생각을 구체화하고 조직화할 수 있는 도구이며, 연구자의 생각을 다른 사람들에게 효과적으로 전달하는 수단이기도 하다. 이러한 개념적 틀은 다음과 같이 4가지 기능을 수행한다(Mayer & Ernest, 1980 : 122-123 ; 남궁근, 1994 : 100-101).

첫째, 조사 연구에서 연구자가 고려하여야 할 변수들과 그 관계를 확인할 수 있게 해준다. 개념이나 변수의 선정과 정의를 통해 자료를 수집할 수 있게 되며, 개념적 틀에서 설정된 변수들 간의 관계를 밝히는 것이 연구의 목적이다. 변수들의 선정과 그 관계의 설정을 통해 어떤 자료를 수집하고 또 수집된 자료의 어느 부분을 어떻게 분석할 것인가가 결정되는 것이다.

둘째, 앞으로 수행할 연구의 범위를 한정해 준다. 개념적 틀을 통해 연구자는 연구문제와 밀접한 관련이 있는 비교적 중요한 변수들만을 연구에 포함시킴으로써 조사 연구의 범위가 분명하게 제시될 수 있고, 또한 불필요한 자료의 수집과 분석을 미리 막을 수 있다.

셋째, 개념적 틀은 조사 연구 결과에 의미를 부여하는 구조가 된다. 연구자는 자료분석 결과를 개념적 틀에 비추어 해석하게 된다. 그러므로 개념적 틀은 자료분석이나 연구의 결과가 단순한 경험적 조사의 수준에 머물지 않고 좀 더 심층적인 해석에까지 이어지도록 해준다. 또한 개념적 틀은 주요

변수들만을 포함하기 때문에 다른 변수들이 주된 요인으로 작용하는 현상이나 상황에 연구결과를 적용할 수 없다는 점을 분명하게 나타낸다. 따라서 그것은 조사 연구의 결과가 일반화될 수 있는 개념적 범위를 정해 준다.

마지막으로, 조사의 목표나 가설을 연역해 낼 수 있는 전제가 된다. 개념적 틀이 제공해 주는 연역적 기초가 없다면 조사의 목표나 가설을 설정할 수 없다.

3) 변수의 설정

(1) 변수의 정의와 특성

변수(variable)란 속성들의 논리적인 집합이다. 여기서 속성(attribute)이란 어떤 것의 특성이나 성질을 말한다. 예컨대 '여성' 혹은 '남성'은 속성이고, 그것들의 논리적인 집합인 '성별'은 변수이다. 또 고용지위라는 변수는 취업이라는 속성과 실업이라는 속성으로 구성된다. 따라서 변수는 사상(事象)의 구성요소 또는 속성들을 모두 포함시켜 일반적인 의미로 표현한 것으로서, 일정한 경험적 속성들을 전체적으로 대표한다.

개념적 정의(개념화)와 조작적 정의(조작화)의 과정도 사실은 변수와 그것의 논리적 구성요소들인 속성들을 상세하게 구체화하는 과정이기도 하다. 개념화는 추상적인 개념의 의미를 구체적으로 밝히는 것이고 조작화는 그렇게 개념화된 것을 다시 경험적인 수준으로 구체화하는 것이다. 조작적 정의를 내려 얻게 되는 것이 바로 변수이며, 결국 경험적으로 측정해 볼 수 있는 도구인 변수를 얻는 것을 조작적 정의를 내린다고 한다.

모든 변수는 그 구성되는 속성들에 대해 포괄성과 상호 배타성이라는 두 가지의 중요한 특성을 지녀야 한다.

① 포괄성

변수는 측정과 관련하여 관련된 모든 속성들은 포함하고 있어야 한다. 개념화와 조작화는 변수와 그것을 구성하는 속성들에 대해 상세하게 구체화하는 과정이다. 따라서 한 변수의 측정이 타당하게 이루어지려면 그것을 구성하고 있는 속성들이 총망라되어야 한다.

연구에서 변수가 적절하려면 모든 관찰내용이 변수를 구성하는 속성들 중 어느 하나에 속해야 한다. 예를 들어 종교라는 변수를 기독교와 불교라는 속성을 가진 변수로 조작화 된다면 문제가 발생할 것이다. 조사대상자들 중 일부는 이슬람교, 유교, 가톨릭, 그리고 아무런 종교를 갖지 않는 무교 등에 해당하기 때문이다. 따라서 대표적인 속성들 몇 가지와 '무교', '기타'와 같은 답을 추가한다면 속성들이 모두 망라될 것이다. 여하튼 모든 관찰을 분류할 수 있어야 하는 것이다.

② 상호 배타성

변수를 구성하는 속성들은 서로 겹쳐서는 안 되고 상호 배타적이어야 한다. 이것은 속성들의 경계가 서로 엄격히 구분되어서, 모든 관찰이 단지 하나의 속성으로만 분류될 수 있어야 한다는 것이다. 예를 들면 고용지위라는 변수를 '취업상태'와 '실직상태'로 조작화한다고 하면, 그것은 모든 사람을 두 속성들 중 어느 하나로 분류할 수 있는 포괄성이 있을 뿐만 아니라 어느 사람도 동시에 두 가지 상태에 있을 수는 없기 때문에 그것은 상호 배타성을 갖는다. 그에 반해 상호 배타성을 갖지 못하는 경우로서 다음의 예를 들 수 있다.

> "국가의 복지정책은 축소되고 민간의 시장 부문이 확대되어야 한다."
> 매우 찬성(　　), 종종 찬성(　　), 가끔 반대(　　), 매우 반대(　　)

이 예에서 선택지 답들인 속성값들은 상호 배타적이지 않다는 점을 인식해야 한다. '매우 찬성'과 '매우 반대'는 태도의 강도를 나타내고 '종종 찬성'과 '가끔 반대'는 태도의 빈도를 나타내어 그 분류기준이 일정하지 않다. 따라서 어느 한 사람이 '종종 찬성'하면서 '매우 찬성'할 수도 있어서 하나의 속성으로만 분류될 수 없는 상황이 발생하는 것이다.

(2) 변수의 종류

변수는 통계분석의 기본 단위로서 통계분석을 적절히 수행하기 위해서는 변수의 종류나 특성을 알아야 한다. 변수의 특성에 따라 어떤 통계기법을 사용할 것인가도 달라지기 때문이다. 또한 변수들 간의 관계를 잘 파악하는 것도 연구문제나 가설의 구성에 많은 도움을 준다. 변수는 그 기능적 관계를 중심으로 선행변수, 독립변수, 매개변수, 종속변수, 통제변수로 분류된다. 기능적 관점에 따른 분류는 가설 구성과 밀접한 관련을 가진다.

다음의 예를 통해 변수들의 관계에 대한 전체적인 틀을 먼저 살펴본 뒤 개별 변수에 대해 설명하기로 한다.

연구문제 : 가. 학교폭력 피해학생이 자신이 당한 폭력피해 신고를 얼마나 할 것인가?
나. 학교폭력 피해학생이 신고하게 되는 요인이 무엇인가?

학교폭력 피해를 당한 학생들은 대체로 주변에 알리지 않는 경향이 있다. 이는 학교폭력 문제를 해결하는 데 커다란 걸림돌이 된다. 따라서 어떤 학생들이 어떤 이유로 학교폭력 피해를 당하고도 신고하지 않는지 알아보기 위하여 아래와 같은 변수들 간의 관계에 따라 조사설계를 하였다.

학교폭력 피해(독립변수)를 당한 학생들은 신고를 할 것인가 안 할 것인가?(종속변수) 만약 피해학생이 자아존중감이 매우 약하여 의존적이거나 다른 사람의 도움을 절실하게 필요로 할 경우와 자아존중감이 무척 강하여 자기 스스로 꼭 복수해야 한다고 생각하는 경우라면 신고율은 달라질 것이다. 또한 피해학생의 주변에 믿을 수 있는 친구, 학교폭력예방에 적극적인 교사, 자신을 잘 수용하는 부모 등 든든한 사회적 지지체계가 있다면 이들에게 신고할 확률이 높아진다. 이들은 매개변수가 된다. 지속적인 폭력피해는 매개변수에 영향을 미친다. 그러나 신고를 하게 되는 데 영향을 미치는 조건으로는 학교폭력의 유형, 성별, 학력 등이 있으며, 이들을 통제할 경우 학교폭력피해와 신고의 관계를 더 정확하게 분석할 수 있다(우수명, 2002 : 32).

위의 예에서 나타난 변수들 간의 관계는 다음 [그림 5-2]와 같이 도식화 할 수 있다.

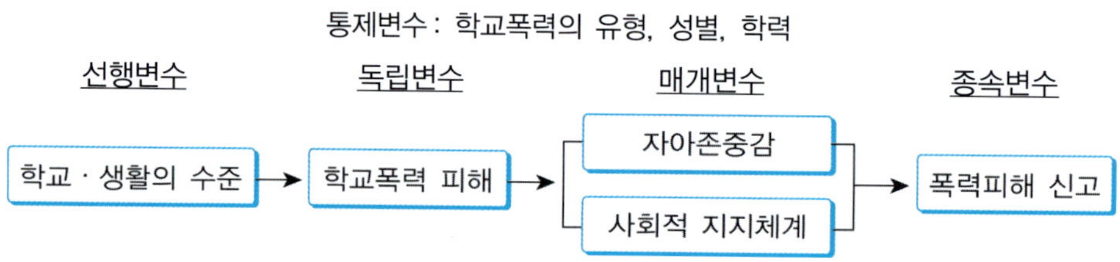

[그림 5-2] 변수들 간의 관계

① 선행변수

선행변수(antecedents variable)는 독립변수보다 먼저 발생된 변수로서 독립변수에 영향을 미친다. 예를 들면 대학의 전공수업에 적극적인 학습태도가 취약한 학생이나 비전공수강생이 있거나 교수자가 지향하는 수업방식이 있으면, 교수자의 수업방식이나 그러한 학생의 수강목표는 독립변수의 선행변수가 된다.

엄격한 의미에서 선행변수가 되려면 대체로 다음의 세 가지 조건을 만족해야 한다. 첫째, 독립변수 및 종속변수와 연관이 있어야 한다. 둘째, 선행변수가 통제되어도 독립변수와 종속변수의 관계는 그대로 유지되어야 한다. 셋째, 독립변수가 통제되면 선행변수는 종속변수와는 아무런 관계가 없어야 한다.

② 독립변수와 종속변수

독립변수(independent variable)는 어떤 것의 원인이 되는 변수이다. 사회현상이나 인간 행동에 대한 영향을 알아내기 위해서 연구자가 설정하거나 조작의 대상으로 삼는 요인이 독립변수이다. 가장 단순한 연구는 독립변수가 두 개의 속성들을 갖는 경우일 것이다. 이들 두 개의 속성값들은 흔히 각각 어떤 처치(treatment)의 유무를 나타낸다. 처치가 있는 조건은 일반적으로 실험조건(experimental condition)이라고 불리고 있고, 처치가 없는 조건은 통제조건(control condition)이라고 불리고 있다.

위의 예에서는 '학교폭력 피해'라는 원인변수가 독립변수이다. 또 다른 예를 들어 보면, 알코올 섭취가 복잡한 정보를 신속하고도 정확하게 처리하는 능력에 미치는 효과를 연구한다면, 독립변수는 실험대상자에게 제공된 음료수에 첨가되는 알코올의 유무가 될 것이다. 실험조건 속의 대상자들은 알코올이 든 음료수를 받는 반면에, 통제조건 속의 사람들은 알코올이 없는 동일한 음료수를 받게 될 것이다.

독립변수의 영향을 평가하기 위해 사용되는 변수가 종속변수(dependent variable)이다. 독립변수의 영향을 받아 일정하게 변화된 결과를 나타내는 기능을 한다는 의미에서 결과변수(consequences variable)라고도 한다.

예를 들면 "흡연이 폐암의 발생률을 높인다."라는 가설에서 흡연 여부가 독립변수라면 폐암 발생률은 종속변수이다. 또한 복잡한 정보를 처리하는 데에 미치는 알코올의 영향들을 연구하는 앞의 예에서 연구자는 어떤 어려운 비디오게임을 행하고 있을 때에 두 집단의 사람들이 각각 저지른 착오들의 숫자를 측정할 수 있다. 따라서 이 경우에서는 착오들이 종속변수가 된다.

독립변수와 종속변수의 관계를 가정하여 서술하는 문장이 가설이다. 즉 가설은 관심의 대상인 독립변수와 종속변수가 서로 함께 변하는 방법을 추측하는 가정적인 문장인 것이다. 그런데 주의할 점은 종속변수 변화들이 독립변수가 영향을 미친 결과라고 해석되기 위해서는 통제기법들이 적절하게 사용되어야만 된다는 것이다. 과학자들이 사용할 수 있는 통제기법들은 독립변수 수준의 조작, 조건들의 일정한 유지 및 균형화의 세 가지 기본 유형들로 구분될 수 있다. 알코올을 첨가하거나 하지 않거나 하는 독립변수 수준들의 조작은 별다른 설명을 할 필요가 없을 것이다.

두 번째 유형의 통제인 일정한 조건들의 유지는 통제의 의미와 가장 밀접하게 관련되어 있다. 알코올 섭취가 비디오게임을 하는 동안에 저지른 착오들에 미치는 영향을 연구하는 경우, 실험대상자들이 넓은 컬러스크린을 사용하는 반면 통제대상자들은 작은 흑백스크린을 사용하게 해서는 안 될 것이다. 그 대신에 동일한 스크린을 모든 대상자들이 사용해서, 스크린의 유형이라는 변수를 일정하게 유지시키는 것이 필요하다.

끝으로 대상자들이 지니고 있는 여러 가지 특징들이 다를 수 있다. 예컨대 이전에 비디오게임을 해본 경험이 많다든지 또는 성별이나 연령과 같은 그런 요인들이 비디오게임의 성적에 영향을 미친다면 두 집단 사이에 그러한 특징들을 균형화 시켜야 한다.

③ 매개변수

매개변수(intervening variable or mediating variable)는 독립변수의 영향을 받아 종속변수에 영향을 주는 변수이다. 그것은 독립변수와 마찬가지로 종속변수에 영향을 미치지만 시간적 혹은 순서적으로 독립변수와 종속변수의 사이에 존재한다. 즉 독립변수와 종속변수 간의 관계를 설명하는 데 개입되는 변수를 의미한다.

다시 말하면 연구자가 독립변수와 종속변수 간의 관련성만으로 인과모형을 설명할 수 없는 경우에는 중간에 매개요인을 설정하여 매개효과를 분석할 수 있는 것이다. 그러므로 매개변수는 독립변수에 영향을 받아야만 종속변수에 영향을 미치는 변수이며, 독립변수 없이는 따로 존재할 수 없는 변수이다.

예를 들어 가정의 사회·경제적 지위는 자녀의 성취 욕구에 영향을 미치고 성취 욕구는 다시 학업성적에 영향을 미친다고 가정할 경우, 성취욕구가 가정의 사회경제적 지위라는 독립변수와 학업성적이라는 종속변수 사이에서 영향을 매개하는 매개변수가 된다. 이러한 관계를 도식으로 나타내보면 다음 [그림 5-3]과 같다.

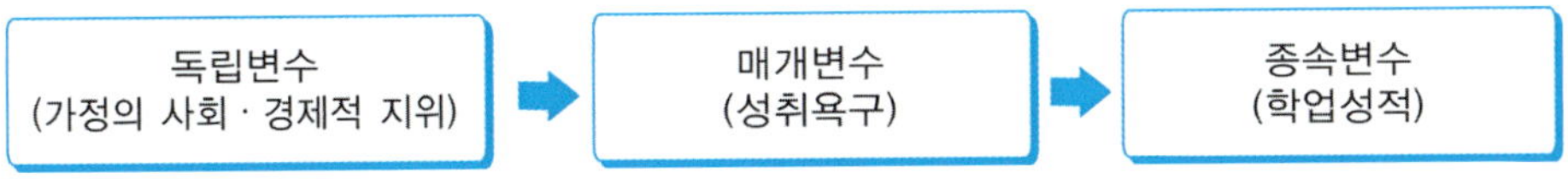

[그림 5-3] **매개변수의 위치**

④ 통제변수와 외생변수

통제변수(control variable)는 외생변수(exogenous variable)를 의도적으로 제거하거나 중립화시켜 종속변수에 영향을 주지 않도록 한 것으로 원래의 독립변수가 종속변수에 미치는 영향을 보다 정확하게 파악하기 위해 통제되는 변수이다. 한 변수에 대해 통제한다는 것은 그 통제변수의 각 속성 혹은 수준을 기준으로 해서 별도로 독립변수와 종속변수의 관계를 분석한 다음, 그러한 관계의 유형이 통제변수의 각 수준별로 변하는지 아닌지를 살펴보는 것이다.

예를 들면 미국에서 에이즈 보고사례의 비율은 민족에 따라 다르며 특히 어떤 민족은 다른 민족보다 높다고 한다(Rubin & Babbie, 2001 : 141). 이러한 보고결과를 대상으로 한 연구는 민족을 독립변수로 에이즈 비율을 종속변수로 개념화와 조작화를 할 수 있을 것이다.

연구결과에 기초한다면 어떤 민족이 다른 민족보다 생물학적으로 에이즈에 감염되기가 쉽다고 결론을 내려야 할까? 아니면 다른 어떤 요인이 있다는 것일까? 더 조사를 진행해 본 결과 에이즈 비율이 높은 민족이 빈곤율, 학교 중퇴율, 약물남용률, 그리고 기타 사회문제비율이 높다는 것을 알았다. 따라서 어떤 민족의 높은 에이즈 발생률은 생물학적 특성이 아니라 사회경제적 요인에 의해 설명될 수 있을 것이라는 추측을 해본다. 그 민족은 사회경제적 변수로 인해 마약남용도 더 많이 하고, 에이즈 예방에 대한 인식도 낮다고도 가정한다. 이것을 검정하기 위해 사회경제적 지위의 효과를 통제하고서 각 민족의 에이즈 비율에 어떤 차이가 있는지 조사해 본다. 이 경우는 민족이라는 독립변수와 에이즈 비율이라는 종속변수의 관계를 분석하면서 사회경제적 지위를 통제변수로 사용한 것이다.

이러한 통제변수와 유사한 것으로서 외생변수(exogenous variable)라는 것이 있다. 외생변수는 독립변수 외에 종속변수에 대해 예측, 통제가 불가능한 방식으로 영향을 미치는 변수로 잡음변수, 혼동변수, 가외변수라고도 불린다. 이것도 역시 독립변수와 종속변수 간의 관계를 달리 설명하는 변수이지만, 아직 분석에 통제변수만큼 체계적으로 포함되지 않고 단지 일반적으로 개념화만 되어 있는 것이다.

예컨대 병원에서 환자가 사회서비스를 많이 받을수록 수명이 짧아진다는 연구가 나왔다고 하면, 사회서비스의 양이 독립변수이고 수명이 종속변수인 경우이다. 그런데 질환이 심할수록 사회서비스를 더 많이 받는다는 것을 알게 된다. 이때 질환의 심각성은 사회서비스의 양과 수명과의 관계를 설명하는 외생변수로 개념화될 수 있다.

이처럼 어떤 사회적인 현상(결과)이 나타났을 때 그 원인이 되는 요인을 외생변수(exogeneous variable)라고 하고, 그 나타난 결과가 되는 것을 내생변수(endogenous variable)라고 한다. 하지만 독립변수와 종속변수의 인과관계를 보다 엄격하게 분석하기 위해 연구설계에서 정식으로 통제하려고 신정해 놓은 변수는 더 이상 외생변수가 아니라 통제변수가 되는 것이다.

⑤ 조절변수

조절변수(moderating variable)는 독립변수와 종속변수 사이의 관계에서 불확정적인 상황효과(contingent effect) 또는 조절효과(moderating effect)를 미칠 것으로 여겨지는 제2의 독립변수를 말한다. 즉 독립변수와 종속변수 사이의 관계가 조절변수에 따라 그 효과가 영향을 받는 것을 말한다. 따라서 매개변수와 같이 다루는 경우가 많아 다소 혼동되는 사례가 있으나 엄연히 다른 변수이므로 유의해야 한다.

다시 말하면 매개변수는 독립변수와 종속변수 간의 관계를 직접적으로 설명하는 것보다는 이들 변수 사이에 새로운 변수를 개입시켜 설명하는 것이 둘 사이의 관계를 더욱 더 잘 설명할 수 있을 때 사용되는 것이다. 이에 비하여 조절변수는 독립변수와 종속변수 사이의 관계가 그 결과에 있어서 조절변수에 따라서 다른 효과를 가져 오게 하는 것이다. 즉 조절변수는 독립변수에 영향력을 미쳐서 종속변수의 반응을 줄이거나 높이는 변수로서 독립변수가 없어도 존재할 수 있는 변수이다. 그러므로 독립변수가 종속변수에 미치는 영향(효과)은 성립하지만 특정한 변수인 조절변수에 따라서 차이가 날 때는 독립변수와 조절변수가 상호작용하는 관계이므로 조절회귀분석을 해야 한다.

예를 들어 소득수준(독립변수)이 행복수준(종속변수)에 미치는 영향을 보고자 할 때 남성과 여성이라는 성별(조절변수)에 따라서 그 정도의 차이가 난다면 매개효과가 아니라 조절효과를 검정하기 위한 조절회귀분석이 필요한 것이다.

03 연구가설의 설정

1) 연구가설의 정의

연구가설은 연구문제에서 제시된 두 개 이상의 변수들 간의 관계에 대하여 검증하기 위한 잠정적인 진술이다. 그것은 아직 경험적으로 확인되지 않은 추측이며 연구자가 생각한 잠정적 해답에 불과하다. 연구자는 가설(hypothesis)이 경험적으로 검정되면 받아들이고 사실과 다르게 나타나면 버리게 된다. 가설은 일상생활의 관찰이나 선행연구, 보편적인 신념, 탐색연구를 위한 자료분석, 혹은 기존 이론 등 다양한 출처로부터 추론될 수 있지만 특히 앞에서 살펴본 개념적 틀로부터 체계적으로 도출할 수 있다.

이때 하나의 진술을 정설이라 하지 않고 가설이라고 하는 이유는 아직 경험적으로 확인되지 않은 상태에 있기 때문이다. 이러한 가설이 될 문장 안에는 조건문 형태로 선행조건과 결과조건이 명시되어야 하는데, 다음의 예와 같이 두 가지 형태가 있을 수 있다.

연구가설 : 가. 인구밀도가 증가하면 범죄율도 증가할 것이다.
나. 인구밀도와 범죄율은 관계가 있을 것이다.

위의 가설에서 인구밀도의 증가는 선행조건이고 범죄율의 증가는 결과조건이다. 즉 인구밀도가 증가할 때 범죄율도 더불어 증가한다는 것이다. 이처럼 가설은 선언적인 문장의 형태로 변수들 간의 관계를 일단 추측해 보는 것이다. 다만 가설이 되기 위해서는 다음의 두 가지 기준은 반드시 갖추어야 한다.

① 둘 이상의 변수들 간의 관계를 명확히 서술해야 한다.
② 그러한 관계에 포함된 변수들은 반드시 측정될 수 있는 것들이어야 한다(Kerlinger, 1973 : 15-25).

즉 연구가설은 둘 이상의 변수들을 대상으로 그들의 관계가 어떤 것인지 명제 형태로 명확하게 표현해야 한다. 나아가 그 표현된 관계들이 경험적으로 검정되어야 하는데, 그 관계라는 것이 변수들의 변화가 서로 어떻게 연결되어 있는가 하는 것이다. 따라서 가설에 포함된 모든 변수들의 변화를 경험적으로 관찰하고 측정할 수 있어야 한다.

한편 연구가설에서 서술된 관계에 포함된 변수들이 대개는 두 개이지만 꼭 그런 것만은 아니다. 다음의 예들은 세 변수들의 관계를 다룬 가설이다.

- "부모와 민주적 관계에 있고 부모 서로 간에는 평등주의적 관계를 유지하고 있는 가정의 자녀들에게는 보편적으로 높은 교육적 성취가 뒤따를 것이다."
- "공공취로사업은 일시적 실직자들의 생계 안정에는 효과가 있지만, 장기적 실직자들의 생계 안정에는 효과가 없을 것이다."

두 연구가설 모두 세 변수들 간의 관계를 서술하는데, 위의 것은 부모와의 민주적 관계라는 변수와 부모 상호 간의 평등주의적 관계라는 변수가 모두 자녀의 교육적 성취라는 변수에 영향을 미치는 것을 설명하고 있다. 두 개의 독립변수가 하나의 종속변수에 미치는 영향 관계인 것이다. 아래의 가설은 공공취로사업이라는 변수가 실직자들의 생계안정이라는 변수에 영향을 미치는 주된 관계를 서술하면서, 제 3 의 변수인 실직자의 성격을 단기적인 경우와 장기적인 경우로 나누어 그 효과를 구분하고 있다. 이 경우 제 3의 변수를 통제변수라 하는데, 두 변수들 간의 관계가 일정한 것이 아니라 그 변수의 성격에 따라 달라지기 때문이다.

이처럼 가설에 포함되는 변수의 수는 두 개로만 한정되지 않는다. 하지만 세 개 이상의 변수들이 포함된 가설일 경우 그 관계가 복잡해질 뿐만 아니라 검정 또한 복잡해질 수 있으므로 될 수 있는 한 단순한 가설을 만들어 검정하는 것이 바람직하다. 대부분의 연구들에서는 연구문제가 여러 개이거나 아니면 하나의 연구문제에서 도출되는 가설이 여러 개인 것이 보통이다. 따라서 복수의 가설들이 사용되는 것이 일반적인데, 그렇다면 연구자는 그 가설들을 최대한 단순한 것들로 만들어 조사 연구의 문제를 검정하는 것이 보다 쉬운 방법이다.

2) 연구가설의 조건

좋은 가설이 되기 위해서는 몇 가지의 조건들이 갖추어질 필요가 있다. 이러한 조건들에 대해서는 앞에서 어느 정도 언급되었지만 좀 더 분명하게 해두기 위해 재정리한다.

첫째, 가설은 검정이 가능해야 한다. 단순한 연구자의 의견이나 희망사항, 가치판단이나 규범적 성격을 지닌 명제는 가설이 될 수 없다. 또 개념의 정의가 불분명하여 가설내용이 너무 막연해도 검정이 곤란하게 된다. 예를 들어 "부자는 가난한 사람보다 더 행복할 것이다."라는 가설에서 우리는 부와 행복과는 상관관계가 존재한다는 것을 알 수 있다. 그러나 여기서 부라는 개념 자체가 너무 모호하기 때문에 경험적 차원에서 계량화할 수 있도록 "소득수준이 높을수록 행복도가 높을 것이다."라는 식의 표현을 하는 것이 바람직하다.

둘째, 가설은 표현이 간단·명료하여야 한다. 가설이 될 문장의 표현이 간단·명료하기 위해서는 누구나 쉽게 이해할 수 있는 보편적인 용어들을 사용하고 표현방법도 간단해야 한다. 같은 의미를 지닌 개념들 간의 관계를 나타낸다거나 동어반복적인 내용은 혼란을 초래할 수 있으므로 피해야 한다.

셋째, 가설은 간결한 논리로 이루어져야 한다. 한 가설에는 두 개 정도의 변수들 간의 관계만을 간결하게 설명하는 것이 좋다. 만약 한 가설에 3개 이상의 변수들 간의 관계에 대한 내용이 포함되어 있으면 측정상의 문제가 발생하게 된다. 다시 말하면, 가설의 한 부분은 검정된 결과 채택되었는데 다른 부분은 기각될 경우 해석상 혼돈을 초래하게 된다. 이런 경우에는 그 한 가설을 두 가설로 만들어 검정하여야 한다.

넷째, 연구문제에 해답을 제시해 주어야 한다. 가설의 검정결과는 바로 연구문제에 적용되어 그 문제를 해결할 수 있어야 한다. 즉 연구모델에 포함된 독립변수가 과연 종속변수에 영향을 미치는지의 여부와 영향력이 있다면 그 정도를 파악함으로써 가설이 진실이라고 밝혀지게 되고 연구문제는 해결된다.

다섯째, 가설은 관련 분야의 이론과 부합되어야 한다. 이 조건은 가설이 도출되는 과정과 밀접한 관계를 가지고 있다. 논문의 이론적 배경 부분에서 선행연구를 고찰하거나 특정 이론에 대해 서술하는 이유는 가설이 연구자 임의의 생각에서 비롯된 것이 아니라 검정할 가설이 과학적 근거하에 설정되었음을 보여주기 위함이다. 이런 맥락에서 볼 때 가설은 당연히 관련 분야의 이론과 부합되어야 한다.

여섯째, 가설은 연구자의 편견을 떠나서 가치중립적이어야 한다. 가치판단을 요하거나 도덕적·윤리적인 문제들을 가설로 삼아서는 안 된다. 그리고 그것은 주로 통계기법에 의해 검정되기 때문에 확률적으로 옳은지 혹은 그른지를 보여줄 수 있는 확률적 속성을 지녀야 한다.

이러한 가설의 조건에 따라 실제의 논문에서 다루어진 가설을 예를 들어 제시하면 다음과 같다.

[예] 본 연구는 대학생의 사회불안과 내현적 자기애, 부정적 정서와 우울의 관계에서 내면화된 수치심의 매개효과를 검정하기 위한 연구문제를 바탕으로 다음과 같이 가설을 설정하였다.

- 1-1. 사회불안은 우울에 직접적인 영향을 미칠 것이다.
- 1-2. 부정적 정서는 우울에 직접적인 영향을 미칠 것이다.
- 1-3. 내현적 자기애는 우울에 직접적인 영향을 미칠 것이다.
- 1-4. 내면화된 수치심은 우울에 직접적인 영향을 미칠 것이다.
- 2-1. 사회불안은 내면화된 수치심을 통하여 우울에 간접적인 영향을 미칠 것이다.
- 2-2. 부정적 정서는 내면화된 수치심을 통하여 우울에 간접적인 영향을 미칠 것이다.
- 2-3. 내현적 자기애는 내면화된 수치심을 통하여 우울에 간접적인 영향을 미칠 것이다(고수현 외, 2011).

3) 가설의 종류와 형식

가설(hypothesis)은 다양한 형태를 띨 수 있다. 해답이 적용되는 범위, 즉 가설의 적용범위에 따라서 일반가설(general hypothesis)과 특수가설(specific hypothesis)로 나뉘고, 가설의 수준에 따라서 개념가설(conceptual hypothesis)과 조작가설(operational hypothesis)로 나뉜다. 그리고 통계적 검정에서는 연구가설(research hypothesis)과 영가설(null hypothesis)로 구분된다. 여기서는 특히 논문에서 가장 많이 논의되는 연구가설과 영가설을 자세히 살펴보고자 한다. 우선, 연구가설을 '영가설'과 비교하여 '대립가설', '실험가설', '과학적 가설'이라고 하기도 하고, 영가설은 '귀무가설'이나 '통계가설(statistical hypothesis)'이라고도 한다.

가설은 둘 이상의 변수들 간의 관계를 포함하고, 선언적으로 진술되고, 검정 가능한 형태라야 한다. 그리고 관계가 있다든지 혹은 차이가 있다든지 나아가 가능하다면 어떤 관계인지 하는 것도 포함하는 것이 좋다. 이러한 가설을 연구가설(research hypothesis)이라 하는데, 일반적으로 가설이라 하면 이 연구가설을 가리킨다. 이것은 흔히 실험가설(experimental hypothesis) 혹은 과학적 가설(scientific hypothesis)이라고도 한다.

연구가설(research hypothesis)은 포함된 변수들 사이에 "차이가 있다.", "어느 하나가 다른 것보다 크다 혹은 작다.", "긍정적 혹은 부정적 관계가 있다.", "어느 하나가 다른 것에 긍정적 혹은 부정적 영향을 미친다." 등으로 진술되는 여러 형태들이 있다. 즉 단순히 차이가 있다든지, 어떤 차이가 나는지, 단순한 관계가 긍정적인지 혹은 부정적인지, 그리고 관계의 방향성이 어떤 것인지 등을 각각 다루는 다양한 유형의 가설들이 있을 수 있다. 이러한 구분은 경험적 검정을 위한 통계분석이 적절하게 행해질 수 있도록 사전에 명확하게 해둘 필요가 있다.

영가설(null hypothesis : H_0)은 이러한 연구가설과는 달리 현상들, 즉 변수들 사이에 차이나 관계가 없다는 진술이다. 영가설은 수집된 자료에서 나타난 차이나 관계가 참된 것이 아니라 우연의 법칙(law of chance)에 의해 그야말로 '우연하게' 나타난 것으로 간주한다. 좀 더 공식적인 통계 언어로 표현하면, 표본의 평균치들 사이에 나타난 차이는 표집오차로 인한 것이어서 실제 모집단에는 변수들 간에 아무 관계가 없음을 의미한다. 그것은 연구가설과 상반된 입장에서 연구나 실험이 아무런 의미 있는 결과를 만들어 내지 못하는 것으로 전제하고 있기 때문에 '귀무가설'이라고도 한다.

또한 영가설은 연구가설을 반증할 목적으로 활용된다. 즉 통계분석들에서는 연구가설을 직접 증명하지 않고 영가설을 부인함으로써 연구가설을 채택(지지)하는 간접 방식을 취한다. 이때 경험적 검정을 위한 통계분석에 명시적으로 설정되어 있다는 의미에서 영가설을 '통계가설'이라고도 한다.

그러므로 영가설과 연구가설은 각기 독립된 개념이 아니라 상호 연관성을 가지고 상호배타적으로 설정이 된다. 즉 연구가설은 영가설의 논리적 대안으로, 연구의 궁극적 목적은 영가설을 부정하고 연구가설을 받아들이는 데에 있다. 연구가설은 영가설의 채택 여부에 따라 받아들여지기도 하고 부정되기도 하므로 연구가설을 대립가설이라고 한다. 따라서 연구가설은 주로 대립가설 형태로 설정된다.

가설의 형식은 관련 변수의 설정과 변수들의 상태를 나타내는 문장을 조건문 형태의 복문으로 나타낸다. 영가설과 대립가설(연구가설)을 예를 들어 비교적으로 설정해 보면 다음과 같다.

- 영가설(Null hypothesis : H_0) : 행복한 교실 프로그램에 참여하는 집단과 참여하지 않은 집단 간에 집단응집력의 차이가 없을 것이다.
- 대립가설(Alternative hypothesis : H_a) : 행복한 교실 프로그램에 참여하는 집단과 참여하지 않은 집단 간에 집단응집력에 차이가 있을 것이다.

이처럼 가설의 종류와 형식에서는 다양하게 표현이 될 수 있으나 조사연구에서는 주로 영가설(H_0으로 표시)과 대립가설(H_a 또는 H_1으로 표시)로 구분하는 것이 일반적이다.

4) 가설의 검정

과학적인 조사 연구의 일차적인 목적은 대부분 연구문제나 이론을 검정하는 것이다. 그런데 이론은 추상적이므로 직접 검정되지 않으며, 그 연구문제나 이론에서 도출된 가설의 진위를 통해 간접적으로 검정된다. 따라서 연구문제에 대한 잠정적인 해답이며 경험적 검정을 통해 그 진위가 결정된다. 하지만 모든 조사 연구가 가설검정을 목적으로 하는 것은 아니다. 현상에 대한 설명보다는 단순히 어떤 현상들이 있는지 또 그 특성들은 어떠한지를 파악하고자 하는 탐색적 연구나 기술적 연구에서는 가설을 필요로 하지 않는 것이다.

지역사회의 사회복지서비스 욕구를 조사하기 위해 서베이 조사 연구를 실시한다. 이 조사에서 지역사회 주민들에 대해 연령분포, 가족과 동거하는 사람과 독신자의 현황, 소득수준별 분포, 의료시설 이용현황, 탁아 서비스의 존재 여부와 그 이용 현황, 여가활동의 현황, 그 외 추가로 어떤 서비스들을 원하는지 등을 알아본다.

이러한 조사 연구에서는 탐색적 연구와 기술적 연구들이 혼합되어 있으며 변수들의 차이나 관계를 진술하는 가설이 전혀 필요 없다. 그렇다고 해서 이러한 연구 자체가 필요 없는 것은 아니다. 탐색적 연구나 기술적 연구가 그 나름의 목적이 있을 뿐만 아니라 보다 더 고급의 설명적 연구를 위한 기초가 될 수 있다는 점에서 가치를 지닌다. 또한 그러한 연구는 귀납적 연구이어서 주로 연역적 연구에서 이루어지는 가설검정의 방식과는 잘 맞지 않기도 하다.

탐색적 연구는 새로운 분야에 관심을 갖는 연구자에게는 필수적이며, 새로운 연구 주제에 대한 통찰력을 주기도 한다. 또 현실기반이론(grounded theory)을 만들어 낼 수 있는 토대가 되기도 한다. 그리고 과학적 관찰이란 일상적 관찰보다 주의깊고 의도적인 관찰이기 때문에 과학적으로 관찰한 내용을 기술하는 기술적 연구는 정확하고 상세한 기술을 가져다준다. 또한 질적 연구에서 기술이라는 말은 어떤 현상과 그 현상의 의미성에 대한 고찰을 말한다. 질적 연구에서는 기술내용의 일반화보다는 대상의 입장이나 느낌을 가능한 그대로 반영하면서 그들이 처한 환경, 상호작용, 그 의미성, 일상적인 삶의 내용 등을 기술하는 것에 중요성을 둔다. 이러한 것은 가설검정의 연구에서는 얻을 수 없는 중요한 사항들이다.

이처럼 모든 조사 연구들이 필수적으로 가설을 가져야 하는 것은 아니다. 다만 이론을 가지고 하는 연역적 연구일 경우 가능하다면 가설을 설정해서 조사 연구를 수행하는 것이 더 바람직하다. 가설검정을 위해서는 가설에 포함된 변수들에 관한 탐색이나 기술이 필요하므로 자연스럽게 탐색적 연구나 기술적 연구에서 다루어질 내용도 함께 포함될 수 있다. 동일한 비용과 노력으로 더 큰 연구 효과를 가져 올 수 있다는 것이다.

이론과 관련된 가설의 주된 기능이나 필요성으로는 이론의 검정, 이론의 제시, 현상의 기술 등이 제시되고 있다(Black & Champion, 1976 ; 남궁근, 1994

: 105-107).

(1) 이론의 검정

사회과학 연구를 통해 사회현상을 설명하는 이론들이 개발되지만, 그 이론 자체는 직접 검정될 수 없으며, 그것을 간접적으로 검정하는 도구가 바로 가설이다. 따라서 이론에서 도출한 가설이 아니면 그 이론을 객관적으로 검정할 방법이 없는 것이다. 이론이나 연구문제로부터 도출된 가설이 경험세계의 관찰결과와 일치하면 그 이론의 타당성은 일단 지지를 받게 된다. 이론이 사실이나 사건들을 설명하는 도구로서 예측력의 가치와 적절성을 갖는다는 것을 증명하기 위해서는 그 이론에서 도출된 여러 가설들을 검정해 보여야 한다. 이렇게 보면, 가설은 '이론을 검정할 수 있는 형태로 진술한 것'이라고 규정해 볼 수도 있다.

(2) 이론의 제시

연구문제나 이론이 전제되지 않고 가설이 설정되는 수도 있는데, 이때는 가설검정을 통해 이론이 구성된다. 가설이 계속적인 조사 연구가 이루어질 수 있는 이론을 구성하여 제시하는 역할을 한다. 사회현상을 관찰하면서 연구자는 특정한 현상의 발생 원인 및 그 관련된 사실들에 대한 가설들을 설정할 수 있다. 그러한 가설들 중에서 현상에 대한 설명력이 클 수도 있는 가설을 선택해서 그것을 토대로 현상과 설명을 연결시키는 명제, 가정, 정의의 논리체계를 구성해 나갈 수 있다. 이것은 연구자가 가설을 통해 이론을 창안해 내는 경우로서 귀납적 연구의 일종이다. 따라서 연역적 논리체계를 따르지 않는 것일 뿐 방법론 자체가 빈약한 것은 아니며, 어떻게 보면 이론 구성이라는 더 창의적이고 가치 있는 연구결과를 가져올 수도 있다. 물론 이렇게 구성된 이론이 갖는 예측력의 가치와 적절성을 평가하기 위해서는 다시 그로부터 도출한 가설들이 경험적으로 검정되어야 할 것이다.

(3) 사회현상의 기술

가설은 사회현상을 기술하는 역할을 한다. 가설이 경험적으로 검정되는 과정에서 관련된 현상에 관한 정보를 얻게 된다. 가설이 부정된 경우에도 이전에 알지 못했던 경험적 사실들을 알 수 있게 된다. 이렇게 얻어진 정보는 사회현상의 발생 원인에 관한 연구자의 지식을 증가시킨다.

06 CHAPTER 인과관계와 연구설계

01 인과관계의 확인

사회복지 문제를 비롯한 사회현상과 인간현상에 대한 조사 연구를 하고자 할 경우에는 조사하고자 하는 조사문제(연구문제)와 관련된 이론이나 가설들을 검토하고 그것을 경험적으로 검정(확인)하기 위한 조사설계(research design)를 해야 한다.

조사 연구문제에서 다루고 있는 관계들은 대부분 명시적으로나 묵시적으로 인과관계의 성격을 띤다. 'X는 Y의 원인이다.' 혹은 'X가 Y를 초래한다.' 등과 같이 직접적인 인과관계를 나타내는 명제들도 있으나, 대개는 'X가 변화하면, Y도 변화한다.'는 식으로 X(원인)와 Y(결과)의 인과관계를 간접적으로 나타내는 수가 많다(김영종, 1999).

즉 인과관계란 원인과 결과 간의 관계를 의미하는데, 조사 연구에서 독립변수와 종속변수를 설정하는 이유는 두 변수 사이에 인과관계가 존재하는지를 살펴보기 위함이다. 조사 연구에서 독립변수와 종속변수 사이의 잠정적 인과관계를 표현하고 있는 것이 '가설'이므로, 인과관계 검정을 목적으로 하는 가설을 설정해야 하는 이유는 바로 이 때문이다.

조사 연구에서 인과관계를 추론하기 위한 성립 요건은 다음과 같다.

첫째, 독립변수와 종속변수 등 최소한 두 개 이상의 변수가 있어야 한다.

둘째, 독립변수(원인)가 종속변수(결과)보다 시간적으로 앞서 일어나는 시간적 우선성이 있어야 한다.

셋째, 독립변수 변화와 종속변수 변화가 서로 관련되어 있는, 즉 한 변수가 변하면 다른 변수도 변하는 공변성(covariation) 또는 상관관계가 있어야 한다(김경우, 2008 재수정).

넷째, 두 변수 간에 공변성(연관성)과 시간적 우선성이 제3의 외생변수들로 인하여 유발되지 않았는지를 확인해야 한다(외생변수의 통제 혹은 외부 설명의 통제).

이러한 인과관계 추론의 성립 요건을 폴 라자스펠드(Paul Lazarsfeld, 1959)는 다음에서와 같이 3가지 기준으로 설명하고 있다.

1) 시간적 선행성(우선성)

두 변수 사이의 원인이 결과보다 시간상으로 선행해야 한다는, 시간적 우선성(time priority or time oder)이 확인되어야 한다는 조건이다. 자연과학과는 달리 사회과학에서는 두 변수 간의 시간적 우선성에 애매성이 많은데 만약에 두 변수의 변화가 동시에 일어났다고 가정할 경우에는 시간적 우선성의 조건에 맞지 않기 때문에 인과성을 추론할 수가 없게 된다.

예를 들어 로켓을 발사하기 위해서는 탄두 뒤에 있는 화약이 먼저 폭발해야 하는 것이 분명하지만 만성질환자가 있는 가족은 다른 가족보다 사회경제적 지위(SES)가 낮다고 가정하고 인과관계를 추론하고자 할 경우에는 반대로 사회경제적 지위가 낮은 가정에서 극심한 노동이나 스트레스로 인하여 만성질환자가 발생하게 되었는가에 대한 의문도 생긴다. 다시 말해서 '만성질환자'와 '사회경제적 지위'가 그 가족에게 어느 것이 우선하여 영향을 미치게 되었는가가 애매할 때는 인과관계의 추론이 용이하지 않은 것이다.

2) 상관관계(공변성, 연관성)

원인변수와 결과변수 간에 경험적으로 같이 변화하는 상관관계(correlation)가 있어야 한다. 상관관계가 일단 확인되어야 인과관계 여부를 가정해 볼 수 있는데 이는 상관관계가 인과관계의 일차적 전제조건이 됨을 의미한다. 상관관계 역시 사회과학의 사회현상이나 인간현상들에서 확인하는 것은 그리 쉬운 일은 아니다. 자연과학과는 달리 사회과학은 자발적 의지를 가진 인간과 사회를 대상으로 검정해야 하므로 어느 한 변수의 변화가 또 다른 한 변수에서의 변화와 어떤 식으로 관계(relation)가 일어나는가 하는 공변성(covariation)이나 연관성(association)을 찾는 것은 매우 중요한 요건이 된다.

예를 들어 컴퓨터를 켜기 위해서는 컴퓨터에 있는 전기 스위치를 누름(원인변수)과 컴퓨터 화면이 켜짐(결과변수)이라는 변화가 늘 같이 일어날 수 있지만 인간의 행동은 외부 환경이 아닌 자발적 요인이 있기 때문에 성적이 낮은 학생에게 '동기부여'라는 원인변수가 일어났다고 해도 늘 '성적 향상을 위한 노력 행동'이라는 결과 변수가 안정되게 관찰이 안 된다면 상관관계 조건에서 인과성 추론은 어렵게 되는 것이다.

3) 외생변수의 통제

시간적 우선성이나 공변성(covariation)이 두 변수 간에 확인이 되었다면 그 다음의 단계에서는 시간적 우선성이나 공변성의 관계가 어떤 세 번째 변수, 즉 두 변수가 아닌 제3의 변수들이 이러한 관계에 영향을 미치고 있지 않은지를 확인해야 한다. 만약에 제3의 또 다른 외생변수(extraneous variables)로 인하여 이러한 관계가 일어났다면 직접적인 인과관계는 두 변수 간에 검정될 수 없는 것이다. 따라서 최종적인 두 변수 간의 인과관계를 확신하기 위해서는 제3의 외생변수를 통제함으로써 외부적 설명이 배제되어야 한다.

예를 들어 최근 고등학교 내 진로상담교사 배치가 확대되면서 자연스럽게 학생들을 대상으로 한 직업교육 프로그램의 실시 횟수가 증가하게 되었는데, 최근 3년간 졸업생들의 진로 상황을 조사해 보니 대학진학률은 줄어들고 각종 직업학교 진학이나 취업을 한 학생비율이 늘었다고 했을 때, 고등학교 내의 진로상담교사 배치나 직업교육 프로그램의 실시 횟수의 증가가 대학진학률 감소나 취업학생 증가에 대한 원인 변수가 되었다고 볼 수 있을 것인가에 대한 검정이나 설명으로서는 충분하지 않다.

왜냐하면 시간적 우선성의 요건에 따르면 '대학진학률 감소나 취업학생 증가'의 변화보다 '진로상담교사 배치나 직업교육 프로그램의 실시'라는 변화가 우선(선행)되었으므로 요건을 충족시켰고, 공변성이나 연관성의 요건에서도 두 가지의 변화가 같이 일어났으므로 설명력이 있다. 그러나 공변성이나 시간적 우선성의 요건을 갖추었다고 하더라도 인과관계 추론에는 이 두 가지의 경험적 자료 이외의 변수(변인)가 작용을 하지 않았는지의 확인 작업이 요구된다.

다시 말하면, 또 다른 변인들의 작용인 외생변수의 통제(control extraneous variables)가 이루어지지 않았다면 두 변수 간의 인과관계의 설명력은 떨어질 수밖에 없는 것이다. 즉 한국의 대학 진학률이 OECD국가 중에서도 제일 높았고, 최근의 경제 여건은 대학 졸업 이후에도 취업이 어려운 상황이 지속되어 온 만큼, 실용적인 대학 전공 이외의 진학률이 자연스럽게 감소했을 수도 있고, 대학 등록금의 상승이 대학 진학보다는 취업을 선택하게 만든 또 다른 변인으로 작용했을 개연성이 많은 것이다. 이처럼 사회과학에서는 어떤 현상을 추론하는 데는 인과관계의 증명에 논란이 많기 때문에 과학적 접근에 관심을 두어야 한다.

02 연구설계의 타당도

연구설계(research design)는 연구문제나 조사문제를 경험적인 방법으로 검정을 하고자 다양한 연구 디자인을 선택하는 과정을 의미한다. 즉 실험적 설계인지, 비실험적 설계인지에 따라 혹은 현실적인 여건에 따라 조사 연구자는 여러 가지의 조사설계 유형을 선택할 수가 있다.

그런데 이때 가장 중요한 것은 연구자가 선택한 연구 디자인이 조사문제를 제대로 검정할 수 있도록 타당성을 갖추고 있는가 하는 판단 기준에 부합되어야 한다는 점이다. 이를 연구설계의 타당도(validity) 혹은 조사설계의 타당도라고 하며, 내적타당도와 외적타당도로 구분하여 설명할 수 있다.

1) 내적타당도와 저해요인

내적타당도(internal validity)는 결과해석의 적절성의 의미하는데, 측정된 결과(종속변수)가 원인(독립변수)의 변화로 인한 것인가? 라는 질문에 대한 확신한 수 있는 정도를 말한다. 즉 원인과 결과 사이의 인과성을 추론하는데 얼마나 정확성이 있는가를 논의하는 것이 내적타당도이다. 내적타당도가 높다는 것은 인과성에 대한 검정력이 강하다는 의미와 동일하다. 따라서 앞에서 다루어진 인과관계를 추론할 수 있는 세 가지의 요건인 공변성(연관성), 시간적 우선성, 외생변수의 통제 여부는 내적타당도를 설명하는 조건과 밀접한 관계에 있다.

그런데 이러한 내적타당도는 연구자(조사자)가 연구 대상 집단을 전체(모집단, papulation)로 조사를 하지 못하고 한정된 연구 대상 집단(표본, sample)에 대하여 자료를 수집하는 한계성과도 상관이 된다. 아울러 인과관계 추론 요건 중에서도 주로 외부변수의 설명력을 어느 정도 통제할 수 있는가에 따라서도 내적타당도는 상관이 된다. 따라서 조사 연구 과정에서 외생변수들의 영향력이 개입되지 않도록 통제하는 것과 다음과 같은 내적타당도 저해요인들을 통제하는 것이 중요하다(Campebell & Stanley, 1963).

즉 캠벨과 스탠리(Campbell & Stanley)가 실험설계에서 나타날 수 있는 9가지 주요 내적타당도에 대한 위협요인으로 제시한 것은 ① 우연한 사건, ② 시간적 경과 혹은 성숙, ③ 검사경험의 반응적 효과, ④ 측정도구효과, ⑤ 통계적 회귀, ⑥ 편향된 선정, ⑦ 실험대상의 탈락, ⑧ 인과적 시간순서 모호, ⑨ 개입의 확산 또는 모방효과, ⑩ 호손효과이다.

(1) 우연한 사건

우연한 사건(history)은 조사 연구의 과정에서 조사 연구자의 의도와는 상관없이 조사 연구 도중에 외부에서 우발적인 사건이 발생하여 종속변수(결과)에 영향을 미치게 된 경우를 의미한다.

예를 들어 한 지역사회에서 노인들의 자살 예방과 우울증을 감소시킬 수 있는 새로운 프로그램을 2개월 동안 실험집단을 대상으로 처치를 한 후 비교집단과 구분하여 효과를 검정해 보았더니 실험집단에 속한 노인들의 우울 정도가 감소된 것으로 나타났다고 할 때, 연구자는 시간적 우선성과 공변성을 입증할 수 있지만 2개월 동안 일어날 수 있는 우연한 변수들의 개입효과가 없었다고 말할 수는 없는 것이다.

(2) 시간적 경과 혹은 성숙효과

성숙효과(maturation effect)는 인간의 특성이 늘 고정된 개체가 아니라 시간이 경과함으로써 자연스럽게 변화하고 성숙하게 되므로 어떤 실험적 조치나 프로그램이 반드시 결과에 영향을 미친 것이라고 주장하기에는 한계가 있다는 점을 의미한다.

예를 들어 청소년들의 성장 발육에 영향을 미치는 체육활동에 대한 연구를 수행하고자 할 때 2개월 동안 농구를 방과후 활동 프로그램으로 실시하고 사후에 검사를 하여 사전 검사치와 비교했을 때 효과가 있는 것으로 나타났다고 하면, 그 결과만으로 청소년들의 자연적이고 시간적인 성장발육의 효과를 통제할 수는 없을 것이다.

(3) 검사경험의 반응적 효과

검사경험의 반응적 효과는 검사효과(testing effect)를 말한다. 테스트 효과는 조사대상자(검사대상자)들이 조사 연구와 관련된 검사를 사전에 실시한 후 일정한 프로그램을 실시한 후에 또다시 검사를 실시하는 단일집단 전후 시험 디자인에서 주로 나타나는 효과이다.

예를 들어 졸업시험에 불합격한 졸업대상자에게 일정 기간의 재시험 준비 기간을 부여한 후 같거나 유사한 시험문제를 다시 출제하여 시험에 응하게 했다면 순수하게 공부한 효과로 설명하기에는 불충분한 것이며, 두 번째 테스트는 첫 번째 테스트의 효과로 볼 수 있는 것이다.

(4) 측정도구의 마멸효과(도구효과)

검사효과는 동일하거나 유사한 테스트를 실시했을 경우에 나타나는 저해요인이다. 이에 비하여 측정도구를 다르게 하여 실시했을 때도 내적타당도는 낮아질 수 있다.

예를 들어 졸업시험에 탈락한 응시자에게 재시험의 응시 기회를 부여한 후 다른 유형의 시험 문제를 출제하여 채점한 결과 합격이 되었다고 할 때에는 일정한 재시험 준비 기간 동안의 공부효과인지, 검사(시험)방법의 차이인지를 구분하기가 어려운 도구효과(instrumentation)가 있는 것으로 볼 수 있다. 아울러 도구효과는 관찰자나 채점자가 달라짐으로써 변화가 생기는 것도 포함한다.

(5) 통계적 회귀

어떤 프로그램을 연구대상자들에게 실시하기 위하여 사전검사를 실시한 결과 일부의 사람들이 정상치보다 낮은 점수를 나타냈다고 할 때, 이들을 대상으로 프로그램을 실시한 후에 사후검사치를 측정하면 더 높은 점수를 나타낼 개연성이 많다. 즉 극단적 측정치는 사후 검사 시에 통계학적 회귀(statistical regression)의 영향으로 중간값(평균치)으로 이동하는 경향이 나타난다. 이러한 회귀산물(regression artifact)을 예방하지는 못하지만 연구자는 무작위 배정과 통제집단을 통해 검정할 수 있다.

(6) 실험대상자 탈락과 상실

실험대상자 탈락이나 상실(experimental morality)문제는 실험연구 디자인에서 흔히 나타난다. 실험대상자들을 인위적으로나 자발적으로 선정하여 실험에 참여토록 하여 프로그램을 실시하였지만 여러 가지의 사유로 실험 중도에 빠져나가는 경우가 발생한다. 일부의 연구대상자들이 중도에 탈락하거나 상실되면 사후 검사에서 나타나는 효과는 통계적으로 인과관계를 추론하기에는 곤란한 점이 있다.

(7) 인과적 시간 – 순서의 모호성

인과적 시간과 순서(causal time-order)의 모호함은 주로 비실험적인 연구에서 나타난다. 특히 상관관계 연구 디자인과 같은 조사 연구에서는 독립변수와 종속변수로 추정되는 모든 변수를 횡단적으로 수집하고 분석하므로 경험적으로 시간과 순서의 확인이 안 된다. 그렇게 되면 원인 변수와 결과 변수의 인과관계 방향성을 효과적으로 입증하기가 어렵다.

(8) 피험자 선정상의 편견(선택과의 상호작용)

피험자 선정상의 편향된 선별(selection biases)은 선택상의 편의 때문에 처음부터 두 집단이 균질하지(유사하지) 않은 성격을 갖는 집단을 대상으로 프로그램이나 서비스를 실시하고 나중에 그 효과를 측정했을 때 나타나는 저해요인이다. 즉 조사 실시 전에 이미 차이가 있는 두 비교집단을 선정함으로써 조사결과의 내적타당도에 영향을 미칠 수 있는 선정요인(selection factor)을 말한다.

(9) 개입의 확산 또는 모방효과

개입의 확산이나 모방효과는 분리된 집단들을 대상으로 개입(치료)을 한 후 적절한 통제가 부재한 상태에서 일정한 기간이 경과한 후에 그 개입의 효과를 측정했을 때 나타나는 확산효과(diffusion effect)와 모방효과(imitation effect)를 말한다. 즉 적절한 통제가 없는 상태라면 피실험자들은 상호작용을 통하여 모방하거나 확산을 시도하여 결과적으로 실험집단과 비교집단 간의 차이가 모호하게 될 수도 있는 것이다.

(10) 호손 효과

피험자가 선발된 것을 알기 때문에 잘 보이려고 좋은 결과를 나타내게 되는 호손 효과(Hawthorne effect)는 조사설계에서 고려해야 할 외적타당도의 저해요인의 하나이기도 하지만, 피험자가 선발된 것을 사전에 알았기 때문에 실험자체에 문제가 있는 것이므로 내적타당도 측면에서도 낮게 영향을 미친다.

2) 외적타당도와 저해요인

외적타당도(external validity)는 결과의 일반화 정도를 의미하는데, 어떤 연구가 해당 연구 내에서 서술된 인과관계의 설명력이 그 연구의 조건을 넘어서서도 일반화가 될 수 있는 정도를 말한다. 즉 다른 연구 환경이나 다른 집단들을 대상으로 연구했을 때도 적용이 될 수 있는 인과관계의 설명력의 정도이며, 내적타당도는 외적타당도를 확보하기 위한 필요조건이지 충분조건은 아니다. 다시 말하면 내적타당도가 어느 정도 확보되는 것이 중요하지만, 만약에 내적타당도가 너무 높으면 외적타당도를 낮추는 요인이 된다. 따라서 다음에서는 외적타당도를 저해하는 요인들을 살펴보고자 한다.

(1) 피험자 선정과 실험처치 간의 상호작용효과

피험자의 특성에 따라 실험조건의 영향이 다르게 작용하는 경우, 즉 실력이 낮은 학생과 실력이 높은 학생을 구분하지 않고 실력향상을 위한 학습프로그램을 적용한 후에 그 효율성을 평가한 결과는 모든 학생들에게 일반화하기에는 문제가 있다.

(2) 검사경험의 반응적 효과

검사경험의 반응적 효과는 사전검사와 실험 처리와의 상호작용(interaction

effect of testing and treatment)을 말하는 것으로, 사전검사 경험이 사후검사의 결과에 영향을 미치는 경우, 즉 사전검사를 받은 후 해당 사건이나 실험에 주의를 기울이게 하여 사후검사의 효과가 향상되었다면 내적타당도뿐만 아니라 외적타당도에도 영향을 미친다. 즉 실험적 처리의 효과는 사전검사를 받은 사람과 사전검사를 받지 않은 사람에게 다르게 나타날 것이므로 일반화시키기에는 문제가 있는 것이다.

(3) 실험상황의 반동적 효과

인위적인 실험상황과 일반 생활 사이의 이질성으로 인하여 실험상황의 일반화에는 한계가 있다고 보는 반동효과로는 다음과 같은 몇 가지를 들 수 있다.

① 호손 효과(Hawthorne effect)로서 피험자가 선발된 것을 알기 때문에 잘 보이려고 좋은 결과를 나타내게 되는 저해요인이다.

② 존 헨리 효과(John Henry effect)로서 특별한 처치를 받지 못한 통제집단의 피험자가 선발되지 않았기 때문에 피험자가 고의로 실험집단보다 더 노력하여 좋은 결과를 나타내는 저해요인을 말한다.

③ 연구자 효과로서 연구자가 연구 상황에 영향을 미치는 말이나 행동을 함으로써 연구대상자가 평상시와 다르게 행동하게 되는 저해요인이다.

④ 피그말리온 효과(Pygmalion effect)로서 타인의 칭찬이나 기대에 의한 효과로 교육학이나 심리학적인 효과가 연구대상자에게 나타날 경우는 외적타당도에 저해요인이 된다.

(4) 연구 표본의 대표성

사회과학 연구에서는 많은 수의 모집단의 특성을 파악하기 위하여 연구 여건이나 비용, 시간 등의 제약으로 인하여 연구 표본을 선정하여 조사 연구를 하게 되고, 실험 설계에서도 연구 표본의 선정은 소수에 한정되기 때문에 표본의 대표성(sample representativeness) 문제가 따를 수 있다. 만약 실험에 선정된 연구 대상자가 모집단을 대표할 수 없을 때는 해당 실험연구의 일반화에는 문제가 있다.

(5) 환경과 상황의 역사적 요인과 상호작용

실험이 실시되었던 연구 당시의 상황과 환경을 나중에 다른 시기와 환경에서 일반화해서 적용하게 될 때 발생하는 효과로서 환경과 상황을 연구결과에 상호작용효과(interaction effect)를 나타낸다는 저해요인을 말한다.

(6) 실험적 배치에 관한 반작용효과

실험적 배치(experimental arrangement)에 따른 반작용효과(reactive effect)에는 다음과 같은 몇 가지가 있다.

① 측정의 반응효과는 조사 연구의 반응성(research reactivity)을 말하는데 사전 검사를 한 조사 대상자들의 의식과 민감성이 실험변수에 영향을 미쳐서 반응이 나타난다는 점이다. 여기에는 실제로는 처치나 개입이 이루어지지 않았는데도 측정에 대한 민감한 반응성을 보이는 가처치 효과(위약효과, placebo effects)도 포함이 된다.

② 참여자 선정의 편향(bias)과 연구 속성(research stimulus)의 상호작용효과는 연구 속성상 참여자를 무작위로 배치하기가 어려울 때 발생한다.

③ 다중처치(multiple-treatment)의 상호작용(interaction)효과는 동일한 피험자에게 두 가지 이상의 처치를 반복적으로 실시할 경우에 제일 먼저 받은 A처치가 B처치에, B처치는 C처치에 작용하는 처치순서의 영향이 실험결과로 나타나기 쉬운 누적 효과를 말한다.

3) 내적타당도와 외적타당도의 관계

내적타당도와 외적타당도의 관계는 대략적으로 다음과 같이 정리할 수 있다.

첫째, 내적타당도가 높으면 외적타당도는 낮다. 왜냐하면 내적타당도가 높다는 것은 특수상황이나 현상이라는 의미이므로 일반상황이나 현상에 적용되기는 어렵다.

둘째, 내적타당도가 낮으면 외적타당도는 논의할 가치가 없다. 내적타당도가 낮다는 것은 실험설계 자체에 문제가 있다는 의미이기 때문이다.

따라서 다음에서는 우선 내적타당도를 높이는 방법을 제시하고자 한다. 그런데 내적타당도를 높이는 방법은 앞에서 다루었던 저해요인을 통제하기 위한 방법이기도 하다.

① 배합(짝짓기, matching)방법에서는 조사 연구대상자를 실험/통제집단에 동일 배치하는 방법, 같은 값을 가진 연구대상자들을 실험/통제집단에 정밀하게 각각 배치하는 방법, 통제하려는 변숫값의 평균치를 실험/통제집단에 동일하게 하는 빈도분포배합방법 등이 있다.

② 변수들을 무작위할당방법에서는 무작위화, 무선화, 난선화하여 배치하는 방법 등이 있다.

③ 통계적 통제(statistical control)방법에서는 성별분석, 공변량분석, 부분상관관계분석방법 등이 있다.

그리고 외적타당도를 높이기 위한 방법으로도 몇 가지의 방법을 제시할 수 있다. ① 표본에 대한 대표성을 확보하기 위한 확률표집방법, ② 조사에 대한 민감성을 통제하기 위한 연구환경이나 절차 등에서 분명한 구조화 등이 그것이다.

03 연구설계의 유형

조사문제(연구문제)의 경험적 검정을 위한 조사설계(연구디자인)의 유형은 크게 실험적 설계와 비실험적 설계로 구분할 수 있다. 심리학을 제외한 사회과학 분야에서는 연구대상자(조사대상자) 집단의 통제(control)가 어려운 상황이 많기 때문에 비실험적 설계가 많이 사용되고 있으며, 그중에서도 통계학적 지식과 기술의 발달로 인하여 조사 연구(survey)방법이 주류를 차지하고 있다.

1) 실험적 설계

순수 실험적 설계(experimental design)는 인과관계를 가장 완벽하게 검정할 수 있는 디자인이며, 실험적 디자인에서는 공변관계를 확인하고 시간적 우선성 확인을 위한 변수의 조작을 가능하기 위한 요건과 외부 설명들을 통제하기 위한 요건들이 갖추어져야 한다. 즉 실험설계는 실험으로부터 기대되는 정확한 결과를 얻기 위해 관계되는 여러 변수를 통제하여 서로 일정하게 관련시키는 계획과 구조를 말한다.

실험설계가 인과관계를 검정하기 위해 기본적으로 갖추어야 할 조건은 다음과 같은 네 가지의 조건이 있다.

첫째, 실험집단과 통제집단을 구분하여야 한다.

둘째, 실험집단과 통제집단에 실험대상자들을 무작위할당(random assignment)해야 한다. 이는 동일배합을 통하여 두 집단이 동등하게 될 가능성을 확보하기 위함이다.

셋째, 독립변수(실험변수)의 조작이 필요하다. 다시 말해서 통제집단은 그대로 두고 실험집단에만 프로그램 등의 개입을 통한 독립변수를 투입한다.

넷째, 독립변수의 영향력을 알아보기 위해 실험 전과 실험 후에 통제집단과 실험집단의 종속변수를 측정하는 사전-사후검사를 한다. 그리고 실험설계에는 이러한 순수실험설계(진실실험설계)가 있는가 하면 실험설계와 유사한 조건을 갖춘 준실험설계(유사실험설계, 의사실험설계, quasi-experimental design)와 실험설계의 일부 조건만 갖추고 있는 전실험설계(선실험설계, pre-experimental design)도 있다. 한편 실험설계의 조건을 전혀 갖추지 못한 설계를 비실험설계라고 한다.

(1) 순수실험설계

① 사전-사후검사통제집단설계

사전-사후검사통제집단설계(pretest-posttest control group design)는 전형적인 실험디자인으로 무작위할당방식으로 실험집단과 통제집단에 실험대상자들을 배치한 후 두 집단을 엄격하게 분리하여 통제한다. 그리고 실험집단에만 치료나 프로그램 등의 개입을 하고 후시험(posttest)을 한 후 통제집단과 실험집단의 전시험(pretest)점수와 비교하여 개입의 효과를 계산하는 방식으로 연구가 진행된다.

사전-사후검사통제집단설계는 [그림 6-1]에서와 같으며, 여기에서 개입의 효과는 실험집단에서의 전-후시험의 차이점수에서 통제집단의 전-후시험의 차이점수를 빼면 된다.

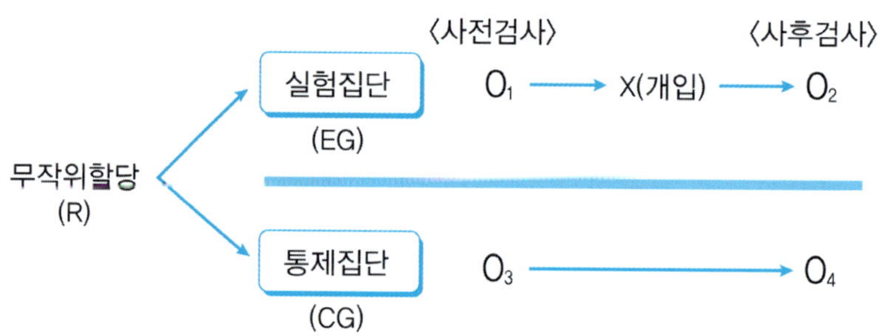

[그림 6-1] 사전-사후검사통제집단설계

② 사후검사통제집단설계

사후검사통제집단설계(post test-only control group design)는 무작위할당으로 통제집단과 실험집단을 동질하게 만들고, 실험집단(experimental group)에만 개입을 하고 통제집단(control group)에는 개입을 하지 않는 상태에서 종속변수에 나타난 점수의 차이, 즉 실험집단의 후시험점수에서 통제집단의 후시험점수를 빼면 된다.

사후검사통제집단설계는 [그림 6-2]에서와 같으며, 사전-사후검사통제집단설계와 유사하지만 사전검사단계만 없는 유형이다.

[그림 6-2] **사후검사통제집단설계**

③ 솔로몬4개집단설계

솔로몬4개집단설계(solomon four group design)는 사전-사후검사통제집단설계와 사후검사통제집단설계를 결합한 연구디자인이다. 이 디자인은 실험설계에서 가장 이상적인 디자인으로 '솔로몬4개집단비교설계' 형태를 말하지만 4개 집단에 실험대상자를 무작위로 할당하고 통제의 형태도 까다롭기 때문에 실제의 연구에서는 적용하기가 어렵다.

솔로몬4개집단설계는 [그림 6-3]에서와 같이 4개 집단을 엄격하게 통제하는 형태로 설계하며 전형적인 실험설계에서의 문제인 검사(test)와 실험개입(X)의 상호작용 효과를 제거할 수 있다.

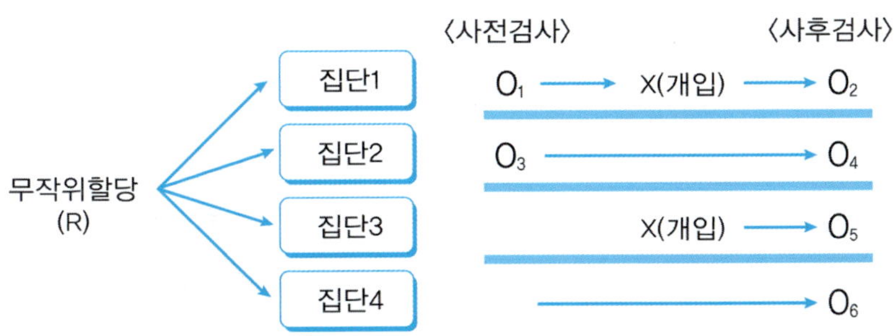

[그림 6-3] **솔로몬4개집단설계**

그리고 솔로몬4개집단설계에서의 실험개입의 효과측정은 집단1에서의 변화점수(O_2-O_1)에서 집단2에서의 변화점수(O_4-O_3)를 빼고 또다시 실험개입의 상호작용효과 점수를 빼는 방식으로 이루어진다.[1)]

④ 플라시보통제집단설계

플라시보통제집단설계(placebo control group design)는 하나의 전형적인 실험집단과 하나의 전형적인 통제집단이 있는 디자인에 플라시보통제집단을 추가 배치하는 설계로 [그림 6-4]에서와 같다. 이 설계에서의 실험개입의 효과측정은 종속변수인 O_1 점수에서 O_2를 뺀 점수(O_1-O_2)이고, 플라시보 효과측정은 O_3 점수에서 O_2 점수를 뺀 점수(O_3-O_2)이다.

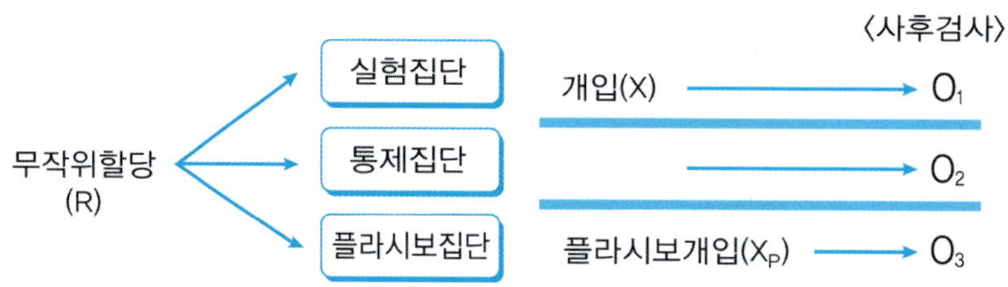

[그림 6-4] 플라시보통제집단설계

(2) 준실험설계(유사실험설계)

① 시계열설계

시계열설계(시간연속디자인)는 주로 정치학이나 경제학 등에서 거시적 동태 지표들을 다루어 오면서 선호되어 온 이름이며, 단순시계열설계(simple time-series design)와 복수시계열설계(디자인)가 있다. 단순시계열설계는 통제집단을 두지 않고 동일집단 내 여러 번에 걸쳐 사전검사점수와 사후검사점수를 비교하는 설계이며, 복수시계열설계는 단순시계열설계에 통제집단을 추가한 연구디자인으로, 이는 우연한 사건 등의 내적타당도의 문제점을 개선하기 위한 것이다.

시계열디자인은 심리학 등에서는 단일대상설계(single subject design), 단절시계열설계(interrupted time-series design) 등으로도 불리며, 주로 개인 및 가

1) 집단3에서의 변화점수는 $O_5-O_1+O_3/2$, 집단4에서의 변화점수는 $O_6-(O_1+O_3)/2$로 계산하며, 상호작용효과 점수는 집단2에서의 변화점수와 집단3에서의 변화점수를 더한 후 집단4에서의 변화점수를 뺀 점수를 집단1에서의 변화점수에서 뺀 점수가 된다.

족현상파악에 적용되는 디자인으로 [그림 6-5]에서와 같이 설계된다. 시계열설계는 단일집단을 대상으로 시간연속적으로 여러 차례 종속변수의 값을 측정하는데 반복검사가 총 8회(O1~O8) 이루어지도록 설계되었다면 처음부터 4회 측정까지는 통제집단처럼 개입(X)을 하지 않은 상태에서 이루어지고 개입을 한 후에 5회부터 8회 측정까지 또다시 반복측정한다.

이러한 시계열설계는 뒤에서 다루게 될 선실험설계나 비실험설계는 높은 내적타당도를 확보할 수 있다. 그러나 외적타당도 차원에서는 반복된 검사로 인한 검사나 도구효과가 나타날 수 있는 문제점이 있는 설계다. 하지만 사회복지실천 영역의 연구에서는 통제집단 없이도 통제집단을 배치한 것과 같은 효과가 있기 때문에 선호된다.

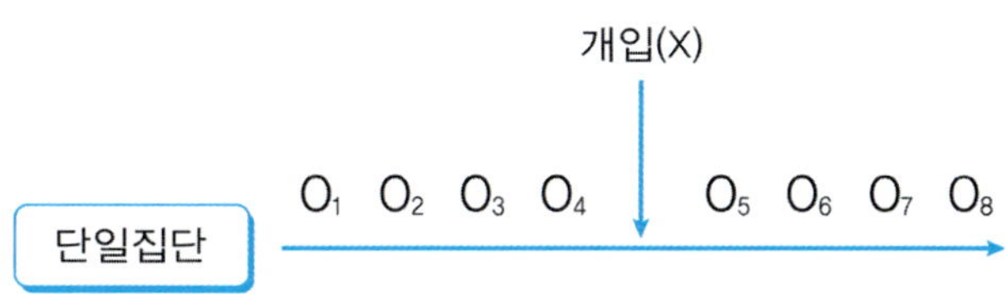

[그림 6-5] **시계열설계**

② 비동일통제집단설계

비동일통제집단설계(non equivalent control groups design)는 무작위할당이 아니라 임의적 방식으로 실험집단과 통제집단에 연구대상자를 배치하고 두 집단 간의 교류에 대해서도 통제를 하지 않는 설계다. 따라서 애초에 두 집단의 동일성을 확보할 수 없고 집단 간의 확산이나 모방효과를 제거할 수 없는 상황에서 선택되는데 내적타당도나 외적타당도의 문제를 모두 가지고 있다.

비동일통제집단설계는 [그림 6-6]에서와 같이 실험설계와 유사한 구조를 띠나 임의적 배치와 두 집단 사이의 교류를 통제하지 않는 구조이다.

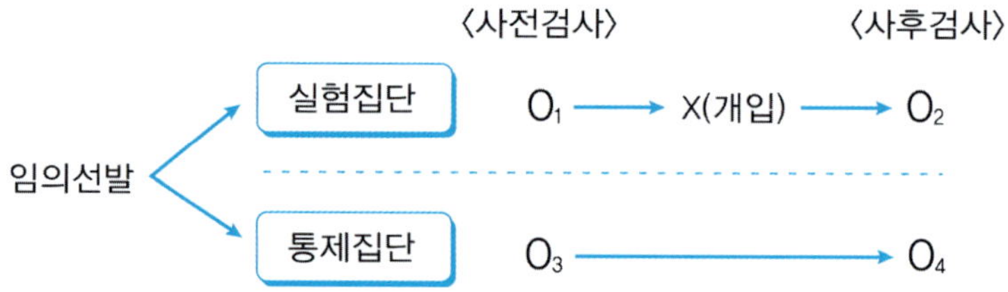

[그림 6-6] 비동일통제집단설계

(3) 전실험설계(선실험설계)

① 단일사례연구

단일사례연구(일회사례연구, one-shot case study)는 개인 및 가족 및 소집단을 대상으로 이들이 가지고 있는 문제를 해결하기 위한 개입이 어떠한 효과로 나타나는지를 입증하기 위한 설계이다. 즉 단일집단에 대해 개입(실험처치)을 하고 일정한 시간이 지난 후에 사후검사를 통해 종속변수를 측정하는 방법이다. 이러한 디자인에서는 시간적 우선성은 알 수 있지만, 독립변수와 종속변수 간의 공변성은 갖추지 못하는 문제가 있다.

[그림 6-7]은 단일사례연구설계를 나타낸 것인데, 결국 개입의 효과성을 경험적인 판단보다는 직관적인 판단에 따를 수밖에 없다.

[그림 6-7] 단일사례연구설계

② 단일집단사전-사후검사설계

단일집단사전-사후검사설계(one-group pretest-posttest design)는 일회사례연구설계에 사전검사(pretest)과정을 추가한 설계이다. 따라서 시간적 우선성과 비교의 기준을 확보할 수 있다는 장점이 있지만, 여전히 외부 변수들의 개입여부는 배제(통제)할 수 없다는 한계점이 있다.

[그림 6-8]은 개입 전-후의 2회에 걸친 검사를 하는 단일집단사전-사후검사설계를 나타낸 것이다.

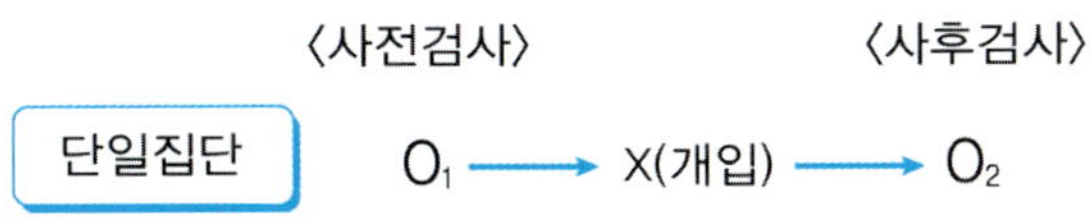

[그림 6-8] **단일집단사전-사후검사설계**

③ 정태적 집단비교설계(고정집단비교설계)

정태적(고정적) 집단비교설계(static-group comparison design)는 실험집단과는 다르나 고정집단을 두고서 실험집단에 개입(처치)을 한 후 나타나는 결과를 고정집단과 비교하는 유형이다. 즉 고정집단비교설계에서는 단일집단 내에서 시간적 전-후를 측정하는 방법이 아니라 고정집단(외부집단)을 실험집단의 개입 결과와 비교하는 것이 다르다.

[그림 6-9]는 정태적 집단비교설계를 나타낸 것이다.

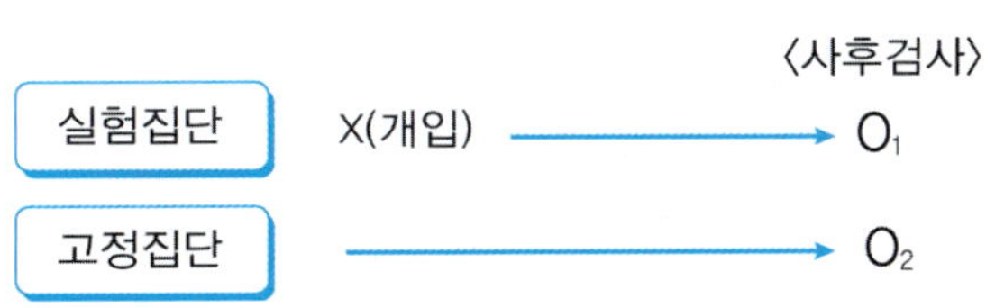

[그림 6-9] **정태적 집단비교설계**

2) 비실험적 설계

비실험설계의 특성은 독립변수가 연구자에 의해 인위적으로 조작될 수 없는 상태에서 독립변수와 종속변수 간의 관계를 횡단적이고 사후적으로만 파악할 수 있는 방법이다. 따라서 실험적인 설계와는 달리 한 시점에서 동시에 독립변수와 종속변수에 관한 자료를 수집한다.

횡단분석연구(cross-sectional studies)가 대표적이며, 인구조사, 욕구조사,

설문조사, 조사 연구(survey) 등이 여기에 속한다. 비실험적 설계는 인과관계보다는 상관관계(correlation)를 파악하기 위한 연구에 적합하다.

(1) 일원적 디자인

일원적 설계(univariate design)는 주어진 현상의 특성을 기술하려고 할 때 사용되는 비실험 디자인이다. 즉 사회적 현상의 특성들을 한 번의 관찰을 통해 조사하여 각 변수들의 분포나 비율 등을 파악하는 데 활용되며, 두 변수 이상의 관계를 알아보기 위한 방법은 아니며, 전실험적 설계의 단일사례연구(1회 사례연구)의 형태와 같지만 사회현상을 독립변수로 개입(처치)하지 않은 상태에서 일회만 검사한다는 점에서 차이가 있다.

(2) 상관관계디자인

상관관계설계(correlational design)는 서베이(survey)에서 가장 많이 사용되는 비실험 설계유형이며, 자료분석과정에서 사후검사통제집단설계와 유사한 논리구조를 확보하고자 한다. 그러나 자료수집 시 실험집단과 통제집단의 무작위할당과 독립변수의 개입을 조작할 수 없기 때문에 자료의 분석과정에서 독립변수의 집단과 다른 집단의 특성을 상관관계로 해석해야 한다. 이처럼 상관관계설계는 인과관계추론에는 한계가 있으나 현실적 환경에서는 자료수집이 용이하기 때문에 많이 선호된다.

(3) 비실험적 요인디자인

비실험적 요인설계(non-experimental factorial design)는 실험설계와 요인설계(factorial design)와 유사하지만 무작위할당(확률할당)하지 않는 차이점이 있다. 상관관계설계에서는 두 변수 간의 관계를 교차분석을 통하여 확인하려는 것이므로 독립변수가 하나이지만 요인설계는 두 가지 이상의 독립변수와 하나의 종속변수간의 관계 및 독립변수 간의 상호작용관계를 교차분석하는 방법으로 확인하려는 설계이다.

예를 들어, 노인들의 생활만족도 향상에 종교활동과 자원봉사활동 경험이 관계가 있다고 보면, 관찰에 의해 독립변수인 종교활동과 자원봉사활동 경험 유·무로 4개 집단으로 나누어 종속변수인 생활만족도와의 관계 및 독립변수 간의 상호작용의 영향을 파악할 수 있다. 아울러 독립변수인 종교활동과 자원봉사활동 경험 간의 상호작용관계도 교차분석하는 방법으로 확인할 수 있다.

(4) 종단적 실험연구설계

종단적 실험연구설계(longitudinal experimental research design) 혹은 종단적 조사설계(longitudinal research design)는 여러 시점에 걸쳐 관찰하는 조사설계형태로 경향연구설계, 동년배집단연구설계, 패널연구설계 등이 있다.

① 경향연구설계(추이연구설계)

경향연구설계(trend study design)는 상당히 넓은 연구대상자를 모집단으로 설정하고 같은 모집단 내에서 각각 다른 표본을 선정하여 시차를 두고 관찰하는 설계유형이다.

예를 들어 장애인에 대한 인식변화를 알아보기 위하여 성인계층 20~50세 인구집단을 모집단으로 설정하고 3년에 1회씩 각기 다른 표본을 선정하여 조사하는 연구가 이에 해당한다. 경향연구설계에서는 연구대상표본의 동질성이 없기 때문에 내적타당도의 문제가 있고, 시간의 변화에 따른 효과(인식변화)를 정확하게 분석하는 데는 한계가 있다.

② 동년배집단연구설계

동년배집단연구설계(cohort study design)는 특정한 역사적 기간에 출생하여 비슷한 역사적 사건을 경험한 연령집단을 대상으로 모집단을 설정하고 시차를 두고 같은 모집단에서 각기 다른 표본선정을 하여 관찰하는 연구유형이다.

예를 들어 1955~1963년 사이에 태어난 베이비부머들을 대상으로 정년

연장에 대한 인식을 알아보기 위하여 5년마다 1회씩 각기 다른 표본을 선정하여 조사 연구하는 경우를 들 수 있다. 따라서 경향연구설계의 특수한 형태로 볼 수 있다.

③ 패널연구설계

패널연구설계(panel study design)는 동일집단(패널)을 대상으로 지속적으로 조사하는 유형이다. 패널연구설계는 모집단 내에서 일정표본을 선정한 후에 동일집단에 대해서 시차를 두고 반복적으로 관찰(조사)하는 것이 특징적이다.

예를 들어 경제상황의 변화에 따라 국민들의 고용의식이나 복지의식변화를 알아보기 위해 20세 이상을 모집단으로 삼아 3,000명의 표본선정으로 조사한 후 5년 이후 같은 표본을 대상으로 재조사하는 경우에 이에 해당된다.

CHAPTER 07

측정과 척도

01 측정의 개념

측정은 조사 연구에서 핵심적인 구성요소들 중 하나이다. 즉 연구대상의 속성인 사건, 장소, 사물들에 대한 어떠한 계량화도 측정을 포함하고 있다. 측정은 사회과학의 모든 영역에 핵심적인 것이라 할 수 있다. 조사 연구에서 설명되는 모든 통계적 절차들도 측정을 기반으로 하고 있다. 가장 포괄적인 의미로 말하면, 측정이란 어떤 일정한 규칙에 따라서 대상이나 사건에 수치를 부여하는 것이다. 이 말은 간결하면서도 측정의 기본적인 특성을 잘 표현하고 있다. 하지만 측정을 이해하기 위해서는 관련된 여러 중요한 용어들을 잘 정의하고 설명할 필요가 있다.

과학적 연구는 이론적 근거에 의하여 다양한 개념들의 상관관계를 파악하고, 이러한 관계가 사회적 현실을 얼마나 설명할 수 있는가를 수집된 자료를 통하여 실증적으로 검정하는 과정이다. 연구자가 연구하고자 하는 '개념'에 대한 정의를 정확히 내려야만 그 개념에 대한 측정과 척도의 정확성도 높아진다. 그러나 연구대상의 개념을 정확히 정의한다는 것은 쉽지 않으며, 관찰이 가능한 현실세계와 연결 짓기는 더욱 어렵다.

이러한 어려움을 극복하기 위하여 추상적인 개념적 정의(conceptual definition)가 내려진 속성에 대하여 실제 현실 속에서 측정이 가능하도록 정의를 내리는 것이 조작적 정의(operational definition)이다. 흔히 실증적 연구에서는 속성을 자세히 규정하고, 그 속성에 값을 주는 과정을 거치게 되며, 속성에 대한 구체적인 정의를 내리게 된다.

조작적 정의는 연구를 수행할 때 실질적으로 측정하게 되는 연구대상의 세부적 속성으로서, 연구자가 현실 속에서 직접적으로 수량화할 수 있게 해 주어야 한다. 조작적 정의는 여러 가지 방법으로 표현될 수 있으며, 하나의 개념이나 속성에 대하여 여러 가지 조작적 정의들이 가능하다. 따라서 좋은 조작적 정의를 위해서는 연구자의 이론적 근거와 과학적 통찰력이 필요하다. 일단 연구대상의 속성에 대한 조작적 정의가 내려지면, 이 정의를 측정할 수 있는 측정도구나 척도가 필요하게 된다.

그러므로 조사자료의 질을 높이기 위해서는 연구에 관련된 개념들을 측정하는 작업과 척도를 구성하는 기법에 대한 논의는 매우 중요하다. 왜냐하면 연구모델이나 이론적 배경이 아무리 논리적이라 할지라도 연구하고자 하는 개념들에 대한 측정이나 척도가 현실적으로 가능하지 않다면 실증적 연구로서의 가치는 없기 때문이다.

측정은 일정한 규칙에 따라 대상이나 사건에 수치를 부여하는 것이다. 통계분석에서 대상변수 또는 개념에 기호나 수치를 부여하는 것은 기초적인 작업이면서 중요한 의미를 지닌다. 통계분석은 이들 기호 또는 수치를 분석하고 그 의미를 해석하는 것이기 때문이다. 따라서 통계분석이 의사결정에 필요한 정보를 제공하기 위한 것이고, 합리적이고 객관적인 정보를 제공하기 위해서는 분석 대상 현상을 비교할 수 있어야 한다. 이때 수치는 이들 현상을 비교하기에 용이하도록 한다. 따라서 모든 분석 대상 현상은 수치로 전환되어야 하며, 이를 측정(measurement)이라고 한다.

과학적 연구에서의 '측정'에 대한 기존 학자들의 정의를 보면 다양하다. 캠벨(Campbell, 1957)은 '사물의 속성을 나타낼 수 있도록 사물의 속성을 지배하는 법칙에 따라서 숫자를 배분하는 것'으로 정의했고, 디렌조(DiRenzo, 1966)는 '측정은 설명되어야 할 현상과 개념을 기호(symbol)로 표시할 수 있게 만드는 절차' 라고 규정하였다. 그리고 케르링거(Kerlinger & Lee, 2000 : 625) 등은 '연구하고자 하는 대상이나 사물에 대하여 일정한 규칙적 방법에 따라 숫자나 기호 같은 상징적인 수치를 부여하는 과정'으로 정의하고 있다.

여기서 수치라는 개념은 수량적인 가치에만 국한되는 것은 아니며, 때로는 수치를 부여한 경우조차 수량적 의미가 없을 수 있다. 실제로 우리 주변의 사회적 현실을 모두 수치로 표현할 수 있다고 주장한다면 사회과학자로서 너무나 경직된 태도라고 비판을 받을 수도 있다. 예를 들어서 어떤 사람의 성격이 '좋다.' 혹은 '나쁘다.'라든가, 어떤 집단의 유대가 '강하다.' 혹은 '약하다.'라는 표현은 지극히 질적인 판단에 의거한 것이다. 이러한 예는 사회과학적 연구과정에서 수없이 만나게 되는데 질적인 판단도 매우 중요한 측정의 방법이다.

따라서 측정이란 개념을 단순히 수량적인 표현에만 국한시킬 것이 아니라 질적인 표현까지 포함하는 광의의 차원에서 정의를 내릴 수 있다. 즉 측정이란 특정한 조사대상의 속성에 대한 질적 또는 양적인 값(value)을 규정하는 과정이므로 측정에는 양적 측정(quantitative measurement)과 질적 측정(qualitative measurement)이 있으며, 다음 [그림 7-1]의 과정을 거쳐 지표(index)로 연결된다.

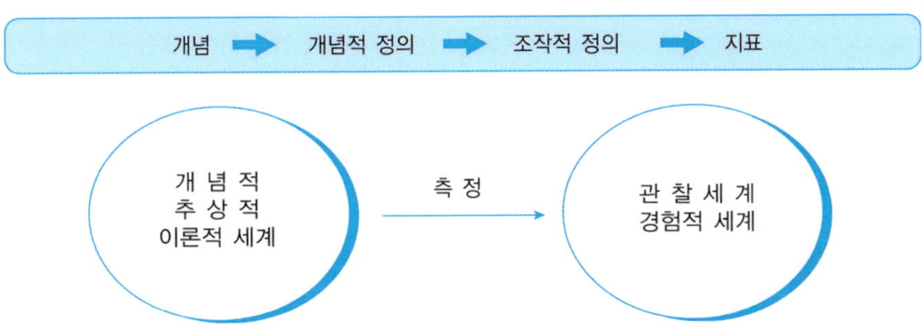

[그림 7-1] **측정의 의미**

이때 지표(index)는 개념(concept)을 가장 적절히 표현할 수 있어야 하며, 하나의 변수로 지표를 표현할 수도 있으며, 여러 개의 지표를 이용하여 하나의 개념변수를 나타낼 수도 있다.

측정은 이론적 모델과 사회적 현실을 연결시켜 주는 고리와도 같다. 가능하면 현실과 유사하게 표현함과 동시에 이론적 검정을 할 수 있는 실증적 수단의 역할을 하는 이론과 현실의 징검다리 기능을 해야 한다. 이처럼 측정이란 현실을 파악하는 데 꼭 필요한 과정이기는 하지만 모든 것을 측정할 수 있는 것은 아니다. 또한 속성이 가진 질적인 면을 수량화시키는 것은 옳지 않다는 주장도 있다.

여기서 주목해야 할 점은 사회적 현실을 측정한다고 하면서도 현실의 속성 자체가 아니라 그 속성들을 가리키는 지표들을 재는 오류를 범하기 쉽다는 것이다. 이러한 오류는 사회적 현실을 측정할 때 실재(reality)를 그대로 옮기기가 쉽지 않기 때문에 발생하는 오차를 말한다. 즉 측정은 서로 다른 차원의 두 세계를 가시적으로 연결시켜 주는 역할을 한다. 이러한 연결이 일대일의 대응(one-to-one relationship)이 된다면 이상적이지만 대부분의 경우는 일정한 정도의 오차를 포함하게 된다.

[그림 7-2]에서 나타나듯이 연구자가 현실의 진정한 가치를 측정하고자 하지만 이러한 가치는 때로는 측정치와 일치하기도 하고, 때로는 현실보다 높게, 혹은 낮게 측정되는 경우도 종종 있다. 게다가 전체적으로 현실은 1~8의 범주에 있음에도 불구하고, 측정치는 1~7의 범주로 정해져 버려서 실질적인 '8'의 값은 측정치에서 존재하는 않는 값이 되어 오류를 범하기도 한다. 그러므로 이론을 충분히 검토하고 가설을 세우는 등 가능한 한 현실세계에 대한 정보를 다양하게 수집한 후에 측정의 체계를 설정할 필요가 있다.

이러한 문제와 관련해 측정절차와 수치체계를 현실에 대한 동상유질(同像類質, isomorphism)[1)]이라고 표현하기도 한다(Kerlinger & Lee, 2000 : 628-629). 동상유질은 형태(form)의 동일성이나 유사성을 의미한다. 여기서 제기되는 문제들은 이 대상들의 집합이 저 대상들의 집합에 동상유질적(isomorphic)인가? 그리고 두 집합이 형태의 측면에서 동일하거나 유사한가? 사용된 측정절차가 실재(reality)와 어느 정도의 합리적이고 경험적인 일치성을 갖는가?

1) 측정절차와 수치체계와 같은 측정구조가 이상적인 것이 되려면 실재 구조의 특질들과 일치해야 한다는 것이다. 이때 개념이 가리키는 실재의 현상적 구조와 그 구조의 조작적 정의를 통해 경험화시킨 측정값들 간에 일치성이 존재하는 현상을 동상유질이라고 한다.

하는 것들이다. 자연계의 현상들은 수의 세계와 쉽게 동상유질적이 되지만, 사회과학에서는 동상유질이 일차적인 문제가 되는 경우가 흔히 있다. 측정 대상의 속성들이 수의 성질과 구조에 쉽사리 일치하지 않는 경우들이 많기 때문이다.

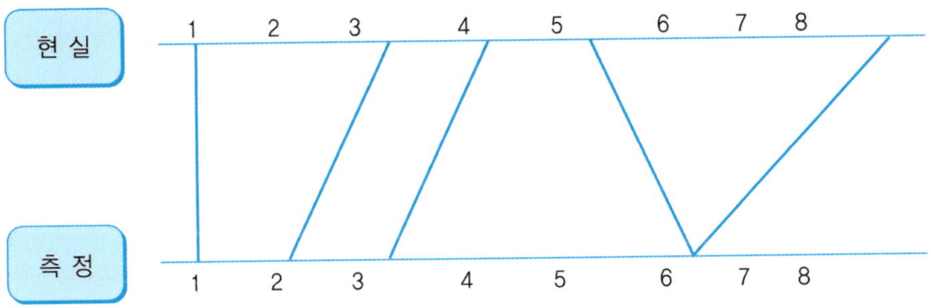

출처: Kerlinger & Lee (2000: 628).

[그림 7-2] **현실과 측정의 상관관계**

측정의 과정에서는 몇 가지 주의할 점이 있는데, 범주화 과정에서 상호배타성과 포괄성을 유지해야 하는 것을 들 수 있다. 측정의 가장 초보적인 단계는 주어진 대상의 속성을 규명하는 작업인데, 이를 분류(classification) 또는 범주화(categorization)라고 한다. 분류된 범주는 다른 범주와의 관계에서 상호 배타적(mutually exclusive)이어야 하고, 동일한 범주 내에서는 포괄적(exhaustive)이어야 한다는 점이다.

상호배타성은 (A=B)이거나 (A≠B)이지, '둘 다는 아니다.'라는 상호 배타적 원칙을 만족시켜야 한다. 예를 들어 인간은 남성의 속성을 가진 집단과 여성의 속성을 가진 집단으로 분류되며, 남성이면서 여성일 수는 없다.

그리고 포괄성은 모든 조사대상자가 측정도구에 제시된 범주에 포함되어야 한다는 것을 의미한다. 예를 들어 조사대상자의 종교를 파악하고자 할 경우 범주를 불교, 기독교, 천주교, 무교로만 구분하게 되면 포괄성의 원칙에 위배된다. 왜냐하면 유교를 포함한 기타 종교를 가진 조사대상자들은 응답할 범주가 없기 때문이다. 이런 경우 나머지 종교를 구체적으로 범주에 포함시키거나 기타 항목을 측정도구에 포함시켜야 한다.

02 척도의 유형(등급)

측정은 일정한 규칙에 따라서 연구대상의 속성을 수량화하는 것(Stevens, 1951)이며, 이때 수량화하는 일정한 규칙이 바로 '척도(scale)'인데 이는 '측정도구'라고도 한다. 즉 척도란 자료가 수집될 때 관찰된 현상에 부여하는 일련의 기호나 숫자의 체계를 말한다. 척도에는 측정하고자 하는 변수의 수준(level)에 따라 명목척도, 서열척도, 등간척도, 그리고 비율척도의 네 가지 특성으로 구분한다. 즉 측정의 수준이 곧 척도의 종류가 되는 것이다.

1) 명목(범주)척도

명목척도(nominal scale)는 단순히 속성을 분류(classification)하고자 할 때 그리고 변수의 특성을 식별하기 위해 적용되는 명목측정도구이며, 상호 배타적으로 분류된 범주에 명칭을 붙여 척도의 값을 나타내게 된다.

각 범주에 〈표 7-1〉에서와 같이 숫자를 부여할 수는 있는데, 이러한 경우에 숫자는 크기를 나타내지는 않는다. 단지 범주 내에서 1번과 2번 등의 숫자는 다르다는 의미일 뿐이다. 즉 이들 수치는 가감승제가 불가능하여 계산을 할 수 없으며, 수치를 이용한 크기의 비교가 불가능한 명목등급(nominal level)의 측정이다. 이러한 특성으로 인해 명목척도를 범주척도(categorical scale)라고도 한다.

명목척도는 측정대상의 속성에 대한 정확한 파악보다는 기본적인 관계(A는 B와 다르다 등)를 밝혀 주므로 척도 구성이 간단하다. 그러나 통계분석을 할 때는 다소 제약을 받는 단점이 있다. 질적인 측정의 대부분의 경우는 명목척도에 해당된다. 사회과학에서 명목척도로 측정되는 변수들에는 성별, 종교, 가족 형태, 거주지역, 인종 등이 있다.

명목척도 수치들은 같은 범주에 포함된 대상들은 모두 동등하다는 등가성(equivalence)을 가지고 있다. 즉 서로 다른 범주에 속하는 대상들끼리는 서로 다른 특성을 가지고 있어, 명목척도 수치들은 범주들 간의 특성 비교를 용이하게 한다. 계량분석에서 명목척도로 측정된 값은 최빈수, 빈도, 개수, 막대그래프 등으로 사용이 가능하지만, 평균 계산은 할 수 없다. 또한 명목척도 수치들은 계량분석의 한 방법인 교차분석에 활용이 가능하다.

〈표 7-1〉 **명목척도(예)**

변 수	구 분	변 수	구 분
성 별	남 성(1) 여 성(2)	결혼 유형	미 혼(1) 결 혼(2) 이 혼(3) 별 거(4) 사 별(5)
종 교	불 교(1) 기 독 교(2) 천 주 교(3) 유 교(4) 기 타(5) 무 종 교(6)	가족 형태	핵 가 족(1) 확대가족(2)
거주지역	대 도 시(1) 중소도시(2) 농・어촌(3)		

2) 서열(순위)척도

서열척도(ordinal scale)란 속성을 명목척도와 같이 분류할 수 있을 뿐만 아니라 "더 크다.", "더 강하다.", "더 만족한다." 등으로 범주 간의 비교가 가능하여 순위를 매길 수 있다. 즉 어떠한 한 가지 특성에 따라 오름차순 (또는 내림차순)으로 숫자를 배당할 수 있는 척도이다. 명목측정에서 서열성이라는 하나의 정보가 더 추가된 서열등급(ordinal level)의 측정인 것이다.

만족도, 지지도, 계급, 업무 수행 능력, 주민 참여 정도 등 변수가 지닌 속성의 크기나 정도에 따라 그 속성을 순서대로 나열한 수치이므로 순위척도라고도 한다. 사회과학 영역에서는 변수에 서열척도를 이용해야 할 경우가 많다. 예를 들어 사회경제적 지위, 태도, 가치관을 표현하는 경우에 "매우 찬성한다.", "찬성한다.", "반대한다.", "매우 반대한다." 등의 순서를 정할 수는 있지만, “매우 찬성한다.”가 “찬성한다.”보다 몇 배나 더 찬성하는가를 알 수는 없다.

서열척도는 숫자로 표현할 수 있는데 큰 쪽, 강한 쪽, 또는 더 만족하는 쪽에 큰 숫자를 부여하거나 작은 숫자를 부여할 수 있다. 여기서 숫자는 절대적인 양이나 크기를 의미하지 않고 단순히 순서를 나타낼 뿐이다. 이들 수치는 부여된 수치의 크기 및 정도에 따라 비교가 가능하다. 그러나 수치 간의 차이가 일정하지 않기 때문에 수치들 간의 상대적 크기 표시는 가능하지만 가감승제 등 계산은 불가능하다.

다시 말하면 서열척도는 양적인 계산은 불가능하지만 수학적 부등호는 사용할 수 있다. 그러나 범주와 범주 사이의 거리가 동일하다고 말할 수 없으므로 산술평균이나 표준편차와 같은 통계분석은 제한된다.

그러나 인기도 분석과 같은 특별한 경우에 서열척도로 측정된 값을 이용하여 일정한 범위 내에서 평균과 같은 계량분석을 실시하기도 한다. 예를 들면 각 지역별 주민만족도 조사결과를 이용하여 자치단체장의 업무수행 능력을 비교하는 5점 척도의 경우이다(표 7-2 참조). 이러한 경우에는 수치 간의 차이가 일정하다는 것을 전제로 실시되는 것인 만큼, 이러한 전제가 지켜지지 않는다면 그 의미를 상실하기 때문에 결과 해석에 주의가 필요하다.

그러나 측정 대상 간의 서열을 표시해 줄 수 있을 뿐 척도상의 간격은 동일하지 않다. 즉 숫자가 클수록 측정치가 크다는 것을 알려주기는 하지만 얼마만큼 큰지에 대한 정보는 알 수 없다. 따라서 평균, 표준편차 등의 통계적 수치가 유의미하지 않다. 예를 들어 농구팀에서 선수들의 신장 순서대로(작은 키에서 큰 키의 순으로, 혹은 그 반대로) 번호를 부여하는 경우가 여기에 해당한다.

〈표 7-2〉 서열척도(예)

서열척도(예)		
(질문):	ㅇㅇ시 시장이 추진하는 정책에 관한 귀하의 만족도는?	
(응답)	① 매우 만족한다.	(　　)
	② 만족한다.	(　　)
	③ 그저 그렇다.	(　　)
	④ 불만족한다.	(　　)
	⑤ 매우 불만족한다.	(　　)

3) 등간척도

어떤 대상의 속성을 "크다.", "작다."라고 서열을 매길 수 있을 뿐만 아니라 각 범주 사이의 거리를 계산할 수 있고 또한 상이한 범주 간의 거리가 같은 경우를 등간척도(interval scale)라고 한다. 즉 속성에 대한 순위를 부여하되 순위 사이의 간격(거리)이 동일한 등간등급(interval level)의 측정이다. 등간척도에 포함된 수치들은 대상의 특성에 부여된 수치 간의 간격이 일정하다는 사실을 전제로 한다. 그러므로 평균, 표준편차, 상관계수 등 대부분의 통계치가 의미 있는 결과를 나타낸다.

예를 들어 척도 1, 2, 3, 4, 5가 있는 경우에 1과 2, 2와 3 등의 간격은 각각 1로 동일 간격을 유지한다. 즉 (2−1)=(3−2)이다. 그러나 엄격한 의미에서 보면 산술적 조작이 가능할 뿐이지 속성 자체가 산술적이라는 말은 아니다. 왜냐하면 등간척도에서는 임의적 영(零)이 있을 뿐, 실제적 영(零)은 존재하지 않기 때문이다. 따라서 임의적 영(零)만으로는 측정치 간의 비율은 의미가 없다. 따라서 이들 수치들은 수치 간의 간격이 일정하기 때문에 수치의 크기와 정도에 따라 비교가 가능하고 가감의 계산은 가능하지만, 승제의 계산은 불가능하다.

등간척도로 측정되는 변수들의 예는 IQ, EQ, 온도계의 눈금 등이다. 구간척도 수치들을 a, b, c 혹은 d로 표시할 경우, 다음과 같은 특징을 가지고 있다. 첫째, 만약 a와 b가 실수라면, a+b와 a×b도 실수이다. 둘째, a+1의 간격과 b+1의 간격이 동일하다는 대칭성(symmetry)을 가진다. 셋째, a+b는 b+a와 같고, ab는 ba와 같다는 교환성(commutation)이 있다. 넷째, 만약 a=b이고 ac=d이면 bc=d라는 대체성(substitution)이 있다. 다섯째, (a+b)+c는 a+(b+c)와 같고 (ab)c는 a(bc)와 같다는 결합성(association)이 있다.

IQ점수는 또 다른 예가 될 수 있는데, IQ 120인 사람과 IQ 100인 사람의 지능의 차이는 IQ 80인 사람과 IQ 60인 사람과의 차이와는 동일하지만, IQ 120인 사람이 IQ 60인 사람보다 두 배로 영리하다고 말할 수는 없다. 또한 IQ가 0인 경우에는 지능이 없다는 것을 의미하지는 않는다. 따라서 등간척도에 의해 측정된 값을 이용하여 통계분석의 기초인 평균과 표준편차 등을 계산은 가능하지만 이들을 활용하고 해석하는 데는 〈표 7-3〉에서 보는 바와 같이 해석상의 주의가 필요하다.

〈표 7-3〉 등간척도(예)

등간척도(예)

온도계의 눈금은 등간척도의 대표적 예이다.

※ 40도가 20도보다 온도가 2배로 높다는 것을 의미하지 않는다.
또한 0은 온도가 없다는 것을 의미하는 것도 아니다.

4) 비율척도

비율척도(ratio scale)는 등간척도처럼 동일한 간격을 이루고 있어서 산술적인 계산이 가능하면서 실재적 영점(natural zero, 절대 영점)을 갖춘 척도로써 완전수의 의미가 있다. 즉 등간척도가 갖는 특성에 절대영점의 정보가 추가된 것이다. 절대영점은 어떠한 특성의 측정치가 전혀 의미가 없다는 것을 의미한다. 따라서 측정된 값 사이의 비율등급(ratio level) 측정이 가능하기 때문에 본질적인 측면에 가까운 측정도구를 나타낸다.

비율척도로 측정된 변수들의 값은 더하기 빼기뿐만 아니라 곱셈이나 나눗셈도 의미를 가지게 된다. 진정한 의미의 수량화 작업이 이루어진 측정이라고 할 수 있다. 예를 들어 연령이나 수입 등은 변수의 값이 영이면, "금방 태어났다."거나 "수입이 전혀 없다."를 의미하며, 변수의 값이 10이면, 금방 태어난 사람보다 10배를 더 살았다거나 수입이 없는 사람보다 10배 많다고 할 수 있다. 그리고 평균 개인 소득이 2만 불인 국가와 1만 불인 국가 간 평균 개인 소득 차이는 1만 불이며, 평균 개인 소득이 2만 불인 국가가 1만 불인 국가보다 경제적으로 2배 더 잘 산다고 말할 수 있다.

사회조사 연구에서 비율척도로 측정될 수 있는 변수들은 무게나 길이 등과 관련이 있는 몸무게, 신장, 개인소득, 물가증가율, 지방자치단체의 재정자립도 등을 들 수 있으며, 계량분석에 활용되는 대부분의 변수들이 여기에 속한다. 이들 변수들의 수치는 수치 간의 간격이 동일하고 자연적 영점이 존재하기 때문에 수치의 크기에 따라 비교가 가능할 뿐만 아니라 가감승제의 계산도 가능하다(표 7-4 참조).

〈표 7-4〉 **비율척도(예)**

비율척도(예)
절대적인 0(零)이 존재하므로 진정한 의미의 비교를 할 수 있다. (질문) 귀하의 소득은 얼마입니까? (　　　)원 (응답) 답은 소득이 전혀 없으면 (0원)이 되며, 10만 원이면 (10만 원), 20만 원이면(20만 원)이라고 응답하면 된다. 여기서 '20만 원'인 사람은 '10만 원'인 사람 소득의 2배가 된다.

이상의 네 가지 척도는 측정대상이 지니는 속성에 따라 점진적으로 수량화 작업이 가능한 순서로 다루어진 것이다. 그러므로 비율척도는 등간척도의 모든 특성을 가지고 있으며 등간척도는 서열척도의 모든 특성을 갖추고 있고, 서열척도는 명목척도의 특성을 갖추고 있다.

이와 같이 속성을 수량화한 자료는 흔히 통계적으로 처리되기 마련이다. 통계적 기법을 사용할 때 주의해야 할 점은 척도의 종류에 적합한 기법을 사용하여야 한다는 점이다. 가령 명목척도로 분류되는 종교와 같은 변수를 수량화하여 불교는 1, 기독교는 2, 가톨릭은 3, 무교는 4 등으로 수치를 매겨 평균이나 표준편차를 내는 일은 전혀 의미가 없다. 그러므로 수집된 정보에 맞는 척도의 구성은 분석결과의 최대 효과를 얻기 위하여 필수적이다.

이와 같은 척도의 특성, 분석방법 및 사용범위의 예를 간추려 보면 〈표 7−5〉와 같다. 표에 의하면 수치들이 비율척도일수록 척도점(수치)에 내포된 가정이 다양한 만큼 분석방법도 다양하게 활용할 수 있다. 그러나 비율척도 수준의 자료라 하여 모든 분석방법을 적용할 수 있는 것이 아니기 때문에 분석방법에 따라 필요할 경우 수치 조작이 수행되어야 한다.

〈표 7−5〉 **척도별 사용 범위**

척도 \ 구분		척도점에 내포된 가정				의미	사용 예	적용 예
		분류	순위	등간격	0점			
정성적 자료	명목척도	○	×	×	×	확인, 분류	최빈값 mode	• 성별 • 종교 • 지역
	서열척도	○	○	×	×	순위 비교	중앙값 median	• 선호도 • 인기도 • 지지도
정량적 자료	등간척도	○	○	○	×	간격 비교	평균 mean	• 온도 • IQ • 일정한 서열
	비율척도	○	○	○	○	절대 크기	평균 mean	• 소득 • 나이 • 경제성장률

범례: ○ 해당됨, × 해당 안 됨.

03 척도의 구성

척도는 지수(index)와는 달리 지표(indicator)[2]들이 이루는 내적 구조를 염두에 두고 단순히 점수를 더하는 것이 아니라 가중치를 두어 누적점수를 산출해 낸다. 따라서 몇 개의 지표 또는 문항들이 척도를 형성하려면 각각의 지표나 문항들 사이에 일정한 서열적 순위를 가정하여야 한다. 그러나 현실적으로는 지수와 척도를 혼용하게 되는 경우가 많다.

그렇다면 척도의 필요성과 기능은 무엇인가에 대해 의문을 제기해 볼 수 있다. 척도의 기능은 첫째, 복합적인 자료를 가지고 분석하기 쉬운 측정치로 단순화하기 위한 것이다. 둘째, 측정하고자 하는 현상 또는 사실에 대한 측정치의 오차를 줄일 수 있다. 이 두 가지 기능적 측면은 속성상 같은 맥락에 있다. 다시 말하면 어떤 속성을 측정하고자 할 때 단일 문항으로 측정이 가능한 경우도 있으나 경우에 따라서는 다수의 문항으로 구성된다. 이러한 경우 조사대상자의 답변의 신뢰도나 물음의 타당도를 확신하기가 쉽지 않으므로 동일한 속성에 대하여 여러 문항으로 구성하여 오류를 발견해 낼 수 있고, 문항에 대한 편견된 응답을 배제할 수도 있다.

따라서 척도를 구성할 때 유의하여야 할 점을 정리하면 다음과 같다(이관우, 1974 재수정).

첫째, 문항의 모집단에 대한 규모와 성격을 파악하여야 한다. 모집단의 규모가 큰지 작은지에 따라 그리고 집단의 성격이 동질적인지 이질적인지에 따라 척도 구성이 달라지기 때문이다.

둘째, 문항의 모집단으로부터 추출된 문항표본의 대표성을 살려야 한다. 만약 문항의 모집단으로부터 추출된 문항표본이 대표성이 결여될 경우 구

2) 지표는 변수의 속성을 나타내는 요소를 말한다. '사회복지'라는 변수가 있다면, 이는 삶의 기본요소, 사회경제적 요소, 사회정치적 요소, 사회문화적 요소 등의 지표가 합해진 개념이다. 또한 개인의 사회경제적 지위(SES)라는 변수는 소득, 학력, 직업, 종교, 경력 등의 지표로 구성된다고 볼 수 있다.

성된 척도의 신뢰도와 타당도에는 문제가 있으며 현실 또는 현상을 반영할 수 있는 척도를 구성할 수 없게 된다.

셋째, 동일한 내용을 갖는 여러 문항은 단일차원성(unidimensionality)상에서 구성되어야 한다. 즉 주어진 속성을 여러 개의 문항으로 측정하는 경우, 사실은 여러 개의 문항들이 각각 다른 차원을 측정하는 것이 아니라 동일한 차원을 측정하여야만 한다.

넷째, 문항의 가중치를 고려해야 한다. 문항에 가중치를 부여할 때 모집단에 대한 규모와 성격, 문항의 모집단으로부터 추출된 문항표본의 대표성을 고려해야 할 뿐만 아니라 관련 분야에 대한 기존 조사 및 분석결과를 참고해야 한다. 그리고 문항에 가중치를 부여하는 작업은 관련 분야에 대한 충분한 지식과 정보가 수반되어야 한다.

다음에서는 척도구성 중 가장 보편적으로 쓰이는 기법에는 평정척도, 차별척도, 리커트 척도, 누적척도 등 네 가지에 대하여 세부적으로 살펴보고자 한다.

1) 평정(등급)척도

서열척도의 하나인 평정척도(rating scale)는 리커트 척도와 함께 간격척도에 속한다. 어떤 인물, 집단, 사물 등에 대해 기준을 정해주고, 그 기준에 따라 평가하도록 하는 척도인데, 주로 응답자에게 주어진 대상 또는 사회현상에 대해 몇 개의 응답 범주들 가운데 하나 또는 일정한 연속선상의 한 점을 선택하도록 함으로써 대상의 속성이나 사회현상에 대한 태도의 강도를 측정하는 방법(rating method)을 사용한다.

즉 각 문항에 대하여 평정을 한 다음 여러 문항의 평정값을 합하거나 평균값을 척도의 값으로 쓰는 것이다.

그러므로 평정척도에 필요한 세 가지 요소는 다음과 같다.

① 평정을 하는 평가자(judges)

② 평정의 대상이 되는 현상(subject)

③ 현상의 연속성(continuum)

평정척도(등급척도)의 장점을 정리하면 다음과 같다.

첫째, 만들기가 간단하고 사용하기도 쉽다는 점이다. 둘째, 만들기가 간단하고 사용하기가 쉬운 만큼 척도구성 시 시간이나 비용이 적게 든다. 셋째, 적용의 범주가 넓다. 넷째, 리커트 척도의 문제점인 긍정과 부정의 양방향 측정으로 인한 중립적 입장의 고수 경향에서 벗어날 수 있다.

이에 반하여 평정척도는 다음과 같은 단점을 가지고 있다.

첫째, 후광효과(halo effect)라는 편견을 가져올 수 있다는 점이다. 가령, 평정하여야 할 특징이 두 가지 이상일 때, 평정자가 한 가지 특성에 대하여 강력한 인상을 갖게 되면 다른 특징들에 대해서도 비슷한 평가를 하려는 성향이 있음을 말한다. 즉 평가가 각 항목에 따라 정확히 내려지기보다는 일괄적으로 한쪽 성향을 띠게 되는 효과를 말한다.

둘째, 관용의 오류이다. 이는 평정자가 평정대상 속성에 대해 자신의 감정이나 느낌, 경험 등을 기준으로 평가하지 않고 대상의 좋은 점이나 사회적으로 바람직하다고 간주되는 쪽으로 평가하게 되는 성향을 말한다.

셋째, 대상을 평가할 때 원만한 평가를 내리려는 평가의 중간화 경향을 보여 평가가 중간 점수에 집중화되어 편차를 보이지 않을 우려가 있다. 이러한 경향은 조사대상자가 속한 사회의 가치관 내지는 문화적 측면과 관련이 깊다. 평가의 중간화경향은 미국이나 유럽에 거주하는 사람에 비해 유교주의 문화권에 속한 아시아 지역 거주자들에게서 나타나는 경향인 것으로 알려져 있다.

넷째, 같은 문항이라고 하더라도 평정자의 준거틀 또는 패러다임이 다를 수 있고, 이러한 상이한 틀에 의하여 평정의 객관성을 유지하기 어렵다. 즉 같은 반응을 갖고도 평정자의 기준에 따라서 '매우 만족한다.' 또는 '그저 만족한다.'라는 평가를 내릴 수 있다.

한편 평정척도에는 〈표 7-6〉에서 보는 바와 같이 범주(카테고리)를 이용한 평정척도, 숫자-언어를 이용한 평정척도, 선-언어(도표)를 이용한 평정척도, 평점을 이용한 평정척도 등이 있다.

〈표 7-6〉 통솔력에 관한 평정척도(예)

평정척도(예)

○○○의 통솔력은 어느 정도입니까?

(1) 범주(카테고리)를 이용한 평정척도

- □ 매우 약하다
- □ 약한 편이다
- □ 보통이다
- □ 강한 편이다
- □ 매우 강하다

(2) 숫자-언어를 이용한 평정척도

① 매우 약하다
② 약한 편이다
③ 보통이다
④ 강한 편이다
⑤ 매우 강하다

(3) 선-언어(도표; 그래프)를 이용한 평정척도

|—————|—————|—————|—————|

매우 약하다	약한 편이다	보통 이다	강한 편이다	매우 강하다

(4) 평점을 이용한 평정 척도

1 ———————————————— 100

2) 차별척도(설스톤 척도와 요인분석척도)

사회조사 연구에서 쓰이는 대부분의 척도성격은 서열척도의 수준이다. 그러나 실질적으로 통계적 처리를 위해 서열척도를 등간성을 확보하도록 하여 등간-비율측정(interval-ratio scaling)을 할 수 있도록 구성된 것이 차별척도이다. 대표적인 차별척도(differential scale)에는 설스톤 척도(Thurstone scaling)와 요인분석척도(factor analysis scaling)가 있다.

(1) 설스톤 척도

설스톤 척도는 설스톤과 그의 동료들이 1920년에 정신물리학적 방법을 토대로 사회적 태도 및 속성을 측정하기 위한 척도이다. 인간의 태도나 속성을 측정하는 것이 불가능하다는 인식을 깨뜨리고 처음으로 측정을 시도하였다는 점에서 의의가 있다. 그리고 설스톤 척도는 인간의 태도나 특정 자극을 평가할 때 관련 태도 및 자극의 속성 정도를 주관적으로 판단하는 것이 아니라 관련 속성을 반영하는 다양한 문항들의 수준을 객관적으로 비교해 평가한다는 가정을 전제하고 있다.

이러한 가정하에서 태도 및 자극에 대한 다양한 평가로부터 집단의 비율 차이를 확보하여 등간성을 찾아낸다. 미국, 일본, 중국에 대한 친밀도를 측정한다고 가정한다. 이때 미국보다 일본을 더 친밀하다고 인지하는 집단이 전체의 70%이고, 일본보다 중국이 우리가 더 가깝다고 인지하는 집단이 50%라면 미국과 일본의 척도값의 차이가 일본과 중국의 척도값 차이보다 더 크다는 것을 알 수 있다.

설스톤 척도의 구성방법을 구체적으로 살펴보면 먼저 조사하고자 하는 속성과 관련이 있는 문항들을 수백 개 정도 만든다. 그리고 다수의 평가자에게 이들 문항들을 여러 단계의 점수나 범주로 나누고, 이들이 분류한 범주를 각 문항의 점수로 적고 평가자의 수로 평균한 중위값을 관련 문항의 척도값으로 한다. 이때 평가자들은 그 문제에 대한 전문가일 필요는 없다. 또한 평가점수 분포가 극단적인 문항은 전체 척도문항에서 배제한다.

설스톤 척도의 장점은 다음과 같다. 첫째, 범주 간의 간격이 동일하다는 전제를 하므로 평정척도보다 통계적 분석에 있어서 제한이 적다. 둘째, 다수의 평가자로부터 의견을 수집하고 극단적인 의견을 배제하므로 평가의 객관성과 공정성을 높일 수 있다는 점을 들 수 있다.

그리고 설스톤 척도의 단점으로는 평가작업에 많은 인력이 동원되어야 하므로 시간과 비용이 많이 든다는 점과 평가자가 문제에 대한 전문가가 아니므로 문제를 정확히 인식하지 못함으로써 오류가 야기될 우려가 있다는 점을 들 수 있다. 개인주의를 측정하기 위한 설스톤 척도의 예로서는 〈표 7-7〉에서 보는 바와 같다.

〈표 7-7〉 개인주의에 관한 설스톤 척도(예)

설스톤 척도(예)

(주제) 개인주의에 관한 여러 가지 명제들

가중치	명 제
1.1	사회의 의견을 받아들이기 위하여 개인의 의견을 억누르는 것은 자신의 숭고한 목적을 달성하는 길이다.
2.8	인간은 다수의 의견을 따를 때 가장 좋은 대접을 받는다.
4.5	논쟁이 생겨서 친구와 의견일치를 보지 못하는 것은 어리석은 일이다.
6.1	자기 주장을 펴는 것은 가치 있는 일이지만 사회생활의 편익을 누리기 위해 제한되지 않을 수 없다.
7.5	인간의 능력발전은 자신에게 중요한 목적이 되어야 한다.
8.9	타인의 요구에 쉽게 따르면 자기 개성은 희생된다.
10.4	능력의 한계까지 자기발전을 이루려는 것은 인간존재의 주목적이다.

※ 여기서 응답자의 개인주의적 척도는 응답자가 찬성하는 모든 문항의 가중치를 합쳐서 평균을 낸 것이다. 평균치가 높을수록 개인주의적 성향이 높다는 것을 반영한다.

출처 : Philips, B.(1997).

(2) 요인분석척도

요인분석척도(factor analysis scaling)는 변수들 사이에 존재하는 상호관계의 유형을 찾아내어 상호 간에 밀접하게 연관되어 있는 변수들의 묶음을 발견하고, 이를 보다 적은 수의 가설적 요인으로 축소하여 변수의 설명력을 향상시키기 위한 통계적 기법을 말한다. 요인분석척도의 장점은 단일차원성을 확보하고 컴퓨터의 통계프로그램으로 계산을 쉽게 할 수 있다는 점이며, 단점으로는 분석을 위한 분석이라는 지적이 있다는 점이다.

3) 리커트 척도

리커트 척도란 개인, 대상, 관념, 현상 등에 대한 개인의 태도나 성향의 강도를 측정하는 기법을 말한다. 총화평정 또는 합산평정척도(summated rating scaling)인 리커트 척도(Likert scale)는 서열척도화법(ordinal scaling method)에 속하면서도 가장 보편적으로 이용되는 척도법으로 실용성이 있고 효과도 비교적 높다.

이 척도는 다수의 항목으로 인간의 태도 및 속성을 측정하여 응답한 각 항목들의 점수를 합산하여 전체적인 경향이나 특성을 측정하는 방법이다. 〈표 7-8〉 성역할에 관한 리커트 척도와 〈표 7-9〉 삶의 질에 관한 리커트 척도는 5점 척도로 구성된 것이며, 〈표 7-10〉 삶의 질에 관한 리커트 척도는 7점 척도로 구성된 것의 예이다. 사람이 가지는 생각, 의견, 신념 등은 "그렇다." "그렇지 않다."로 딱 떨어지지 않는 경우가 있기 때문에 이를 위해 리커트 척도를 사용하는 것이다.

이때 측정하고자 하는 태도 및 속성은 긍정과 부정 또는 찬성과 반대의 양극단으로 구성된 척도로서 각 항목에 대한 평가를 평균하여 측정값을 구한다. 즉 응답자가 응답하는 여러 질문 문항의 값들을 어떤 방식으로 총합(summation)하여 계산하는 척도를 총화평정척도라고 하는 것이다. 그리고 총화평정법을 활용한 리커트 척도는 척도의 신뢰도와 타당도를 높이기 위해서는 하나의 문항보다는 여러 개의 문항들을 하나의 척도로 사용해야 한다는 논리를 근거로 사회과학에서는 많이 사용되는 척도이다.

척도로 구성되는 문항들은 상관성이 있어야 하며, 문항의 수는 가능하다면 20개 이상인 것이 좋다. 또한 질문하는 문항은 현재의 태도를 나타내는 것으로 보편적인 문장으로 구성하는 것이 좋고, 모호한 개념이나 극단적인 어휘 등은 배제하여야 한다. 설스톤 척도와는 달리 평가자를 따로 두지 않고 조사대상자 모두가 직접 평가자가 된다. 즉 연구자가 각 문항에 대한 의견이나 태도의 강도에 따른 대답을 미리 응답지를 통하여 보여 주고 그것들을 점수화하여 전체 문항들의 평점을 합산하여 척도값을 산출한다. 이때 주어진 응답범주는 5~7개의 범주를 두는 경우가 많으며, 범주들 사이의 간격은 동일하다고 가정한다.

〈표 7-8〉 성역할에 관한 리커트 척도(예)

성역할 리커트 척도(예)

	매우 반대	약간 반대	보통	약간 찬성	매우 찬성
1. 여성은 남성보다 순종적이다.	1	2	3	4	5
2. 여성은 현모양처가 되어야 한다.	1	2	3	4	5
3. 가사노동은 여성의 의무이다.	1	2	3	4	5
4. 남성은 여성보다 더 능력이 있다.	1	2	3	4	5
5. 남성만이 가장이 될 수 있다.	1	2	3	4	5

〈표 7-9〉 삶의 질에 관한 리커트 척도(예: 유형 Ⅰ)

삶의 질 리커트 척도(예): 유형 Ⅰ

	매우 불만	약간 불만	보통	약간 만족	매우 만족
1. 가족 내에서의 역할	1	2	3	4	5
2. 사회적 역할	1	2	3	4	5
3. 배우자에 대하여	1	2	3	4	5
4. 자녀에 대하여	1	2	3	4	5
5. 자신의 삶에 대하여	1	2	3	4	5

〈표 7-10〉 삶의 질에 관한 리커트 척도(예: 유형 Ⅱ)

삶의 질 리커트 척도(예): 유형 Ⅱ

불행하다	1——2——3——4——5——6——7	행복하다
비관적이다	1——2——3——4——5——6——7	희망적이다
지루하다	1——2——3——4——5——6——7	재미있다
보잘것없다	1——2——3——4——5——6——7	중요하다
공허하다	1——2——3——4——5——6——7	충만하다
쓸모없다	1——2——3——4——5——6——7	가치있다

이러한 리커트 척도의 장점을 들면 다음과 같다.

첫째, 리커트 척도에서는 척도의 구성이 조사대상자의 응답에 따른 통계적 처리에 의한 것이므로 평가자의 주관이나 편견을 배제할 수 있다.

둘째, 평가자들이 필요하지 않으므로 시간이나 비용이 적게 든다.

셋째, 척도의 구성과정에서 상호 관련성이 낮은 문항은 통계적 분석에 의하여 배제하므로 신뢰성이 높아진다는 점이다.

그러나 리커트 척도의 단점으로는 다음과 같은 것들이 있다.

첫째, 응답범주 간의 간격이 엄격한 의미에서 동일하다고 보기 어렵다.

둘째, 때로는 응답자가 각 항목에 대한 태도를 적극적으로 표현하지 않을 경우도 있다. 왜냐하면 일반적으로 5점, 7점, 9점 등의 홀수를 많이 사용하기 때문에 응답자가 중립적 입장을 보이는 경향이 발생한다.

셋째, 평가자의 주관 대신에 응답자의 임의성이 개입될 여지가 크다는 점을 들 수가 있다.

4) 누적척도(보가더스 척도와 거트만 척도)

서열척도에 속하는 누적척도(cumulative scale)는 각 문항을 논리적으로 서열화시키고, 이러한 문항에 응답한 응답자들의 반응도 유형화하는 척도를 말하며, 보가더스 척도와 거트만 척도가 있다.

(1) 보가더스 척도(사회적 거리척도)

이 척도는 보가더스(Bogardus)가 인종적 편견의 강도를 측정하는 데 사용한 척도로 '보가더스 사회적 거리척도(Bogardus social distance scale)'라고도 한다. 이 척도는 주로 인종이나 민족, 가족 구성원이나 사회집단 간의 사회심리적 거리감을 측정하기 위하여 개발되었다.

보가더스 척도구성을 위해서는 응답자에게 사회심리적 거리가 가장 먼 것으로부터 가까운 것을 순서대로 배열시켜 이 순서를 수치화해야 한다(표 7-11 참조). 이때 각 문항에 대한 응답이 가능하면 동일한 간격을 유지할 수 있도록 문장을 표현하여야 한다. 따라서 보가더스 척도는 적용범위가 상당히 넓기는 하지만 척도로서는 조잡한 측면이 많아 실제로 사용하고자 할 때는 여러 가지 한계가 있다.

〈표 7-11〉 인종 간 편견에 관한 보가더스 사회적 거리척도(예)

인종 간 사회적 거리척도(예)

문 항	중국인	일본인	미국인	기타
1. 결혼하여 가족으로 받아들인다.				
2. 개인적 친구를 사귄다.				
3. 이웃으로 같이 지낸다.				
4. 같은 직장에서 일한다.				
5. 우리나라의 국민으로 받아들인다.				
6. 우리나라의 방문객으로만 받아들인다.				
7. 우리나라에서 추방한다.				

※ 예를 들어 100명의 한국인 중에 75명이 문항 1에서 중국인을 받아들이겠다고 하고 나머지 25명이 문항 2에 응답했다고 하면 척도치는 각각 1과 2를 부여하여 아래와 같이 인종 간의 거리 계수를 측정한다.

인종 간의 거리 계수 $= \{(1 \times 75) + (2 \times 25)\} / 100 = 1.25$

(2) 거트만 척도(태도척도)

태도를 측정하기 위해 거트만(Louis Guttman)이 개발한 거트만 척도는 초기에는 심리적 검사를 위해 고안된 것이었으나, 현재 사회과학 분야에서 널리 사용되고 있다. 거트만 척도는 주로 질문이나 투표에 의한 응답자의 신념 및 태도적 개념의 측정에 매우 유용한 척도이다. 여러 개의 요소들을 결합하여 척도를 만들어서 이들 지표들의 각 배합에 대해서 독특한 점수를 얻을 수 있고 지표들 간의 상호관련성까지도 측정하는 수단을 제공한다. 분석의 수준이 최소한 서열적 수준인 것, 예를 들어 쉬운 것부터 어려운 것으로 문제를 배열하는 것을 전제로 하므로 이 척도의 작성과정이 그리 복잡하지는 않은데 〈표 7-12〉는 정당 활동에 관한 적극성 태도를 측정하기 위한 누적척도의 예이다.

〈표 7-12〉 정당 활동의 적극성 태도에 관한 거트만 누적척도(예)

거트만 누적척도(예)

유권자에게 질문한 문항으로 정당활동의 적극적인 성향에 대하여 누적화된 질문으로 구성해 본 것이다.

① 당신은 정치 포스터를 붙였는가?
② 당신은 동료와 정치에 대한 이야기를 한 일이 있는가?
③ 당신은 정당에 가입할 만한 사람들을 설득시키고자 한 일이 있는가?
④ 당신은 공개적인 정치집회에 출석한 일이 있는가?
⑤ 당신은 정당에 헌금한 일이 있는가?
⑥ 당신은 정치상의 토론을 하는 것을 좋아하는가?
⑦ 당신은 자신이 정치에 대해서 상당히 알고 있다고 생각하는가?
⑧ 당신은 1993년의 선거에 투표하였는가?
⑨ 당신은 1998년의 선거에 투표하였는가?

정당 활동의 적극성에 대한 응답자들의 반응

응답자	문항 ①	②	③	④	⑤	⑥	⑦	⑧	⑨	총점
A	1	1	1	1	1	1	1	1	1	9
B	0	1	1	1	1	1	1	1	1	8
C	0	0	1	1	1	1	1	1	1	7
D	0	0	0	1	1	1	1	1	1	6
E	0	0	0	0	1	1	1	1	1	5
F	0	0	0	0	0	1	1	1	1	4
G	0	0	0	0	0	0	1	1	1	3
H	0	0	0	0	0	0	0	1	1	2
I	0	0	0	0	0	0	0	0	1	1

※ 즉 문항을 정당활동의 적극성에 따라 배열하면, 측정에서 응답자의 성향을 어느 정도 예측할 수 있게 된다. 단, 배열의 순위에 일관성이 있어야 한다.

출처 : Duverger, M.(1964).

거트만 척도는 스캘로그램(scalogram) 또는 누적척도(cumulative scale)라고도 한다. 아울러 척도분석법(scale analysis) 혹은 척도도식법(scale gram method)이라고도 한다. 거트만 척도란 재생 가능한 계층에서 순서에 따라 정렬이 가능한 경우 항목의 집합에 따라 형성되는 누적 척도를 말한다. 즉 어떤 속성이 실제로 하나의 차원을 구성하고 있는가를 확인하려고 개발된 척도인 것이다.

그러므로 누적척도(거트만 척도)는 누적척도로 척도를 구성하는 과정에서 문항의 동질성이 경험적으로 검정된 척도이다. 여기서 '누적적'이라는 말은 강한 태도를 나타내는 문장에 긍정적인 견해를 표명한 사람은 약한 태도를 나타내는 문항에 대해서도 긍정적이라는 논리를 적용하여 구성문항을 배열하는 것을 말한다.

CHAPTER 08

측정의 타당도와 신뢰도

01 측정의 오류(오차)

조사 연구에서 하나의 변수를 측정하는 데에는 많은 지표들과 서로 다른 많은 측정수준들이 사용될 수 있다. 그렇다면 그러한 측정도구들 중에서 특정한 연구에 이용될 수 있는 가장 좋은 것을 어떻게 선택할 것인가? 그러한 선택에는 일반적으로 논의되는 연구의 실행 가능성 문제를 포함하여 많은 요인들이 관련이 된다.

이제 조사 연구에서 매우 중요하게 고려해야 하는 측정의 타당도와 신뢰도의 문제를 논의하려고 한다. 추상적인 개념을 개념화・조작화하여 변수를 만들어 내고 그것을 경험적 관찰과 연결시키는 측정의 과정에는 많은 오류들이 발생할 수 있다. 즉 사회과학에서 사용되는 변수의 속성들을 측정하는 경우, 측정하려는 속성의 규명이나 완벽한 측정도구의 개발, 혹은 객관적인 수치화 등이 어렵기 때문에 측정상의 오차가 발생하기 마련이다. 따라서 측정도구와 방법에 대한 신뢰도와 타당도의 분석은 조사 연구에서 중요한 영역을 차지한다.

측정의 오류(error)는 거의 모든 측정에서 나타날 수 있다. 이러한 측정 오류(오차)의 원천은 여러 가지가 있을 수 있으나 크게는 체계적 오류와 무작위적 오류의 두 가지 형태가 있다(Rubin & Babbie, 2001 : 177-189 ; 김영종, 2001 : 149-152 재수정).

1) 체계적 오류

체계적 오류(systematic error)는 변수에 일정하게 체계적인 영향을 주어서 측정결과가 모두 높아지거나 모두 낮아지게 되는 오류이다. 이는 수집되는 정보가 측정하려는 개념과 부합되지 않을 때 발생하는 것으로서, 자료수집의 방법이 잘못되었거나 자료를 제공하는 사람들과 조사자와의 관계에서 개입되는 복잡하고도 미묘한 과정에서 그 원인을 찾을 수 있다. 체계적 오류가 존재한다는 것은 결국 원래 개념이 측정하려고 한 것을 측정하지 않고 엉뚱한 것을 측정하고 있다는 뜻이다. 이러한 체계적 오류를 발생시키는 대표적인 경우들은 다음과 같다.

(1) 개인적 성향으로 인한 오류

① 태도와 행동

어떤 변수에 대한 사람들의 속성을 측정할 때 태도와 행동을 혼동하는 경우가 발생할 수 있다. 즉 바람직한 행동에 대한 사람들의 태도를 측정한 것이 그들이 실제로 행동하는 것에 대한 측정은 아니다. 예컨대 주거지역에 정신장애인을 위한 주거시설을 설치하는 의견에 동조하는 사람들이 자신들의 주거지역에 실제로 그러한 시설이 들어오게 될 경우, 단순히 반대할 뿐만 아니라 대항하여 격렬하게 싸우는 경우가 허다하다. 이처럼 사람들의 태도와 행동은 반드시 일치하지 않으므로 측정에서도 유의할 필요가 있다.

② 편견의 개입

사람들 자신의 진정한 견해를 측정하고자 할 때, 실제로는 바람직한 행동과 같은 다른 것이 측정될 수도 있다. 연구에서 측정하려고 했던 것과 다른 것을 측정해서 체계적인 오류가 발생하는 가장 흔한 경우가 자료수집과정에 편견(biases)이 개입될 때이다. 연구자 자신이 원하는 응답을 하도록 구성된 질문이 제시되거나, 아니면 사람들이 연구에서 제시한 가설에 부합되는 응답을 할 경우 연구자가 지나치게 안색에 호의적인 반응을 보이거나 고개를 끄덕거릴 수도 있다.

혹은 사람들이 자신들의 진정한 견해나 행동을 숨기고 다른 것을 답하는 수도 있다. 예를 들면 무엇을 묻든 간에 무조건 동의하거나 아니면 응답을 통해 자신들의 호의적인 인상을 전달하려고 하는 수도 있다. 내용에 상관없이 진술의 대부분이나 전부에 동의하거나 반대로 동의하지 않거나 하는 것을 순응적 반응양식(acquiescent response set)이라고 한다. 설문지에서 일정한 유형의 응답들이 연속적으로 제시될 때 응답자들이 깊이 생각하지 않고 일정한 유형의 응답을 반복해 버리는 고정반응도 여기에 속한다. 그리고 그들 자신이나 관계있는 집단을 좋게 보이려는 의도에서 응답을 나타내는 경향을 사회적 기대의 편견(social desirability)이라 한다. 이것은 응답자들이 조사자의 의도에 맞추어 대답하거나 집단적 규범에 일치하는 응답을 하는 경우이다.

(2) 인구통계학적, 사회경제적 특성으로 인한 오류

어떤 문화집단에서는 자연스럽게 이해되는 사실도 다른 문화집단에서는 부자연스럽거나 잘 모르는 경우가 흔히 있다. 지능검사는 어떤 저소득 집단에게는 불리한 것으로 지적되어 왔다. 상이한 가치, 기회, 언어습관 등을 지니고 또한 경제적으로 불리한 환경 속에서 성장한 어린이들은 중산층의 환경을 전제로 한 IQ검사를 받을 경우 불리할 수밖에 없다는 주장이 제기되었다. 예를 들면 질문에 사용된 용어가 덜 친숙하거나 그 문항들이 중산층의 어린이들에게는 당연한 것인데도 불리한 여건의 어린이들에게는 알려져 있지 않는 사항들을 언급하기 때문에, 저소득집단의 어린이는 비슷하거나 더 낮은 지능을 가진 중산층의 어린이보다 오히려 더 낮은 점수를 받을 수도 있는 것이다.

이외에도 성별, 학력, 소득, 종교, 직업, 인종, 사회적 지위 등에 따라서도 일정한 방향으로 오류가 발생할 수 있는 요인이 있다.

2) 무작위적 오류

체계적 오류와는 달리 무작위적 오류(random error) 혹은 비체계적 오류는 어떤 일정한 유형이 없다. 무작위적 오류는 오류의 값이 인위적이거나 편향된 것이 아니라 다양하게 분산되어 있어서 무작위로 발생하게 된다. 즉 측정자, 측정대상자, 측정과정, 측정수단, 측정시간, 측정도구 등에 일관성이 없이 영향을 미침으로써 오류가 발생하는 것이다.

따라서 무작위적 오류는 여러 가지 형태를 띨 수 있다. 측정절차가 너무 번거롭거나, 복잡하거나, 지루하거나, 혹은 사람을 지치게 해서 조사대상자들이 최대한 빨리 끝내기 위해 아무렇게나 대답하거나 행동해 버릴 수도 있다. 예를 들면 복잡한 질문으로 가득 찬 긴 설문지를 대하고서, 응답자들은 질문들의 진정한 의미와 자신들의 진정한 견해를 생각하는 것을 포기할 수도 있다.

다른 예로, 두 사람의 평가자가 상담사와 클라이언트의 상담 비디오를 보고 상담사가 감정이입적 반응을 몇 번 했는가를 기록한다고 가정하면, 만약 평가자들이 감정이입적 반응을 파악하는 정확한 방법을 모를 경우에는 서로 간에 동일한 비디오테이프에서 집계된 반응의 횟수가 다를 것이다. 한편 이러한 오류 형태와 체계적 오류를 혼동해서는 안 된다. 만약 한 평가자가 상담자의 지도교수이고, 다른 평가자는 상담사와 승진을 위한 경쟁관계에 있는 사람이라면, 두 평가의 차이점들은 체계적 오류라고 보는 것이 타당하다.

편향(bias)이란 용어가 무작위적 오류나 측정의 비일관성보다 더 다루기 힘든 것처럼 보일 수도 있으나, 실제적으로는 무작위적 오류가 매우 심각한 문제일 수 있다. 예를 들면 학업이 부진한 초등학교 3학년 학생의 자아존중감을 향상시킬 효과적인 상담 프로그램을 평가하고자 할 때, 그러한 평가를 위한 평가도구가 충분한 교육을 받은 어른들이 사용하도록 구성되었고, 그리고 프로그램을 평가하는 연구자들은 학업이 부진한 초등학교 3학년 학생들이 측정도구에 있는 많은 항목들에 대해 이해하지 못할 수도 있다는 점을 인식하지 못하고 있다고 가정할 수 있다.

이때 어린이들이 측정도구 자체를 이해하지 못할 경우, 그들의 반응들은 대부분 무작위적이어서 측정하려는 자아존중감의 수준과 아무런 관계가 없을 수도 있다. 따라서 프로그램이 효과적임에도 불구하고 측정도구가 자아존중감의 향상을 판별해 낼 가능성은 매우 낮을 것이다. 결국 측정에서 무작위적 오류는 매우 효과적인 프로그램을 전혀 효과가 없는 것으로 만들어 버릴 수도 있는 것이다.

이처럼 무작위적 오류는 측정할 때의 기압이나 날씨 등과 같은 자연환경이나, 측정에 사용되었던 용어나 뉘앙스, 그리고 응답자 개인의 기분이나 컨디션과 같은 통제하기 어려운 요인들에 의해 발생한다. 따라서 무작위적 오류를 줄이고 신뢰도를 제고하기 위한 방안들이 강구되어야 한다. 그리고 그 방안들은 비체계적 오류의 근원이 되는 측정도구, 측정대상, 측정상황 등의 측면에서 찾아야 한다.

02 측정의 타당도

타당도(validity)는 측정도구가 측정하고 있는 것이 원래 측정하려고 했던 것을 얼마나 정확하게 잘 측정하는가를 나타내는 것이다. 즉 측정도구가 개념의 실제 의미를 측정하는가에 관한 것이 타당도인 것이다. 예를 들어 사람들의 지능을 측정하기 위하여 그들의 머리둘레를 줄자로 재고서 그것이 타당한 측정이라고 할 수 없는 것이다. 만약 자아개념에 관한 측정도구를 개발한다고 하면 측정도구가 그러한 개념을 이론적으로 정의된 것과 동일하게 측정하느냐의 여부가 관건이 되는 것이다.

개념이 정상적으로 정의되는 방식과 그것이 조작화되는 방식 사이에는 명확하고 논리적인 관계가 존재해야 한다. 예를 들면 만약 사람들이 얼마나 맵시 있게 옷을 잘 입는가?에 기초해서 자아개념을 측정한다면, 그러한 측정도구는 타당한 것이 되지 못할 것이다. 많은 요인들이 어떤 특정한 시점에서 사람들이 옷을 입는 방식에 영향을 미칠 것이기 때문이다. 그러므로 많은 요인들 중 어느 하나만으로 자아개념과 어느 정도 관련이 있을 것이라는 약한 가능성만으로 제시된 측정도구가 타당한 것으로 되기에는 충분하지 않다.

타당도에 대한 판단은 처음에 의도한 변수의 속성과 실제로 측정된 속성 사이의 관계를 합리적으로 또는 논리적으로 따져 봄으로써 이루어진다. 그런데 기존의 측정도구와 상관관계를 계산하는 기준타당도는 상관계수라는 수치로 표현되지만, 그 외의 타당도는 수치로 나타내지 못하고 질적인 합리적 판단의 과정으로 표현될 수밖에 없다(정영숙 외, 1998 : 70).

타당도를 설명하는 주요 방법으로는 표면타당도, 내용타당도, 기준타당도, 그리고 구성타당도의 네 가지가 일반적으로 많이 사용된다. 여기에서 내용타당도와 다소 유사하지만 다양한 전문적 기준과 깊이 있는 분석에는 미치지 못한다는 점에서 내용타당도와는 구분된다.

1) 표면(액면)타당도

표면타당도(face validity)는 변수와 제시된 측정도구의 사이에 논리적 관계성이 있는지의 여부를 평가하는 것으로서 액면타당도 혹은 '안면타당도'라고도 한다. 이것은 본질적으로 측정도구에 포함된 것과 변수의 이론적 정의를 일반적인 상식에 근거하여 비교하는 것에 해당한다. 관련 변수를 반영하기 위해 이 측정도구를 사용하는 것이 논리적으로 맞는다고 생각하는가?라는 질문과 관련되어 있다. 우리는 아동의 상처를 치료하는 외과의사나 응급실 직원이 만든 보고서에 근거해서 아동학대를 측정할 수 있을 것이다. 의료진이 오류를 범할 수도 있기 때문에 그러한 측정이 100% 완전하지는 않겠지만, 그러한 사람들이 작성한 보고서는 실제로 발생한 학대를 대변한다고 하는 것이 논리적으로 타당하다.

표면(액면)타당도는 아무리 신중하게 측정이 이루어져도 본질적으로 주관적인 것이 분명하다는 점에서 보면 내용타당도에 속한다고도 볼 수 있다. 측정도구의 타당성에 대한 논거로서 제시되는 것이라곤 논리와 일반적인 상식이 전부이다. 이러한 성격으로 인해 표면타당도는 타당도를 증명하는 가장 약한 기준이 되며, 따라서 타당도 논의에 있어서 일반적으로 하나의 출발점으로 간주해야 한다. 모든 측정도구는 표면타당도의 요건을 먼저 충족하여야 하고, 그런 다음 타당도를 평가하기 위한 좀 더 엄격한 방법으로 나아갈 수 있다.

2) 내용타당도

내용타당도(content validity)는 표면타당도를 발전시킨 것으로서 표집타당도(sampling validity)라고도 한다. 이것은 측정되는 변수에 포함되어 있는 의미나 양식의 전 범위를 과연 측정도구가 다루고 있는가 하는 문제와 관련되어 있다. 따라서 내용타당도란 측정도구에 포함된 설문의 문항들이나 관찰의 항목들에 대한 적합성 여부를 주관적 혹은 상호 주관적 판단에 의해 판단한 것이다. 측정도구의 질문이나 관찰이 측정하려는 개념을 올바로 측정하고 있는가에 대해 연구자의 직관이나 전문가들의 견해를 통해 판단하는 것이 내용타당도이다.

예를 들어 전반적인 자아존중감을 측정한다고 하면 자아존중감이 직장, 학교, 혹은 가정 등 개인 생활의 다양한 영역들과 관련되어 있음을 인식하는 것이 중요하다. 자아존중감은 그 모든 환경들에서 표현되거나 작용할 것이므로 그것을 재는 타당한 측정도구가 되려면 그러한 변인을 감안하는 것이어야 한다. 만약 자아존중감을 재는 측정도구가 사람들이 표현하는 동의의 정도를 나타내는 몇 가지 진술들로 구성되어 있다면, 자아존중감이 표현되는 그와 같이 다양한 환경들과 관련된 진술들을 포함하고 있어야만 타당한 측정도구가 될 것이다. 만약 측정도구의 모든 진술이, 예컨대 학교하고만 관련되어 있다면, 당연히 그것은 전반적인 자아존중감을 잴 수 있는 타당한 측정도구가 되지 못할 것이다.

내용타당도는 측정되는 개념의 범위와 그것이 측정도구와 어떤 관련성을 갖는지에 대한 상세한 분석을 담고 있기 때문에 표면타당도보다 타당도에 대한 더 포괄적인 평가이다. 내용타당도는 다음의 두 단계들을 포함하고 있다.

첫째는 변수내용의 전체적인 범위나 영역을 결정한다.

둘째는 그 모든 범위가 측정도구를 구성하고 있는 항목들 속에 반영되어 있는지를 결정한다.

그럼에도 불구하고, 내용타당도는 여전히 주관적인 평가이다. 누군가가 변수가 담고 있는 내용의 전체 영역이 무엇이며 개념의 특정한 측면이 측정도구에 적절하게 반영되었는지에 대해 판단을 해야 하기 때문이다. 하나의 측정도구가 내용타당도를 지니는지의 여부를 판단할 수 있는 일치된 기준이란 없다. 따라서 내용타당도는 표면타당도보다 좀 더 신중하게 내린 판단일 뿐이지 그것 역시 궁극적으로는 하나의 주관적인 판단이라는 점에서 한계를 지닌다.

표면타당도나 내용타당도에 대한 믿음을 강화시킬 수 있는 하나의 방법은 특정한 조작적 정의가 변수의 논리적인 측정도구로 적절한지에 대해서 다른 연구자들 특히 관련된 변수들에 관해 지식을 갖고 있는 사람들의 의견을 모으는 것이다. 배심원 의견(jury opinion)이라고도 하는 표면타당도와 내용타당도의 확장도 여전히 주관적인 성격을 갖는다. 하지만 보다 많은 사람들이 편향(bias)이나 잘못 해석하는 것에 대하여 점검하는 역할을 하기 때문에 배심원 의견이 표면타당도나 내용타당도에 개별적 검정을 적용하는 것보다 우수하다.

3) 기준타당도

기준타당도(criterion validity)는 관련 변수를 정확하게 측정한다고 알려져 있는 다른 기준과 평가하려는 측정도구와의 상관관계를 보여줌으로써 타당도를 판단하는 것이다. 혹은 측정도구의 결과들과 그 측정도구가 측정하려는 변수의 속성이나 특성들의 상관관계를 분석하는 것도 여기에 해당된다. 경험적인 타당도를 확인하기 위해 가장 많이 활용되는 방법이기도 하다. 그러므로 기준관련타당도에서는 새로운 측정도구가 기준이 되는 이미 검증된 다른 측정도구와 같은 측정효과를 갖는다면 타당도가 있다고 볼 수 있는 것이다.

예를 들면 자살 가능성을 측정하려는 척도가 타당한 것이 되려면 자기파괴적인 행동과 발생 간의 상관분석(correlation analysis, dependence analysis)이 이루어져야 한다. 기준타당도에서 핵심은 측정도구의 결과를 비교할 수 있는 기준변수를 찾아내는 것이다. 내용타당도가 평가자의 주관적인 판단에 의해 정해지는 것임에 반해, 기준타당도는 경험적인 근거를 통해 객관적으로 타당도를 확인하는 방법이다. 따라서 기준타당도는 표면타당도가 갖는 주관적인 평가에서 벗어나 타당도에 대한 보다 객관적인 증거를 제시한다.

기준타당도는 비교 기준의 시점에 따라 '동시적 타당도(concurrent validity)'와 '예측타당도(predictive validity)'로 구분되는데, 세부적으로 살펴보면 다음과 같다.

(1) 동시적 타당도

동시적 타당도(concurrent validity)는 평가되는 도구를 이미 타당도가 입증되어 평가에 이용된 다른 측정도구와 상관관계를 비교하는 방법인데, '공인타당도'라고도 한다. 예를 들어 새로운 IQ측정지에 의한 검사치를 기존의 검사지에 의한 검사값과 비교해서 상관관계가 높으면 동시적 타당성이 있는 것으로 볼 수 있다.

그러나 동시적 타당도의 단점은 기준이 될 기존의 질문지를 구하기 어렵고, 구했다고 하더라도 비교를 위해 사용된 기존 측정도구의 타당도에도 달려있다는 점이다. 즉 평가하려는 측정도구는 기준으로 사용된 다른 측정도구만큼만 타당하다고 말할 수 있을 뿐이다. 만약 비교를 위해 선택한 측정도구가 타당하지 않다면, 측정도구가 비교 기준과 상관관계가 있다는 것을 보여주더라도 타당한 도구가 되지 못한다. 따라서 조사 연구를 통해 타당도가 입증된 측정도구들만이 동시적 타당도에서 비교의 목적으로 사용되어야 한다.

(2) 예측(예시적)타당도

예측타당도(predictive validity) 혹은 예시적 타당도는 측정을 한 다음 일정한 시간이 경과한 후에 준거에 관한 자료를 수집하여 비교하는 방법이다. 즉 측정도구가 미래의 어떤 상태에 대한 예측과 예시에 사용된다. 이 경우 측정도구를 평가하는 데 사용되는 기준은 미래의 사건들이다. 만약 측정에 의한 결과가 관련 개념이나 변수를 예측하는 데 쓰이면 그 관련 개념이나 변수가 예측 기준이 되어 측정도구의 타당성을 확인해 준다.

예를 들면 수능시험 성적은 학생이 대학에 가서 얻는 학업성취도와 비교됨으로써 예측타당도의 검정을 받을 수 있다. 그리고 확정판결을 받은 범죄자들 중 어떤 사람들이 형기를 마치고 출소했을 때 또다시 범죄에 깊게 빠져들 위험성이 있는지 예측할 수 있는 측정도구를 개발하려는 연구(Chaiken & Chaiken, 1984)도 여기에 해당한다. 그러나 예측타당도는 적절한 미래기준을 찾기가 어렵다는 단점도 있다.

이 두 가지 타당도 모두가 경험적 자료를 구하여 측정도구와 비교하기 때문에 경험적 타당도(empirical validity)라고 말하기도 한다. 동시적 타당도와 예측타당도의 기준에 관한 자료가 숫자로 된 점수로 수집될 수 있으므로 측정도구의 점수와 기준자료의 점수 간의 상관계수를 계산하여 타당도의 수준을 표현할 수 있다. [그림 8-1]은 기준타당도를 나타낸 것이다(김영종, 2001 : 154).

[그림 8-1]에서 U는 측정하려는 대상이고, M은 측정도구를 통해 측정한 값이다. 이때 측정도구의 타당성 문제는 M이 U를 적절하게 나타내고 있는가 하는 것으로 요약된다. 이에 기준타당도는 외부에서 비교 기준(Q)을 찾고, M과 Q의 상관관계를 경험적으로 확인하기 위해 그 둘 사이의 상관계

수인 r_{MQ}를 계산한다. 이 계산된 상관계수에 대한 통계적 판단을 통해 측정도구의 타당성을 확인한다. 즉 r_{MQ}는 측정(M)과 비교 기준(Q) 사이의 상관계수이면서 동시에 타당도 계수이기도 하다.

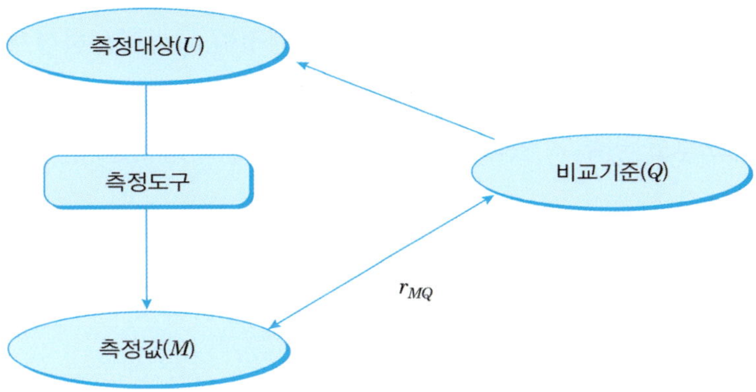

[그림 8-1] **기준타당도의 측정**

한편 기준타당도의 확인을 위해 외부 기준을 사용하는 것은 조사 연구의 추가적인 부담이 될 수도 있다. 또한 비교 기준으로 사용된 측정도구 자체에 대한 타당도와 신뢰도의 문제도 점검해 보아야 한다. 따라서 이미 타당도와 신뢰도를 널리 인정받은 측정도구들을 선택해서 외부 기준으로 삼아야 한다.

4) 구성타당도

타당도들 중 가장 복잡한 것으로 볼 수 있는 구성타당도(construct validity)는 측정하려는 개념과 관련된 개념들이나 가정들을 토대로 전반적인 이론적 틀 속에서 측정도구의 타당성을 경험적으로 확인하는 방법이다. 즉 측정도구가 관련 이론을 구성하고 있는 개념들과 명제들 모두와 상관관계가 있는지의 여부를 결정하기 위하여 전반적인 이론적 틀과 측정도구를 관련시켜 본다.

구성타당도의 검정을 위해서는 대체로 다음의 세 단계를 거칠 필요가 있다. 첫째, 측정도구에 관련된 구성개념에 관한 이론들을 수집하고 체계적으로 정리하여 위계적으로 분석한다. 둘째, 정리된 이론에서 하위의 개념들을 논리적으로 설정한다. 셋째, 문항과 바로 연결될 수 있는 변수를 도출하여 경험적 자료의 비교를 통한 검정이 이루어질 수 있도록 한다. 이렇게 이론에 대한 체계적 분석과 경험적 자료를 통한 검정이 상호작용하면서 계속되는 과정이 바로 구성개념의 타당화이다. 이러한 과정의 반복을 통해 궁극적으로 측정도구를 이루고 있는 구성개념을 보다 명확하게 할 수 있다(정영숙 외, 1998 : 75).

이 경우 측정도구들은 어느 하나의 기준이 아니라 이론에서 도출될 수 있는 다수의 기준들과 어느 정도 관련되어 있는가 하는 측면에서 평가된다. 예를 들면 만약 우리가 사회경제적 지위를 재기 위한 새로운 측정도구를 개발하고자 할 때는 직업적 성취에 관한 이론에서 도출될 수 있는 많은 가설들을 새로운 측정도구가 정확하게 예측할 수 있는지를 봄으로써 타당도를 평가할 수 있다. 그 이론에서는 직업적 성취와 사회경제적 지위를 다른 다양한 개념들과 연결시키는 수많은 명제들이 있을 것이다. 만약 예측된 관계의 전부나 일부가 발견되지 않는다면 새로운 측정도구의 타당도는 의심스러울 수 있다. 물론 여기서 이론 그 자체가 잘못된 것일 수도 있다. 따라서 구성타당도를 평가할 때는 이론 자체의 오류 가능성도 항상 염두에 두어야 한다.

[예] 어떤 연구자가 "결혼생활의 만족도"를 연구하여 그 원인과 결과를 밝혀내려고 한다. 그는 연구의 한 부분으로서 결혼생활의 만족도에 대한 측정도구를 개발하고, 그 도구의 타당도를 평가해 볼 것이다. 연구자는 측정도구의 개발과 함께 결혼생활의 만족도가 다른 변수들과 어떠한 유형의 관계를 맺고 있는가에 관한 어떤 이론적 가설을 개발할 것이다. 예를 들면 그는 가정폭력이 결혼생활의 만족도가 낮은 가정에서 더 많이 일어날 것이라고 결론내릴 것이다. 만약 결혼생활의 만족도에 대한 측정이 예상된 방향으로 가정폭력과의 관련성을 보여준다면, 그러한 관련성은

개발한 측정도구의 구성타당도에 대한 증거가 될 것이다. 하지만 '만족한' 부부와 '불만족한' 부부들 모두에게서 가정폭력이 비슷한 비율로 발생한다면, 측정도구의 구성타당도는 의심받게 될 것이다.

구성타당도에는 매우 복잡한 유형들도 있는데, 그 중 하나가 다중특성-다중방법(multitrait-multimethod)이다(Campbell & Fiske, 1959). 이것은 수렴타당도(convergent validity)와 판별타당도(discriminant validity)라는 두 가지 관점에 근거하고 있다(Rubin & Babbie, 2001 : 196).

첫째, 수렴타당도는 동일한 개념을 재는 두 측정도구들이 타당한 것이 되려면 다른 도구들이긴 하지만 서로 높은 상관관계를 지녀야 한다는 것이다. 이것은 동일한 구성개념을 측정하는 상이한 방법들의 결과가 서로 일치될 때 확인된다. 따라서 만약 임상의(臨床醫)가 면담 등을 통해 직접 결혼생활의 만족도가 낮은 것으로 확인된 클라이언트가 만족도가 높은 것으로 확인된 클라이언트보다 결혼생활의 만족도를 재는 측정도구에서 낮은 점수를 나타낸다고 한다면, 그러한 측정도구는 수렴타당도를 갖게 된다.

둘째, 판별타당도는 두 측정도구들이 비록 유사하더라도 만약 각각 다른 개념을 측정하고 있다면 두 측정 사이에 높은 상관관계를 보여서는 안 된다는 것이다. 이는 동일한 구성개념들에 대한 서로 다른 측정들에서 나타나는 것만큼 큰 유사성이 다른 구성개념들에 대한 여러 측정들에서는 나타나지 않으면서, 다른 한편으로는 서로 다른 구성개념들에 대한 서로 다른 측정들에서 나타나는 것보다 동일한 구성개념들의 상이한 측정들에서 더 큰 유사성이 나타날 때 확인되는 타당도이다.

[예] 우울증이나 자아존중감에 관한 측정도구가 결혼생활 만족도에 관한 측정도구보다 클라이언트의 결혼생활 만족도에 대한 임상의의 직접적인 평가와 더 밀접한 관련성을 보여준다고 가정할 때, 그럴 경우 개발된 측정도구는 비록 수렴타당도를 갖기는 하지만 구성타당도는 갖지 못할 것이다. 만약 우리의 척도가 실제로 결혼생활의 만족도라는 구성개념을 측정하고

> 있다면, 그것은 개념적으로 구분된 다른 구성개념들의 측정도구들보다 결혼생활의 만족도와 직접 관련된 여러 측정들과 더 많이 일치해야 한다. 그리고 만약 우리의 척도가 실제로 결혼생활의 만족도를 측정하고 있다면, 결혼생활의 만족도에 관한 다른 측정들보다 자아존중감이나 우울증의 측정과 더 많이 일치해서는 안 된다.

구성타당도에 대한 이러한 접근법은 서로 간의 상관관계를 계산함으로써 복수의 측정도구들(다중방법)과 복수의 개념들(다중특성)에 대한 동시적 평가를 수행한다. 이 기법은 공격성이나 우울증과 같은 부정적인 정서들에 관한 아동의 자기보고에 대한 타당성을 평가하기 위해 사용되기도 하였다(Wolfe et al., 1987).

구성타당도를 검정하는 방법에는 상관관계를 활용하는 기법 외에 요인분석을 활용하는 기법도 있다. 요인분석은 다변량분석 통계기법으로서 다수의 문항들이나 변수들에 대한 상호관계 유형을 분석해 내어 그러한 상호관계유형들을 대변하는 소수의 가설적 변수인 요인을 찾아내는 다변량분석 통계기법이다.

즉 변수들이나 척도들 간의 상호관계 유형을 분석해 내고, 밀접한 상호관련성을 보이는 변수군들을 각각 대표할 수 있는 요인을 찾아냄으로써 많은 수의 변수들을 보다 적은 수의 가설적 변수들로 축소한다. 요인분석을 통하여 상호 관계가 높은 다수의 척도들을 하나의 요인으로 압축하여 하나의 개념을 측정하는 척도로 간주하는 것이다.

이 외에도 구성타당도에는 특정 개념을 어떻게 이해하고 있는가에 관한 이해타당도(nomological validity)가 있다. 예를 들어 지능은 창조력, 문제를 푸는 능력, 판단력, 순간적인 대처능력 등으로 정의될 수 있는 것이다.

이처럼 표면타당도에서 구성타당도까지 모두 네 가지의 타당도는 순차적으로 이전 타당도의 요소들을 그 다음 단계의 타당도가 모두 포함하고 동시에 새로운 요소들을 더 추가하면서 발전해 나가는 축적의 과정으로 파악될 수 있다(Bailey, 1982 : 72). 다시 말하면 등간측정이 서열측정보다 더 많은 정보를 요하며, 서열측정은 다시 명목측정보다 더 많은 정보를 요하는 것처럼 구성타당도는 기준타당도보다 더 많은 정보를, 그리고 기준타당도는 다시 내용타당도나 표면타당도보다 더 많은 정보를 요한다. 이러한 네 가지 타당화 절차가 [그림 8-2]에 나와 있다.

[그림 8-2]의 (a)는 단지 하나의 개념과 그에 대한 하나의 측정도구를 필요로 하는 가장 단순한 절차인 표면타당도와 내용타당도를 보여주고 있다. [그림 8-2]의 (b)의 기준타당도에서는 단 하나의 개념이 필요하지만, 그 개념에 대한 두 개 이상의 측정도구들이 필요하다. [그림 8-2]의 (c)의 구성타당도는 적어도 두 개 이상의 측정도구를 가진 개념이 필요할 뿐만 아니라 이론적인 명제를 통해 해당 개념과 관련지을 수 있는 다른 개념들과 다른 측정도구들을 필요로 한다.

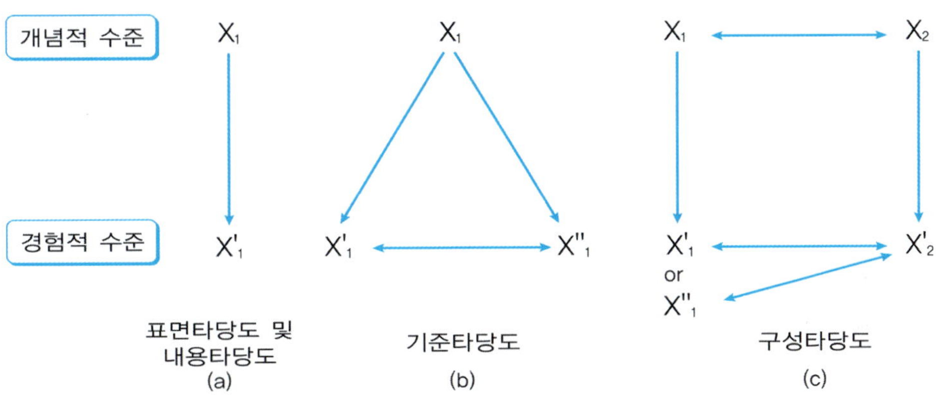

출처 : Bailey(1982 : 72).

[그림 8-2] **타당화 절차들**

따라서 구성타당도는 집중타당도(convergent validity), 판별타당도(discriminant validity)와 이해타당도(nomological validity)의 세 가지의 타당도가 높아야 구성타당도가 높다고 말할 수 있다.

03 측정의 신뢰도

1) 신뢰도의 의미

측정도구의 신뢰도(reliability)란 간단히 말해서 그것이 갖는 일관성이다. 추상적인 의미에서 신뢰도는 어떤 기법이 동일한 대상에 반복해서 적용될 때 매번 동일한 결과를 만들어 내느냐의 여부와 관련된 문제이다. 따라서 신뢰도는 측정에서 무작위적 오류 혹은 확률적 오류(random error)의 크기와 관련되어 있으며, 안정성, 일관성, 예측 가능성, 정확성, 의존 가능성 등으로 설명할 수 있다.

측정도구가 신뢰도를 가질수록 무작위 오류는 줄어들 것이다. 만약 측정되는 개념의 어떤 값이 일정하게 유지될 때 측정결과도 역시 변하지 않는다면 그러한 측정도구는 신뢰도를 갖는다. 물론 측정되는 개념의 값이 변할 경우, 신뢰도가 있는 측정도구는 그러한 변화를 같은 방향으로 나타내 줄 것이다. 측정도구가 신뢰도를 갖지 않는 경우를 생각해 보면, 체중을 일정하게 75kg으로 유지하고 있는데도 체중계로 잰 체중이 오르락내리락한다면 신뢰도 결여는 체중계 내부에 있는 약한 용수철 때문일 수도 있다.

설문지와 같은 사회조사 연구의 경우에서 신뢰도 결여 역시 척도 내부에 있으며, 특히 질문이나 응답 범주들이 너무 애매하여 응답자가 어떻게 대답할지 잘 몰라서 일관된 답을 못하는 것에 원인이 있을 수도 있다. 응답자가 "조사자가 무엇을 원하는지 잘 모르겠다."라고 말하는 질문은 신뢰적이지 않다.

2) 신뢰도의 추정(평가)방법

어떤 척도가 안정적인 신뢰도가 있는 척도인가를 알기 위한 평가방법으로는 몇 가지의 방법이 있는데, 신뢰도는 척도의 타당도와는 달리 측정도구와 그 실제 측정값을 중심으로 판단된다. 따라서 평가방법은 동일한 측정도구의 여러 실제 측정값을 상호비교하거나 여러 측정도구들의 측정치를 서로 비교하는 방식을 취하는데 여기서는 일반적으로 다루어지는 검사-재검사법, 복수양식법, 반분법, 내적일관성 분석법에 대하여 살펴보고자 한다.

(1) 검사-재검사법

검사-재검사법(test-retest method)은 신뢰도 평가를 위한 가장 일반적인 방법이며 신뢰도의 개념적 정의로부터 직접 도출된다. 여기서는 측정도구를 동일한 집단의 사람들에게 연이어 적용시켜 얻은 두 조의 측정값들 사이에 상관관계를 계산한다. 이때 연구자가 얻는 상관계수가 바로 신뢰도 추정치이다.

이 방법을 사용할 때 오류는 동일한 사람이 처음 측정에서 얻는 점수와 다른 측정에서 얻는 점수가 다르게 하는 요인으로 정의된다.

재검사 후 각 사람은 예컨대 〈표 8-1〉에서처럼 동일한 측정도구에 대한 두 개의 점수들을 갖게 된다. 이 두 조의 점수들은 통계기법을 통해 상관관계 분석이 행해진다. 재검사의 신뢰도 검정을 위한 연관성 분석에서는 두 개의 동일한 설문서를 통해 얻어진 자료들이 사용되기 때문에, 일반적으로 상당히 높은 수준의 연관성이 예상된다. 편의상 .80 이상의 상관계수 값이 나오면 그 측정도구는 신뢰도가 있는 것으로 간주된다.

〈표 8-1〉에서 r은 피어슨 상관계수(Pearson Correlation Coefficient, PCC)로서 등간척도(간격척도)나 비례척도(비율척도)의 데이터에서 두 변수의 공분산(covariance)을 각각의 표준 편차의 곱으로 나눈 값인데, 표에서와 같이 .97의 값은 재검사에서 측정도구의 신뢰도가 매우 높다는 것을 뜻한다.

〈표 8-1〉 재검사의 예시 데이터

응답자	첫 번째 검사(x)	두 번째 검사(x')
1	10	15
2	14	20
3	20	31
4	37	34
5	40	35
6	41	36
7	42	40
8	61	56
9	72	67
10	77	79

$$r_{xx'} = \frac{S_{xx'}}{S_x S_{x'}} = \frac{(454.31)}{(23.11)(20.20)} = .97$$

검사-재검사법의 논리를 그림으로 나타내면 [그림 8-3]과 같다. 첫 번째의 측정결과 x와 두 번째 측정결과 x'가 겹치는 부분이 측정하려는 속성의 참값(t)이고, x쪽의 겹치지 않는 부분 e_x는 첫 번째 측정에서 발생한 오류 부분이며 x'쪽의 겹치지 않은 부분 $e_{x'}$는 두 번째 측정에서 생긴 오류이다. 이 양쪽의 오류 부분이 적고 두 측정이 중첩되는 참값 부분이 많을수록 좋은 척도이다. 통계적으로는 겹치는 부분이 많아지면 x와 x'의 상관관계가 높아지며, 그러한 측정도구는 안정성이 높다고 평가된다(정영숙 외, 1998 : 62).

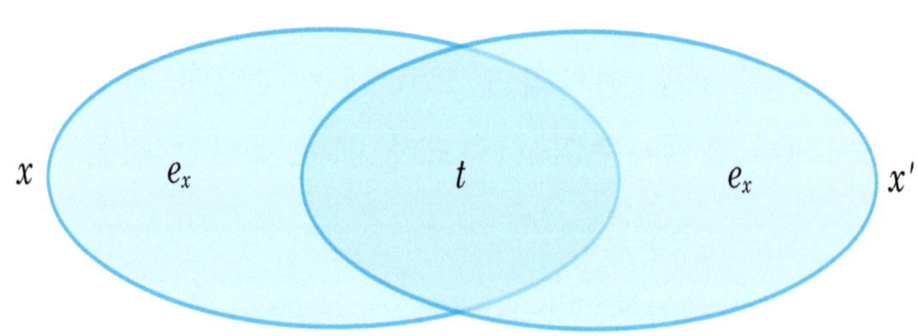

x : $t+\varepsilon_x$(첫 번째 측정) x' : $t+\varepsilon_{x'}$(두 번째 측정)

측정값 = 실제값 + 무작위오차

출처: 정영숙 외(1998 : 62).

[그림 8-3] 재검사법의 도식

실제로 검사-재검사법은 사람들을 동일한 측정도구에 두 번씩이나 접하게 해서 다검사 효과(multiple-testing effects)의 문제를 발생시키기 때문에 그렇게 간단히 사용될 수 없다. 측정도구가 두 번째 적용될 때, 사람들은 처음과 다르게 반응할 수도 있다.

예를 들면 그들은 처음의 응답을 기억하고 그것이 두 번째의 반응에 영향을 미칠 수 있다. 사람들은 처음의 반응을 기억하면서 일관성을 유지하기 위해 동일한 응답을 하거나 아니면 다양성을 위해 의도적으로 다른 반응을 나타낼 수 있다. 어느 경우든 신뢰도 검정에 복잡한 영향을 미친다. 만약 사람들이 일관성을 기하려고 노력한다면 측정도구의 실제적인 비신뢰도를 가릴 수 있고, 또 의도적으로 다른 반응을 나타낸다면 신뢰적인 측정도구를 비신뢰적인 것으로 만들 것이다.

이러한 딜레마를 해결하기 위한 하나의 해결책은 〈표 8-2〉에서처럼 검정대상 집단을 실험집단과 통제집단으로 나누는 것이다(Monette et al., 2002 : 119). 이상적인 경우에는 측정도구가 세 번의 검정과정에서 일관된 결과를 나타내게 되고, 그것이 측정도구의 신뢰도에 대한 명확한 증거가 될 것이다. 반면에 집단들 사이에 상당한 차이가 있게 되면 그것은 비신뢰도를 뜻한다.

〈표 8-2〉 **검사-재검사 설계**

	초기 검사	재검사
실험집단	○	○
통제집단	×	○

예를 들면 실험집단이 양쪽 측정에서 일관성을 보이는 한편, 통제집단은 그렇지 않다면 측정도구는 비신뢰적이며, 실험집단의 일관성은 다검사 효과로 나타났을 수도 있다. 반면에 실험집단이 일관되지 않은 결과를 보이고 통제집단이 실험집단의 첫 검사 결과와 동일하다면, 이 결과 역시 다검사 효과가 작용한 것으로서 실험집단이 재검사 동안에 의도적으로 다른

응답을 한 데서 원인을 찾을 수 있다. 이러한 결과가 발생한다면 실험집단의 비일관성에도 불구하고 측정도구는 신뢰적일 수 있다.

끝으로 세 번의 검정결과들이 모두 비일관적이라면 측정도구가 신뢰적이지 않다는 것을 말한다. 만약 측정도구의 신뢰도를 의심하게 하는 어떠한 결과라도 발생하게 되면, 좀 더 명확한 결과를 얻을 수 있는 두 번째의 재검사 실험이 구성되어야 한다. 그때에도 역시 동일한 결과가 나타난다면 측정도구는 재구성될 필요가 있다.

신뢰도 평가를 위한 감사－재검사법은 언뜻 봐서는 매우 타당한 것 같지만 장점과 단점을 같이 갖는다. 장점으로서는 다른 평가방법들과는 달리 이 방법은 많은 측정도구들에 사용될 수 있다는 것이다. 하지만 그것은 두 번의 검사가 필요하고 가능하다면 통제집단을 확보하는 것이 바람직한 요건이라는 점 때문에 결국 사용이 번거롭고 많은 시간을 요한다는 단점이 있다. 그 뿐만 아니라 결과가 명확하지 않아서 전체 과정을 다시 반복해야 하는 수도 있다.

아울러 재검사는 두 검사들의 시간적 간격 사이에 값이 변할 수 있는 변수들에 대한 측정도구에는 사용될 수 없다. 예를 들면 사람들의 태도는 검사와 무관한 이유로도 변할 수 있으며, 따라서 태도의 측정도구는 실제와는 다르게 비신뢰적으로 나타날 수 있다. 예컨대 일정한 시간 간격을 두고 다시 측정한다는 것은 실제 연구에서 시간적·경제적 어려움이 따른다는 것 외에도 다음과 같은 몇 가지의 문제점을 지닌다(이군희, 2001 : 94-95).

첫째, 시간에 따라 실제값의 변화가 있을 수도 있다. 일정한 시간 간격을 두고 측정이 반복되기 때문에 시간이 흐름에 따라 개념이나 속성 자체가 변하여 측정된 상관계수가 실제의 신뢰도보다 낮게 나타날 수 있다. 특히 성장과정에 있는 아동의 정서적 속성은 두 검사의 시간적 간격에서 두 번째 검사의 결과에 영향을 줄 수 있을 정도로 변화가 일어날 수 있다.

둘째, 첫 번째 측정의 결과가 두 번째의 측정값에 변화를 초래할 수 있다. 즉 첫 측정에서는 별생각이 없이 응답하였으나, 두 번째 측정에서는 응답의 의미를 다시 생각하게 되고 첫 측정과 다르게 응답할 수도 있다. 이 경우 계산된 신뢰도는 과소평가되어 실제의 신뢰도보다 낮을 수 있다.

셋째, 반복 측정으로 인해 학습효과가 나타날 수 있다. 측정대상이 첫 검사의 응답을 기억하여 두 번째의 검사에서도 동일한 응답을 할 수 있다. 이 경우 평가된 신뢰도는 실제의 신뢰도보다 높게 나타난다.

일반적으로 검사-재검사의 시간 간격이 짧을수록 첫 측정의 결과를 기억하여 일관성 있게 응답하거나 의도적으로 다른 응답을 하는 경향이 강하기 때문에 과대평가되거나 과소평가된 신뢰도를 얻는 경우가 흔하다. 그렇다고 시간 간격을 무작정 늘릴 수만도 없는데, 그 사이에 실제 개념이나 속성 자체가 변할 수도 있기 때문이다.

따라서 2주에서 4주의 시간 간격이 적당하다고 하기도 하며(이군희, 2001 : 95 재수정), 검사와 재검사의 간격을 최대한 6개월을 넘기지 않는 것이 바람직하다고도 한다(Anastasi, 1997). 결국 시간 간격이 길어지면서 발생하는 실제값의 변화를 줄이고, 시간 간격이 짧아지면서 나타날 수 있는 선행 측정의 결과에 의한 영향과 학습효과를 줄일 수 있는 적당한 시간 간격이 필요할 것이다.

(2) 반분법

반분법(split-half method)은 하나의 측정도구를 2개 이상의 부분으로 나누고 그 나눈 분절들을 각각 독립된 측정도구로 간주하여 신뢰도를 추정하는 방법이다. 따라서 반분법은 검사-재검사 방법의 단점을 보완할 수 있는 방법이다. 측정도구가 설문서일 경우, 설문서가 홀수 번호의 문항들로 된 조와 짝수 번호의 문항들로 된 두 조로 나뉜다. 두 조의 문항들은 각각 별개의 측정도구로 간주되어 측정이 이루어진다.

이상적인 반분법에서는 일단 응답자들이 전체 측정도구에 응답한 다음, 그 응답들이 무작위로 반분된다. 이때 두 조의 결과들에 대한 상관분석이 이루어지고 거기서 얻은 상관계수는 신뢰도의 추정치로 간주된다. 재검사의 경우와 마찬가지로 일반적으로 신뢰도를 입증하기 위해서는 $r=.80$ 정도의 상관계수 값이 필요하다.

반분법의 사용에 따르는 문제점은 다른 조건이 동일하다면 측정도구가 길수록 신뢰도가 더 크기 때문에, 반분해서 구한 상관계수가 측정도구의 신뢰도를 과소평가한다는 것이다. 측정도구의 길이를 무한히 길게 한다면 그 측정은 재려는 속성의 전체에 아주 근접하게 되고, 따라서 거의 참값에 가까운 측정치를 얻을 수 있을 것이다. 이것은 측정도구의 길이가 길어질수록 신뢰도도 높아진다는 것을 의미한다. 그러한 논리로 보면 반분법은 척도를 반분하고 그 각각의 반분은 전체의 척도보다 짧기 때문에 그것의 신뢰도가 전체 척도보다 낮게 나타날 것이다. 이러한 점을 감안하여 상관계수는 다음과 같은 스피어만-브라운 공식(Spearman-Brown formula)에 의해 조정된다.

$$r_{xx'} = \frac{2r_{oe}}{1 + r_{oe}}$$

여기에서 $r_{xx'}$ = 전체 측정도구의 신뢰도
r_{oe} = 홀수 항목들과 짝수 항목들의 점수들 사이의 상관계수

스피어만-브라운 공식의 효과를 확인해 보면, 어떤 측정도구가 있어서 전체 20개의 문항을 가지며, 그 반분된 두 조의 점수들 간에는 신뢰도 입증을 위한 최솟값보다 작은 $r=.70$의 상관계수 값을 가진다고 보면, 이 경우 스피어만-브라운 공식은 반분의 상관계수 값을 다음과 같이 교정한다.

$$r_{xx'} = \frac{(2)(.70)}{1 + .70} = \frac{1.40}{1.70} = .82$$

이처럼 공식은 .80보다 낮은 교정되지 않은 계수를 .80보다 더 높이는 실질적인 효과를 보이고 있다. 실제의 측정도구에서 이러한 결과를 얻는다면 그것의 신뢰도가 적절하다는 결론을 내릴 수가 있게 된다.

한편 이 스피어만-브라운 공식은 반분된 두 검사 각각의 표준편차(변량)가 같다고 가정한다. 두 검사의 표준편차가 다르다면 스피어만-브라운 공식은 신뢰도 계수를 실제보다 더 높게 평가한다.

즉 두 개의 반분 검사에서의 점수 차이는 우연한 것이며, 이를 전체변량으로 나눈 것이 오차변량의 비율이 된다. 그리고 1에서 이 오차변량의 비율을 뺀 값이 참변량의 비율인 동시에 신뢰도가 된다(정영숙 외, 1998: 68).

반분법의 사용은 적용 가능성을 제한할 수 있는 두 가지의 선결조건들의 충족을 요한다(Monette et al., 2002: 120-121).

첫째, 측정도구의 모든 항목들은 동일한 변수를 측정하고 있어야 한다. 만약 관련 척도가 몇 개의 다른 변수들을 측정하는 이질적인 항목들이라면 그것을 반분하여 비교하는 것은 아무런 의미가 없을 것이다.

둘째, 척도는 충분한 수의 항목들을 포함하고 있어야 한다. 반분한 부분들이 너무 짧아서 그 자체로서 독립된 척도들로 간주할 수 없을 정도가 되어서는 안 되기 때문이다. 반분된 것이 최소한 8개에서 10개의 항목들은 되어야 한다는 견해가 있다(Goode & Hatt, 1952: 236). 많은 측정도구들이 이러한 최소요건보다 짧기 때문에 반분법으로 그들의 신뢰도를 평가할 수 없을 것이다.

신뢰도 검정을 위한 반분법은 다음과 같은 몇 가지의 장점이 있다. 첫째, 그것은 하나의 검사과정을 요하며 통제집단을 필요로 하지도 않는다. 둘째, 반분법은 신뢰도에 대한 가장 명확한 지표를 제공해 준다. 이러한 이유로 신뢰도 평가에 방법론적으로 가능하기만 하면 많이 선호되는 방법이기도 하다. 유일한 단점은 앞에서도 언급했듯이 사용이 항상 가능한 것이 아니라는 것이다.

(3) 대안비교법 / 복수양식법

대안비교법(alternative-forms method)에 속하는 복수양식법(multiple forms techniques)은 상호 교환적인 유사 양식의 두 설문서를 사용하여 그 결과를 서로 비교함으로써 신뢰도를 평가하는 방법으로 유사양식법(parallel-forms method)이라고도 한다. 측정하는 속성은 같으나 구체적인 문항들은 서로 다른 두 검사를 동시에 혹은 시간 간격을 두고 실시하여 그 점수를 비교하는 방법이다. 교육학 분야에서 많이 사용되고 있는 이 방법은 재검사와 비슷한 과정을 거쳐서 신뢰도가 평가되지만, 동일한 측정 대상에 대하여 두 형태의 유사한 측정 방법이 적용된다는 점에서 차이가 있다.

이 방법은 재검사법이 갖는 한계를 어느 정도 극복할 수 있다. 서로 다른 시점에서 동일한 검사를 두 번 실시해서 발생할 수 있는 학습효과나 선행 측정의 결과에 의한 영향을 방지하기 위해, 복수양식법은 서로 다른 두 형태의 유사한 검사를 동시에 한 집단에게 실시한다. 이 방법에 의한 신뢰도 평가는 재검사법과 마찬가지로 유사한 양식들로 검사된 두 측정값 사이의 상관계수($r_{xx'}$)로 이루어진다. 즉 x와 x'를 유사한 두 검사들에서 얻은 결과들이라면 다음의 등식이 성립한다.

$$\text{두 측정값의 상관계수} = \rho(x, x') = x\text{의 신뢰도} = x'\text{의 신뢰도}$$

그러나 복수양식법의 사용에 따르는 몇 가지의 문제점이 있다.

첫째, 이 방법에는 최소한 두 개 이상의 유사한 측정방법이 있어야 한다는 어려움이 있다. 일반적으로 한 개의 측정방법을 만드는 것도 쉽지가 않은데 추가적으로 새로운 측정방법을 개발한다는 것은 연구자에게 추가적인 부담이 될 것은 분명하다.

둘째, 서로 다른 양식의 두 검사가 어느 정도 유사한지 확인할 수 있는 방법이 없다. 둘 이상의 측정도구의 등가성을 확보하는 것, 즉 동등한 측정도구를 개발하는 것이 어렵다는 것이다. 비록 과학자들에 의해 유사성이나 등가성의 확인을 위한 통계적 절차들이 개발되어 있긴 하지만, 내용을 두 가지의 유사한 양식으로 재구성하는 작업은 결국 직관적인 판단에 의지할 수 밖에 없다(Nachmias & Nachmias, 2000 : 156). 만약 두 양식으로부터 일관되지 않은 결과가 나타난다면, 그것은 두 양식 중 어느 하나가 신뢰적이지 않은 것보다는 검사 자체가 서로 다른 것이 그 원인일 수도 있다.

셋째, 시간 간격을 두고 상호 교환적인 두 형태의 유사 측정방법을 적용할 수도 있다. 이 경우에는 재검사법에서 나타나는 학습효과에 따른 과대평가되거나 선행측정의 결과에 의한 영향으로 과소평가된 신뢰도의 문제는 해결할 수 있으나, 시간 간격으로 인한 실제 측정값의 변화를 제대로 구분하지 못하고 과소평가된 신뢰도를 얻을 수 있는 문제점은 여전히 존재한다.

마지막으로 다검사의 효과(multiple-testing effects)가 나타날 수도 있다. 복수양식법은 두 개의 양식들이 응답자들에게는 하나의 긴 검사로 보이게 해서 자신들이 동일한 검사를 두 번 받고 있다는 것을 인식하지 못하도록 하는 것을 전제로 한다. 이처럼 응답자들을 속여야 한다는 것이 복수양식법이 지니는 하나의 단점이 될 수 있다. 유사 양식들의 동등성을 유지하기 위하여, 그것들이 담고 있는 문항들이 매우 유사해서 사람들이 본질적으로 동일한 항목들에 두 번씩 응답하고 있다는 사실을 인지할 수도 있다. 만약 그러한 일이 일어난다면, 그것은 다검사 효과의 폐단을 야기할 것이고 신뢰도 평가의 정확성을 의심스럽게 할 것이다.

(4) 내적일관성 분석법

내적일관성 분석법(internal consistency analysis)은 크론바흐의 알파(Cronbach's Alpha) 계수값을 이용하여, 동일한 개념을 측정하는 여러 항목들 중 일관성이 없는 항목, 즉 신뢰도를 저해하는 항목을 찾아내어 배제시킴으로써 신뢰도를 높이는 신뢰도 평가방법이다. 이 방법은 신뢰도 수준이 측정도구의 각 항목이 가지고 있는 개별변량과 전체 변량 간의 상관관계를 통하여 계산되므로, 개별변량이 크면 일관성이 적게 되고 따라서 신뢰도도 떨어지게 된다는 논리에 근거하고 있고 현재 척도의 신뢰도 판단방법으로 가장 많이 사용되고 있는 방법이다.

한편 앞에서 살펴본 반분법은 측정도구를 어떻게 반분하느냐에 따라 서로 다른 상관계수들이 계산되어 나오므로 결국 단일의 신뢰도를 얻을 수 없다는 문제점을 갖는다. 이 점에 착안하여 내적일관성 분석법은 가능한 모든 반분법의 신뢰도들을 구한 다음 그 평균값으로 단일의 신뢰도를 추정한다. 이 방법은 쿠더와 리처드슨(Kuder-Richardson, 1933)에 의해 처음 개발되었고, 그 후 크론바흐(Cronbach)가 수학적인 설명을 해내면서 크론바흐의 알파(Cronbach's Alpha) 계수법 혹은 알파계수법이라고 불리게 된다.

하나의 척도가 담고 있는 항목들을 무작위로 반분하는 방법은 엄청스럽게 많을 것이다. 예를 들면 20개의 항목으로 된 척도는 184,756가지의 가능한 반분들이 있으며, 따라서 그 수만큼의 다른 신뢰도 검정방법들이 가능하고, 그에 따른 각각의 방법은 다른 반분법 상관계수들을 계산해 낼 것이다. 그렇다면 어느 것이 신뢰도 평가에 사용될 것인가 하는 문제가 나온다. 이 문제를 해결하기 위해 가장 널리 사용되는 방법이 바로 크론바흐의 알파계수법인데, 이것은 모든 가능한 반분법 상관계수들의 평균값이다. 이론적으로 측정도구는 가능한 모든 형태의 반분으로 나뉠 수 있고, 각의 반분에 대한 상관계수가 계산되어 나오는데 그 상관계수들을 평균한 것이 알파값이다.

크론바흐(Cronbach, 1951)가 제시한 α 계수값의 계산공식은 다음과 같다.

$$\alpha = \frac{k}{k-1}\left(1-\frac{\Sigma\sigma_i^2}{\sigma_y^2}\right)$$

여기에서 α =크론바흐의 알파계수 값
k =측정항목 수
σ_y^2 =측정항목 모두를 합한 총화척도의 분산(변량)
σ_i^2 =각 항목의 분산(변량)

계산이 매우 복잡하긴 하지만 대부분의 컴퓨터 통계패키지가 복잡한 다른 신뢰도 검정과 함께 크론바흐의 알파계수 값을 자동으로 계산해 주기 때문에 염려할 것은 없다. 실제로 계산작업은 너무나 방대하기 때문에 컴퓨터의 도움 없이는 수행할 수 없기도 하다. 따라서 연구자가 할 일이란 측정 도구의 항목들에 대한 각 응답자의 응답들로 구성된 데이터를 준비하는 것뿐이다.

알파계수의 신뢰도는 0에서 ±1 사이의 값을 가지며, 신뢰도를 입증하기 위해서는 대체로 양의 값 중에서 0.5 이상의 값을 얻을 필요가 있다. 탐색적 연구에서는 0.5 이상을, 설명적 연구에서는 0.7 이상을 요구하기도 하지만, 일반적으로 0.6 이상이면 만족할 만한 신뢰도가 있는 것으로 본다.

3) 타당도와 신뢰도의 관계

타당도가 측정하고자 의도하는 것을 어느 정도 충실하게 측정하고 있는가의 개념인 반면, 신뢰도는 '얼마나 정확하게', 혹은 '얼마나 오차 없이' 측정하고 있는가의 개념이다. 그러므로 측정에서 타당도와 신뢰도를 확보하는 것이 매우 중요하다. 하지만 신뢰도와 타당도 사이에는 어떤 긴장관계나 손익교환(trade-off)의 관계에 있는 경우도 흔히 있다. 예컨대 여러 사회복지 기관들에서 근무하는 사회복지사들의 사기를 측정한다고 가정하면, 연구자가 직접 그들의 일상적인 업무 수행에 접해서 관찰하고 나아가 그들과 이야기를 나누어 보는 것이 고충사례의 수를 집계하는 것보다 훨씬 타당한 측정이 될 것이다. 하지만 고충사례의 수를 집계하는 측정이 그들의 사기를 측정하는 데 있어서 더 일관적이며 따라서 더 큰 신뢰도를 갖는다.

이 상황은 조사 연구를 위한 측정에서 타당도와 신뢰도 간에 갈등관계가 존재한다는 것을 보여준다. 조사 연구에서 대다수의 개념은 미묘한 뉘앙스를 가지고 있어서 그것의 진정한 의미들을 정확하게 구체화하기 어렵다. 따라서 어떤 개념에 대해 신뢰도가 높은 조작적 정의를 내리고 측정을 구체화하는 것은 그 개념이 갖는 풍부한 의미를 없앨 수도 있다. 반면에 그 개념에 대해 더 많은 변이의 가능성과 풍부한 의미를 인정하게 되면 그것이 특정한 상황들의 측정에 적용될 때 일관성을 잃을 수도 있고, 따라서 측정의 신뢰도는 약해진다.

이러한 딜레마는 사회조사 연구에서 두 가지의 상이한 접근방법이 계속 유지될 수 있는 근거가 되기도 한다. 서베이(survey)나 실험의 경우처럼 양적이고 법칙정립적이며, 구조화된 기법을 사용하는 연구에서의 측정은 신뢰도는 높지만 타당도가 낮을 가능성이 있으며, 현장조사, 역사적 연구, 민속방법론 등의 연구 측정에서는 타당도는 높지만 신뢰도가 떨어질 가능성이 다분히 있는 것이다.

측정의 정확성을 위해서는 측정도구가 타당도와 신뢰도가 모두 갖추고 있어야 한다. 타당도를 위해 신뢰도를 희생한다거나 아니면 신뢰도를 위해 타당도를 약화시킨다는 것은 바람직하지 않다. [그림 8-4]는 타당도와 신뢰도의 관계를 나타내고 있다.

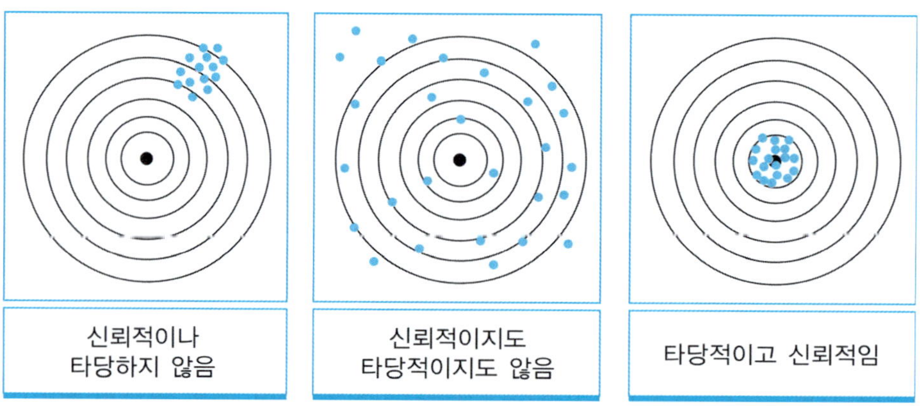

[그림 8-4] 신뢰도와 타당도의 관계

통계학적인 용어로 표현해 본다면 타당도는 측정들의 기댓값이 모수(참값)에 어느 정도 근접해 있는가 하는 것이고, 신뢰도는 측정들의 분산이 어느 정도인가 하는 문제와 관련되어 있다고 볼 수 있다. 결국 두 개념은 서로 별개의 차원에서 논의될 수 있으며, 어느 하나의 확보가 다른 것을 전제하지 않고서도 가능하다. 이렇게 본다면 두 기준들의 관계를 다음과 같이 간단히 요약할 수 있겠다.

① 신뢰도와 타당도는 항상 정의 상관관계를 갖지는 않는다. 즉 신뢰도가 높다고 해도 타당도가 항상 높은 것은 아니다.
② 신뢰도 없이 타당도를 가질 수 있다. 즉 신뢰도는 타당도를 위한 필요조건이지 충분조건은 아니다.
③ 타당도가 있으면 대체로 신뢰도도 있으나 절대적인 것은 아니다.

이런 문제에 접해서 연구자는 타당도와 신뢰도가 갖는 각각의 의미를 정확하게 파악하여 상황에 따른 최선의 선택을 기해야 한다. 신뢰도가 높으면서 동시에 타당도를 높게 할 수 있는 척도를 개발하는 것이 사회과학 연구자에게는 계속되는 하나의 딜레마가 된다.

이를 위해서는 우선 신뢰도를 높이는 다음과 같은 방법을 고려할 수 있다.

① 척도의 문항수가 많을수록 신뢰도는 증가한다.
② 문항의 난이도가 중간 정도인 문항이 많을수록 신뢰도는 증가한다.
③ 문항의 변별도가 높을수록 신뢰도는 증가한다.
④ 검사문항의 측정 내용이 좁을수록 신뢰도는 증가한다.
⑤ 문항 표본이 문항 모집단을 잘 대표할수록 신뢰도는 증가한다.
⑥ 문항의 문장들이 동질적일수록 신뢰도는 증가한다.
⑦ 검사의 목적에 적합한 집단일 때 신뢰도는 증가한다.
⑧ 검사대상 집단의 개인차 범위가 커질수록 신뢰도는 증가한다.
⑨ 검사의 시간(속도)을 충분히 부여할수록 신뢰도는 증가한다.
⑩ 검사환경이 일정할수록 신뢰도는 증가한다.

03

PART

조사 연구의 자료수집과 분석

CHAPTER 09 표본과 표집

01 표본과 표본조사

1) 표본

사회복지학을 포함한 사회현상에 관한 자료를 수집·분석하고 결과를 도출하는 데 있어 가장 좋은 자료는 그 현상과 관련된 전체 사람을 대상으로 수집한 것이 된다. 예컨대 삶의 질과 독서가 관계가 있는지를 조사하고자 한다면 일부 사람들을 대상으로 조사한 자료보다 전체 집단의 자료가 더 신뢰할 수 있게 된다. 그러나 전체를 대상으로 한 전수조사를 하는 것은 시간과 비용이 너무 많이 들고 또 성폭력 경험자나 알코올중독자 등과 같이 전체 집단의 규모나 특성이 분명하지 않아서 접근하기 어려울 경우에는 전수조사 자체가 불가능할 수도 있다.

이런 경우 불가피하게 전체 중 일부만을 대상으로 하는 조사하기도 한다. 이때 연구의 대상으로 삼는 전체 집단을 모집단(population)이라 하고, 자료수집을 위해 실제 조사의 대상이 되는 일부 사람들의 집단을 표본(sample)이라고 한다. 모집단은 연구대상의 전체 집단을 말하는데, 예컨대 대학생의 자원봉사 관념에 대한 조사가 목적이라면 모집단은 전국의 모든 대학생들이 된다. 그러나 연구의 범위를 특정한 일부지역의 대학생으로 한정하는 경우에는 이 지역의 대학생들만이 모집단에 포함되고 분석결과 역시 일정하게 규정된 모집단에 대해서만 적용된다. 한편 모집단에 속해 있는 사람의 수가 한정되어 있는가? 한정되어 있지 않은가?에 따라서는 유한 모집단

(finite population)과 무한 모집단(infinite population)으로 나눌 수 있다.

다른 분야도 마찬가지이지만 사회복지 분야의 연구에서 모집단을 명확하게 정의하는 것이 중요하다. 명확하게 정의된 모집단으로부터 대표성 있는 표본을 추출할 수도 있으며, 나아가 표본의 분석결과를 통해 모집단에 대해 연구목적과 관련된 정책 제언이나 사회적 프로그램의 개발에 관한 신뢰성 있는 자료를 제공할 수 있기 때문이다.

대체로 사회조사분석에서는 모집단에 대한 전체 조사보다는 그 일부인 표본집단의 조사를 통하여 자료를 수집한다. 표본은 무작위(random sample)로 선정되어야 한다. 무작위란 모집단에 속한 모든 사람들이 표본으로 선정될 확률이 동일하도록 한다는 것이다. 예컨대 자원봉사 대학생들의 표본을 구성할 목적으로 노인복지관에서 자원봉사를 하는 대학생들만을 대상으로 해서 그중 몇 명을 표본으로 선정한다면 그 표본은 무작위 표본으로 볼 수 없다. 장애인복지관이나 여성복지관 등과 같이 노인복지관 이외의 다른 많은 기관들에서 자원봉사를 하는 대학생들은 표본으로 선정될 수 없기 때문이다.

노인복지관에서 자원봉사를 하는 대학생들의 몇 명만을 표본으로 선정할 경우 그 표본은 노인복지관에서 봉사를 하는 대학생들만을 모집단으로 하고 그들만을 대표한 무작위 표본이다. 즉 그 학생들이 자원봉사를 하는 대학생 전체를 대표하는 사람들이라고는 볼 수 없는 것이다. 표본을 선정할 경우 연구목적에 부합되는 모집단 리스트를 가지고 선정해야 완전 무작위 표본이 될 수 있다.

모집단으로부터 표본집단을 선정하는 것을 표본추출(sampling) 혹은 표집이라 한다. 사회조사에서 모집단이 아니라 추출된 표본집단을 조사하는 이유는 최소의 비용과 시간을 들여 모집단조사와 동일한 효과를 얻기 위한 것이다. 따라서 표본집단은 모집단의 특성을 잘 반영하는 대표성(representative)과 모집단의 특성을 적절히 보장하는 적절성(adequacy)이 있어야 한다(강영걸 외, 2004).

사회조사에서 표본집단이 대표성과 적합성을 갖는가의 여부는 평균, 분산, 표준편차 등의 통계량을 각각 대응되는 모집단의 특성인 모수와 비교함으로써 파악될 수 있다. [그림 9-1]은 모집단에 표본집단이 포함되어 있고, 모집단의 평균, 분산 및 표준편차와 표본집단의 평균, 분산, 표준편차가 서로 상이하다는 것을 보여주고 있다.

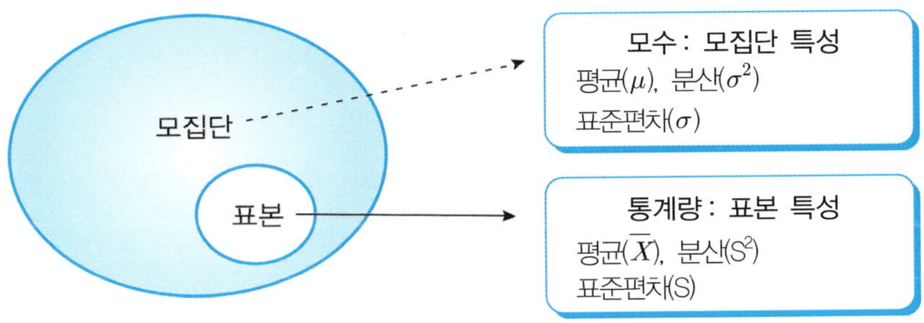

[그림 9-1] **모집단과 표본집단**

표본집단의 구성단위는 모집단의 구성단위와 동일하다. 예를 들면 모집단의 구성단위가 개인, 집단, 단체 등이라면, 표본집단도 동일한 구성단위들로 선정되어야 한다. 이를 표본단위(sample unit)라 한다.

사회조사는 표본집단을 조사하여 모집단의 특성을 구하려고 하는데, 이때 표본집단으로부터 구하는 값을 측정값이라 하고, 실제 모집단의 값을 참값이라고 한다. 그리고 모집단 전체를 조사하지 않고 표본을 추출하여 조사함으로써 생기는 오차를 표본오차(sampling error)라고 한다. 표본오차가 어느 정도인가는 확률론에 기초하여 일정 식으로 계산할 수 있는데, 크기는 일반적으로 오차의 표준편차로 나타나고 표준오차(standard error)라고 부른다.

사회조사에서는 주로 표본의 측정값을 계산하여 모집단의 참값을 추정하게 되는데, 측정값과 참값 간의 관계는 다음과 같다.

측정값=참값+오차

측정값이 참값으로 활용되기 위해서는 오차가 작고 일정하여야 하는데 그것을 정확성과 정밀성으로 표현한다. 정확성(accuracy)이란 측정을 반복·실행하여 얻은 측정값들의 평균이 "참값"에 근접하는 정도를 뜻한다. 오차가 작을수록 측정값은 참값이 될 가능성이 높으며, 따라서 측정값은 정확성이 높다고 한다. 정밀성(precision)은 측정을 반복하여 얻어지는 측정값들이 서로 동일하게 나타나는 정도, 즉 반복측정 데이터들 간의 일치 수준을 나타낸다. 오차가 어느 정도 존재하고 있으나, 반복측정이 되어도 오차의 값이 크게 변동하지 않을 때 측정값은 정확성은 약하지만 정밀성은 높다. 이들의 관계는 [그림 9-2]에서와 같다(강영걸 외, 2004 : 347).

[그림 9-2]에 의하면 정밀성이 아주 높아도, 정확성은 떨어질 수 있다(그림 ⓒ). 반면에 정확성이 매우 높으면 정밀성도 높다(그림 ⓐ). 또한 정확성은 어느 정도 존재하지만, 정밀성은 떨어질 수 있으며(그림 ⓑ), 정확성과 정밀도 모두 낮은 경우(그림 ⓓ)도 존재한다. 예를 들면 정밀성이 높다고 정확성이 항상 높은 것은 아니지만, 정확성이 높으면 정밀성은 어느 정도 보장된다고 할 수 있다. 따라서 정밀성을 향상시키려는 것보다 정확성을 높이려는 것이 더 유리하다.

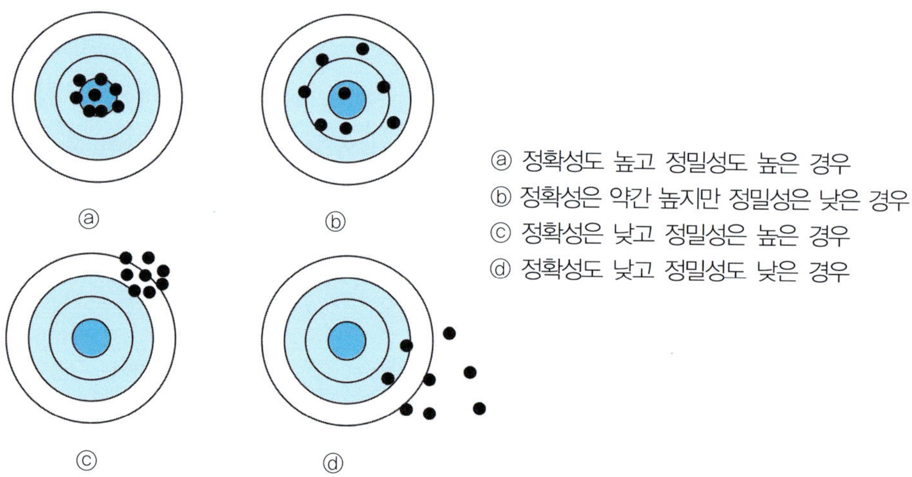

[그림 9-2] 정확성과 정밀성의 관계

2) 표본조사

전수조사는 모집단 전체를 조사하는 것이다. 연구모형이 매우 정교하여 표본에서 얻은 자료의 분석 결과로 모집단에 대한 모수 추정에 무리가 있다든지, 모집단의 규모가 작아 전수조사에 어려움이 없을 경우에는 모집단 전부를 조사하는 것이 바람직하다. 하지만 대부분 연구자들이 표본조사를 하게 되는데 대체로 모집단이 매우 크거나 무한에 가까우므로 시간과 경비의 제약으로 인하여 표본조사에 의하지 않고는 연구할 수 없기 때문이다. 또 어떤 모집단은 접근 자체가 불가능하기도 하다. 전수조사가 가능한 경우라도 시간과 경비를 고려할 때 표본조사가 더 효율적인 경우가 많다.

표본조사는 다양한 방법으로 모집단의 일부를 표본으로 선정하여 필요한 정보를 얻는 것이다. 표본조사의 궁극적인 목적은 표본의 특성으로 모집단의 특성을 추정하는 데 있다. 따라서 표본으로 선정된 개인 혹은 집단은 모집단을 대표할 수 있어야 한다. 표본에서 얻어진 자료로 모집단의 특성인 모수를 제대로 추정할 수 있기 위해서는 반드시 필요한 조건이다. 실제로 정치, 경제, 사회의 모든 현상에 대해 우리가 알고 있는 모든 정보와 자료는 표본에서 얻은 결과라고 할 수 있을 정도로 표본조사는 다양한 목적으로 널리 이용되고 있다.

(1) 표본의 대표성

표본이 갖추어야 할 가장 중요한 특성은 대표성(representativeness)이다. 즉 표본은 모집단의 특성을 그대로 나타낼 수 있을 정도로 대표성이 있어야 한다. 예를 들면 모집단의 20%가 노인이라면 표본에서도 노인이 동일한 비율을 나타낼 때 그 표본은 모집단을 잘 대표할 수 있다고 말할 수 있다.

그러나 대부분 모집단이 무한히 크기 때문에 모집단 분포에 관한 정보를 얻기가 쉽지 않아 표본의 대표성을 확인하기가 어렵다. 다만 연구자들은 표본의 대표성을 확보하기 위해 충분한 크기의 표본을 추출하고 아울러 표본 추출 과정에서 신뢰도(reliability) 및 적절성(adequacy)을 높이고자 한다. 어느 지역사회의 욕구조사를 행하고자 할 때 10명 정도의 주민들만을 대상으로 조사한다면 분석결과를 전체 지역주민들에게 일반화시킬 수는 없다. 이런 경우 표본조사 결과로 파악된 현상이 심지어 실제 모집단에서는 일어나지 않을 수도 있다.

(2) 표본조사의 장 · 단점

표본조사의 장점은 다음과 정리할 수 있다.

첫째, 비표본오차를 줄여 정확도를 높인다. 표본조사는 훈련된 면접자가 소수를 대상으로 조사하므로 전수조사에 비해 자료수집 과정에서 발생하는 비표본오차를 줄여 정확도를 높일 수 있다. 여기서 비표본오차(nonsampling error)란 많은 사람을 대상으로 한 자료수집 과정에서 또 수집된 자료를 편집하고 부호화하는 과정에서 발생하는 오류를 말한다.

둘째, 표본크기에 따라 정확한 결과를 얻을 수 있다. 적은 비용과 시간으로도 일정 수준의 표본크기를 확보하면 전수조사의 결과보다 더 정확한 결과를 얻을 수 있다. 중심극한정리(central limit theorem)에 의하면 표본크기를 충분히 확보하면 표본평균의 분산값이 작아지므로 표본평균은 모집단평균과 거의 같거나 근접한 분포를 이룬다.

셋째, 신속성으로서 관련 현상이 변화하기 전에 조사를 마칠 수 있다. 표본조사는 표본으로 추출된 소집단을 대상으로 단기간에 수행할 수 있으므로 관련 현상의 변화가 일어나기도 전에 조사를 마칠 수 있다. 선거예측이나 쌀 수확량의 예측에서 표본조사가 널리 사용되는 것도 이러한 신속성 때문이다.

넷째, 심도 있는 조사가 가능하다. 경제적 · 시간적 제약으로 전수조사에서 불가능한 복잡한 조사도 표본조사를 통해서 심도 있게 조사하는 것이 가능하다.

다섯째, 경제적이다. 실제조사에서 있어서나 조사결과의 집계, 자료처리 등에 있어서 전수조사에 비해 표본조사가 비용과 노력이 적게 든다.

여섯째, 숙명적 필연성을 충족할 수 있다. 전구의 수명검사와 같은 제품의 파괴검사, 혈액검사 등과 같이 전수조사가 불가능한 경우에 표본조사는 필연적이다.

표본조사의 단점으로는 다음과 같은 문제점을 들 수 있다.

첫째, 전체를 대표할 수 있는 표본을 선정하기가 어렵고, 대표성 없는 표본은 표집오차(sampling error)가 발생해 왜곡된 결과를 초래하게 된다는 점이다. 특히 복잡하고 정교한 표본설계를 요하는 경우나 모집단의 이질성 정도가 클 때 더욱 그러하다. 모집단을 대표하지 못하는 표본을 사용하면 잘못된 통계를 만들게 된다. 그 대표적인 것이 "1936년 미국 대통령 선거에 대한 여론조사 결과"이다. 당시 선거는 랜든(Alf Landon) 후보(상류층 지지)와 루스벨트 후보(서민층 지지)의 대결이었다. 이에 한 여론조사기관이 전화번호부와 자동차 등록대장을 사용하여 표본 추출한 200만 명을 대상으로 우편조사를 실시한 결과 랜든 후보의 압도적 승리를 예측하였으나 실제 결과는 루스벨트 후보의 압도적 승리로 나타났다. 모집단은 유권자 전체인 반면 표본은 모집단 중 서민층을 반영하지 못하여 나타난 결과였다.

둘째, 표본조사를 통해서는 모집단 내 희소한 부차모집단(소지역별 자료)의 특성까지 알기는 힘들다.

한편 전수조사의 결과가 효과적인 표본설계를 위한 기초 자료로 사용될 수 있다. 우선 전수조사는 여러 표본조사의 모집단 특성에 대한 기초자료이고, 추출 틀(프레임)로 사용될 수 있다. 특히 표본조사에서 인구센서스 결과에 나타난 인구의 연령 및 성별분포 등의 자료를 표본을 선정하는 데 사용하면 매우 효과적이다.

02 표집과정과 표본크기

1) 표집과정

모집단이 규정되면 그러한 모집단을 대표할 수 있는 표본을 추출해야 한다. 여기서 표본(sample)과 표집(sampling, 표본추출)은 다른 개념이므로 용어 사용이 구분되어야 한다. 표집이라는 말 대신 표본추출이라는 용어를 사용할 수도 있다. 즉 표본은 단순히 모집단의 일부를 가리키는 것이고, 표집은 조사대상을 체계적인 방법으로 선정하여 하나의 표본을 추출하는 절차를 뜻한다. 표본이 충분히 크고 표집의 과정과 방법이 적절해야 표본은 전체를 잘 대표할 수 있다.

설문지 등의 척도를 사용하여 측정하기 위해서는 표집의 과정을 거쳐야 하는데, 그 과정을 대략적으로 정리하면 다음과 같다(강영걸 외, 2004 : 353-354 재수정).

① 모집단 정의

모집단은 명확하고 구체적으로 규정되어야 한다. 따라서 모집단에 대한 표집단위, 표본범위, 표본크기, 표본추출의 시기 등을 정할 필요가 있다. 표집단위(sampling unit)는 표집 단계에서 추출의 대상으로 고려되는 요소 또는 요소들의 집합을 말한다. 표집단위로는 개인, 가구, 기업, 국가와 같은 일반적인 단위가 있는가 하면 자폐아동, 알코올중독자, 빈곤가구 등과 같은 특성을 지닌 단위도 있다.

표본범위의 기준은 지역과 특성 두 가지가 있다. 지역을 기준으로 할 경우는 대상 지역을 특정 지역으로 할 것인지 전국으로 할 것인지를 정하는 것을 말한다. 이에 비해 집단의 특성을 기준으로 할 경우, 예컨대 장애인 전체를 포함시킬 것인지 특정 장애만을 조사대상으로 할 것인지를 정하는 것이다. 정해진 기준에 의해 표집단위와 범위가 정해지고 나면 표본크기를 정하는 작업을 하여야 한다.

② 표본의 대표성 확인

모집단 분포에 대한 정보나 자료를 구할 수 있다면 표본의 분포와 유사한지를 비교하여 분포상의 차이를 검토하고 필요하다면 조정한다. 모집단 분포에 대한 정보나 자료는 최근의 것이어야 한다.

③ 표집틀 확보

표집을 위해서 정의된 기본단위들의 집합을 표집단위(sampling unit)라 하고, 모든 표집단위들의 목록표를 표집틀(sampling frame)이라 한다. 표집틀은 자료수집방법에 따라 다르다. 전화를 이용하여 자료를 수집할 경우 표집틀은 전화번호부가 되고, 우편법으로 자료를 수집할 경우에는 조사대상자의 주소가 수록된 것이 된다. 조사대상이 특수성을 지닐 경우에는 표집틀을 확보하는 것이 쉽지 않다. 표집틀 역시 가장 최근의 것이어야 한다. 그렇지 않으면 조사에서 고려되어야 할 중요한 특성들이 빠지는 경우가 있다.

④ 표집방법 선정

표집방법은 모집단에 대해 알려져 있는 정도에 따라 확률표집법과 비확률표집법으로 구분되며, 이 두 가지 방법은 각기 또 다시 여러 하위방법으로 나뉜다. 각각의 표집방법은 장·단점을 지니고 있으므로 연구목적과 조사도구 그리고 표본단위의 특성과 모집단의 대표성 확보 등을 고려하여 적절한 방법을 선정한다.

⑤ 표본크기 결정

표본크기는 모집단의 특성이 동질적인지 이질적인지에 따라 다르다. 모집단이 동질적일 경우에는 표본의 크기가 작아도 표본오차를 고려하지 않아도 되고 대표성도 충분히 유지될 수 있다. 한편 이질적인 경우에는 표본의 크기를 충분히 확보해야 대표성을 지니며 그렇지 않을 경우 수집된 자료의 신뢰성에 문제가 있을 수 있다.

⑥ 표집 실시

정해진 표본추출방법에 따라 표본을 체계적으로 선정하는 작업을 실시한다. 표본추출은 원칙적으로 무작위로 선정되어야 모집단을 잘 대표할 수 있는 자료를 수집할 수 있다. 표본은 추출방법에 따라 개인이 대상이 될 수도 있고 때로는 집단이 추출 대상이 될 수도 있다. 가장 이상적으로 이용되는 추출방식은 난수표 방식이다.

이상의 과정을 거쳐 선별된 표본을 대상으로 설문지 등과 같은 측정도구를 적용하여 자료를 수집하게 된다.

2) 표본크기

표본크기는 모집단 규모, 모집단의 동질성 정도, 연구목적, 분석방법, 변수의 종류와 범주의 수, 시간과 비용의 제약 등에 따라 다르게 된다. 또한 표본크기는 표본의 대표성과 모수추정의 신뢰도 및 정확도와 밀접한 관계가 있으므로 기준에 맞는 적절한 표본크기를 확보해야 한다. 적절한 표본크기에 못 미치면 표본의 대표성이 부족하여 표본결과를 모집단에 일반화하는 데 한계가 있다.

표본크기는 모집단 규모가 클수록, 변수의 종류와 범주의 수가 다양할수록, 모집단의 특성이 이질적일수록 커야 한다. 연구목적과 표본크기의 관계는 모수추정의 정확도에 따라 다르다. 즉 연구목적상 매우 정확한 모수추정을 요할 경우에는 표본의 크기가 커야 한다.

표본크기의 결정을 위한 일반 원칙을 정하는 것은 쉽지 않으며 연구자마다 견해가 다르다. 어떤 학자는 통계학적으로 표본 수는 적어도 30개 이상은 되어야 자료 분석이 가능하다고 하고, 다른 많은 연구자들은 최소한 100개는 되어야 한다고 한다(Bailey, 1982).

일반적으로 연구는 많은 변수를 포함하고 있으며, 한 변수는 또 여러 범주로 나뉘어져 있으므로 표본 수가 크지 않으면 각 범주에 해당되는 사례

수가 작아져 범주별 대표성에 문제도 생기고 분석도 불가능해질 수 있다. 예를 들어 학력과 사회적 지위와의 관계를 알아보기 위해 조사를 실시한다고 가정할 때 50개의 표본이면 충분하다고 생각하고 〈표 9-1〉과 같이 자료를 수집했다고 가정하면, 이 경우 단순 빈도분석이나 카이자승 검정 등과 같은 분석은 가능하다.

〈표 9-1〉 **학력과 사회적 지위와의 관계**

사회적 지위	학 력		전 체
	대졸 이상	대졸 미만	
상	15	10	25
하	10	15	25
전 체	25	25	50

그러나 학력과 사회적 지위와의 관계와 더불어 성별과 소득수준과의 관계까지 같이 분석해야 할 경우 50개의 표본으로 4개 변수의 범주별로 분류하면 〈표 9-2〉에 나타난 바와 같이 전체 10개의 범주가 형성된다. 이런 경우 50개의 표본으로 10개 범주로 나누어 분석하면 어떤 범주에는 표본 수가 너무 적거나 0이 되는 수가 있어 통계적인 문제가 생긴다. 즉 50개의 표본 중 '대졸여성이면서 저소득층'에 속하는 사람이 과연 몇 명이나 될까를 생각해 보면 알 수 있을 것이다.

따라서 통계분석 때 각 변수의 범주에 충분한 사례 수가 포함되도록 표본 수를 고려해야 한다. 그리고 표본의 범주별 크기는 모집단의 범주 비율과 일치해야 한다. 예를 들어 모집단에서 학력이라는 변수의 범주비율이 대졸 미만이 60%, 대졸 이상은 40%라면, 표본의 범주별 크기도 모집단의 비율과 유사한 분포를 이루어야 한다. 그렇지 않으면 일부 범주가 과다 또는 과소하게 표본으로 추출될 수 있다.

그러므로 연구자가 연구목적이나 모집단 수 등을 고려하여 처음에 표본 수를 정할 때 다소 여유를 두는 것이 바람직하다. 즉 여러 이론적 근거에 의해 표본크기를 500명으로 정했다고 하면 550명 내지는 600명 정도를 대상으로 조사하는 것이 좋다.

〈표 9-2〉 변수별 범주

변 수	범 주	범주 수
학 력	대졸 이상, 대졸 미만	2
사회적 지위	상, 중, 하	3
소 득 수 준	저소득층, 중산층, 고소득층	3
성 별	남, 여	2
전 체		10

조사 과정에서 일부 설문문항에 대한 응답의 실수로 그리고 소득과 같이 개인적인 문항은 고의로 응답하지 않아 많은 결측값이 생기기도 하며, 면접에 응하지 않으려는 사람도 있고, 응답에 일관성이 없어 일부 설문지를 버려야 되는 경우도 있다. 따라서 설문조사 후 응답률이나 회수율이 100%인 경우는 거의 없고 70~80%가 일반적이다. 어떤 경우에는 응답률이 50% 정도에 그치기도 하는데 이럴 때 부수적 조사를 다시 실시하지 않으면 통계분석에 심각한 오차가 발생하여 그릇된 결론에 이를 수도 있다.

표본크기를 결정하는 방법은 두 가지이다. 첫째는 모집단의 분산을 알고 있는 경우 적용하는 신뢰구간 접근법과 둘째는 모집단의 분산이 알려져 있지 않은 경우 적용하는 가설검정 접근법이다(채서일, 1993 : 382-386).

(1) 신뢰구간 접근법

표본의 크기를 결정하기 위한 신뢰구간 접근법은 신뢰구간의 크기가 표본의 크기와 분산의 정도에 의해 결정되는 논리를 역으로 이용하여 표본크기를 구하는 방법이다. 즉 모집단의 분산을 알거나 추정이 가능한 경우 원하는 정확도의 정도를 정하여 표본의 적정한 크기를 계산하는 방법이다.

표본 수의 결정이 통계적 추정의 과정에서 사용되는 기본적인 원리에 근거해서 전개되는 것이다. 이 과정에서 신뢰구간의 개념이 중요한 역할을 하므로 먼저 신뢰구간 및 그와 관련된 추정량과 최대허용오차에 대해서 살펴보기로 한다.

① 추정량과 신뢰구간 및 최대허용오차의 개념

표집의 가장 큰 목적은 모집단의 특성 값인 모수를 추정하는 것이다. 표본의 결과를 통해 모수 추정치인 통계량 혹은 추정량(estimator)을 계산하고 나아가 모수가 존재할 가능성이 있는 구간을 추측하는 신뢰구간(confidence interval)을 계산하여 모수의 위치를 구간 추정한다. 여기서 추정량은 신뢰구간의 중앙에 위치한 값이며, 신뢰구간의 정확성은 신뢰수준(confidence level)이라고 하는 확률 수치로 표현된다. 이때 신뢰구간의 폭이 좁을수록 모수 추측에 유용하게 되고, 그것이 넓을수록 유용한 정보가 되지 못한다.

그리고 최대허용오차(maximum tolerance error)란 신뢰구간에 대한 예측최대오차를 말한다. 즉 표본으로부터 얻은 추정량과 추정하고자 하는 모집단의 모수와의 차이(오차)를 말한다. 따라서 최대허용오차가 적을수록 추정이 정밀하게 되었다고 볼 수 있다. 일반적으로 선거예측이나 시장조사와 같은 정밀한 여론조사에서는 95%의 신뢰수준을 많이 사용한다.[1)]

② 신뢰구간 접근법의 절차

지역주민들의 표본집단을 대상으로 기초생계비를 조사하여 전체 지역주민의 1인당 평균 기초생계비를 추정하고자 할 경우 몇 명의 주민들을 표본으로 선정해야 하는지를 신뢰구간 접근법으로 절차를 알아보면 다음과 같다. 모평균의 추정을 위해 단순무작위표집을 적용한다고 가정한다.

㉠ 최대허용오차(E)의 범위를 결정한다. 여기서 E를 1(만 원)이라고 가정한다.

㉡ 신뢰수준을 결정한다. 신뢰수준은 95% 혹은 99%로 한다.

1) 사람들의 기호나 선호도조사에서는 90%의 신뢰도수준을 많이 사용하는데, 1,000명을 대상(표본)으로 조사하여 95% 신뢰수준에서 ±3.1% 포인트라고 할 때는 유의수준이 5%이고, ±3.1%p가 최대허용오차라는 의미이다.

㉢ 신뢰수준에 따른 Z값을 정한다. 95% 신뢰수준의 Z값은 1.96이다. 99% 신뢰수준의 값은 2.58이다.

㉣ 모집단 표준편차(σ)를 정한다. 모집단의 표준편차를 알고 있으면 그 값을 그대로 사용하면 되고, 모르는 경우는 그 값을 추정해야 한다. 모집단의 표준편차에 대한 추정량($\hat{\sigma}$)으로서 일반적으로 표본 표준편차(s)가 사용된다. 모집단의 표준편차에 대한 추정량($\hat{\sigma}$)은 사전조사를 통하여 추정하든지 아니면 직관에 의해 추정한다.

㉤ 표본의 크기(n)를 결정한다. 최대허용오차(E)는 Z값과 표본 표준편차의 곱이다.

즉 $E = Z \times \hat{\sigma_{\bar{x}}} = Z \times \dfrac{\hat{\sigma}}{\sqrt{n}}$ 이다. 그러므로 $n = \dfrac{Z^2}{E^2} \cdot \hat{\sigma}^2$

이 공식에 값들을 대입하면 아래와 같이 표본의 크기가 96명으로 나온다.

$$n = \frac{(1.96)^2}{(1.0)^2} \cdot (5)^2 = 96.04$$

요약하면 허용오차(E)가 1(만 원), 95% 신뢰수준에 대한 Z값이 1.96, 표준오차($\hat{\sigma}$ 혹은 s)가 5(만 원)인 경우 요구되는 표본의 크기는 96명이 된다.

(2) 가설검정 접근법

표본의 크기를 결정하기 위한 가설검정 접근법은 신뢰구간 접근법과 기본적인 논리가 동일하나 제1종오류(α오류)와 제2종오류(β오류)의 최대허용치를 정하여 표본 수를 결정한다. 제1종오류(α오류)는 실제로 옳은 영가설을 기각할 때 발생하는 오류이다. 반면 제2종오류(β오류)는 영가설이 사실이 아님에도 불구하고 영가설을 기각하지 못하여 발생하는 오류이다.

α오류와 β오류는 상호 연관되어 있다. 즉 유의수준을 아주 낮게 잡아 α오류를 줄이게 되면 β오류를 범할 가능성이 커지게 된다. 반대로 β오류를 줄이게 되면 α오류가 커지게 된다. 연구자는 가급적 α오류를 줄이기 위해

노력한다. β오류를 줄일 수 있는 일반적인 방법은 표본 수를 증가시켜 표본의 분석결과로 모집단의 특성을 추정할 때 생기는 표본오차(sampling error)를 줄이는 일이다. 또 다른 방법은 같은 모집단으로부터 여러 표본을 선정하여 반복 검정한 뒤 일관된 결과가 나타나면 확신을 가지고 결론을 내릴 수 있다.

표본 수를 결정하는 과정을 구체적으로 제시하면 다음과 같다.

① 영가설과 연구가설의 수 값을 정한다. 앞의 예에서 지역주민의 1인당 평균 기초생계비가 50만 원이라고 간주되었으나 물가수준 및 식생활의 변화로 인해 평균 기초생계비가 55만 원으로 증가했다는 추론이 있다고 가정할 경우 영가설과 연구가설은 다음과 같다.

- 영가설 : 지역주민의 평균 기초생계비는 50만 원이다.
- 연구가설 : 지역주민의 평균 기초생계비는 55만 원이다.

② α오류와 β오류가 일어날 확률을 정한다. 일단 α오류가 일어날 확률은 0.05로 그리고 오류가 일어날 확률은 0.01로 정하기로 한다.

③ α오류와 오류에 따른 Z값을 정한다. 우리의 경우 α오류 0.05의 Z_α 값은 1.64이며 오류의 Z_β값은 2.33이다.

④ 모집단 표준오차(σ)를 정한다. 표준오차를 정하는 방법은 신뢰구간 접근법과 동일하다. 여기서 표준오차를 5만 원이라고 가정한다.

⑤ 표본의 크기(n)를 결정한다.

$\mu_0 + Z_\alpha \frac{\sigma}{\sqrt{n}} = \mu_1 + Z_\beta \frac{\sigma}{\sqrt{n}}$ 로부터 다음의 식이 도출된다.

$$n = \frac{(Z_\alpha + Z_\beta)^2 \sigma^2}{(\mu_1 - \mu_0)^2} = \frac{(1.64 + 2.33)^2 \cdot 5^2}{(32 - 30)^2} = 98.50$$

즉 모집단을 대표하고 신뢰성 있는 자료를 얻을 수 있는 적정한 표본의 수는 99명이라는 것을 알 수 있다.

(3) 기타 고려해야 될 요인

표본수를 결정할 때 모수값 추정의 정확도나 모집단의 동질성과 같은 이론적인 측면도 고려해야 하지만 실제적으로 적정 표본수를 결정하기 위해 고려해야 할 사항들이 추가적으로 있다. 즉 비용, 시간, 표본추출의 유형 및 방법, 자료분석 기법 등과 같은 요인들이 그것이다(강영걸 외, 2004 : 370-374 ; 채서일, 1993 : 385-386).

① 비용과 시간의 제약

표본의 크기가 클수록 표본평균이 모집단 평균과 유사해지므로 자료의 신뢰도와 정확도는 분명히 높아진다. 그러나 표본이 클수록 면접자 및 응답자 사례비, 통신비 등과 같은 조사비용이 더 많이 들게 된다. 크기의 표본이라 할지라도 조사대상자가 광범위하게 전 지역에 걸쳐 분포되어 있을 경우 조사비용이 더 많이 드는 것은 당연하다. 또한 표본 수가 크면 자료처리 및 코딩에 필요한 비용도 적지 않다.

시간적 제약도 표본크기에 영향을 미친다. 적절한 시기 혹은 일정한 시간 내에 조사가 이루어져야 하는 경우에 그렇다. 예를 들어 어떤 현상의 원인에 대해 조사하려 할 때 표본 수가 많아 조사기간이 길어지면 그 현상이 변하므로 조사목적을 달성하지 못할 가능성이 있다. 이런 경우 통계적 기준에 의한 표본 수보다 적은 표본을 추출할 수도 있다. 그러나 아무리 비용이 많이 들고 시간적 제약이 있더라도 연구자가 정확하고 신뢰성 있는 결과를 얻으려면 표본크기의 결정원리에 의해 계산된 적정 표본 수는 모두 조사되어야 한다는 것을 원칙으로 삼아야 한다.

② 모집단의 동질성

변수들의 모집단 특성을 반영하기 위한 표본의 크기는 모집단의 크기뿐만 아니라 모집단이 가지고 있는 변수들 속성의 동질성 정도에 따라서도 달라진다. 모집단의 동질성 정도를 고려하지 않는다면 모집단의 크기가 클수록 표본의 크기 또한 커야 된다. 그러나 모집단의 크기가 동일하더라도 변수의 값이 이질적이라면 표본은 더 커야 한다. 모집단이 동질적이라면 아주 적은 수의 표본이라도 대표성을 갖겠으나 이질적이라면 그 정도를 고려하여 표본의 수를 늘려야 한다.

연구자는 표본평균으로 모집단 평균을 정확하게 추정하기를 원한다. 중심극한정리(central limit theorem)는 표본의 수를 충분히 크게 하면 어떤 표본 평균값이라도 모집단 평균과 유사해진다는 것과 표본평균들의 분포는 정규분포를 이룬다는 것을 말해 준다. 그러나 표본의 크기는 비용과 시간적 제약이라는 현실문제와 관련이 있으므로 무조건 많은 수의 표본을 선정할 수만은 없다.

따라서 본 조사에 들어가기 전에 먼저 소규모의 예비조사를 통해 모집단의 동질성 여부를 파악하는 것이 유용할 것이다. 만약 조사하려는 변수에 대한 모집단의 특성이 동질적이라면 적은 수의 표본으로도 필요한 수준의 신뢰도와 정확도를 얻을 수 있다. 그러나 모집단 특성이 이질적이라면 몇 개의 층(strata)이나 집단(group)으로 나눔으로써 표본의 크기를 다소 줄일 수 있다. 집단들 상호 간에는 서로 이질적이라 할지라도 각 집단 내의 표집단위들은 동질적인 경향을 지니면 각 집단을 하나의 하위모집단으로 보고 적은 수의 표본으로도 집단을 잘 대표할 수 있다.

③ 표집방법과 조사방법

표집방법도 표본크기에 영향을 준다. 모집단 특성의 동질성 정도에 따라 표본의 크기가 달라진다면 표본을 특성별로 상호 배타적이고 포괄적인 소집단들로 나눈 후에 각 집단별로 표집간격과 무작위 출발점을 정하여 표본으로 추출하는 층화표집(stratified random sampling)[2)]이 다른 표집법에 비해 상대적으로 적은 수로도 모집단을 잘 대표할 수 있는 표본을 선정해 낼 수 있다.

반면 모집단이 특성별로 집락화되어 있는 경우 집락 속에 있는 개인을 표집단위로 하는 것이 아니라 집락 그 자체를 표집단위로 몇 개의 집락을

2) 층화표집은 분류변수를 기준으로 구분된 층에 대해 단순무작위추출법 적용하는 방법이다. 이는 동일계층 내 항목 간에는 큰 차이가 없으나 다른 계층 간에는 차이가 클 경우 적합하다.

무작위로 추출하여 전수조사하는 집락표집(cluster sampling)[3]은 같은 표본크기라도 상대적으로 대표성이 부족하여 큰 표본오차를 발생시킬 가능성이 있다.

확률표집법에 속하는 층화표집이나 집락표집은 모집단을 몇 개의 집단으로 분류하는 것이므로 신뢰구간 접근법이나 가설검정 접근법 등의 원리가 그대로 적용되지 않는다. 한편 표본크기는 모집단이 명료하게 구체화되어 있는 확률표집에서 논의되는 것이지 모집단이 구체화되지 않거나 구체화하는 데 시간과 비용이 너무 많이 드는 경우 그리고 모집단에 대한 지식이나 정보가 없는 경우에 이용되는 비확률표집에서는 논의의 대상이 되지 못한다.

자료수집방법(조사방법)은 표본크기와도 밀접한 관련이 있다. 일반적으로 실험법이나 관찰법으로 필요한 자료를 수집할 경우에는 성격상 표본크기가 작을 수밖에 없지만, 면접조사에서는 큰 규모의 표본이 요구된다. 면접조사 중에서도 전화면접법이나 우편법은 많은 수의 표본을 대상으로 할 수 있으나 대인면접법 및 심층면접법은 자료수집에 드는 비용과 시간적 제약으로 인해 표본크기가 작을 수밖에 없다.

④ 통계분석기법

적정한 표본 수는 자료 분석에 어떤 통계기법을 적용하는가에 따라 달라질 수 있다. 분석할 변수가 여러 범주로 구성되어 있을 때는 오차를 줄이고 통계적 측정의 신뢰도를 높이기 위해 분석에 필요한 표본의 수를 충족시켜야 한다. 즉 표본의 크기가 일정하더라도 변수의 범주가 많을수록 각 범주에 해당하는 표본단위의 수는 적어진다.

일정한 표본크기를 가지고 한 변수를 두 가지 범주로 분류하는 것에 비해 예컨대 다섯 가지 범주로 분류하면 어떤 범주에는 해당되는 사례 수가 매우 적거나 전혀 없을 수도 있다. 이런 경우 극소수의 사례가 그 범주를

3) 집락표집은 모집단이 비교적 동질적인 성질을 갖는 여러 집단으로 구성되어 있을 때, 집단을 무작위 추출하는 방법이다.

대표할 수 없으므로 표본 결과로 모집단에 일반화하는 데 신뢰도 및 정확도의 문제를 발생시키게 되므로 분석결과가 회의적일 수밖에 없다. 그리고 범주 수와 표본크기와의 관계는 한 변수뿐 아니라 소득수준, 직업, 지역 등과 같이 여러 변수들을 동시에 고려해야 할 경우 이들 변수들도 여러 범주를 갖게 되므로 적정한 표본크기는 더욱 커야 한다. 따라서 변수의 수와 각 변수의 범주가 많을수록 표본의 크기를 늘려야만 분석결과에 대한 정확도와 신뢰도를 보장할 수 있다.

⑤ 연구 유형과 분석결과의 중요도

연구 유형과 분석결과의 중요도에 따라서 요구되는 표본 수는 달라진다. 만약 연구를 수행하는 목적이 변인들 간에 상관관계 분석이라면 최소한 30개의 표본은 있어야 하며 또 변수가 여러 범주로 구성되어 있을 경우에는 각 범주당 표본 수가 적어도 15개는 되어야 한다.

탐색연구에는 조사목적상 조사자가 분석결과의 오차범위를 기꺼이 감수하기 때문에 적은 표본으로도 분석이 가능하다. 그러나 정부정책 관련 프로그램을 개발하기 위한 연구나 그 결과가 다수에게 영향을 미치는 연구일 경우에는 오차범위가 최소화되어야 하므로 표본의 크기가 당연히 커야 한다. 오차의 범위가 큰 연구결과라면 실제 적용 과정에서 때로는 엄청난 사회적 비용을 치를 수도 있다. 일반적으로 표본의 크기가 클수록 분석결과의 신뢰도와 정확도도 함께 커지므로 연구결과를 근거로 중요한 결정을 하기 위한 조사라면 표본 수가 클수록 오차가 적은 바람직한 결론을 얻는다.

03 표집(표본추출)의 방법

표집 혹은 표본추출의 방법에는 크게 확률표집(probabilistic sampling)과 비확률표집(nonprobabilistic sampling) 두 가지가 있다. 확률표집은 연구자의 의도가 표집 과정에 개입되지 않고 확률에 의해 무작위로 표본이 만들어지는 방법이다. 하지만 확률표집의 의미가 모집단의 모든 구성요소가 표본으로 추출될 확률 또는 기회가 동일하다는 것이 아니다. 확률표집은 모집단에 속해 있는 연구대상이 표본으로 선정되는 확률이 사전에 결정되고, 그러한 확률에 의해 표집 혹은 표본추출이 이루어지는 객관적인 표집방법이다.

반면에 비확률표집은 연구자의 의도가 개입되어 표집이 이루어지는 방법이다. 모집단의 구성요소가 표본으로 추출될 확률을 사전에 알 수 없는 상태에서 표집이 이루어지는 주관적인 표집방법이라 할 수 있다.

확률표집과 비확률표집은 각각 다음과 같은 표집방법들을 갖는다.

확률표집 → 단순무작위표집 (simple random sampling)
계통적 표집 (systematic sampling)
층화표집 (stratified random sampling)
집락표집 (cluster sampling)

비확률표집 → 임의표집 (convenience sampling)
할당표집 (quota sampling)
판단표집 (judgement sampling)
누증표집 (snowball sampling)

1) 확률표집

확률표집(probabilistic sampling)은 모든 조사대상이 추출될 확률이 사전에 알려져 있고 그 확률에 의한 무작위 표집방법이다. 이 방법은 모집단에 대한 정보와 그 정보가 수록된 표집틀을 확보할 수 있을 때만 이용될 수 있다. 이 방법은 두 가지의 중요한 이점이 있다.

첫째, 표집의 과정에서 조사자의 편견이 배제될 수 있어 모집단에 대한 표본의 대표성을 높일 수 있다. 조사대상자 모두에게 표본으로 선정될 수 있는 확률이 사전에 정해져 있기 때문에 어떤 집단은 면접하지 않는다든가, 빈곤계층과 같은 특수집단을 대상에서 제외한다든가 하는 조사자의 주관성을 배제할 수 있어 표본이 객관적으로 추출될 수 있다.

둘째, 모집단의 특성인 모수를 추정하는 모수 추정치의 정확도와 신뢰도를 평가할 수 있다. 즉 표본 통계치로 표본오차를 계산하고, 그것을 통해 모수의 신뢰구간을 나타낼 수 있다. 확률표집의 대표적인 방법으로는 단순무작위표집, 계통적 표집, 층화표집, 집락표집 등이 있다.

(1) 단순무작위표집

단순무작위표집(simple random sampling)은 모집단에 속해 있는 인명이나 번호 혹은 주소 등이 표본으로 뽑힐 가능성이 동일한 조건하에서 뽑는 방법이다. 즉 크기가 N인 모집단으로부터 모든 표집단위가 선택될 확률이 모두 같도록 n개의 표집단위를 선택하는 방법이다. 이 방법의 특징은 모집단의 구성요소들이 표본으로 선정될 확률이 사전에 알려져 있고 동일하다는 하다는 것이다.

표집 혹은 표본추출은 주로 난수표(random number table) 방식으로 표집단위에 번호나 숫자를 부여한 뒤 모두 열거하여 그 중에서 표본의 수만큼 무작위로 뽑게 된다. 예를 들어 사회복지정책론 수강생 100명 중 10명을 선정할 경우 100명의 학생들 이름 혹은 학번을 메모지에 써서 통에 넣고 충분히 섞은 다음 거기서 무작위로 10개를 제비뽑는 것과 유사한 방법으로 뽑는 표집방법이다.

최근에는 번호나 숫자를 컴퓨터에 입력하여 무작위로 추출하기도 한다. 단순무작위표집의 장점은 표본추출의 과정에 편견이 개입되지 않아 오류가 적고 표본오차를 쉽게 계산할 수 있다는 점이다.

반면에 단순무작위표집의 단점으로서는 다음과 같은 점들을 제시할 수 있다.

첫째, 표집틀에 관한 정보를 가지고 있어야 가능하지만 표집틀에 대한 완벽하거나 정확한 정보를 얻는 것이 불가능하거나 비용이 많이 들어 어려운 경우가 있다.

둘째, 모집단이 크고 표본의 수도 큰 경우에는 적용하기 어렵다. 예컨대 기초생활수급자에 대한 평균생활비를 파악하기 위해 100만 가구를 대상으로 1,000가구를 표집한다면 표집틀로 설정된 100만 가구로부터 수작업으로 1,000가구의 표본을 추출한다는 것은 시간도 많이 걸리고 매우 힘든 작업이 될 것이다.

셋째, 다소 전문적인 사항이지만, 다양한 고급 확률적 표집과 비교하여 비효율적이며 불안정한 추정량을 제공한다. 즉 동일한 표본크기로 평균값을 추정할 경우 표본이 잘못 추출되어 차이가 많은 값이 나타날 가능성이 다른 방법에 비해 상대적으로 높다는 것이다.

넷째, 연구자가 관심을 가지고 있는 특성을 보유한 사례 수가 모집단에서 적은 분포를 차지할 경우 표본으로 추출될 가능성이 희박하므로 표본의 크기가 커야 한다. 따라서 표본의 대표성은 표집틀이 모집단을 얼마나 정확하게 포괄하고 있는가에 달려 있다.

(2) 체계적 표집(계통적 표집)

모집단의 크기가 상당히 크고 표본의 크기 또한 상당히 크면 단순무작위표집법으로 표본을 추출하는 일은 무척 번거로울 일이 될 것이다. 체계적 표집(systematic sampling)은 표집틀에 속한 연구대상을 나열하고, 무작위로 첫 번째 연구대상을 표본으로 선택한 다음, 매 k번째 연구대상을 표본으로 선택하는 확률적 표집방법을 말한다. 여기서 k는 표집간격(sampling interval)이라고 하며 모집단의 수에서 표본크기로 나눈 값이다. 이러한 과정을 단계별로 나타내면 다음과 같다.

- 1단계: 표집 간격을 다음과 같이 계산한다.

  표집간격 $k = \dfrac{\text{모집단의 수}}{\text{표본크기}}$

- 2단계: 표집틀의 첫 번째와 두 번째 사이에서 표집단위(연구대상) 하나를 무작위로 선택한다.

- 3단계 : 첫 번째 선택된 연구대상으로부터 매 k번째 단위를 선택하여 표본에 포함시킨다.

예를 들면 10만 명으로 구성된 모집단에서 1,000명의 표본을 선택하는 체계적 표집에서는 우선 표집간격 $k=100{,}000/1{,}000=100$이 되며, 1과 100 사이에서 하나를 무작위로 선택해서 예컨대 87이라는 숫자가 선택되었다고 가정할 수 있다.

첫 번째 연구대상은 87번째 단위가 되며, 두 번째 연구대상은 87에 표집간격(100)을 더한 값인 187번째 단위가 되며, 세 번째 연구대상은 거기에 다시 표집간격을 더한 값인 287번째 단위가 된다. 이러한 과정을 되풀이하여 99,987번째가 마지막 표집단위가 된다. 따라서 체계적 표집방법은 표집틀에 나열된 첫 번째에서 100번째 연구대상에서는 오직 한 개의 표집단위만이 선택될 수 있으며 그 구간에서 두 개 이상이 표본으로 선택될 가능성이 전혀 없게 되는 특별한 형태의 표본이 구성된다.

이 방법의 장점으로는 첫째, 표본추출이 비교적 용이하고 모든 사례가 확률적으로 동등하게 추출되므로 모집단 전체가 공평하게 표본으로 추출될 수 있어 대표성을 확보할 수 있다. 즉 좋은 표집틀을 확보할 수 있다면 체계적 방법으로 모집단을 대표할 수 있는 표본을 골고루 추출할 수 있다. 둘째, 단순무작위표집의 대용으로 사용될 수 있다.

그리고 단점으로서는 첫째, 표집틀이 치우쳐 있을 경우에는 오히려 표본오차가 발생할 수 있다는 점이다. 따라서 체계적 방법을 적용하여 표본을 추출하고자 할 경우에는 표집틀의 배열이나 속성을 고려해야 한다. 둘째, 실제적으로 표본자료에서 표본오차를 평가할 방법이 없다.

체계적 표집에서는 표집틀의 목록 순서가 어떠한 특성을 기준으로 하여 크기순으로 나열되어 있을 것을 가정한다. 예를 들면 표집틀의 배열이 가나다 순서로 나열되어 있거나, 아니면 저소득층에서 고소득층의 순서로 나열되어 있는 경우이다. 가나다 순서는 연구의 주제와 관련이 없는 특성이지만, 소득 순서는 연구주제와 관련된 특성일 수도 있다. 만약 가나다 순서와 같이 연구주제와 관련되지 않은 특성에 따라 표집틀이 나열되는 경우 체계적 표집은 단순무작위표집과 유사한 방법이 된다.

만일 연구주제와 관련된 특성의 순서에 따라 표집틀이 나열되어 있다면 이 방법에 의한 표본은 모집단에 대한 대표성이 높아지게 된다. 즉 소득순서로 표집틀이 나열되어 있고, 체계적 표집이 이루어진다면, 표본은 소득수준이 낮은 사람과 높은 사람을 골고루 포함한다. 이 경우 단순무작위표집을 적용한다면 어느 한 쪽으로 치우친 평균소득을 가진 표본이 구성될 가능성이 있다. 한편 표집틀에서 나타나는 순서가 어떠한 주기성(periodicity)을 가진다면, 체계적 표집은 효율성이나 대표성 측면에서 심각한 문제를 나타내기 마련이므로 주의할 필요가 있다.

(3) 층화표집

층화표집(stratified random sampling)은 모집단을 동질적인 소집단들(strata)로 층화시키고, 그 집단의 크기에 따라 단순무작위 표집방법을 사용하여 집단의 구성비가 적절히 반영될 수 있도록 표본을 추출하는 방법이다. 즉 하나의 모집단을 집단별 특성(성별, 연령, 학력, 직업 등)에 따라 상호 배타적이고 포괄적인 소집단들로 나눈 후에 각 집단별로 표집간격과 무작위 출발점을 정하여 표본을 추출하는 방법이다.

층화표집 방법은 모집단이 동질적이면 이질적인 경우보다 표본오차가 더 적은 표본을 구성할 수 있다는 논리에 기초를 두고 있다. 모집단이 이질적이고 단순무작위표집에 의해서는 대표성이 있는 표본이 구성되지 않을 가능성이 있는 경우를 다음의 예를 통해 살펴볼 수 있다.

S 대학교에서는 본교 학생들이 진보정당이 주장하고 있는 부유세에 대해 어떻게 생각하고 있는지를 파악하려고 한다. S 대학의 총 학생 수는 10,000명이며, 그 중 1학년은 4,000명, 2학년은 3,000명, 3학년은 2,000명, 4학년은 1,000명이라고 한다. 전체 학생들 중에서 500명을 선정하여 부유세에

대한 태도를 설문조사할 예정이다. 단순무작위표집을 적용한다면, 추출된 표본이 네 학년들을 골고루 반영한다는 보장이 없을 것이다. 표본이 특히 1학년에 치우칠 가능성이 높다. 그럴 경우 분석결과는 S 대학교 학생 전체의 태도라기보다는 1학년 학생의 태도가 될 것이다.

이 경우에 사용될 수 있는 방법이 층화표집이다. 즉 동질적 소집단들(각 학년집단들)에 특정수의 표본을 할당하는 확률적 표집방법이다. 한편 층별 특성은 기존의 조사자료나 경험으로 파악할 수 있다. 정부조사기관이나 갤럽, 복지기관 등과 같은 민간조사기관이 여론조사나 실태조사 등을 할 때 많이 사용하는 방법이다. 이 층화표집방법을 적용하려면 모집단에 대한 층별 특성과 그 비율에 대해 미리 알고 있어야 한다. 만약 계층이나 비율에 대한 정보 없이 연구자 임의로 정한다거나 주어진 정보가 옳지 않을 경우에는 문제가 발생할 수 있으므로 유의해야 한다.

층화표집은 각 층에 대한 표본의 수를 어떤 방법으로 배분하는가에 따라 비례층화표집, 네이만층화표집[4], 불비례층화표집, 최적불비례층화표집으로 나눈다.

첫째, 비례층화표집(proportional sampling)은 모집단을 소집단들로 층화시킨 뒤, 각 집단에서 뽑을 표본의 비율을 동일하게 정하여 무작위로 표본을 추출하는 것이다. 예를 들면 소득분포 특성이 상이한 A와 B 두 모집단이 있다고 하면, A 집단에 고소득자가 40명, 저소득자가 60명인 반면, B 집단에는 고소득자가 20명 그리고 저소득자가 80명이라면 A 집단의 층별 표본 비율은 2 : 3, 그리고 B 집단의 비율은 1 : 4가 되게 추출한다.

둘째, 표본추출을 비례적으로 하더라도 각 집단의 상대적 분산 정도를 고려해야 할 필요성이 있을 때는 네이만층화표집 방법을 사용한다. 즉 분산이 작은 집단에 비해 분산이 큰 집단의 통계치를 추정하기 위해서는 더 많은 표본을 추출해야 대표성 있는 정확한 결과를 얻을 수 있다.

셋째, 불비례층화표집(nonproportional sampling)은 층의 크기를 고려하지

4) 네이만(Jerzy Ney'man)이 제안한 확률표본추출법을 말한다.

않고 각 집단에 상이한 비율로 표본 수를 조정하여 추출하는 방법이다. 이 방법은 모집단 전체의 특성보다는 각 층이 대변하는 집단의 부분적 특성에 중점을 둘 경우에 주로 적용된다. 앞의 예에서 불비례로 두 소득계층을 반영하는 표본을 추출할 때 집단 크기와 상관없이 같은 수의 고소득자와 저소득자를 대표하는 표본을 선정한다.

넷째, 최적불비례층화표집(optimum nonproportional sampling)은 불비례층화표집의 한 방법으로 층별로 표본크기를 할당함으로써 각 층의 분산 규모를 고려하여 표준오차를 최소화한다. 일정한 층화기준에 의해 여러 층을 선별했다 할지라도 어떤 층은 다른 층에 비해 상대적으로 더 동질적이거나 더 이질적인 단위들로 구성될 수 있다. 이런 경우 동질적인 층은 적은 수의 표본으로도 모집단을 잘 대표할 수 있지만 이질적인 층은 많은 수의 표본으로 구성되어야만 모집단을 잘 대표할 수 있고 정확성도 확보할 수 있다.

집단 특성을 반영하여 추출하므로 표본의 대표성이 높아진다는 점이 층화표집의 장점인 데 비해, 단점은 집단에 대한 많은 정보가 필요할 뿐 아니라 어떤 경우에는 집단 특성에 관한 정보가 옳은지 그른지를 정확하게 평가할 수 없어 표본오차를 예측할 수 없다는 점이다. 특히 비례층화표집을 할 경우에는 모집단에 대한 상대적 분산도까지 파악하고 있어야 하므로 모집단에 대한 많은 정보를 확보해야 한다. 그러나 이러한 단점은 연구자가 정확한 정보만 획득하면 충분히 극복될 수 있는 문제들이다.

그리고 표본분포에 대해 단순무작위표집과 비례층화표집의 차이점을 보면 다음과 같다.

첫째, 비례층화표집을 적용할 경우 추정량의 극단값이 발생하지 않는다. 즉 단순무작위표집을 적용하면 추정량이 취하는 값의 범위가 넓지만, 비례층화표집의 경우 추정량 값의 범위가 실제값을 중심으로 좁게 나타난다.

둘째, 비례층화표집의 경우 추정량이 보다 높은 확률로 실제값 근처에 존재하게 된다. 즉 단순무작위표집에서 얻은 추정량이 실제값 부근에 있을 확률보다 비례층화표집에서 얻은 추정량이 실제값 근처에 있을 확률이 더 크다는 것이다.

이 두 가지 특성으로 비례층화표집을 적용하면 모평균에 대한 신뢰구간의 폭도 더 좁아지면서 보다 정확한 수치를 얻을 수 있다.

(4) 집락표집

집락표집(cluster sampling)은 모집단의 연구대상들이 특성별로 집단화되어 있는 경우에 집단 그 자체를 표집단위로 하여 다수의 집단들 중에서 무작위로 한 개 혹은 여러 개의 집단을 표본추출하고, 표본으로 추출된 집단에 대해서는 일부 혹은 전수를 조사하는 방법이다. 집락표집을 지역표집(area sampling)이라고도 하는데, 그 이유는 지역이 집락으로 되는 경우가 많기 때문이다.

예를 들어 대전과 충남지역의 가구를 대상으로 기초생계비 추계를 한다고 가정하면, 표집틀을 얻기 위하여 대전과 충남지역의 모든 가구에 대한 목록을 수집하려 한다면 많은 비용과 시간이 들 것이다. 이럴 경우 집락표집을 적용할 수 있다. 즉 각 지역의 동사무소에 가면 그 지역에 거주하는 모든 가구에 대한 목록이 있을 것인데, 이때 각 지역의 동이 집락이 된다. 선택된 동에 거주하고 있는 모든 가구를 대상으로 조사하거나 일부 가구를 조사한다면 집락표집이 된다.

단순무작위표집이나 층화표집은 사전에 표집틀을 가지고 있어야 하며, 표집틀을 미리 구성하기가 어려운 경우에는 적용하기가 어렵다. 이 경우 집락표집이 유용하게 적용될 수 있다. 하지만 표집틀이 있다고 해도 표집틀이 이해하기 쉬운 집락으로 구분되어 있다면 집락표집이 단순무작위표집이나 층화표집보다 적용하기가 훨씬 쉽다.

집락표집에서는 각 집락에 속하는 연구대상들은 서로 이질적이어서 다양한 특성으로 구성되어 있는 것이 바람직하며, 서로 다른 집락들은 동질적이어서 유사한 특성을 가지고 있는 것이 바람직하다. 이러한 요건은 층화표집에 다룬 층의 개념과 반대가 된다.

만약 A 시 지역에 20개의 동이 있다면, 그 중 한 개 혹은 몇 개의 동을 무작위로 표본추출하고, 표본으로 추출된 동에 속해 있는 모든 가구를 대상으로 조사하게 된다. 이때 각각의 동은 상호 배타적이어야 한다. A 시 지역에 21개의 동이 있는데도 불구하고 20개의 동만을 대상으로 무작위 표본추출을 한다거나, 한 동과 다른 동이 다소 중복되는 경우에는 상호 배타적이라고 할 수 없다. 집락표집의 장점은 광범위한 모집단을 대상으로 실시할 수 있고, 모집단 규모에 비해 시간과 비용이 절약된다. 그러나 집락들이 서로 동질적이지 않고, 한 집락 속에 포함된 표본요소들이 서로 이질적이지 않을 경우에는 표본오차가 커질 가능성이 있다.

여기서 집락표집과 층화표집의 차이점을 살펴보면 다음과 같다.

첫째, 집락표집은 단순무작위표집을 이용하여 모집단과 유사한 특성을 가진 집락을 선택한 후 선택된 집락 전체를 표본으로 이용하거나, 선택된 집락 내에 속하는 연구대상을 다시 단순무작위표집을 이용하여 표본을 구성한다. 반면에 층화표집은 모집단을 특성에 따라 층으로 구분한 후, 단순무작위표집을 이용하여 각 층에서 각 층의 표본을 선택한다.

둘째, 집락표집은 표집비용을 줄이는 문제가 초점이지만 층화표집은 표집비용을 줄이는 것보다는 정확성을 높이는 문제에 초점을 둔다. 효율적인 집락표집이 되기 위해서는, 집락 내에서는 모집단을 대표하는 다양한 특성을 갖는 연구대상이 포함되어야 하지만, 집락들은 서로 비슷한 특성을 가져야 한다. 결국 집락표집을 적용할 수 있는 가장 바람직한 경우는, 모든 집락이 모집단의 특성을 잘 반영하는 축소된 모집단의 형태를 갖는 경우이다(이군희, 2001 : 323-324).

2) 비확률표집

비확률표집(nonprobabilistic sampling)은 표본의 추출이 확률에 의해 무작위로 이루어지지 않고 연구자의 주관적 판단으로 이루어지는 표집방법이다. 모집단이 분명하게 구체화되지 않거나 구체화하는 데 시간과 비용이 너무 많이 드는 경우나 모집단에 대한 지식이나 정보가 없는 경우에 이러한 비확률표집이 이용될 수 있다. 비확률표집법은 표본의 대표성을 확보할 수 없는 경우 모수치를 추정하는 데 한계가 있게 되고 따라서 결과를 일반화하는 데 제약이 따르므로 확률표집보다 신뢰성이 낮다는 문제를 지닌다. 그럼에도 비확률표집이 중요한 역할을 하는 이유는 연구자가 표집 설계과정에서 자유로움과 융통성을 가질 수 있기 때문이다.

비확률표집에는 편의(임의)표집, 할당표집, 판단표집, 누증표집 등 네 가지 방법이 있는데 세부적으로 살펴보면 다음과 같다.

(1) 편의표집(임의표집)

편의표집(convenience sampling)은 연구자가 연구진행에 편리하게 표본을 선택하는 방법으로서 가장 간단한 비확률표집방법이다. 모집단에 대한 정보 없이 연구자가 표본을 선정할 때 편리성을 기준으로 하여 표본으로 추출하기 쉬운 사람 혹은 사물을 대상으로 하기 때문이다. 이러한 편의표집은 설문지법으로 본조사를 실시하기 전에 소규모로 실시되는 예비조사에 이용되기도 하고, 특정의 가설을 검정하기 위한 탐색연구에 주로 이용되기도 한다.

편의표집은 표집 비용과 시간을 줄일 수 있지만, 표본선택 편의(bias)의 심각한 문제점을 가지고 있다. 즉 편의표집으로 얻은 표본은 모집단에 대한 대표성을 갖지 못하기 때문에 표본의 분석결과로 모집단에 일반화시키는 추론과정을 적용할 수 없다. 따라서 통계적 추론과 관련된 기술적 연구나 인과관계 연구에 편의표집을 사용해서는 안 되지만 예비적 연구나 탐색적 연구에는 사용할 수 있다.

편의표집의 장점은 표본을 선정하는 데 쉬울 뿐만 아니라 시간과 비용이 적게 든다는 것이다. 반면에 연구자의 주관에 의존하기 때문에 표본선택의 편의가 생기기 쉽고 완전한 표본을 사용할 수 없어 표본조사의 결과로 모집단을 일반화하는 데 상당한 제약이 따르고 올바른 결론을 얻기가 힘들 수도 있다.

(2) 할당표집

할당표집(quota sampling)은 비확률표집 중에서 가장 정교한 표집방법으로서 사회과학 연구에서 많이 사용되고 있다. 할당표집은 대체로 다음과 같은 세 단계를 거친다.

첫째, 모집단에서 보고자 하는 특성 즉 연구주제와 관련된 통제변수의 특성에 따라 몇 개의 범주로 나눈다.

둘째, 범주별 크기에 비례하여 표본 수를 할당하고, 할당된 수만큼 조사자가 편의로 표본을 추출한다. 따라서 조사자는 범주별 대표성을 확보하기 위해서 변인들의 범주별 할당수를 미리 결정해 두어야 하는데, 할당 수를 정할 때는 모집단의 특성을 잘 반영하고 있는 가장 최근의 정보를 토대로 해야 한다. 특히 그 중에서 할당 수를 결정하는 중요한 변인이 무엇인지를 알고 있어야 한다.

셋째, 조사자는 주어진 할당만 채우면 되고, 각 범주에 대하여 어떠한 표집을 적용할 것인가 하는 제약은 받지 않는다.

〈표 9-3〉의 단순할당표와 같이 한국에서 빈곤층이 40%를 차지하고, 중산층이 30%, 부유층이 30%에 해당된다면, 연구자는 범주별로 각각의 비율에 따라 할당수를 정한다. 만약 〈표 9-4〉와 같이 지역별로 소득분포를 보고자 한다면, 그리고 농·어촌은 도시와 달리 빈곤층이 60%, 중산층과 부유층이 각각 20%씩이라면 지역별 표본요소의 구성비율이 모집단의 구성비율과 일치하도록 할당수를 정하여 추출한다(강영걸 외, 2004 : 362-363).

〈표 9-3〉 단순할당표

〈모집단분포〉	〈표본분포〉
빈 곤 층 40만 명	빈 곤 층 400명
중 산 층 30만 명	중 산 층 300명
부 유 층 30만 명	부 유 층 300명

〈표 9-4〉 복합할당표

〈모집단분포〉 도 시	〈모집단분포〉 농·어촌	〈표본분포〉 도 시	〈표본분포〉 농·어촌
빈곤층 40만 명	빈곤층 60만 명	빈곤층 400명	빈곤층 600명
중산층 30만 명	중산층 20만 명	중산층 300명	중산층 200명
부유층 30만 명	부유층 20만 명	부유층 300명	부유층 200명

할당표집은 연구주제와 관련된 특성이 범주 내에서는 동질적이고 범주들 사이에서는 서로 이질적이 되도록 모집단을 나눈다는 측면이 층화표집과 유사하다. 하지만 할당표집은 연구목적과 관련된 통제변수에 대한 사전정보가 필요 없다는 것이 층화표집과 다른 점이다. 결국 할당표집은 확률에 의한 무작위적인 방법이 아니라 조사자의 주관적 판단이나 편의에 의해 표본이 선정되는 표집이라는 점이 층화표집과 다른 중요한 차이점이 된다. 할당표집에서는 각 범주에 속한 연구대상의 수에 대한 고려가 아니라 연구자의 판단에 의해 표본의 수가 결정된다.

할당표집의 장점은 다음과 같이 정리할 수 있다.

첫째, 층화표집과 비교했을 때, 적용이 쉽고 범주에 대한 사전정보가 없어도 적용이 가능하다는 것이다. 만일 연구자가 여러 통제변수들에 대하여 표본의 수를 적절히 할당한다면 모집단을 보다 정확히 대표하는 표본을 얻을 수 있다. 이것은 일반적으로 한 변수의 특성만을 고려하여 층으로 세분하는 층화표집과 다르다.

둘째, 할당표집은 모집단의 대표성 측면에서 보면 편의표집이나 판단표집보다 우수하다. 만일 통제변수의 특성이 연구에서 측정되는 반응과 밀접한 관련이 있다면 이상적인 모집단은 암시적인 모집단과 거의 근접한다.[5)]

할당표집은 다음과 같은 몇 가지 단점도 지닌다.

첫째, 확률표집과 비교할 때 통계적 추론의 결과에 대한 정확성이 떨어지며, 연구결과를 일반화시키기가 어렵다.

둘째, 범주가 지나치게 많은 경우, 연구자는 적은 수의 표본을 각 범주에 할당해야 하므로 할당표집의 장점인 융통성을 잃게 되며, 특정 범주에 속하는 연구대상을 찾기 위하여 시간과 비용이 많이 들 수 있다.

셋째, 확률표집이 아니기 때문에 표본선택 편의(bias)의 위험성이 있다. 할당표집에서는 연구자가 범주에 속해 있는 연구대상을 편한 방법으로 선택하기 때문에 그러한 문제가 발생한다.

(3) 판단표집

판단표집(judgement sampling)은 연구자가 연구문제와 모집단에 대해 충분한 경험과 지식 및 정보를 보유하고 있으면서 연구목적에 가장 적합한 표본이라고 생각하는 연구대상을 표본으로 선정하는 표집방법이다. 예를 들어 행동장애아동의 특성에 대해 조사하고자 할 때 조사자가 오랜 기간 상담과 연구조사를 통해 그들의 특성에 대해 잘 알고 있을 경우 판단표집을 할 수 있다.

이와 같이 판단표집은 연구자가 모집단의 특성에 대해 풍부한 경험과 지식이 있으므로 연구자의 판단에만 의존해도 모집단을 대표할 수 있는 좋은 표본을 선정할 수 있고, 선정된 표본으로부터 유용한 정보를 얻을 수 있는 효과적인 표집방법이다. 연구자가 임의로 표본을 구성한다는 측면에서 보

5) 암시적인 모집단(implied population)이란 비확률표집에 의한 표본에 대한 모집단을 의미하며 그 표본의 분석결과를 일반화시키는 데는 여러 가지 문제가 있게 된다. 이상적인 모집단(ideal population)은 연구주제와 관련되어 가장 적합한 모집단으로 일반화가 적용될 수 있는 모집단이다(이군희, 2001 : 334).

면 편의표집과 유사하지만, 연구자의 주관적인 판단으로 표본의 대표성을 고려하여 연구대상을 선택하는 노력을 기울인다는 점에서 차이가 있다.

연구자가 이상적인 모집단에 대한 객관적인 정보를 사전에 가지고 있고, 그러한 정보를 잘 활용하여 표본선택의 기준이 만들어진다면, 판단표집은 편의표집보다 효율적인 표집이 될 것이다. 하지만 모집단에 대한 정보가 불완전하거나 불충분한 경우에는 심각한 표본오차를 야기할 수 있으므로 조사자는 자신의 경험과 지식의 정확성 여부 및 정도에 유의하여야 한다. 또 판단표집에서 연구자는 표본선택을 신중하게 결정하므로 연구자의 관심 대상이 아닌 연구대상은 거의 포함되지 않게 된다.

(4) 누증표집

누증표집(snowball sampling)은 한 대상자가 다른 대상자를 소개하고 그 대상자는 또 다른 제 3 의 대상자를 소개해 나가는 절차를 반복하는 표집방법이다. 즉 이 표집방법은 다음과 같은 단계를 거친다.

첫째, 무작위로 연구대상을 선택하여 초기표본을 구성한다.

둘째, 초기표본에 속한 연구대상을 인터뷰한 후 그 연구대상에게 목표모집단에 해당되는 다른 연구대상을 소개받는다.

셋째, 원하는 표본 수를 얻을 때까지 계속 소개받아서 인터뷰한다. 누증표집은 스노우볼 표집(연쇄 표집)이라고도 하는데 소개의 소개를 받아 눈덩이를 굴리듯이 계속적으로 표집단위가 선택되므로 마치 눈덩이가 굴러 내리면서 불어나는 것과 비슷하다고 하여 붙여진 이름이다.

누증표집의 첫 단계에서 단순무작위표집이 적용되었기 때문에 확률표집으로 볼 수도 있으나 그다음 선택되는 표집단위는 같은 지역, 친척, 동년배, 비슷한 심리적 특성 등 다양한 요인에 의해 선택되므로 확률표집으로 보기 곤란하다.

누증표집은 특정 집단이나 특정 지역을 대상으로 하는 연구에 주로 이용된다. 예를 들어 장애아동의 부모를 대상으로 조사하거나, 가정폭력 피해자, 알코올중독자 등을 대상으로 조사하려면, 제일 먼저 선정된 대상이 다른 대상을 소개하고, 그 대상은 또 다른 대상을 소개해 나가게 해서 표본을 구성하면 된다. 이 누증표집은 유사한 환경에 처한 사람들은 서로에 대해 알고 정보를 교환한다는 것을 가정하고 있다. 그러나 소개해 나가는 과정에서 표본선택이 편의적(임의적)일 수도 있다는 점에 유의해야 한다.

10 CHAPTER

통계분석의 유형과 기술통계 분석

01 통계분석의 준비절차와 통계분석의 유형

조사 연구방법을 통한 계량분석은 과학적이고 체계적인 정보를 얻기 위해 통계적 기법을 사용하여 연구의 대상이 되는 사회현상과 인간현상을 밝히기 위하여 연구문제나 연구가설을 설정하고 검정하는 과정을 거치게 된다.

여기에서는 이러한 통계분석의 유형을 구체적으로 다루기 전에 통계분석의 이전 단계에서 수행되어야 할 준비절차를 정리하면 다음과 같다.

1) 통계분석의 준비절차

(1) 연구문제와 연구가설의 설정

통계적 계량분석을 위한 조사 연구에서는 먼저 검정하고자 하는 연구문제를 설정하여 조사하려는 문제를 정확하고 완전하게 제시해야 한다. 문제를 정확하게 이해하지 않고는 올바른 결론을 도출하기 어렵기 때문이다.

연구문제 정립에 따라 연구도구(측정변수), 연구의 대상과 범위가 결정되는 것이며, 연구문제에 따라 다소 추상적인 변수(용어)가 개념적으로 규정되면, 관련된 변수로 개념을 지표화하기 위한 조작적인 개념화 과정을 거치게 된다.

아울러 가설은 연구문제에서 제시된 측정하고자 하는 변수의 개념에 따라 설정이 된다. 가설에는 영가설(귀무가설)과 연구가설(대립가설)이 있다. 귀무가설(Null hypothesis)은 연구가설의 내용과 논리적으로 반대의 입장을 취하는 진술로 통계적 검증에서의 과정이다. 이에 비하여 대립가설(대안가설)은 귀무가설이 거짓으로 검정되면 대안적으로 참이 되는 가설을 말한다. 즉 실제 연구에서 검증(확인)하고자 하는 가설이다.

(2) 조사 연구의 설계(연구디자인)

조사 연구의 설계는 연구하고자 하는 연구디자인을 선택하고, 연구문제에 따른 조사 연구대상자와 측정도구를 확정하는 단계를 말한다. 연구 설계의 목적은 주어진 연구문제에 대한 타당하고 객관적인 해답을 경제적이고 효율적으로 얻기 위해 불필요한 변량을 통제하기 위한 것이다. 즉 수집된 증거가 초기의 문제와 적합하지 않게 되는 상황을 배제하는 데 목적이 있다.

이를 위해서는 관찰하고자 하는 독립변인(변수)의 영향을 극대화시키는 동시에 종속변인에 영향을 미치는 불필요한 가외변인들의 변량을 통제하고, 표집과 측정과정에서 야기되는 오차 변량을 극소화하여야 한다. 이러한 연구설계의 요건을 제시하면 다음과 같이 정리할 수 있다.

① 연구문제의 적절한 해답을 얻기 위해서 연구문제가 무엇이고 가설이 무엇이며, 종속변인과 독립변인이 무엇인가를 정확히 분석해서 적합한 연구설계 방안을 선정해야 한다.

② 독립변인의 변량을 극대화시키고 가외변인을 통제할 수 있는 능력을 갖기 위해 가능한 한 무선화 원칙을 따라야 한다.

③ 연구결과의 일반화 가능성을 높여야 하며, 어떤 통계적 분석방법을 쓸 것인가를 고려하여 해당 분석방법 적용이 가능한가를 검토해야 한다.

(3) 자료수집(1차 자료 및 2차적 자료)

연구대상 및 조사대상 집단이 결정되면, 표본집단 추출방법을 결정한 후에 포함된 개체들을 대상으로 필요한 표본자료를 수집한다. 대부분의 경우에는 전수조사가 아니라 표본조사방법을 택하기 때문에 자료수집(collecting data) 방법도 자료의 오차가 최소화될 수 있는 것이어야 한다. 이를 위해서는 자료를 수집하는 방법, 시간, 장소 등의 영향요인들을 연구주제와 상관하여 고려하여야 한다.

그리고 자료에는 연구자 스스로가 표집하는 1차적 자료(primary sources)와 기존의 연구자들에 의해 생산되었거나 발표된 2차적 자료(secondary sources)가 있으며, 1차적 자료를 수집하는 방법에는 주로 실험(experiment)과 서베이(survey)가 있다. 서베이란 미리 구조화되어 있는 설문지나 면접을 통하여 사회현상에 관한 자료를 수집하고 분석하는 연구 방법이다. 서베이의 목적은 어떤 모집단을 대표할 것이라고 추정되는 대규모 응답자들을 조사하여 정보를 구하는 데 있다.

이에 비하여 다른 연구자들이 구한 자료도 있고 기관, 정부에서 특정 목적을 위해 수집한 자료들도 있다. 대부분 무료로 얻을 수 있는 장점이 있지만 신뢰성 등의 한계도 많다.

(4) 자료의 입력(코딩)과 데이터 클리닝

수집된 자료를 편집하고 계량분석 통계패키지 프로그램을 이용하여 자료를 입력(coding)한다. 조사된 자료를 변수와 사례(case)별로 입력하는 과정에서 오류가 없도록 해야 한다. 입력된 자료는 기초적인 표와 그래프를 이용하여 정리하기도 하고, 빈도, 최빈치, 평균, 표준편차 등 간단한 통계치를 이용하여 특성을 파악한다. 특히 이때 빈도분석을 통해 입력된 실제 데이터의 결측치를 대체하거나 이상치를 제거하는 데이터 클리닝(cleaning) 작업이 반드시 필요하다.

2) 통계분석의 유형

(1) 기능에 따른 통계분석의 유형

통계분석을 위한 준비절차가 완료되면 연구설계에서 정한 연구방법에 따라 실제로 자료를 분석하는 통계과정으로 들어가게 된다. 통계는 유의미한 결과를 얻기 위해 양적인 자료들을 정리하여 기술하거나 분석하고 해석하는 과학적인 방법을 말한다. 이러한 자료분석 방법으로는 빈도분석, 교차분석, 평균분석, 상관관계분석, 회귀분석, 요인분석 등이 있는데, 반드시 연구목적에 부합되는 분석방법을 선택해야 한다.

그리고 분석결과에 따라 첫 단계에서 기각하기 위하여 설정된 가설인 영가설(귀무가설)을 검정하여 채택여부를 판단한다. 즉 영가설을 부정하게 되면 연구가설을 채택하게 되는 것이다.

조사 연구에서 사용되는 계량적인 통계분석에는 기능적으로 기술통계와 추론통계의 두 가지 유형이 있다. 기술통계(descriptive statistics)는 수집된 자료를 일목요연하게 정리하고 요약하는 것이 주목적이다. 즉 기술적 측정값들로 어떤 현상이나 사실에 대한 요약된 정보를 주는 것으로 이용되는 통계분석의 수치는 평균, 중위수, 최빈치, 표준편차 등이다. 반면에 추론통계(inferential statistics)는 정리된 자료를 이용하여 보다 일반적인 사실을 추측하거나 미래에 발생할 현상을 예측하게 한다. 또한 추론통계는 가설검정을 할 수 있게 하며, 표본으로부터 얻어진 자료의 분석으로 모집단의 일반적 사실에 관한 정보를 추측할 수 있게 한다. 흔히 기술통계는 통계분석을 위한 기초 자료를 제공한다는 의미에서 기초통계라 하고 추측통계는 사용되는 분석방법이 복잡하여 고급통계라고도 한다(그림 10-1 참조).

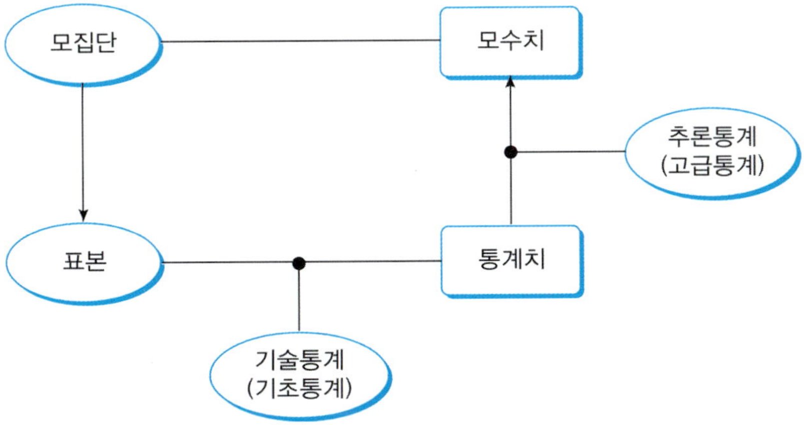

[그림 10-1] 통계분석의 기능별 유형

여기에서 기술통계학과 추론통계학에 따른 분석방법을 구분해 보면 다음과 같다. 기술통계에는 빈도분석, 교차분석, 신뢰도분석, 요인분석, 군집분석 등의 방법이 있다. 그리고 추론통계에는 등간척도, 비율척도를 대상으로 하는 모수통계와 명목척도, 서열척도를 대상으로 하는 비모수통계로 구분이 된다. 그 외에도 추론통계에는 표본의 통계량에서 모집단의 모수를 추정하는 통계량은 없으나 표본자료에서 모집단을 추정하는 유의확률(p-value)을 보는 판별분석도 포함된다.

한편 계량분석에는 많은 수치들이 사용되고 있으며, 이들 수치들은 크게 상수와 변수로 구분된다. 상수(constant)는 어떤 특성이 단 하나의 수치만을 가진 것으로 주로 '*k*'로 표시한다. 반면에 변수(variable)는 어떤 특성의 값이 두 개 혹은 그 이상의 범주(category)를 가지고 있다.

(2) 변수의 수에 따른 통계분석의 유형

① 일원적 분석

일원적 분석(univariate analysis)은 단일변수들에 대해 기술 및 자료를 대상으로 요약 분석하는 것으로 '일변량 분석'으로도 불리는 유형이다. 즉 개별 변수들이 가지고 있는 값들을 대상으로 빈도분포, 집중 경향치, 분산 등의 통계방법들이 많이 쓰인다. 즉 빈도(frequency)나 백분율(percentage), 누적 백분율(cumulative percentage)로 나타내고 분석하는 기법을 많이 사용하는 방법이 일원통계분석에 해당한다.

이때 분석대상인 변수들은 명목변수, 서열변수, 수량변수의 모두가 해당이 되며, 특히 나이 등의 수량변수는 (산술)평균(mean, M), 표준편차(standard deviation, SD)를 비롯한 최솟값(minimum), 최댓값(maximum), 최댓값에서 최솟값을 뺀 범위(range), 최솟값에서 최댓값까지 순서대로 늘어놓고 한가운데에 위치한 변숫값인 중위수(medium), 전체 변숫값들 중에서 가장 빈도가 높게 나오는 최빈값(mode) 등의 통계치도 분석할 수 있다.

② 이원적 분석

이원적 분석(bivariate analysis)은 '이변량 분석'으로도 불리며 두 변수 간의 연관성을 묘사하기 위한 목적의 통계분석 유형이다. 즉 이원분석은 두 변수의 변숫값의 분포를 같이 기술하며, 두 변수 간의 관계를 확인하게 된다. 여기에서 관계는 영향을 미치는 방향과 순서(선후)를 의미한다.

따라서 이원적 분석에서는 이론이 검정되고 도출될 수 있고, 교차분석, 상관관계, T-검정 등의 기법이 많이 사용된다. 특히 상관관계분석에서는 피어슨 상관계수(r, pearson correlation coefficient)가 0～1(부호를 고려하면 −1～1) 사이에서 나타나고 계수가 0일 경우에는 두 변수 간에 아무런 상관관계가 없다는 의미이고 계수가 1이면 두 변수의 관계는 완벽한 상관성이 있다고 해석하면 된다.

③ 다원적 분석

다원적 분석(multivariate analysis)은 '다변량 분석'으로도 불리며 세 변수 이상의 관계를 묘사하기 위한 목적의 통계분석 유형이다. 즉 이원분석에 변수들을 더 넣어서 묘사하는 방법으로 셋 이상의 변수들 간의 관계를 설명하고자 하거나 두 변수 간의 관계분석에서 제3의 변수의 영향력을 배제하기 위한 분석기법이다.

그리고 대표적인 다원분석 방법으로는 부분상관관계(partial correlation), 공변량분석(ANCOVA), 다중회귀분석(multiple regression analysis), 요인분석(factor analysis), 신뢰도분석(reliability analysis) 등이 있다. 이들 다원적 분석 방법을 간단하게 살펴보면 다음과 같다.

㉠ 부분상관관계

상관(correlation)이란 두 변수가 연관되는 정도로 이해할 수 있다. 부분상관관계는 두 변수(a, b) 간의 상관관계의 크기가 어느 정도인지를 수치나 계수로 나타내는 피어슨(단순) 상관계수(r ab)에 대해 제3의 변수(c)를 계산에 포함시킨 후 원래의 관계가 어떻게 변하는지를 부분상관계수(part correlation coefficient)로 보여주는 방법이며, 부분상관계수(r ab.c)를 해석하면 된다.

㉡ 공변량분석(공분산분석)

공변량분석(analysis of covariance, 공분산분석)은 2개 이상의 독립변수 평균 간의 차이를 검정하기 위한 분산(변량)분석(ANOVA)에 속하며 공분산분석이라고도 한다. 이는 독립변수가 아니면서 불가항력적이거나 예상치 못한 제3의 변수(오염변수)가 종속변수에 미치는 영향을 통제하는 방법이다. 즉 공변량의 영향을 제거하고 순수한 집단 간 차이를 확인하는 것이다.

여기에서 공변량이라는 변수는 독립변수가 아니라 여러 변수들이 공통적으로 가지고 있는 변량이라는 뜻이다. 따라서 연구자는 공변량이 종속변수에 영향을 미치게 되면 그 공변량을 잡음인자로 보고 실험이나 통계적으로 통제하면 된다.

㉢ 다중회귀분석

다중회귀분석(multiple regression analysis)은 종속변수가 1개이고 독립변수가 2개 이상인 복수의 변수 군이 서로 어떻게 관련되어 있는지를 분석하는 기법이다. 단순상관관계분석이 두 변수(a, b) 간의 상관관계 계수를 'r ab'로 나타내고 해석하는 것인데 비하여 다중회귀분석에서는 복수의 변수(A, B) 간의 상관관계 계수를 'R' 혹은 R Square(R^2)값으로 나타내고 해석하면 된다.

㉣ 요인분석

요인분석(factor analysis)은 세 변수(측정도구) 이상의 타당성을 검정하기 위한 방법이다. 즉 척도에서 다수의 변인들을 분해하여 요인들을 소수의 단순한 요인들로 재구성하는 방법이다.

혹은 여러 측정 문항들의 상관관계를 바탕으로 측정문항의 공통자원(common underling dimension)을 통하여 문항의 수보다 적은 요인(factor)을 새로 만들어내는 통계기법이다. 요인분석을 위해서는 변수나 문항이 간격척도나 비율척도이어야 하며 수집된 표본의 수도 최소 50개 정도는 되어야 한다.

㉤ 신뢰도분석

신뢰도분석(reliability analysis)은 세 변수 이상의 측정도구(척도)를 동일한 개념을 대상으로 측정을 반복했을 경우에 시간과 장소에 구애받지 않고 일관성(consistency) 있게 측정값이 나오는가를 알아보는 분석방법이다.

연구보고서를 작성할 때는 신뢰도계수(reliability coefficient)를 제시하는 과정이 중요하다. 만약 외국에서 제작되고 국내에서 번안된 척도(검사지)를 사용하여 연구를 실시한 경우에는 최초의 신뢰도계수, 번안된 척도의 신뢰도계수, 연구자 자신이 수집한 데이터의 신뢰도계수를 같이 제시해야 한다.

신뢰도를 높이기 위한 방법으로는 측정변수나 문항의 수를 늘리는 방법과 기존 연구에서 신뢰도가 있다고 인정된 측정도구를 사용하는 방법이 있다. 그리고 많이 사용되는 신뢰도계수는 크론바흐 알파계수(Cronbach Alpha Coefficient)인 내적 일관성 계수이다.

(3) 모집단의 분포와 가정에 따른 통계분석의 유형

추론통계에는 모집단의 분포와 가정에 따라 모수통계(parametric statistics)와 비모수통계(nonparametric statistics)로 구분이 가능하다. 우선 모수통계는 통계량 모수를 측정하는 통계기법으로 흔히 가정이 필요하며 모집단의 특성에 대한 정보가 충분할 때 측정치의 등간성 및 연속성 등을 전제로 등간척도와 비율척도를 사용한 자료분석에 활용되는 기법이다.

이에 비하여 비모수통계는 모집단의 특성은 측정하지만 모집단의 특성에 대한 사전정보가 부족할 때는 가정을 세우기가 어렵기 때문에 모수와 통계량의 관계는 다루지 않는다. 그리고 명목척도나 서열척도를 사용한 자료분석에 활용되는 기법이다.

그러면 모수통계를 활용한 분석기법과 비모수통계를 활용한 분석기법으로 구분하여 통계유형을 정리해 보면 다음과 같다.

첫째, 모수통계에는 등간, 비율척도(변수)를 사용하여 독립집단평균차이검정(t-Test), 대응집단차이검정(대응 t-Test), 분산분석(ANOVA), 공분산분석(ANCOVA), 다변량 분산분석(MANOVA), 상관관계분석(Correlation Analysis), 회귀분석(Regression Analysis), 로지스틱 회귀분석기법(Logistic Regression Analysis) 등이 있다.

둘째, 비모수통계에는 명목, 서열척도(변수)를 사용하여 카이스퀘어 독립성(independence)검정(χ^2검정), 두 집단 비율차이 검정(χ^2검정), 단일집단 비율검정(z-test, 이항 검정), Mann-Whitney u검정(독립 두 표본: 독립 두 집단 T-검정), Wilcoxon 순위차(Singed-Rank) 검정(대응 두 표본: 대응 집단 T-검정) 등이 있다.

02 기술통계와 측정변수 및 측정모형의 분석

조사 연구에서 연구문제나 연구가설의 검정을 위한 추론통계에 앞서 수행되는 기술통계(descriptive statistics)는 조사 연구 분석에서 가장 기본적인 단계로서 주어진 표본의 자료로써 수치화되는 데이터를 이용하여 평균 분산, 표준편차를 이용하여 자료를 정리한 후 이것이 나타내는 현상에 대하여 일반적 특성을 기술하고 요약하는 것을 목적으로 한다.

조사 연구의 기술통계분석에서는 주로 측정변수 분석을 위한 빈도분석 및 기타 기술통계, 교차분석 및 이원 카이제곱검정, 측정모형 분석을 위한 신뢰도분석, 요인분석이 주로 다루어진다. 여기에서는 이러한 기술통계량을 활용한 주요 분석기법을 개괄적으로 살펴보면 다음과 같다.

1) 빈도분석 및 기타 기술통계

빈도분석(frequency analysis)은 가장 빈번하게 활용되는 일원적 기술통계 분석기법[6)]으로서 이산형 변수 또는 여러 개의 범주로 구분된 범주형 변수(categorical variable)에 대하여 각종의 기술 통계량을 산출하고, 해당 변숫값이 포함된 케이스의 수를 도수 분포표 혹은 원도표(pie chart), 막대그래프(bar graph)를 이용하여 변수의 분포특성을 나타내는 통계기법으로서 다음과 같은 기본원리에 따라 해석하여야 한다.

첫째, 도수분포표에서는 빈도(frequency) 이외에도 백분율(percent), 유효백분율(valid percent), 누적 백분율(cumulative percent) 등의 도표가 나타나게 된다. 이러한 도수분포표는 연구보고서에서는 작성이 요구되지만 학술지 연구논문에서는 주로 생략이 된다.

둘째, 집중경향치(central tendency)에서는 평균(mean, 산술평균), 중앙값(median), 최빈치(mode) 등이 나타나게 되는데, 이중에서 산술평균은 집중경향치를 나타내는 값 중에서 학술지 연구논문에 가장 많이 쓰이며 등간 및 비율변수와 같은 수량변수의 경우에 주로 사용된다. 중앙값은 변숫값들을 가장 작은 것부터 가장 큰 것까지 크기순으로 배열하였을 때 전체를 양분하는 중앙의 위치에 놓이게 되는 값을 말한다. 최빈치는 빈도수가 가장 많은 범주 또는 수치를 말한다. 명목, 서열, 등간, 비율 등 모든 수준의 변수에 사용될 수 있다.

6) 하나의 변수에 대한 특성을 요약하여 도수분포표, 집중경향치, 분산도를 설명하는 기법을 말한다.

셋째, 측정변수들 간의 정규분포성이나 산포도(변산도) 혹은 분산도(dispersion or spread)를 알기 위한 통계로는 범위(range), 사분편차(quartile deviation), 변량(variance), 표준편차(standard deviation), 변이(변동)계수, 표준점수 등이 이용된다. 즉 분산(산포도)이란 한 변수의 변숫값들의 분포가 집중경향치를 중심으로 얼마나 밀집 혹은 분산되어 있는가를 나타내기 위한 값들이다. 범위는 어떤 한 변수의 최젓값과 최댓값의 차이를 말하며, 사분편차는 범위가 갖고 있는 문제 중의 하나인 극단치가 미치는 영향을 배제하기 위해 사용되는 통계이다. 그리고 변량은 각 변숫값들이 평균으로부터 어느 정도 떨어져 있는지를 나타내는 통계로서 이를 통해 자료의 전체적인 분산 정도를 파악하는 것이다.

표준편차(standard deviation)는 변량을 구하기 위해 편차에 제곱근을 하여 변량의 수치가 과장되어 나타난 결과를 실제적인 의미로 나타내기 위한 것인데, 학술지 연구논문에서는 필수적으로 제시되어야 한다. 표준점수(標準點數, standard score)는 원점수와 평균과의 차이를 표준편차로 나눈 것이다. 표준점수(standard score)는 통계학적으로 정규분포를 만들고 개개의 경우가 표준편차 상에 어떤 위치를 차지하는지를 보여주는 차원 없는 수치인 것이다. 표준점수는 평균이 50점이고 표준편차가 10점인 정규분포를 따른다. 이 외에도 변이(변동)계수는 분산의 상대적 정도를 측정하기 위한 통계치인데, 변이(변동)계수는 주로 표준편차를 평균으로 나누어서 구한다.

넷째, 학술지 연구논문의 기초통계량에서는 평균, 표준편차와 함께 왜도(Skewness)와 첨도(Kurtosis)가 주로 제시된다. 왜도는 자료가 대칭적으로 분포되어 있는지 또는 한쪽으로 치우쳐져 있는지에 대한 데이터 분포(산포도)의 좌우 비대칭 정도를 말하고, 왜도(Skewness)가 -0.5 ~ 0.5 일 경우 데이터는 상당히 대칭적이라고 본다. 첨도는 산포도의 양쪽 꼬리 부분의 두터움 정도를 나타내는 값인데, 극단적인 값들을 한 꼬리와 다른 꼬리로 설명하는 데 사용된다. 첨도(Kurtosis)가 높으면 데이터가 두꺼운 꼬리나 이상치(outlier)를 가지고 있다는 것을 의미하고, 첨도(Kurtosis)가 낮으면 데이터가 얇은 꼬리나 이상치(outlier)를 가지고 있지 않다는 의미이기 때문에 조사할 필요가 있다. 이론적으로 정규분포의 첨도 값은 3인데, 첨도 값이 3보다 작을 경우에는 산포도(dispersion)는 정규분포보다 꼬리가 얇은 분포로 생각할 수 있고, 첨도 값이 3보다 큰 양수이면 정규분포보다 꼬리가 두꺼운 분포로 판단할 수 있다.

통계 패키지를 사용하여 빈도분석하기 위해서는 분석(Analyze) → 기술통계(Descriptive Statistics) → 빈도분석(Frequencies)의 순서로 접근하면 된다. 아울러 기타 기술통계량을 구하기 위해서는 빈도분석(Frequencies) 대신에 해당되는 '기술통계' 명칭으로 접근하면 된다.

2) 이원 카이스퀘어검정 및 교차분석

교차분석(Cross-tabulation Analysis) 방법에 속하는 피어선의 카이제곱 검정(Chi-squared Test)은 데이터 수집 방법과 가설에 따라 독립성 검정(Test of Independence), 적합도 검정(goodness of fit), 동질성 검정(Test of Homogeneity)의 세 종류가 있다. 이때 카이(chi, x)란 그리스 알파벳 버전으로 표준정규분포를 의미하며 교차표(cross tabulation)를 사용하기 때문에 교차분석이라고 말한다. 교차표는 2개 이상의 독립변수를 상호 관련시켜 한 눈에 보이게 만든 표인데, 두 변수의 빈도표를 교차하거나 분할시켰다는 의미에서 교차표 혹은 분할표(contingency table)라고도 한다.

이중에서 기술통계의 교차분석 방법에 속하는 독립성 검정(Test of Independence)은 질적인 범주형 자료(명목 혹은 순서척도)인 두 개 혹은 그 이상의 변수에 대한 변수들의 독립성(관련성)을 알아보기 위한 분석방법인데, 결합분포를 나타내는 교차분할표를 작성함으로써 변수 상호 간의 독립성과 연관성 존재 여부를 분석하는 것을 말한다.

측정하고자 하는 변수 간의 독립성(혹은 관련성)을 알아보기 위한 교차분석 방법으로서는 이원적 분석(bivariate analysis) 방법 중 가장 대표적인 기법인 이원 카이제곱검정(Two-way Chi-squared Test)[7)]이 주로 사용된다. 이는 질적인 명목(성별, 학년별, 지역별, 종교별, 직업별, 교육수준별, 혼인상태별), 서열, 등간 데이터[8]의 성향을 갖고 있는 서로 다른 변수 간의 사회 가치 내용을 분석하기 위해 사용되는 분석기법이다.

2개 이상의 명목 및 서열척도의 범주형 변수를 분석하기 위해서는 한 변수의 범주를 다른 변수의 범주에 따라 빈도를 교차분석하는 교차분석표(cross- tabulation table, 교차분할표)를 작성하고 두 변수 간의 상관관계인 독립성(independence)과 연관성(association)을 분석하는 기법이다. 따라서 이원 카이스퀘어검정(Two-way χ^2 Test), 독립성 검정(test of independence) 혹은 동질성 검정(test of homogeneity)이라고도 한다. 이에 비하여 일원 카이스퀘어 검정(One-way χ^2 Test)은 2개 이상의 측정변수 간의 독립성이 아니라 1개의 변수로 볼 수 있는 측정모형의 적합도를 검정하는데 사용되는 기법이다.

2개 이상의 변수를 대상으로 교차분석(카이제곱분석)하기 위해서는 먼저 전체 자료가 명목척도인지를 확인하고 귀무가설과 연구가설(대립가설)을 설정하여 이원 카이제곱검정을 통해 연구가설을 채택해야 한다. 그리고 카이스퀘어 검정(교차분석)은 분산분석(Analysis of variance, ANOVA)나 t-test와는 달리 차이가 수준에서의 차이로 해석하는 것이 아니라 분포의 차이를 알기 위한 것이라는데 주목할 필요가 있다.

따라서 교차분석의 χ^2(Chi-square) 값은 기대빈도와 관찰된 자료에서 나타난 실제빈도 간의 차이에 의해서 계산되는 검정 통계량을 의미하는데, χ^2(Chi-square)값이 크면 변수 간 상관관계가 높고 기대빈도와 실제빈도 간의 차이가 큰 것으로 해석한다. 아울러 교차분석(카이제곱분석)에서는 사례수인 자유도를 함께 다루어야 하는데, 자유도(degree of freedom)는 교차분할표에서의 (행의 항목수 − 1) × (열의 항목수 − 1)로 계산한다.

---

7) 변수가 단수인 경우에는 일원 카이제곱검정(One-way Chi-squared Test)이라고 하고, 변수가 두 개 이상인 경우에는 이원 카이제곱검정이라고 한다.
8) 교차분석에 사용되는 척도는 모두 명목척도이거나 순서(서열)척도이며, 등간척도나 비율척도는 변숫값의 가짓수가 몇 안 되거나 코딩변경(recording)을 통하여 그룹화한 변수로 바꾸어야 이용 가능하다.

다시 말하면 19세기 말 영국의 수리통계학자 칼 피어슨(Karl Pearson, 1857~1936)[9]이 개발한 카이스퀘어 검정에서는 주로 χ^2값과 P-value(유의수준) 값을 근거로 귀무가설(두 변수가 상호 독립적이고 관계가 없다는 주장)을 채택하거나 기각하게 된다. 이때 허용유의수준(α)을 0.05수준(5% 유의수준)으로 기준했을 때 신뢰수준($1-\alpha$)은 0.95(95% 신뢰수준)가 되는데, 유위수준인 P-value값은 0.05보다 낮을수록 연구자는 귀무가설(두 변수가 상호 독립적이고 관계가 없다는 영가설)을 자신 있게 기각하고 두 변수 간의 연관성(두 변수가 관계가 있다는 연구가설)이 있다는 대립가설을 주장할 수 있게 된다.

그리고 교차분석(카이제곱검정)의 하나로서 주로 연구모형의 적합도 검정에 사용되는 One-way Chi-square Test(일원 카이제곱검정)에서는 Pearson Chi-square 값(χ^2 Value), 자유도(df), 유의도(sig. or P)를 기준으로 해석하면 된다. 여기에서 자유도(degree of freedom)란 사례 수라고 생각하면 되는데, 주어진 조건 아래에서 자유롭게 변화할 수 있는 점수나 변인의 수를 말한다.

SPSS 통계 패키지를 사용하여 분석하기 위해서는 분석(Analyze) → 기술통계(Descriptive Statistics) → 교차분석(Crosstabs)의 순서로 접근해야 하며, 세부적으로는 Option : Statistics → Chi-square, Cell → Row, Column, Total에서 분석하면 된다.

3) 신뢰도 · 타당도(요인)분석

(1) 신뢰도분석

신뢰도(Reliability) 평가는 특정 개념에 대한 측정지표들이 일관성 있고 오류없이 정확하게 측정되었는지를 평가하는 것이다. 측정도구(설문지)의 문

9) 1911년에 피어슨은 1826년 제러미 벤담의 영향을 받은 제임스 밀과 같은 공리주의자들이 영국 최초 민간대학으로 설립된 유니버시티 칼리지 런던(University College London)에 통계학과를 설립하였다. 이는 세계 최초의 대학 통계학과로 여겨진다.

항이 가지고 있는 내적 일관성 신뢰도(internal consistency reliability), 즉 신뢰성(reliability)을 알아보기 위한 신뢰도분석(reliability analysis)은 기술통계를 사용한 다원적 분석(multivariate analysis) 방법 중 가장 대표적인 기법이다. 세부적으로는 측정의 시간적 간격의 문제를 극복하기 위한 측정-재측정 신뢰도(test-retest reliability), 반분신뢰도(split-half reliability), 문항분석(item-total correlation), 크론바흐 알파(Cronbach's Alpha) 등의 여러 가지 기법이 있다.

이 중에서 조사 연구에서는 주로 측정도구의 문항 간 내적 일관성(internal consistency reliability)을 확인할 수 있는 전통적인 신뢰도 평가방식이 사용된다. 즉 0~1의 값을 가지는 크론바흐 알파(Cronbach's Alpha) 계수를 산출하는 방법을 취하는데, 일반적으로 Cronbach's Alpha의 값이 0.6~0.7 이상이면 신뢰성이 높은 것으로 판단한다.

SPSS 통계 패키지를 사용하여 분석하는 순서는 분석(Analyze) → 척도분석(Scale) → 신뢰도분석(Reliability)으로 접근하면 된다.

(2) 타당도(요인)분석

신뢰도는 측정도구(설문지)가 측정하고자 하는 어떤 특성을 얼마나 일관되고 정확하게 측정하느냐의 정도라면, 타당도(validity)는 측정도구(변인)가 측정하고자 하는 어떤 특성이나 현상을 제대로 혹은 정확하게 측정하는가의 정도를 나타내는데, 측정지표들에 대한 타당도 평가는 집중타당도(Convergent validity) 및 판별타당도(Discriminant validity) 평가결과에 의거한다.

집중 타당도는 동일한 하나의 개념(잠재변인)에 대하여 측정하기 위한 지표(관측변인)들은 서로간의 강한 상관관계가 있어야 한다는 개념이며, 판별타당도는 상이한 개념(잠재변인)을 측정하기 위한 지표, 즉 각 잠재변인 측정 문항 간의 상관관계가 없어야 한다는 개념이다. 따라서 각 잠재변인들은 조작적 정의를 위하여 관측변인이 제시되어야 하는 조건이 따르며, 주로 탐색적 요인분석으로 이루어진다.

SPSS 통계 패키지를 사용하여 분석하는 순서는 분석(Analyze) → 데이터 축소(Data Reduction, 차원축소) → 요인분석(Factor Analysis) 순으로 접근하면 된다.

요인분석을 위해서는 변수가 간격척도 혹은 비율척도에 의한 측정도구가 사용되어야 한다. 또한 표본의 크기는 100개 이상이 바람직하며 최소한 50개는 되어야 한다. 그리고 요인분석은 기본적으로 상관관계가 높은 변수끼리 높은 변수들끼리 묶는(그룹핑) 것이므로 변수들 간의 상관관계가 대체로 ±0.3 이하인 자료는 요인분석에 부적합하다고 할 수 있다.

측정도구(설문지)의 타당도(validity)를 분석하기 위한 통계분석방법인 요인분석 방법으로는 측정변인에 대한 '탐색적 요인분석'과 연구모형에 대한 '확인적 요인분석' 방법이 있다. 요인분석(Factor Analysis)은 변수들 간의 상관관계를 고려하여 저변에 내재된 개념인 요인들을 추출해내는 분석방법이기 때문에 변수들 간의 상관관계를 고려하여 서로 유사한 변수들 끼리 묶어주는 방법인 것이다. 즉 많은 변수로 구성된 데이터가 몇 개의 요인에 의해 영향을 받는가를 알아보기 위하여 데이터의 축소를 통하여 분석결과의 해석을 용이하게 하는 과정이다.

① 탐색적 요인분석

탐색적 요인분석(exploratory factor analysis)을 하는 것은 구성개념들 간의 인과관계를 알 수 없기 때문에 측정에 사용된 변인들이 각각 고유한 특성을 측정하고 있는지의 타당도(validity)를 알아보기 위한 것이다. 즉 설문지의 문항들 상호 간의 상호 의존도를 분석하여 서로 유사한 문항끼리 묶어서 요인, 즉 잠재변수(Latent Variable)의 개수를 결정하는 방법이다.

요인분석에서 요인의 개수를 결정하는 대표적인 방법으로는 4가지가 있다. 이 중에서 요인의 수를 미리 결정하는 방법이 아닌 나머지 세 가지 방법에 의해 요인의 수를 결정할 때는 얼마든지 다른 결과가 나올 수 있다.

첫째, 요인에 대한 고윳값을 사용하여 요인의 개수 결정하는 방법이다.

탐색적 요인분석을 실시하였을 때에는 각 변수들의 항목들은 각 항목이 속해 있는 요인에 대한 적재값이 높아야 타당성이 높다고 할 수 있는데, 조사연구에서는 변수들과 요인 사이의 상관계수인 '요인적재값(factor loading, 요인부하량)[10]의 제곱의 합'을 나타내는 고유치(eigenvalues, 아이겐 값) 기준으로 1.0 이상인 경우를 기준으로 요인을 추출하여 요인의 수를 결정한다. 즉 여러 문항(성분) 중에서 초기 고윳값(eigenvalues)이 1.0 이상인 경우가 3개가 나왔다면 3개의 관측변인으로 묶고 그 명칭을 부여하면 된다. 가장 많이 사용하는 방법이기도 하다.

둘째, 잠재변인의 수를 결정하는 또 다른 방법은 SPSS 등의 통계 패키지에서 제공하고 있는 스크리 도표(Scree table)를 이용한 요인 개수를 결정하는 것이다. 스크리 도표는 XY축으로 된 선 그래프인데, 각 요인의 고유치(eigenvalues, 아이겐 값)를 그림으로 보여주는 것이며, 첫 번째 요인부터 마지막 요인으로 갈수록 고유치(eigenvalues, 아이겐 값)는 점점 작아진다. 즉 처음 몇 개 요인가지는 기울기가 급격하게 줄다가 어느 위치부터는 완만해지는 경향을 보이는데, 완만해지는 곳의 직전까지의 요인 개수를 선정하여 결정하면 된다. 다시 말하면 도표의 기울기가 급격히 줄어드는 곳의 숫자 바로 전까지의 항목(성분번호)까지가 추출될 요인의 수가 되는 것인데, 이 방법은 사람이 눈으로(직관적으로) 결정하기에 좋다.

셋째, 요인들의 설명력의 합이 어느 정도는 되어야 한다는 것을 사전에 정하고 그 수준의 설명력을 가져오는 요인들을 추출하는 것이다. 절대적인 기준은 없으나 사회과학에서는 60% 내외로 결정하는 경향이 있다.

넷째, 요인분석에서 추출될 요인의 수를 미리 결정하여 지정하는 방법이다. 이 방법은 연구자가 몇 개의 요인이 적절하다는 것을 사전에 알고 있거나 다른 연구자가 수행한 연구를 반복하면서 그 연구에서 추출된 요인의 개수만큼 요인을 추출하고자 할 때 사용된다.

---

10) 보통 0.3 이상이면 유의하지만 보수적인 기준은 0.4 이상이며, 0.5 이상인 경우는 매우 높은 유의성을 가진 것으로 본다.

이러한 방법을 통하여 새로운 변수(요인)를 만들고 난 후에는 그 변수를 쉽게 해석하기 위하여 이 변수(요인)들을 회전하는 단계가 필요하다. 요인을 회전함으로써 어떤 변수가 어떤 요인에 높게 관계되는지 알 수 있기 때문이다. 변수의 회전은 크게 '직각요인회전(orthogonal factor rotation)'과 '비직각회전(oblique factor rotation, 사각요인회전)'으로 구분된다.

먼저 직각회전은 직각을 유지하면서, 즉 요인들 간에 독립성을 유지하면서 요인구조가 가장 뚜렷할 때까지 요인을 회전시키는 방법이다. 요인을 회전할 때 직각을 유지한다는 것은 곧 요인들 간에 상관관계가 '0'임을 가정하는 것이다.

그리고 사각요인회전은 직각을 유지하지 않은 채 요인구조가 가장 뚜렷할 때까지 각각의 요인을 회전시키는 방법이다. 즉 요인들 간에 '0'의 상관관계를 가정하지 않으므로 보다 실제적(realistic)이라고 볼 수 있다. 사각요인회전은 직각회전에 비하여 변수들이 회전된 요인에 보다 가깝게 군집하는 결과를 가져오고 사각회전결과는 요인들이 서로 간에 얼마나 관계가 있는지에 대한 정보를 제공한다는 장점이 있다.

사각회전 수행절차가 그다지 잘 개발되어 있지 않고 또한 논쟁의 여지가 있어서 "분산이 극대화된다(Variance is maximized)"라는 의미의 약자를 말하는 배리맥스(Varimax) 직각요인회전(orthogonal factor rotation, 직교회전)[11]을 사용하는 경우가 많다. 배리맥스(Varimax) 회전방식은 요인행렬의 열(column)의 분산의 합계를 최대화함으로써(maximize the sum of variances) 열을 단순화하는 방식이다. 여기서 열의 분산의 합계를 최대화하는 것은 적재값을 가급적 +1, -1, 혹은 0에 가깝게 하도록 함으로써 가능하다. 회전이후 각 요인의 적재값은 회전 이전에 비하여 0 혹은 1에 보다 가까워지는 것으로 나타나게 된다. 그러므로 배리맥스 회전방식은 요인구조를 단순화하고

11) 직각회전방식에는 VARIMAX, QUARTIMAX, EQUIMAX 3가지 유형이 있는데, QUARTIMAX 방식은 행(row)을 중심으로 하는데 한 변수가 한 요인에는 가급적 높게 그리고 다른 요인들에는 가급적 낮게 적재되도록 함으로써 행을 단순화하는 방식이다. EQUIMAX방식은 두 가지를 절충한 방식이다.

해석이 가장 용이한 방식이라고 할 수 있다.

② 확인적 요인분석

확인적 요인분석(confirmatory factor analysis)을 하는 이유는 측정하고자 하는 개념을 실제에 가깝게 정확하게 측정하는 정도를 의미하는 '타당도'에서 구성개념들 간의 인과관계를 고려하여 가설을 검정하기 위함이다. 즉 탐색적 요인분석에서는 잠재변인의 구성개념들 간의 인과관계를 알 수 없기 때문에 구조방정식 모형(structural equation model) 또는 공변량 구조모형(covariance structure model)으로 '측정모형의 적합도'를 분석하는 것이다.

확인적 요인분석은 구조방정식 모형(structural equation model, SEM)의 하나이기 때문에 구조방정식에 의한 인과관계의 경로분석을 위한 이전 단계에서는 '측정모형의 적합도(goodness of fit)'를 검정해야 한다. 이를 위해서는 기본적으로 카이제곱검정을 통한 χ^2값을 구해야 하며, 보완적으로 GFI, RMR, RMSEA, NFI, TLI, AGFI 지수를 사용한다.

그중에서 카이제곱값(χ^2value), GFI(적합지수), RMR(잔차 평균제곱 이중근 지수), RMSEA(근사치 오차평균제곱 이중근 지수)는 모델의 전반적 적합도를 평가하는 '절대적합지수'라고 칭한다. 그리고 NFI(표준적합지수), NNFI(비표준적합지수), 혹은 TLI(터커-루이스지수)는 기초모델(독립모델)에 대한 제안모델의 적합도를 비교하는 '증분적합지수'라고 칭하고, AGFI(조정적합지수) 등의 지수는 모델의 간명도와 관련된 '간명적합지수'라고 칭한다.

좀 더 세부적으로 설명하면, 절대적합지수(absolute fit index)는 수집한 데이터의 공분산 행렬과 이론을 바탕으로 한 연구모형의 공분산 행렬이 얼마나 적합한가를 나타낸다. 다시 말해 제안모델이 표본행렬을 얼마나 예측할 수 있는가를 측정하는 것이다. 그리고 증분적합지수(incremental fit index)는 연구모델이 모든 변수 간 관계가 전혀 설정되지 않은 모델보다 얼마나 잘 측정되었는지를 나타내는 지수이다. 다시 말해 연구모델이 모든 관측변수의 상관관계가 0이라고 가정한 모델에 비해 어느 정도 향상되었는지를 측정한 것이다. 간명적합지수(parsimonious fit index)는 모델의 복잡성을 고려한 상태에서 경쟁모델 중 최고의 모델에 대한 정보를 제공한다. 즉 두 개의 상의 모델을 비교할 때 어느 모델이 더 적합한지를 알고자 할 때 주로 사용된다.

일반적으로 연구모형의 적합도(Model's goodness of fit) 평가에 쓰이는 지수는 일원 카이제곱검정(One-way Chi-Square Test of Model Fit)을 통한 카이제곱 통계량을 사용하지만 카이제곱 통계량은 표본의 수에 민감하게 영향을 받기 때문에 표본의 수에 영향을 받지 않는 근사치 오차평균 제곱근(RMSEA: Root Mean Square Error of Approximation), 비교적합지수(CFI: Comparative fit index), 터커 루이스지수(TLI: Tucker Lewis Index) 등을 보완적으로 사용한다.

4) 상관관계분석과 다중공선성

상관관계분석(correlation analysis, dependence analysis)이란 두 독립변인 간에 존재하는 증가나 감소의 상관관계(선형 또는 비선형적인 종속관계)의 강도를 측정하는 일련의 방법이다. 즉 두 변수 간의 연관성의 강도와 방향을 측정하는 이변량 분석이다. 두 변인 간의 상관관계를 조사하기 위해서는 가로축(X축)과 세로축(Y축)을 설정한 좌표평면 상에서 각각의 관찰값들을 점이나 X 문자로 표시하는 방식으로 나타낸 그래프인 산점도(scatter graph) 작성이 필요하다. 산점도에서 두 변량 간의 관계가 대체로 직선적인 경우는 상관계수(correlation coefficient)를 계산하여 그 상관의 정도를 파악할 수 있다.

미국심리학회(APA) 방식의 연구논문에서는 주로 연구결과를 제시하는 장에서 기술통계치를 제시한 다음 부분에서 주요변수들의 관계성과 다중공선성(multicollinearity)을 파악하기 위하여 상관관계분석을 한다. 상관관계를 분석하는 이유는 주로 측정변수(측정도구)의 판별타당도(discriminant validity)를 알아보기 위한 것이다. 상관관계분석은 한 변수가 다른 변수에 영향을 주는 관계(X→Y 혹은 Y→X)가 아니라 서로 어느 정도 밀접한 상호작용(X↔Y)을 하는가를 분석하는 기법이다.

예를 들면 사람의 신장과 체중은 서로 간 독립적인 특징이 있는 변수가 아니라 서로 영향을 주고받게 되는 상관관계에 있다. 따라서 인과관계가 아니라 상호 간의 관계가 있는 변수를 분석하는 것인데, 상관관계의 종류에는 다중상관관계와 부분상관관계, 단순상관관계의 세 가지가 있다.

첫째, 다중상관관계(multiple correlation)는 하나의 변수와 두 개 이상의 다른 변수 사이의 상관관계를 말한다. 예를 들어 중학생의 나이와 신장, 체중 사이의 상관관계를 조사할 경우에 신장을 기준(1.000)하여 체중과 나이와의 상관관계를 보거나, 체중을 기준(1.000)하여 신장과 나이와의 상관관계 등을 볼 때는 다중상관관계를 분석하는 것이다.

둘째, 부분상관관계(partial correlation)는 세 가지 이상의 변수가 있을 경우에 다른 변수들의 상관관계를 통제한 상태에서 두 변수 간의 순수한 상관관계를 보는 것을 말한다. 즉 중학생의 신장을 통제(제외)하고 순수하게 나이와 체중만의 상관관계를 알고자 할 경우에는 부분상관관계를 분석해야 한다.

셋째, 단순상관관계(simple correlation)는 두 변수 간의 상관관계만을 조사하고자 할 때 사용하는 기법이다.

그리고 상관관계의 정도는 피어슨 상관계수(correlation coefficient)로 판단이 가능한데, 우선 '+' 숫자는 양의 방향의 관계를 나타내고 '−' 숫자는 음의 방향의 관계를 나타내는 것을 의미한다.

그런데 연구논문에서는 상관분석(상관관계분석)에서 주요변수들의 관계성보다는 독립변수들 간의 다중공선성(multicollinearity) 문제를 주로 다루어야 한다. 즉 예측변수 간에는 상관관계 계수(r)가 1이어서는 안 된다는 전제가 있다. 왜냐하면 상관관계가 1이라는 말은 요인이 동일하다는 의미가 되며, 그 요인들은 가설이나 연구문제를 검정하는 회귀분석에서 변수들 간의 정확한 선형관계가 존재하는 '완전공선성'과 변수들 간의 높은 선형관계가 존재하는 '다중공선성(multicollinearity)'의 문제가 있는 것으로 볼 수 있기 때문이다.

따라서 상관계수(r값) 계산 기준으로는 0.5 이상, 혹은 0.7 이상이면 다중공선성이 있다고 본다. 따라서 분명한 기준은 없으나 상관관계가 +1이나 −1에 가까워서는 다중공선성의 문제가 있다고 본다. 아울러 변수 간의 상관관계분석에서 나타난 상관계수(r값)에 대해서는 다음과 같이 세부적인 해석을 할 수 있다.

첫째, 0.2~0.0이거나 −0.2~−0.0의 범위는 거의 상관관계가 없다.

둘째, 0.4~0.2이거나 −0.4~−0.2의 범위는 약한 상관관계가 있다.

셋째, 0.7~0.4이거나 −0.7~−0.4의 범위는 강한 상관관계가 있다.

넷째, 1.0~0.7이거나 −1.0~−0.7의 범위는 매우 강한 상관관계가 있다.

하지만 유의할 점은 독립변수 간의 상관관계가 높다고 해서 무조건 다중공선성이 발생되는 점은 아니기 때문에, 상관분석만으로 다중공선성을 판단 할 수는 없다는 점을 인식할 필요가 있다.

따라서 회귀분석을 분석하는 과정에서 디중공선성 진단에 반드시 체크하여 결괏값에서 나온 분산팽창계수(Variation Inflation Factor, VIF값)로 파악하게 된다. VIF는 예측변수들이 상관성이 있을 때 산포 크기를 측정하는 것이며, 산포가 커질수록 회귀모형은 신뢰할 수 없기 때문이다.

분산팽창계수(Variation Inflation Factor, VIF값)이 1 근방에 있으면 다중공선성이 없어서 모형을 신뢰할 수 있으며, 만약 VIF 값이 10 이상이 되면 매우 높은 다중공선성이 있기 때문에 변수제거를 고려해야 한다. 이처럼 다중공선성을 판단하는 방법으로는 분산팽창계수(Variation Inflation Factor, VIF값) 10이상(엄격히는 5이상)일 때와 분산팽창계수의 역수인 공차한계(Tolerance값)가 0.1이하로 본다.

따라서 다중공선성을 가지는 독립변수는 하나씩 제거해야 하는데, 먼저 상관분석에서 상관계수가 0.9 이상인 두 개의 변수를 찾아 먼저 제거해보는 것이 좋다. 아울러 독립변수를 하나씩 제거하는 과정에서 설명력이 어떻게 변화하는가를 체크한 후, 설명력이 유지되거나, 높아지는 변수를 제거하는 순서가 바람직하다.

CHAPTER 11

연구문제와 가설의 추론통계 분석

01 모수의 추정과 연구문제(가설)의 검정

추론통계(inferential statistics)는 표본조사를 통해서 모집단의 특성을 추정해서 통계적으로 결론을 내리는 방법이다. 즉 표본에서 추출된 통계치를 가지고 모집단의 모수치를 추론하는 역할을 한다. 따라서 표본추출과정이 추론통계에서는 가장 중요하며, 추론통계는 확률 샘플링(probabilistic sampling)에 근거한다. 즉 확률적으로 모집단에 있는 모든 특성이 표본에서 추출된다는 것을 전제하는 것이다.

추론통계는 조사 연구에서 설정된 가설의 검정이나 여론조사(opinion poll) 등에서 사용되는 특정 변숫값을 추정할 때 주로 사용되는 통계기법이다. 표본조사를 통해서 표본의 통계치(statistic)를 산출하고, 산출된 통계치를 통해 모집단이 갖는 특성의 변숫값인 모수(parameter)를 추정하게 되는 것이다. 따라서 추론통계에서는 모수를 추정하는 과정에서 표본과의 오차가 발생하기 때문에 표본오차(표준오차)로 인한 신뢰수준을 밝히도록 되어 있다.

1) 표준오차와 모수의 추정

추론통계에서는 표본추출(sampling)과정에서 확률적으로 오류가 발생하게 되는데 이를 표집오차, 표본오차(sampling error) 혹은 표준오차(standard error)라고 부른다. 이러한 표준오차를 줄일수록 조사 연구에서는 신뢰수준이 높아질 수 있는데, 주로 표준오차는 모집단에 대한 표본의 크기의 정도나 모집단의 분산 정도에 따라서 정해진다.

따라서 표본오차를 줄이려면 표본의 추출과정에서 무작위(random) 방법을 통하여 표본의 크기를 확대할수록, 아울러 같은 표본의 크기라 하더라도 모집단의 분산 정도가 작을수록 유리하지만 대부분의 연구에서는 연구비용이 충분치 못한 원인으로 한계를 가지게 된다.

결국 추론통계는 표준오차를 잠재한 상태에서 모수를 확률적으로 추정하게 되는 과정이다. 따라서 표준오차의 정도를 감안해서 신뢰수준(confidence level)과 신뢰구간(confidence interval)의 범위를 밝히는 것이다. 사회과학 조사 연구에서는 68%의 신뢰수준에서는 신뢰구간을 ±1×(표준오차)로 설정하고, 95%의 신뢰수준에서는 ±2×(표준오차), 99%의 신뢰수준에서는 ±3×(표준오차)로 설정한다.

사회복지학을 비롯한 대부분의 사회과학 조사 연구에서는 95% 신뢰도수준으로 모수를 추정하게 되는데, 여기에서 95%란 같은 방법의 조사를 100번을 수행하였을 때 95번 정도는 같은 결과가 나타난다는 확률적인 신뢰수준을 말한다. 그러므로 조사 연구에서는 동일하다는 '1'의 통계치에서 그에 미치지 못할 유의도수준(significance level)을 두게 되는데 가설검정에서 유의도 수준을 a 또는 p(probability)로 표시된다. 즉 95% 신뢰도수준(confidence level)에서는 0.05를, 99% 신뢰도수준에서는 0.01의 유의도를 제시하여야 한다. 여기에서 유의도가 0.05인 경우는 통계치가 모수치를 대표하는 정도에 있어서 오차가 5%이며, 표본의 통계치 신뢰도가 95%라는 뜻이다.

그리고 표시방법은 신뢰도가 95%일 경우에는 * : $p<0.05$라고 제시하고, 마찬가지로 신뢰도가 99%라면 ** : $p<0.01$로, 99.9%의 신뢰도라면 *** : $p<0.001$로 표시한다.

2) 연구문제 및 연구가설의 검정

여론조사 등의 조사 연구에서는 모수추정을 통한 추론통계를 사용해야 하지만 가설검정에 사용되는 추론통계에서는 반드시 모수추정을 하지 않아도 된다. 즉 모집단의 정상분포와 수량 변수의 크기를 고려하지 않는 비모수 추론통계(nonparametric inferential statistics) 방식의 연구가설 검정도 가능하기 때문이다.

연구문제 검정이나 연구가설 검정(hypothesis testing)은 표본에서 나타난 특성을 모집단에 일반화시키는 과정인데, 그 과정에서 추론통계를 사용하는 것이다. 다시 말하면 표본에서 나타난 통계치인 집중경향치(central tendency), 산포도 혹은 분산도(dispersion), 분포의 형태(skewness & kurtosis) 간의 차이나 관계를 모집단의 차이나 관계로 일반화시켜 확인하는 과정이 가설검정인 것이다.

그러나 표본의 통계치를 통하여 모집단을 추정하였다고 하더라도 추론통계이기 때문에 오류의 가능성을 밝혀주어야 하는데 일반적으로 사회과학 조사 연구에서는 표준오차(S. E), 임계치(C. R), 유의도(P) 등을 제시한다.

여기에서 임계치(critical value)란 모집단에 대해 설정한 귀무가설을 채택하거나 기각하는 판정기준치를 말한다. 따라서 임계치를 기준으로 변수 간의 차이나 관계가 없다고 설정한 귀무가설을 기각(rejection)하는 영역으로 삼게 된다. 예를 들어 유의수준이 5%로 설정된 경우, 통계치(t)가 5% 유의수준의 임계치보다 크면 귀무가설을 기각하고 임계치보다 작으면 귀무가설을 채택한다. 하지만 임곗값이 아니더라도 유의수준의 확률값인 유의도(P-value)를 기준으로 귀무가설을 채택하거나 기각해도 무리가 없다.

이처럼 가설검정의 추론통계에서는 두 변수 간의 연관성이 있다고 주장하는 대립가설, 혹은 연구자가 검정하고자 하는 연구가설(research hypothesis) 혹은 대립가설 이외에도 연구가설을 검정할 목적으로 연구가설과 배치되는 개념, 즉 차이나 관계가 없다는 귀무가설(null hypothesis, 영가설)의 개념을 사용한다. 그러나 연구가설을 검정하든 영가설을 검정하든 가설검정에서는 항상 모집단을 대상으로 추정하는 과정이므로 가설검정에서는 표본에 대한 통계치를 사용하지 않고 모수에 대한 추정치를 사용해야 한다.

02 표본평균 검정(T-검정), 변량분석(F-검정, 분산분석)

1) 표본평균의 검정(T-test)

표본평균의 검정(T-test)은 일반적으로 T-검정으로 불리며, 일반적으로 독립된 두 개의 집단 간 평균의 차이가 유의미한 수준인지를 검정할 때 T-value를 사용하여 검정하는 기법이다. 두 집단 간의 차이를 검정하는 것은 두 독립표본 Z-검정(two independent Z-test)과 같으나 사례수가 Z-검정[12]에서 요구되는 30~40명보다 적은 소집단에 적용된다.

그러나 한 집단의 표본 수는 최소한 15명 이상이어야 한다. 그렇지 않으면 비모수 검정을 해야 한다. 가설검정에서는 평균에 대한 가설을 설정하고 그것을 채택할 것인지, 기각할 것인지를 판단하게 되는 것이다.

T-test에는 독립된 두 모집단의 평균 검정 이외에도 단일 모집단 평균 검정과 동일 모집단으로부터 두 표본을 검정하는 세 가지의 유형이 있다.

첫째, 단일모집단 평균검정(one-sample T-test)을 하나의 모집단에서 추출된 표본(sample)에 대하여 검정하는 방법으로서 통계 패키지에서는 분석(Analyze) → 평균비교(Compare means) → 독립표본 T-검정(one-sample T-test)의 순서에 따라서 검정을 한다.

둘째, 두 모집단 평균차이 검정(독립표본 T-test)은 일반적으로 T-검정이라고 하며, 이는 독립된 두 개의 집단 간의 평균차이의 유의미성을 보고자 하는 것이다.

독립표본 T-검정(Independent Samples T-test)에 사용되는 척도의 검정변수

12) Z-검정(Z-test)은 표본크기가 크거나 모집단 분산이 알려진 경우에 사용된다.

는 등간척도, 비율척도이어야 한다. 그리고 두 모집단 평균차이 검정에서는 두 모집단의 분산이 같다는 등분산검정(the Levene's test for equality of variance)을 전제로 한다. 아울러 두 모집단이 정규분포를 따른다는 가정이 전제되어야 하므로 최소한 두 집단의 사례수가 $n > 30$인 대표본일 경우에 사용할 수 있는 기법이다.

이때 각각의 표본집단의 크기가 크면 Z-test를 사용할 수 있다. 그러나 만약에 정규분포가 만족하지 않는 경우에는 비모수검정 중에서 Mann-Whitney Test(Wilcoxon rank-sum Test)를 통하여 검정이 가능하다.

셋째, 동일 집단으로부터 두 표본의 차이를 검정하는 대응표본 t-검정(Paired-Sample T-test)은 독립표본 T-검정 기법과 유사하나 동일집단에서 다른 변수나 동일한 변수를 여러 번(일반적으로 실험효과를 보기 위한 사전, 사후검사) 측정한 것을 사용한다. 마찬가지로 모집단이 정규분포를 따른다는 가정하에서 분석하기 때문에 사례 수가 최소한 $n > 30$인 대표본이어야 하며, 소표본이거나 정규분포를 따르지 않는 경우에는 비모수검정 중에서 Wilcoxon Singed-Rank test(윌콕슨의 부호순위 검정)를 이용하여 검정할 수 있다.

T-test에서 통계치 t-value는 비교대상 집단의 평균, 표준편차(S), 표본수(n)로 구분할 수 있다.

2) 변량분석(F-검정, 분산분석)

(1) 일원분산분석(One-way analysis of variance, One-way ANOVA)

변량분석은 일반적으로 분산분석(ANOVA 혹은 F-test)이라고 하며, F-검정(F-test)은 T-test의 확장개념으로서 3개 이상의 집단이 종속변수에서 평균차이가 나는지를 F값을 이용하여 알아볼 때 사용하는 기법으로 로날드·피셔(R. A. Fisher)에 의해 만들어졌다. 따라서 F-test에서 일원배치 분산분석(one-way ANOVA)은 세 개 이상의 모집단의 평균값에 차이가 있는지를 비교할 때 사용하는 기법이므로 만약에 두 집단일 경우에는 T-검정을 해야 한다.

즉 T-test는 두 집단 간의 평균 차이를 검정(예: 남/여, 심리치료 받은 집단/안 받은 집단)하는 방법이고, F-test는 셋 이상의 집단 간 평균차이를 검정(예: 10대/20대/30대, 음악치료 받은 집단/독서치료 받은 집단/치료 안 받은 집단)하는 방법이다. 그러므로 T-test는 두 집단의 평균을 직접 비교하여 차이의 유의미성을 검정하고, F-test는 집단 내 변량의 크기와 집단 간 변량의 크기로서 평균차이를 검정하는 방법이지 평균차이를 직접 비교하지는 않는다.

ANOVA(분산분석)에 사용되는 변수는 독립변수(요인변수)는 명목척도, 서열(순서)척도이며, 종속변수는 등간척도, 비율척도이다. 다시 말하면 일원분산분석은 두 개의 독립 모집단 평균차이 검정인 T-test의 연장이라 할 수 있는데, 명목 척도로 구성된 독립변수와 등간척도나 비율척도로 구성된 종속변수의 수가 각각 1개씩 있는 경우에 사용하는 기법이다.

분산분석에서도 표본은 정규분포를 따르는 것을 가정하며, 정규분포를 따르지 않는 경우에는 비모수통계기법인 크루스칼-왈리스(Kruskal-Wallis H) 검정을 사용해야 한다. 아울러 등분산의 가정도 따른다. 즉 그룹들의 variance가 같다는 귀무가설을 테스트해주는 Levene's test로 등분산(equality of variance)을 확인해야 한다. 그러므로 분산분석(변량분석)에서는 통계치가 Levene Statistic, P(sig), 자유도(df), 평균제곱(Mean Square), F(Fisher)값을 사용하게 된다. 이때 F값은 1일 경우(F=1)는 집단 간의 차이가 없다는 것이므로 F값은 무조건 1보다 큰 값이 나와야 한다.

분산분석은 독립표본 T-test와는 달리 3개 이상의 표본 간의 평균차이를 비교하는 것이므로 ANOVA를 한 후에 집단 간에 차이가 있는 것으로 나타나면, 다중 비교를 통해 어떤 집단 간에 차이가 있는지를 재확인(사후분석) 할 필요가 있다. 이때 사후검정에는 여러 가지 방법이 있지만 보통 분산이 동질(등분산)이면 Scheffe, 동질(등분산)이 아니면(미가정) Dunnett's T3 test를 사후검정으로 이용한다.

통계패키지에서는 분석(Analysis) → 평균비교(Compare Mean) → 일원(배치) 분산분석(One-way ANOVA)을 선택하여 분석한다.

(2) 이원분산분석(Two-way ANOVA)

이원분산분석(이원변량분석)은 분산분석의 한 방법으로 일원분산분석(One-way ANOVA)과는 달리 하나의 종속변수를 설명함에 있어서 두 가지 이상의 요인(Factor)을 설계한다. 이는 독립변수(Factor)가 2개 이상이라는 말이며, 요인설계(Factorial design)라고도 한다.

예를 들면 회사 사원들의 '전공'이 '총 근무연수'와 관계가 있는지를 알아보기 위해서는 '회사 사원의 전공'이라는 독립변수를 인문계, 자연계, 예능계 등의 3개 이상의 표본으로 나누어 표본 간의 평균차이를 비교하는 방법이 One-way ANOVA라고 본다면, '회사 사원의 전공'과 '출신 대학 유형'을 각기 3개 표본으로 나누어 독립변수로 설정한 후 '총 근무연수'라는 종속변수와의 관계를 알아보는 기법이 Two-way ANOVA인 것이다.

Two-way ANOVA가 One-way ANOVA와 구분되는 특징 중에서 하나는 영향을 미치는 요인(독립변수) 간의 상호작용(interaction)이 존재한다는 점이다. 예를 들면 노인들의 흡연여부와 성별에 따라 심리적 안녕감에 차이가 있는지를 검정하려고 할 때는 요인은 흡연여부×성별이 되고 종속변수는 심리적 안녕감이 된다. 그런데 성별에 따라 흡연여부가 심리적 안녕감에 미치는 영향이 다르다고 가정해 보면, 이는 성별이라는 수준인 남/여에 따라서 흡연이 상호작용하여 심리적 안녕감에 미치는 영향력이 달라짐을 나타낸다.

그러므로 요인설계에서는 종속변수의 분산 변량을 주효과(main effect)와 상호작용효과(interaction effect)의 두 가지로 해석할 수 있다. 즉 주효과는 다른 모든 요인들을 제외하고 단 하나의 요인이 종속변수에 미치는 영향력을 검정하는 것이고, 상호작용효과는 말 그대로 상호작용력이 있는 요인들을 모두 고려하여 영향력을 검정하면 된다.

이 외에도 집단이 셋 이상일 때 차이를 검정하는 F검정에는 연구(실험)집단이 동질이 아닐 때 적용하는 공변량분석(analysis of covariance, ANCOVA)이 있다.

(3) 다변량분산분석(Multivariate analysis of variance, MANOVA)

다변량분산분석은 종속변수가 2개 이상인 경우에 종속변수 간 평균값의 차이 검정, 독립변수가 어떤 종속변수에 더 많이 영향을 미치는지를 비교하는 데 사용하는 통계기법이다. 즉 종속변수 간에 강한 상관관계가 있을 경우에는 ANOVA를 이용해서는 밝혀낼 수 없는 결합차이를 알고자 할 경우에는 MANOVA(다변량분산분석)를 사용하게 된다.

예를 들면 독립변수인 '회사 사원의 전공 유형'에 대한 종속변수인 '총 근무년수'와 '임금수준'의 관계를 알고자 할 경우에는 사후 검정(Post Hoc Tests)로 Scheffe 등의 기법을 사용하여 다변량 비교(Multiple comparisons)해야 하는 것이다. 다시 말하면 종속변수 사이에 상관관계가 있는지를 조사하여 상관관계가 없다면 변수들을 개별적으로 분산분석을 해야 하지만 상관관계가 있으면 다변량분산분석을 해야 하는 것이다.

03 회귀분석, 구조방정식모형 등

1) 회귀분석(Regression analysis)과 다중회귀분석

(1) 회귀분석의 개념

상관분석이 변수 간의 상호영향을 주는 관계(X↔Y)를 분석하는 방법임에 비하여 회귀분석은 변인 간 예측의 문제(X→Y 혹은 Y→X)를 다룬다. 회귀분석에는 단순선형회귀분석과 다중회귀분석이 있는데, 독립변수와 종속변수 간의 원인과 결과의 관계, 즉 인과관계(causal relationship)를 알아보는 통계기법이다. 이때 독립변수(independent variable)는 종속변수 등에 영향을 주는 변수이며, 종속변수(dependent variable)는 독립변수 등으로부터 영향을 받는 변수를 말한다.

우선 회귀분석이라고 하면 일반적으로 단순선형 회귀분석(Simple linear regression analysis)을 말하는 것으로 독립변수 1개와 종속변수 1개 간의 인과관계를 보고자 할 경우에 사용한다.

그리고 중다회귀분석 혹은 다중회귀분석(Multiple regression analysis)은 여러 개(2개 이상)의 독립변수와 1개의 종속변수 간의 인과관계를 보고자 할 경우에 사용하는 통계기법이다. 예를 들면 사회복지사들의 임금수준과 직무만족도 간의 영향성(예측도)을 알아보고자 할 경우에는 단순회귀분석을 사용하고, 임금수준 이 외에도 근무년수, 클라이언트 헌신도, 고용기관의 신임도 등을 독립변수로 두고 그에 따른 직무만족도의 영향성을 보고자 할 경우에는 다중회귀분석기법을 사용하면 되는 것이다. 이때 사용되는 변수는 리커트 척도 등의 숫자로 측정하여야 한다.

통계패키지를 사용한 다중회귀분석에서의 결과물(OUTPUT)은 모형요약(model summary), 분산분석(ANOVA), 계수(Coefficients)로 나타난다. 이때 상관관계의 크기를 나타내는 계수는 대문자 R, 혹은 상관계수인 R을 제곱한 수치인 R^2값을 사용한다. 그리고 주로 회귀식의 적합도, 즉 설명력(회귀계수)은 R square(R^2)값을 기준으로 해석하며, 만약 0.751로 나타났다면 75.1%의 설명력이 있는 것으로 해석한다. 그리고 회귀식의 검정값(F)은 분산분석에서 해석하며, 유의확률(P)은 분산분석과 계수에서 나타나게 된다.

그리고 다중회귀분석에서는 여러 개의 독립변수 간의 높은 상관관계가 없는지를 파악하기 위한 다중공선성(multicollinearity)의 분석이 필요한데, 그 이유는 한 독립변수가 종속변수에 대한 설명력(R^2값)이 높더라도 독립변수 간의 다중공선성이 높게 되면 회귀계수가 불안정한 것으로 보고 그것을 기초로 변수의 중요성을 해석할 수 없게 되기 때문이다.

이러한 다중공선성은 VIF(Variation Inflation Factor, 분산팽창계수, 다중팽창계수)와 Tolerance Limit(공차한계), CN(상태지수) 등으로 판단한다. VIF는 공차와 역수관계이며 1~무한대의 값을 가지는데, 10 이상이면 다중공선성의 문제가 있다고 판단한다.

그리고 공차한계는 0.1 이하 일 때 다중공선성이 존재한다고 판단한다. 이 말은 VIF는 10 이상, 공차한계는 0.1 이하이면 다중공선성이 있기 때문에 변수가 다르게 구분될 수 있게 문항들을 추가하여 상관도를 낮추거나 변수를 변경해야 한다는 의미이다. 만약에 경로분석에서 VIF를 사용하여 다중공선성 판정을 하고자 한다면 회귀분석을 통한 VIF(분산팽창계수)를 이용하여 검정하였다는 점을 서술하여야 한다.

그런데 다중공선성의 문제는 상관분석에서도 해결할 수 있는데 두 가지 기법에서의 차이를 이해할 필요가 있다. 즉 상관성과 다중공선성은 유사한 측면이 있지만, 양자 간에는 검정하는 방법상의 차이가 있다. 상관성은 피어슨 상관계수 등에 의해 두 변수 간의 상관정도를 $r=1$(완전상관)을 기준으로 측정하여 낮은 상관관계가 나와야 한다.[13] 그리고 변수 간의 관계는 독립변수와 종속변수를 구분하지 않고 전체를 측정하게 된다.

이에 반하여 다중공선성은 두 변수 간이 아니라 두 개 이상의 독립변수들 간의 상관정도를 측정한다. 왜냐하면 회귀분석에서는 독립변수들 간에 완전한 선형관계가 존재하는 완전공선성의 경우와 독립변수들 간에 높은 선형관계가 존재하는 다중공선성이 없어야 한다는 전제가 따르기 때문이다. 다중공선성은 명확하게 정해진 기준은 없지만 두 변수 간의 상관계수가 0.7 이상의 강한 상관관계이면 다중공선성을 가지는 것으로 볼 수 있다.

그러면 이러한 다중공선성의 문제를 해결하는 방법으로써 가장 기본적인 것은 독립변수의 각 측정변수(입력변수)들을 제거하거나 추가하면서 회귀계수(R^2값)의 변동값을 보면서 다중공선성이 높게 나오는 측정변수를 제거한 후 분석하면 된다. 이러한 방식은 구조방정식에서도 같이 적용될 수 있다.

회귀분석에서는 명목척도(예: 성별변수)를 사용하고 싶으면 어떠한 특정 조건이 존재하는지 여부에 따라 그 값이 1이나 0이 되는 변수인 더미(dummy, 0과 1의 값으로)변수로 변환시켜야 한다.

---

13) $r=0$은 무상관, $r=0.0$~0.3은 약한 상관, $r=0.3$~0.7은 보통상관, $r>0.7$은 강한 상관(다중공선성)으로 해석한다.

그리고 다중회귀방정식을 추정하는 방식에는 일반적으로 동시입력방식(Enter)과 단계입력방식(Stepwise)이 있다. 동시입력방식은 연구자가 모든 독립변수를 한꺼번에 넣고 종속변수에 미치는 영향을 보는 것이고, 단계입력방식은 종속변수에 영향력이 있는 변수들만을 포함시키는 방식인데, 설명력이 높은 변수 순서로 포함되며, 이미 포함된 독립변수들도 나중에 포함되는 변수로 인하여 설명력이 매우 낮아지면 제거해야 한다.

(2) 회귀분석에서의 매개효과와 조절효과의 검정

우선 회귀방정식에서 매개효과의 검정방법을 단계별로 보면 다음과 같다.

1단계에서는 우선 각 경로의 유의성 여부를 확인해야 한다. 즉 독립변수와 종속변수간의 유의한 상관정도를 확인하고, 독립변수와 매개변수 간의 유의한 상관정도를 확인한 후 매개변수와 종속변수 간의 유의한 상관정도를 확인하여 3가지 회귀식이 유의할 때 Sobel의 Z-test를 실시한다.[14] 이때 Sobel test는 검정하고자 하는 변인의 수가 적을 경우에 독립변인과 종속변인 사이의 매개변인의 영향력(유의도)을 간명하게 검정할 수 있는 방법이다.

2단계에서는 독립변수, 매개변수, 종속변수를 동시에 투입한 모형에서 경로를 확인한 다음 해석한다. 즉 독립변수와 종속변수의 경로가 유의하고, 독립변수와 종속변수 사이에 위치한 매개변수의 유의성 정도가 1단계에서 나타난 그대로 이거나 변화가 없다면 “매개효과는 없다.”고 해석한다. 만약에 독립변수와 종속변수 간의 경로는 유의하나 매개변수와 종속변수 간의 유의성 정도가 줄어들었다면 “부분매개효과(partial mediation effect)가 있다.”고 해석하면 된다.

3단계에서는 동시투입모형에서 독립변수와 종속변수의 경로가 유의성이

14) Z-test는 두 집단의 평균비교를 통한 가설을 검정하는 분석기법을 말한다. 원칙적으로 모집단의 표준편차를 알고 있는 경우에 Z-test를 사용하며, 표준편차를 모를 경우는 T-test를 사용한다.

없거나 유의성이 '0'으로 매우 유의하지 않아 독립변수가 종속변수에 미치는 영향력이 크게 줄어들 경우는 매개변수는 "전부(완전)매개효과(full mediation effect)를 나타낸다."고 해석한다. 즉 독립변수는 종속변수에 직접적으로 영향(direct effect)을 미치지 못하는 것으로 해석한다.

다음은 회귀방정식(회귀분석)에서 조절효과의 검정방법을 단계별로 보면 다음과 같다.

1단계에서는 독립변수와 종속변수 간의 회귀분석을 실시하고, 2단계에서는 독립변수, 조절변수와 종속변수 간의 회귀분석을 하며, 3단계에서 독립변수, 조절변수, 상호작용항(독립변수×조절변수)과 종속변수 간의 회귀분석을 실시한다. 그 결과 상호작용항만 유의적이라면 순수조절변수로 볼 수 있으며, 상호작용항과 조절변수가 둘 다 유의적이라면 유사조절변수이다.

또한 조절변수만 유의적이라면 이는 조절변수로 작용하는 것이 아니라 새로운 독립변수로 보아야 한다. 아울러 상호작용항과 조절변수가 둘 다 유의적이지 못하면 그 조절변수는 그다지 중요한 변수가 아닌 것으로 보아야 한다.

(3) 로지스틱 회귀분석(Logistic regression analysis)

로지스틱 회귀분석은 종속변수의 범주가 둘이나 셋으로 구성되어 있는 명목변수일 때 주로 사용하는 통계기법이다. 즉 종속변수가 단지 2개의 값(있다=1, 없다=0)만을 가질 때 독립변수와 종속변수들 간의 인과관계를 로지스틱 함수를 이용하여 추론하는 '이항 로지스틱 회귀분석'과 종속변수가 이분형 범주형이 아닌 3개 이상의 다범주형(polychotomous)일 때 사용하는 '다항 로지스틱 회귀분석'을 의미한다.

로지스틱 회귀분석의 경우에도 다중공선성의 확인은 독립변수들 간의 단순상관관계(피어슨 상관계수 r)로 확인을 해야 하는데, 확인결과 너무 높은 상관관계(0.8 이상, 혹은 0.6 이상)가 나오면 한 변수를 제거해야 한다. 로지스틱 회귀분석은 주로 의학계통에서 많이 사용하며, 사회과학에서 사용할 때는 독립변수의 범주가 너무 많아서 변이가 커지게 되면 분석의 의미가 유의미하지 않을 수도 있는 우려성이 따른다.

통계 패키지에서는 이항 로지스틱 회귀분석은 분석(Analyze) → 회귀(Regression) → 이항(Binary logistic)의 순서로 분석하면 되며, 다항 로지스틱 회귀분석의 경우에는 종속변수가 명목변수(nominal)이면서 3개의 값 이상일 때는 분석(Analysis) → 회귀(Regression) → 다항회귀(Multinominal regression)의 순으로, 만약에 종속변수가 명목변수가 아니라 서열변수(ordinal)이면서 3개의 값 이상의 다범주형일 경우에는 분석(Analysis) → 회귀(Regression) → 서열(Ordinal)의 순으로 분석한다.

2) 구조방정식모형(Structural Equation Modeling, SEM)

(1) 구조방정식모형의 개념

구조방정식 모형(Structural Equation Modeling, SEM)은 경로분석, 회귀분석, 요인분석이 합성되어 발전된 통계 방법이다. 단순하게는 잠재변수를 이용한 경로분석의 확장된 분석이라고 할 수 있다. 구조방정식 모델링의 특징은 직접 측정할 수 없는 잠재변수(Latent variable)를 분석에 포함시킬 수 있다는 것이다.

구조방정식모형(SEM) 분석도구로는 SPSS AMOS가 사용되고 있으며, 논문작성 시에는 2개 이상의 변수에 대한 관계를 측정하는 상관분석(Correlation), 관측변수 집합과 잠재변수 사이의 관계를 분석하는 요인분석(Factor Analysis), 잠재변수 간의 인과관계를 분석하는 구조방정식 모형의 경로분석(Path Analysis)이 가능하다.

아울러 기존에는 공분산구조분석(covariance structure analysis), 잠재변수모델(latent variable model), 선형구조관계(linear structural relations) 등의 여러 가지 이름으로 명칭이 되어 왔던 구조방정식모형(SEM)[15]은 어떤 개인이나 조

15) 구조방정식모형 프로그램으로는 Joreskog과 Sorbom에 의해서 개발된 Lislel, Bentler에 의

직의 여러 가지 행동관련 변수들 간의 관계를 계량적으로 조사하는 데 사용할 수 있는 강력한 분석방법으로 받아들여지고 있다.

따라서 구조방정식모형(SEM)은 체계적인 이론을 분석하기 위한 다변량분석기법이며, 사회과학분야의 가설검정에 주로 사용되는 통계적인 분석방법이다. 그리고 구조방정식모델은 연구자가 사전에 이론을 근거로 수립한 연구모형(경로모형)이 자료에 의해 지지되는지를 확인하는 측정모델(measurement model)이기 때문에 확인적 요인분석(confirmatory factor analysis)으로 불리기도 한다.

아울러 다중회귀분석 및 경로분석의 성격의 이론모델 혹은 구조모델(structural model)을 가지고 있기 때문에 경로분석(path analysis) 혹은 인과분석(causal analysis), 공변량(분산)구조분석 등으로 불린다.

그러므로 구조방정식모형 분석은 인과분석을 위해 측정모형에서 변수들의 탐색적 요인분석 및 확인적 요인분석을 하고, 이론모형에서는 독립변수와 종속변수를 관련시키는 경로분석과 회귀분석을 실시하는 과정을 거치게 된다. 따라서 구조방정식모형 분석은 많은 측정변수를 공통적인 요인으로 묶어 자료의 복잡성을 줄이고 측정된 변수들이 동일한 구성 개념을 측정하고 있는지를 파악하기 위한 요인분석(factor analysis)과 회귀분석(회귀방정식)이 합쳐진 형태라고 볼 수 있다.

구조방정식모델은 개념들 간의 관계에 관한 가설을 검정함에 있어 경로분석보다 폭넓은 방법론인데 경로분석에서는 동일시되었던 잠재변수와 관측변수가 구조방정식모델에서는 잠재변수가 여러 개의 관측변수로 구성되기 때문이다.

한편 사회과학 조사 연구에서 구조방정식을 사용하는 장점으로서는 측정변수를 잠재변수(추상적 개념)와 관측변수를 구분하여 측정오차를 반영(표시)할 수 있다는 점과 모델에 포함된 잠재변수들의 직접효과와 간접효과(매개

해서 개발된 Eqs(equations), Temple 대학교 심리학과의 Arbuckle과 Werner에 의해서 개발된 Amos(analysis of moment structure), M-plus 등이 있다.

변수로 인한 효과)의 크기를 동시에 측정할 수 있다는 점을 들 수 있다.

또한 요인분석의 경우 탐색적 요인분석을 통해 측정에 사용된 변수들이 각각 고유한 특성(고유치)을 알 수 있고, 확인적 요인분석을 통해서는 잠재변수(원으로 표시; ○)와 관측변수(사각형으로 표시; □) 사이의 구조모형을 통하여 측정도구의 타당도를 평가할 수 있다. 아울러 척도(변수)에 대한 모형의 적합도(goodness of fit)를 평가할 수 있다. 즉 구조방정식모델은 전반적인 구조형태를 통해 독립·매개·조절·종속변수의 관계를 한꺼번에 검정할 수 있는 장점이 있다.

(2) 구조방정식모형의 주요변수

구조방정식모형 분석에 사용되는 척도(변수)는 추상적이고 직접적으로 관찰할 수 없는 잠재변수(latent variable)와 이를 조작적 정의를 통하여 지표화한 관측변수(observed variable), 잠재변수들의 오차변수(error variable) 및 관측변수들의 오차변수로 구분된다.

이 외에도 독립변수의 개념으로서 다른 변수에 영향을 주는 외생변수(exogenous variables)와 외생변수로부터 직접 또는 간접적인 영향을 받는 내생변수(endogenous variables)가 있다. 이때 내생변수들은 또 다른 변수에 영향을 주기도 하고 오차변수들을 가지고 있으며, 모든 오차변수들은 외생변수이기도 하다.

따라서 실제 구조방정식모델에서는 4가지 변수(잠재변수, 관측변수, 외생변수, 내생변수)가 서로 조합이 되어 외생잠재변수, 내생잠재변수, 외생관측변수, 내생관측변수로 나타내어진다.

구조방정식모델 분석에서는 이러한 변수들이 연구모형 속에서 독립변인, 종속변인, 매개변인, 조절변인으로 작용할 수 있는데, 여기에서는 매개효과와 조절효과 분석에서 주로 사용되는 매개변인과 조절변인을 구분하여 설명하면 다음과 같다.

우선 매개변인(mediator or mediating variable)은 독립변인에 의해 파생되는 변인으로 살아 있는 유기체 안에서 다양한 변환과정에 따라 종속변인에 미치는 독립변인의 효과를 변화시키는 변인을 말한다. 이때 매개변인으로 인한 효과를 매개효과라고 한다.

반면에 조절변인(moderate variable)은 독립변인에 의해 파생되는 변인이 아니라 독립변인과는 무관한 변인이다. 그러나 독립변인과의 상호작용에 의해 독립변인과 종속변인 사이의 관계 강도나 방향에 영향을 주는 변인을 말한다. 그리고 조절변인에 의한 효과를 조절효과(상호작용 효과)라고 한다. 이는 독립변수가 조절변인에 상관없이 미친 영향성을 주효과(main effect)라고 하는 것에 대한 상대적인 의미가 있다.

(3) 구조방정식모형의 주요검정 절차

구조방정식모형의 통계분석 및 주요검정 절차는 크게 세 가지의 과정으로 검정이 이루어진다.

첫째는 측정도구(척도) 구성개념에 대한 타당도를 분석하는 요인분석(탐색적 요인분석, 확인적 요인분석)이 요구된다. 하지만 대부분의 학술지 논문에서는 기존에 개발된 측정도구를 사용하기 때문에 내적일관성에 의한 척도의 신뢰성 평가 방법인 크론바흐 알파(Cronbach's α) 계수를 산출하여 제시하면 된다.

둘째는 요인분석에 사용된 측정모델과 함께 각 변인들의 인과관계를 구조화시킨 구조모델을 같이 나타내는 완전구조방정식모델에서 연구모형의 적합도를 검정하기 위한 확인적 요인분석을 하는 과정이다.

셋째는 및 잠재변인에 대한 관측변인(하위변인)을 배치하고 연구모형의 적합도지수를 검정한 후에 변인 간의 인과관계를 경로분석을 하는 과정이다.

좀 더 세부적으로 구조방정식 모형의 주요검정 절차를 설명하면 다음과 같다.

첫 번째 절차는 측정변수(척도)에 대한 요인분석(factor analysis)단계이다.

요인분석은 연구자가 어떠한 개념을 측정하는 여러 개의 잠재변수들이 있을 때 그 개념의 하위차원의 변수(관측변수)가 몇 개 있는지를 알아보고 하위차원별로 비슷한 변수들(질문항목)을 분류해보는 것이다. 요인분석은 탐색적 요인분석(exploratory factor analysis, EFA)과 확인적 요인분석(confirmatory factor analysis, CFA)으로 구분이 된다.

우선 탐색적 요인분석은 여러 문항을 초기 고윳값(eigen value) 1.0 이상을 기준으로 관측요인으로 정하는 것을 말한다. 기존 연구에 사용된 잠재변인들이 이미 하위차원의 관측변수로 분류되어 있을 경우에는 탐색적 요인이 필요치 않지만, 관측변수들과 잠재변수들 간의 이론적 관계가 불확실할 때는 SPSS를 사용하여 탐색적 요인분석을 해야 한다.

이에 비하여 잠재변수에 대한 하위차원으로써 관측변인이 확실하게 분류되어 있을 때는 이론적 근거가 확실하다고 보고 확인적 차원에서 연구모델을 바탕으로 연구 가설들을 검증하는 경로분석을 위한 구조방정식 프로그램인 AMOS를 사용하여 전체 측정변인들을 대상으로 잠재변인과 관측변인 간의 관계에 초점을 두고 관련성이 있는 문항끼리 연결해 놓았는지를 확인하는 확인적 요인분석을 하면 된다. 일반적으로 학술지 논문작성에서는 잠재변수에 대한 하위차원으로써 관측변인이 확실하게 분류되어 있는 변인들을 선택하기 때문에 확인적 요인분석만 하는 경우가 많다.

두 번째 절차는 연구모형에 대한 적합도를 검정하는 단계이다. 모형 적합도 검증은 잠재변수를 선택할 때 서로 관련성이 있는 잠재변수를 선택하여 모형을 만들었는지를 확인적 요인분석 방법으로 검증하는 것이다. 이때 연구모형의 적합도와 간명도(parsimony)가 낮을 경우에는 연구모형을 수정하여 수정모형을 제시하고 적합도를 검정하는 절차가 추가되어야 한다.

세 번째 절차는 잠재변수 간의 경로계수 검정을 통하여 모수(parameter)에 대한 추정을 하게 되는 경로분석으로 잠재변인 간의 영향(효과)이 분석되어지면 모든 통계분석 절차는 종료된다고 할 수 있다. 왜냐하면 구조방정식모델 분석이라고 하는 것은 궁극적으로 모수를 추정한다는 의미이며, 구조방정식모델 분석을 통해 산출될 수 있는 상관계수, 경로계수, 공분산 등의 모든 값들은 모수가 되기 때문이다. 즉 경로분석에서는 변수들 간에 영향을 미치는 인과관계를 분석하여 직접효과, 간접효과(매개효과), 총효과를 검정하면 되는 것이다.

(4) 구조방정식모형(structural equation modeling) 분석

① 구조방정식모형의 연구모형 적합도 검정

다음에서는 구조방정식모형의 분석도구인 AMOS(Analysis of Moment Structure)[16] 프로그램을 사용하는 구조방정식모형 논문작성에서 핵심과정이 되는 연구모형 적합도 검정단계와 경로 검정단계 중에서 우선 연구모형 적합도 검정(model testing) 절차를 좀 더 세부적으로 살펴보고자 한다. 즉 앞에서 구조방정식모형의 논문작성의 주요검정 절차를 제시하고 설명했지만 구조방정식모형 통계에서는 연구모형의 적합도 검정과 연구모형의 경로분석 검정이 중요한 단계이기 때문에 별도로 다루고자 한다.

먼저 연구모형 적합도 검정단계에서 연구모형의 적합도 평가의 종류는 절대적합지수, 증분적합지수, 간명적합지수의 3가지가 있다. 첫째, 카이제곱(χ^2)값과 모델의 전반적 적합도를 평가하는 절대적합지수(absolute fit index)는 모형의 전반적인 부합도를 평가하는 지수이다. 둘째, 기초모델에 대한 제안모델의 적합도를 비교하는 증분적합지수(incremental fit index)는 기준모형에 비해 다른 모형이 얼마나 향상되었는가를 측정하는 것이다. 셋째, 모형의 간명도와 관계된 간명적합지수(parsimonious fit index)는 모형의 복잡성과 객관성의 차이를 비교하여 적합도에 최대로 도달했는가를 검정한 것이다.

이때 대부분의 적합지수는 0(무적합)에서 1(완벽한 적합) 사이의 값을 갖

16) Arbukle과 Werner에 의해 개발된 통계분석도구로서, SPSS를 만드는 회사에 AMOS를 만드는 회사가 인수합병(IBM SPSS Amos) SPSS) 되면서 17버전부터는 SPSS와 AMOS가 모두 포함된 설치 파일이 제공되고 있다.

게 되지만 각 검정방법에서 적합도를 수용하는 기준은 각기 다르다. 예를 들면 절대적합지수를 검정하는 χ^2검정에서는 유위수준(0.05) 이하이면 적합한 것으로 지만, GFI검정에서는 1에 가까울수록 적합도가 높다고 본다. 아울러 RMR이나 RMSEA에서는 0에 가까울수록 적합도가 높은 것으로 평가한다. 그리고 증분적합지수를 검정하는 NFI나 CF, TLI검정에서는 1에 가까울수록 적합도가 높다. 아울러 간명적합지수를 검정하는 AGFI에서도 1에 가까울수록 적합도가 높은 것으로 평가한다.

그리고 모형적합도가 높다는 것은 선택한 잠재변수들 간에 서로 관련성이 높다는 의미인데, 만약 연구모형에서 적합도가 수용하는 기준이 부적합하거나 적합도가 낮을 경우에는 수정지수(modification index)를 사용하여 수정모형을 제시해야 한다. 이때 원래 모형에서 없었던 경로를 포함시켜서 카이제곱(χ^2)값이 자유도 1에서 유의미하다면 그 경로는 통계적으로 고려할 만한 가치가 있다.

그러나 수정지수는 모형을 수정하는 데는 근거가 되지만 확실한 이론적 논의가 부족한 상태에서 모형을 수정하는 것은 지양될 필요가 있다. 왜냐하면 수정지수의 결과는 해당 자료를 기초로 계산된 것이므로 그것을 사용하여 수정된 모형을 다른 자료에 적용했을 때는 적합하지 않을 개연성이 높다(MacCallum, Roznowski, & Necowitz). 이는 수정모형을 설정할 때는 통계적 수치만으로는 부족하며, 이론적 기반이 우선되어야 함을 의미한다.

㉠ 일원 카이제곱(χ^2) 검정과 절대적합지수 검정

이원 카이제곱 검정(Two-way Chi-square Test)이란 연령 · 학년 · 종교 · 성별 · 혼인상태 · 소득수준처럼 서로 다른 두 개의 변수 관계가 독립적인지 아니면 서로 영향을 미치는 관계인지를 검정할 때 사용하는 통계기법이다. 이에 비하여 일원 카이제곱 검정(One-way Chi-square Test)는 연구모형의 절대적합지수를 평가하기 위한 분석방법이다. 즉 분석에 사용된 원래의 데이터(단수 변인)가 구조방정식모델 분석 후 생성된 데이터와 얼마나 일치하는가의 일원적인 차이(절대적합도)를 보는 것이다.

카이제곱 검정에서는 두 집단 간 차이가 없는 경우 유의하지 않는 것으로 해석($P > 0.05$)하므로 카이제곱의 유의확률은 0.05보다 큰 값이 나와야 두 집단 간 차이가 있다고 보는 연구모델이 적합하다. 왜냐하면 사회과학 분야에서는 95% 신뢰도 보장수준을 요구하기 때문이다.

그러나 카이제곱(Chi-square, χ^2) 통곗값은 표본의 크기에 따라 매우 민감하기 때문에 모델을 채택할 필요조건이지 충분조건이 되지 못한다. 즉 표본의 크기가 200명 이상이 되면 실제로 그렇지 않은데도 귀무가설("차이가 없다.")을 기각시키는 경향이 있어서 차이가 없어도 차이가 있는 것처럼 결과가 나오기도 한다. 따라서 카이제곱 통계량을 해석하는 것이 의미가 없어지게 된다.

이러한 문제를 해결하기 위하여 구조방정식모델에서는 카이제곱 통계량(χ^2값)을 제시한 후에 GFI, RMR, RMSEA, NFI, TLI, CFI 등의 절대적합지수(absolute fit index)를 동시에 고려하여 모형의 적합도를 판정하게 된다. 절대적합지수에는 대표적으로 GFI, RMR, RMSEA 등이 있다.

GFI(Goodness-of-Fit-Index)는 회귀분석에서의 설명력이자 결정계수를 뜻하는 R^2값과 비슷한 성격을 띠며, 보편적인 수용기준은 0.9 이상이어야 한다. 즉 1.0에 가까울수록 최적모델로 볼 수 있다.

RMR(Root Mean Square Residual)은 0.05 이하이면 수용되며, 0에 가까울수록 좋은 모델이다. RMSEA(Root Mean Square Error of Approximation)는 수용기준이 0.08이며, 0.10 이하이면 자료를 잘 적합시키는 것으로, 0.05 이하이면 자료를 매우 잘 적합시키는 것으로, 0.01 이하이면 최적의 적합도를 보인다고 해석한다. 일반적으로 연구모형이 복잡할수록 GFI, RMR, RMSEA 값은 크게 나타나는 경향이 있다.

아울러 구조방정식을 사용한 모형 적합도를 얻기 위해서는 150~200명 사이의 표본수가 적당한 것으로 알려져 있다. 다만, 관찰변수와 잠재변수 수가 많아지면 추정해야 하는 모수의 수도 증가하게 되므로 표본수도 늘어나야 하며, 변수들이 다변량 정규분포를 충족시키지 못할 때도 마찬가지이다. 한편 구조방정식 프로그램의 하나인 리즈렐(LInear Structural RELations, LISREL)을 개발한 Joreskog(1989)은 적정한 표본의 크기(표본 수)를 연구모형에 투입된 관측변수(하위변인)의 개수가 12개 이하인 경우에는 200명, 13개 이상인 경우에는 1.5 × 관측변수(관측변수+1)의 수가 되어야 한다고 주장하였다. 아울러 Boomsma(1982)는 일반적으로 표본의 크기가 200개 이상이면 무난하다고도 하였다.

㉡ 증분적합지수 검정

증분적합지수(incremental fit index)에는 대표적으로 NFI, NNFI(TLI), CFI 등이 있는데, NFI(normed fit index)는 수용기준이 0.90 이상이다. 즉 1.0에 가까울수록 최적모델로 볼 수 있으며, NFI가 0.90이라는 말은 기초모델(null model)에 비하여 제안모델이 90% 정도 향상되었다는 의미이다. NNFI(non-normed fit index)는 TLI(turker-lewis index)라고도 불리며, 수용기준은 마찬가지로 0.90 이상이다. 그리고 CFI(comparative fit index)도 0.90 이상이면 수용 가능한 모델로 본다.

㉢ 간명적합지수 검정

연구모델의 복잡성을 고려한 상태에서 경쟁모델 중 최고의 모델에 대한 정보제공을 위한 간명적합지수(parsimonious fit index)인 AGFI(Adjusted Goodness-of-Fit-Index)는 절대적합지수인 GFI(Goodness-of-Fit-Index) 값을 확장시킨 것이다. 이는 모델이 복잡하고 추정모수가 많을수록 적합도가 높아지는 경향이 있는 GFI 값을 조정한 값으로, 일반적인 수용기준은 0.90 이상이다. 이러한 각 적합지수의 수용기준은 수용수준이 그 정도이면 우수하다는 의미이지 절대적인 기준은 아니다.

② 구조방정식모형의 경로분석 검정

다음에서는 AMOS(Analysis of Moment Structure) 프로그램을 사용하는 구조방정식모형 논문연구에서 추론통계분석의 핵심과정인 인과관계를 가지는 변인 간의 경로분석(Path Analysis) 검정절차를 좀 더 세부적으로 살펴보고자 한다.

잠재변수 간의 관계를 완전구조방정식 모형으로 나타내고 평가하는 지표(index)는 경로계수(coefficient)[17)]가 통계적으로 유의한지를 검정하는 것과 회귀모델에서 독립변수가 종속변수를 얼마만큼 설명해 주는지를 가리키는 결정계수(R Square 값)가 있다. 경로계수의 유의성 검정은 화살표(→)의 방향대로 t값(Critical Ratio, C. R)을 기준으로 평가하면 된다. 세부적으로 보면, 구조방정식 모형의 인과관계 경로분석에서는 비표준화계수로서 B(Estimate, 비표준화계수), SE(Standard Error, 표준오차), 표준화계수로서 비표준화계수인 B를 표준화시킨 β(Beta)와 t-value인 C.R.(Critical Ratio)을 제시하면 된다.[18)]

③ 구조방정식모형에서의 매개효과와 조절효과의 검정

구조방정식 모형에서 매개효과(간접효과)와 조절효과(상호작용효과)의 예를 들어보면 입사시험에서 실패한 경험이 있는 취업수험생이 우울해지거나 자살을 하게 되는 영향성을 구조분석 모형을 통하여 분석하고자 할 때 독립변수는 '실패한 경험'이 되고, 종속변수는 '우울' 혹은 '자살'이 된다.

여기에서 우리는 복잡한 유기체인 인간을 독립변인과 종속변인만으로 설명하기에는 지나치게 단순하므로 '부정적이고 자동적인 사고'라는 변수와 '낙관적이거나 비관적인 성격'이라는 변수를 사용하여 매개효과와 조절효과를 검정할 수 있다. 즉 '부정적이고 자동적인 사고'는 '실패한 경험'이 있는 취업수험생이라는 독립변수에 의해 파생된(시간적으로 독립변수와 종속변수의 사이에 존재하는) 변수이므로 '매개변수'가 된다.

그리고 '낙관적이거나 비관적인 성격'은 실패한 경험이 있는 취업수험생

17) 한 변수에서 다른 변수로 향하는 화살의 강도를 나타내며, 이를 통해 변수들 간의 방향성과 강도를 파악할 수 있다.

18) 구조방정식 모형의 인과관계 경로분석에서는 B(Estimate, 비표준화계수)값은 회귀모델에 얼마나 영향을 미치는가를 나타내는 지표이므로 B값은 큰 것이 좋고, SE(Standard Error, 표준오차)는 작을수록 좋다. 하지만 B와 SE값은 데이터에 따라서 변동성이 있으므로 t-value인 C.R.(Critical Ratio)을 제시하는 것이다.

이 이미 평소에 가지고 있는 변인이지 실패경험에 의해 성격이 변하였다고는 볼 수 없으므로 '조절변수'가 되는 것이다. 마찬가지로 실패한 경험이 있는 취업수험생을 '성별'이라는 변인을 사용하여 종속변인인 '우울'과 '자살'에 미치는 효과를 검정하고자 할 경우에는 우울변인과 성별변인 간의 상호작용효과(조절효과)를 보고자 하는 것으로 모델을 설정해야 한다. 즉 조절효과 검정은 조절변인과 종속변인 간의 인과관계는 필요하지 않으며, 독립변수와 종속변수 간의 인과관계만 필요하다.

한편 구조방정식모델에서 매개효과(간접효과)와 조절효과를 분석하기 위해서는 경로분석으로 잠재변수 간의 카이스퀘어 차이검정(Chi-square Test) 등의 적합도 검정으로 모형적합도를 분석하고 임계치(critical value), 유의도 값, 경로계수값 등을 해석하면 된다.

3) 위계적 선형모형과 잠재성장모형 분석

(1) 위계적 선형모형(Hierarchical Linear and Nonlinear Modeling, HLM)

다층모형을 적용한 성장모형인 위계적 선형모형(Hierarchical Linear and Nonlinear Modeling, HLM)은 다층모형(Multilevel Models) 또는 혼합모형(Mixed Models)이라고도 불린다. 다층모형은 횡단자료(cross-sectional data)가 아닌 종단자료(longitudinal multilevel data)를 사용하여 집단효과 연구와 변화연구에 강력한 모형이다. 즉 집단효과 연구에서 다층모형은 개인변수와 집단변수를 동시에 다룰 수 있으므로 개인과 집단 사이의 상호작용을 검정할 수 있다.

그러므로 다층모형을 적용한 성장모형 분석의 장점은 개인변수와 집단변수를 동시에 다룰 수 있어서 개인과 집단 사이의 상호작용을 검정할 수 있다는 점이다. 예를 들어 학생과 학교 사이의 상호작용이나 클라이언트와 상담자의 상호작용 등을 검정할 수 있는 통계기법이다. 즉 소속된 집단의 특성에 따라 개인의 특성 효과(변화의 개인 차이 설명)가 어떻게 변화하는지를 검정하고자 할 때는 유용한 기법이 된다.

다시 말하면 다층모형은 개인 혹은 집단(조직)의 행동은 어떤 모습으로 변하는가? 그 변화곡선(성장곡선)은 무엇인가? 또 그 변화 패턴을 설명할 수 있는 함수는 무엇인가? 성장곡선은 개인 간, 집단 간 차이(학습량의 차이, 학습속도의 차이, 처치의 효과 등)가 나타나는가?에 대한 연구문제(research question) 등을 설정하고 분석하고자 할 때 사용된다.

(2) 잠재성장모형(Latent Growth Models, LGM)

구조방정식모형(SEM)을 적용하여 성장변화율(기울기)을 탐구하는 잠재성장모형(Latent Growth Models, LGM)은 위계적 선형모형(HLM)과 함께 종단연구 방법으로 가장 많이 사용되는 통계기법이다.[19] 종단연구는 여러 차원에서 유용한 연구이지만 장기간의 자료수집이 어렵다는 것이 단점이다. 그러나 최근에는 한국청소년패널(KYPS)자료, 한국노동패널(KLIPS)자료, 한국아동패널(PSKC)자료, 한국아동·청소년패널(NYPI)자료, 여성가족패널(KLoWF : Korean Longitudinal Survey of Women & Family)자료, 복지패널자료, 고령자패널자료 등이 정부 지원으로 구축되고 있으며, KOSIS 국가통계포털(http://kosis.kr)에서 연구용으로 공개되고 있어서 다층모형과 잠재성장모형을 통해 개인 차이를 설명할 수 있다는 점에서 유용성이 있다.

잠재성장모형과 다층모형은 유사한 통계기법이지만 각기 다른 강점을 가지고 있는데, 다층모형은 2수준 이상(개인의 반복 자료가 있고 각 개인이 집단에 속하는 분석)과 변화함수가 비선형일 경우에 많이 사용한다. 이에 비하여 잠재성장모형은 다변량관계(한 변수의 변화가 다른 변수의 변화에 어떠한 영향을 주는지의 분석)에 많이 사용한다. 아울러 잠재성장모형은 모형적합도(model fit) 평가나 측정오차를 통제하는 데도 강점을 가지고 있는 기법이다.

---

19) 종단자료(longitudinal data)에는 코호트 자료(cohort data)와 패널 자료(panel data)가 있다. 두 자료 모두 여러 번(적어도 3회의 측정) 반복적으로 관찰되는 것은 동일하나 연구대상 표본에서 차이가 있으며, 엄밀하게 본다면 종단자료는 패널자료만 해당된다.

모형적합도 평가는 Exact fit(진술된 영가설이 정확하게 적합하다고 보는 가정)과 Close fit(진술된 영가설이 비슷하게 적합하다고 보는 가정)이 있다. Exact fit는 chi-square 값으로 적합도를 평가하고, Close fit는 RMSEA 값으로 적합도를 평가한다. 그리고 잠재성장모형의 필요조건은 종속변수가 연속적이어야 하고, 측정단위가 같아야 하며, 적어도 3회의 측정(three wave)이 이루어져야 하는 필요조건이 있다.

04

PART

질적조사와 2차적 자료 연구방법

CHAPTER 12 질적조사 연구방법

01 질적조사 연구방법의 개념과 특성

1) 질적조사 연구방법의 개념

질적조사(qualitative research) 연구방법은 현장 연구 또는 자연적 연구 등의 용어와 같이 사용되며, 연구자가 실제적이고 자연적인 생활의 장에서 사람들이 행동하는 의미(개념)를 통해 사회현상을 해석하려는 연구방법론이다. 이때 사회현상에 대한 접근방법은 주로 비통계적인 질문의 방법으로 주제에 대한 자연적이고 해석적인 시도를 한다.

질적조사 연구방법(qualitative research method)이 대두된 배경은 기존의 전통적인 연구방법인 양적조사 연구방법들(quantitative research method)에서 나타나는 여러 가지 문제점들을 지적하면서 귀납적·지속적·연속적 자료분석을 통하여 사회현상이나 인간현상을 파악하고자 한 것이다. 특히 사회복지학이나 상담심리학적인 연구에서는 상호작용적인 케이스워크(case work)나 그룹워크(group work), 사례연구(case study) 등에서 양적조사 연구보다는 질적 연구에 적합한 속성들이 많다고 볼 수 있다.

그러나 이러한 질적 연구방법론은 전통적인 과학적 패러다임이었던 논리적 경험주의(logical empiricism)나 논리적 실증주의(logical positivism)라는 사회과학에서의 지배적인 인식사유론과는 배치되는 측면이 많다. 다시 말하면 현재의 과학적 인식의 패러다임은 논리와 경험에 바탕을 둔 연역적이고 양적인 방법에 따라 검정된 사실을 지식으로 채택하고자 하는 것이 전형적인 입장이다. 따라서 양적조사 연구방법에 의한 이론 축적은 구조적 기능주의 이론이나 체제이론, 행동주의 이론 등으로 나타났다.

이에 비하여 질적 연구방법론은 현상학적이고 생태학적인 인식론으로 과학에 접근하기 때문에 상징적 상호작용이론이나 문화민속학이론, 현상학이론 등의 이론적 축적이 이루어지고 있다. 따라서 연구자가 사용하는 자료에서도 연성자료(soft data)를 주로 다루며 연구자와 조사대상자의 상호작용에 따른 내적 관점의 접근이 이루어진다.

2) 질적조사 연구방법의 특성

오늘날 대부분의 과학적 조사 연구들은 논리적 실증주의와 경험주의 전통에 의해 이루어지고 있다. 그러나 사회과학과 같이 인간과 사회의 끊임없는 사회적 상호작용을 연구하는 분야들에서는 전형적인 실증주의적 입장들이 받아들여지기 힘든 경우들이 많다.

예를 들면 사회복지학, 사회학, 심리학, 교육학 등에서는 대안적인 조사 연구방법인 질적조사 연구방법들이 발달해오고 있다. 질적조사 연구방법론 내에서도 다양한 차이가 나타나고 있지만, 전통적인 양적조사 연구방법에 비하여 특징적인 부분을 정리해 보면 다음과 같다(김영종, 1999 재수정).

(1) 연구의 목표

기존의 양적조사 연구방법론에서는 관찰자나 연구자로부터 객관적인 사회현상과 인간현상이 존재한다고 보기 때문에 그러한 현상(사실)을 구성하여 이론을 검정하고자 한다. 따라서 변수들 간의 관계를 제시하고 통계적 기술을 통하여 일반적인 현상으로 예측하는 데 목표를 두게 된다.

이에 비하여 질적 연구방법론에서는 독립된 객관적 현상은 존재하지 않는다고 본다. 모든 연구에서는 관찰자나 연구자의 주관적 개입이 이루어지는 과정에서 상호작용이 일어나고 다양한 현상이 존재할 수 있으므로 그러한 현상을 기술함으로써 근거가 있는 이론을 개발하고자 하는 것이다. 즉 주로 가설발견에 연구의 목적이 있는 연구방법론이다.

(2) 연구자와 연구대상

양적조사 연구에서는 동일한 연구조건을 유지한다면 같은 연구결과가 도출된다고 가정하기 때문에 연구자나 연구대상자가 각기 다르다고 하여도 아무런 문제가 없는 것으로 보기 때문에 연구자나 연구대상자는 교체가 가능하다. 그러나 질적 연구에서 연구자는 자료수집의 주요 도구가 되어 연구대상자와 밀접한 상호관계를 유지하는 가운데 연구가 수행되어야 하는 것으로 보기 때문에 연구기간 중에는 연구자나 연구대상자는 교체되어서는 안 된다.

이는 양적조사 연구가 관찰자나 연구자에 상관없이 사회현상이나 인간현상이나 보편적 현상이 객관적으로 존재한다는 객관성을 지향한다고 보는 관점과는 달리 질적 연구에서는 연구자나 연구대상자들의 주관적인 인지나 느낌, 해석 등을 모두 자료로 사용하는 주관성에서 비롯되는 특성이다. 따라서 과학적 방법에서 중요시되는 가치중립성 측면에서 제한점이 있다.

(3) 연구계획과 연구방법

양적조사 연구가 방대한 문헌조사를 바탕으로 자료수집 전에 가설을 설정하고 세부적인 절차에 따라 연구계획서를 작성하고 정해진 절차에 따라 연구수행을 하는 특징이 있다면, 질적조사 연구는 조사에 필요한 절차나 단계들을 엄격하게 결정하지는 않으며, 어떤 원인에 따라 어떤 결과가 산출되는가에 대한 관심보다는 연구대상자들의 상호작용이나 의사소통방식, 적응과정 등에 관심을 두는 유연성을 띤다. 다시 말하면 그러한 과정 속에서 조사단계나 절차를 결정하고 새로운 해석적 개념들을 산출해내는 것이다.

이러한 질적 연구의 특성은 표준적인 과학적 절차에서 중요시하는 신뢰성 문제를 가질 수 있다. 과학적 연구방법에서 표준화된 절차를 강제하는 이유는 연역적 이론 전개와 병제 도출, 가설의 경험적 검정, 객관적 측정과 조작화, 다른 변인의 통제 등이 중요하기 때문이다.

(4) 자료수집과 자료분석

양적조사 연구에서는 설문지나 척도 등을 사용하여 자료를 대량으로 수집하여 개량화를 위한 부호처리(coding) 등의 통계적 처리를 하는 연역적 자료분석이 이루어진다. 이에 비하여 질적 연구에서는 녹음기나 전사기 등을 사용하여 작은 표본을 대상으로 확률적이나 무작위적 선발이 아닌 유목적적, 비대표적 선발 과정을 거친 후 귀납적이고 분석적으로 가설과 기초이론을 발견하는 특성이 있다.

따라서 질적 연구에서는 모집단의 추정이나 가설검정이 어렵다. 이러한 특성은 양적조사 연구가 다양한 통계기법을 적용하는 것에 비하여 질적 연구는 빈도분석이나 교차분석 정도의 제한된 통계기법을 적용하는 것과도 상관이 있다.

(5) 일반화

하나의 연구에서 검정된 결과의 산출이 다른 연구의 결과에서도 같은 산출이 될 것으로 기대하는 일반화 문제는 양적조사 연구에서도 존재한다. 그러나 이론에서 출발하여 연역적으로 경험적으로 검정하려는 양적조사 연구에 비하여 질적 연구에서는 개념 정립을 통한 잠정적 이론화를 추구한다는 한계가 있다.

질적 연구는 주로 특정한 집단에 관련된 경험들을 깊이 있게 다루므로 해당 집단에 대한 해석이나 이론으로서는 적절할 수 있지만 다른 집단에 대한 이론으로서는 유보적일 수밖에 없는 특징이 있다.

따라서 질적 연구의 결과가 그 연구에서 다룬 특정 조건을 넘어서는 더 넓은 여러 조건에 어떻게 일반화할 수 있는가를 고려하는 일이 매우 어렵다. 일부 연구자들이 생산적으로 질적 연구의 일반화 가능성에 더 많은 주의를 요구하고 있는 이유도 여기에 있다(Darnell et al. 2017).

02 질적조사 연구방법의 전통과 유형(종류)

1) 근거이론 방법론

근거이론 방법론(Grounded theory methodology)은 1967년 사회학자인 글래이저와 스트라우스(Glaser & Strauss)에 의해 발전된 방법으로 실증적인 조사에서 이론을 생성하는 질적 연구 방법으로서 현실에 보다 밀착된 현실기반이론이다. 그리고 끊임없이 자료와 상호작용을 해 나가면서 이론을 만드는 것이라는 의미를 강조해 일본에서는 '자료 대화형 이론'이라고 부르기도 한다.

근거이론 방법론의 철학적 배경은 실용주의(pragmatism)철학에 근원을 둔 미국사회학의 한 관점인데, 사회심리학자인 미드(Mead, 1934)가 창시하고 그의 제자 블루머(Blumer, 1969)가 발전시킨 상징적 상호작용론에 있다. 그의 제자들이 엮은 『마음, 자아와 사회(*Mind, Self and Society*)』라는 저서에서는 마음이 인간의 상호작용을 어떻게 해석하고 통제하는가에 대하여 제시하고 있다.

따라서 상징적 상호작용론은 개인이 어떻게 느끼고, 경험하고, 사회적 구조에 의미를 부여하는가를 조사하고, 가족 집단 조직 지역사회가 독특한 상황에 어떻게 의미를 부여하는가에 관심을 가진다. 그러므로 근거이론 방법론은 탐구하고자 하는 사회현상에 대해 기술하는 것에 그치지 않고, 그 현상으로부터 하나의 이론을 개발하는 방법으로 정의할 수 있다.

상징적 상호작용론에 배경을 둔 근거이론 방법론 연구는 반복재생 가능성이 있는가? 근거이론 방법론 조사분석은 자료와 연구자의 창조적 조사분석 간의 상호작용에 달려 있기 때문에 각기 다른 연구자가 같은 이론을 생성해낼 수 없으므로 이 질문에 대한 대답은 '아니다.'이다. 그러나 신뢰성 있는 질문 혹은 시간에 따른 자료의 일관성은 부분적으로 연구자가 얼마나 비평적인 눈을 가지고 현장연구에 장기간 참여하였는가 하는 참여관찰 기간에 영향을 받는다(신경림·조명옥·양진향 외, 2005 재수정).

이러한 근거이론 방법론을 비판하는 사람들은 목적에 부합되는 표본추출이 어렵다는 타당도 문제를 제기한다. 그러나 모르스, 허친슨과 펜로드(Morse, Hutchinson & Penrod, 1998)는 양적조사 연구가 통계적 유의성을 통해 타당도를 얻는 반면, 질적 연구는 이론을 생성하는 과정의 입증을 통해 귀납적으로 타당도가 유도된다고 주장한다.

질적으로 유도된 이론은 실체의 대표를 목적으로 하고, 이론검정은 지속적인 자료수집과 분석을 통해 이루어진다. 개념과 척도는 자료로 확인되고, 사건은 개념으로 시험되고, 이론은 자료가 적합할 때까지 구축과정 동안 수정된다(Glaser, 1978). 그러므로 질적 연구의 타당도는 통계적인 타당도가 아니라 분석적인 타당도로 볼 수 있다.

2) 사례연구

사례연구(Case studies)는 단일한 개인이나 가족, 집단, 지역사회, 조직 등의 단위에 대한 깊이 있는 분석을 시도하는 것이다. 사례연구의 목적에는 질적·양적 자료들이 모두 사용될 수 있으며, 따라서 사례연구는 독특한 조사 연구방법이라고 보기보다는 연구의 주제로서 보는 견해도 있다. 그럼에도 사례연구들을 보통 질적이고, 전체적이고, 자연주의적인 조사방법들에 보다 깊이 관련되어 있다고 본다.

사례연구는 현상에 대한 깊이 있는 이해를 목적으로 한다는 점에서 질적(qualitative)이며, 실험실이나 조사 대상과 직접 접촉하여 조사하는 서베이 조사 등과 같은 인위적인 상황 부여가 아니라 자연스러운 일상생활 속의 현상들을 있는 그대로 관찰한다는 측면에서 자연주의적(naturalistic)이다. 아울러 연구대상이 되는 현상을 쪼개어서 분석하지 않고 전체적인 묘사를 시도한다는 점에서 전체적(holistic)이다.

보다 구체적으로는 사례연구의 방법으로 필드워크(fieldwork)가 자주 쓰이는데, 필드워크란 조사자가 현장에서 자료를 수집하거나 혹은 연구대상자들의 자연적인 거주지에서 자료를 수집하는 조사유형을 말한다.

한편 사례연구의 세 가지 유형을 보면 다음과 같다(Stake, 1994).

(1) 본질적(intrinsic) 사례연구

본질적 사례연구는 단순히 특정 사례를 더 잘 이해하기 위해 실시된다. 본질적 사례연구의 일차적인 목적은 연구되는 사례 자체에 대한 깊이 있는 묘사와 이해에 있다.

(2) 도구적(instrumental) 사례연구

도구적 사례연구는 청소년문제나 노숙인문제 등의 사회적 이슈에 대한 통찰력의 원천으로 기여하거나 다른 이론을 개발하기 위해서다. 여기에서의 사례는 다른 것에 대한 이해를 돕는 부수적 도구 역할을 하게 된다.

(3) 집합적(collective) 사례연구

집합적 사례연구는 사회적 이슈나 연구되는 모집단을 이해하기 위하여 수많은 사례를 동시에 연구함으로써 사례들 간에 혹은 개념들 간에 비교가 가능할 수 있도록 선택되는데, 그 의도는 사례연구를 통한 이론의 확대나 보편적인 유효성의 검정 등에 있다.

3) 포커스그룹면담

포커스그룹면담(Focus Group Interview : FGI)은 대표적인 질적 연구방법의 하나인데, 연구대상자들의 태도를 이해하기 위하여 6~12명의 사람들을 동시에 인터뷰라는 방법을 사용하여 진행자가 제시하는 주제를 중심으로 참가자들이 자유롭게 토론하는 방식으로 이루어진다.

Focus Group은 심리학자이자 마케팅 전문가인 어니스트 디히터(Ernest Dichter)에 의해 고안된 용어로서, 특정 제품이나 서비스, 콘셉트, 광고, 아이디어, 포장 등에 대한 참가자들의 인식이나 의견, 신념과 태도 등에 대해 질문을 받는 초점집단을 말한다. 그러므로 1970년대까지만 해도 상품마케팅 연구에 광범위하게 사용되었으나 1980년대 이후에는 공중보건 분야 등에서 인기 있는 정성적 조사기법으로 발전되었다.

다시 말하면 포커스그룹면담(FGI)은 참여자들의 의견에 진행자가 계속적인 의사소통을 통하여 어떤 주제나 현상에 대하여 예비적인 정보를 수집하는 데 주로 사용되는 기법이다. 그러므로 포커스그룹면담 기법은 저렴한 비용으로 신속하게 연구를 수행할 수 있고 높은 내용 타당도를 확보할 수 있는 장점을 가진다. 그러나 연구 수행상의 다음과 같은 몇 가지 단점도 가지고 있는데 이는 질적 연구에서 발견되는 문제점들과도 상통한다.

첫째, 진행자의 능숙 정도에 의존하게 되므로 조사결과가 많은 영향을 받게 된다.

둘째, 주로 6~8명의 참여자 집단의 조사결과이므로 일반화하기 어렵다.

셋째, 수집된 자료를 계량화하기 어렵다.

넷째, 전문성이 있는 집단을 확보하기가 용이하지 않고 참여집단 간 차이도 생길 소지가 있다.

한편 포커스그룹면담이 가지고 있는 4가지 특성과 진행자의 지침을 보면 다음과 같다(Krueger & Casey, 2000).

(1) 포커스그룹면담의 특성

첫째, 포커스그룹면담(FGI)에는 참여자들이 필요하다.

둘째, 특별한 속성을 지니는 사람들이 공통된 자질이나 관심의 속성들을 연구자와 공유하기 위해 참여자로 모집된다.

셋째, 포커스그룹은 질적 자료를 제공하며, 연구자가 예측하지 못한 광범위한 의견을 제시해야 한다. 따라서 모집단의 일반화를 위해서는 여러 번의 FGI를 실시해야 한다.

넷째, 포커스그룹은 집중토론이 핵심이다. 연구목적에 맞게 질문이 구조화되어 있으나, 진행자는 상황에 따라 자유롭게 질문을 할 수 있어야 한다.

(2) 포커스그룹면담 진행자의 지침

첫째, 질문은 편하고 대화하는 것처럼 참여자들에게 들려야 한다.
둘째, 참여자들이 자주 사용하는 어휘를 사용해야 한다.
셋째, 쉽게 말해야 한다.
넷째, 질문은 항상 짧게 해야 한다.
다섯째, 한 주제에 대해서만 질문해야 한다.
여섯째, 질문할 때 대답하는 방법을 명료하게 제시해줘야 한다.

4) Q 방법론

(1) Q 방법론의 개념

Q 방법론(Q methodology)은 영국출신 미국의 심리학자 윌리암 스티븐슨(William Stephenson)에 의해 창안된 것이다. 즉 그동안 어떤 요인의 특성을 변인으로 채택하고 표본을 활용하여 분석하는 요인분석 등에서 통계 계산과 그래픽을 위한 프로그래밍 언어이자 소프트웨어 환경인 R을 사용한 R 방법론 위주의 과학이론 검정에서 무시되어 왔던 사람의 주관적 관점인 태도, 신념, 확신, 가치 등을 객관적으로 연구하기 위하여 철학적, 심리학적, 통계학적 개념을 통합한 방법이다.

즉 기존의 정량적 연구방법의 한계를 극복한다는 측면에서는 질적조사 연구의 영역으로 볼 수 있지만, 인간의 주관성(subjectivity)을 정량적으로 분석할 수 있는 장점을 갖춘 통계기법인 것이다. 전통적 R 방법론(general R methodology)이 많은 수의 표본을 대상으로 횡단적인 특성을 파악하는 것에 비해 Q 방법론은 개인이나 소집단에 대한 깊이 있는 탐구가 가능하다는 점에서 소비자 인식행동연구 등에서 많이 활용되어 왔다.

(2) Q 방법론의 내용과 절차

Q 방법론의 핵심요소로는 집합(concourse), Q 분류(Q sort), Q 요인분석(Q

factor analysis)이다. 여기에서 집합은 피조사자가 연구대상에 대하여 가질 수 있는 유력한 생각들을 카드에 적어 모아놓은 것이다. 다시 말하면, 피조사자들에게 질문된 진술문 전체가 바로 집합이 된다. 연구자는 카드에 짧은 문장을 하나씩 담아서 피조사자들에게 제시하고, "가장 동의한다."로부터 "가장 동의하지 않는다."에 따라 등급을 분류하도록 요구하게 된다. Q 분류는 피조사자에 의한 카드의 등급분류로 피조사자가 컴퓨터 프로그램에서 카드를 버리고 다른 것을 취하는 식으로, 즉 끄집어내고 버리는(drag-and-drop) 식으로 등급화가 이루어진다. Q 요인분석은 피조사자가 Q 분류한 데이터에 대한 요인분석이다.

이제 Q 방법론의 절차를 간략히 보면 다음과 같다.

첫째, Q 방법론에 적합한 연구문제를 설정한다.

둘째, 연구대상(P 표본)을 선정한다. 이때 연구결과의 일반화가 목적이 아니기 때문에 표본의 수나 선정방법은 따로 없으나 1명부터 20~50명이 될 수도 있다.

셋째, 인터뷰를 통해 Q 문항을 작성한다. 이때 기존 문헌을 통해 Q 문항을 뽑고 사전조사를 통해 문제점을 보완한 후 최종문항을 설정하는데 일반적으로 60~90개 정도의 문항 수가 적당하다.

넷째, 응답자들이 문항을 읽고 자신이 동의하는 정도를 점수별로 Q 분류(sort)한다. 이때 연구자는 등급분류가 정규분포가 되도록 강제분류를 요구하기도 한다. 강제분류 시에는 카드를 사용해야 하지만 비강제분류방법을 사용할 때는 설문지를 사용하는 것이 편하다.

다섯째, Q 요인분석을 실행하고 결과를 해석한다. 요인분석결과 얻어진 Q 요인은 주제에 대한 유사한 믿음이나 생각을 가진 집단의 수와 종류, 내용 등에 관한 정보이다.[1)]

1) 한국행정학회, 행정학용어사전 재수정.

5) 기타 질적조사 연구방법의 전통

질적조사 연구방법론은 앞에서 제시된 근거이론, 사례연구, 포커스그룹 면담 이외에도 인류지(ethnography) 혹은 문화기술지, 전기적 생애사(life history), 현상학적 연구(phenomenological study), 참여관찰(participant observation), 자연주의적 관찰(naturalistic observation), 현장조사(field research), 역사적 방법(historical method), 행동조사(action research), 이야기체 혹은 내러티브 연구(narrative inquiry), 참여행위 연구(participatory action research, PAR) 등의 전통이 있다.

이 중에서 몇 가지 방법론의 개념들을 살펴보면 다음과 같다.

(1) 문화기술지

문화기술지(ethnography) 혹은 인류지(민족지)는 인간을 다른 종의 동물들과 구별할 수 있는 유일한 특성을 '문화'라고 간주하고, 이 문화를 기술함으로써 인간을 이해하고 궁극적으로는 인간에게 봉사하는 데 목적을 둔 문화인류학의 전통적인 연구 접근방법을 말한다. 따라서 자료수집을 위해서는 참여관찰을 통하여 문화를 기술해야 한다.

(2) 현상학적 연구

현상학적 연구 방법은 어떠한 선입견이나 이론적 개념들의 방해를 받지 않고 경험세계를 근저에 있는 본질을 발견하여 이성적으로 탐구하려는 방법이다. 따라서 현상학적 연구는 하나의 개념이나 여러 개인들의 체험의 의미를 기술하는 것을 목적으로 한다. 이러한 현상학적 연구의 종류로는 사회현상학, 초월론적 현상학, 대화적 현상학, 경험적 현상학, 실존적 현상학 등이 있으며, 현상학 연구는 사회과학, 인문과학 등에서 채택되며, 특히 사회학, 심리학, 간호학, 의학교육 등에서 활용이 되고 있다.

(3) 내러티브 연구

내러티브(이야기체) 연구(narrative research)[2]는 질적 연구의 하나로서 특정한 맥락 안에서 사람들에 의해 경험된 현상을 기술하고 설명함으로써 더 큰 이해와 의미를 얻고자 하는 방법이다. 즉 내러티브 연구는 인간의 경험을 연구하고 그 경험을 이야기체로 표현하고자 한다. 그리고 내러티브 연구의 유형에는 하나의 연결된 사건이나 행위들을 이야기체로 서술하는 형태와 어떤 사건이나 행위가 일어난 원인을 이야기체로 설명하고자 하는 형태가 있다.

내러티브 연구방법은 현상학이나 근거이론처럼 정형화되어 있지 않는데, 내러티브 연구의 장르는 자서전 내러티브 연구, 전기 내러티브 연구, 예술기반의 내러티브 연구 등 다양하다. 그리고 내러티브 탐구(narrative inquiry)는 내러티브 연구방법의 하나로서 클랜디닌과 코넬리(Clandinin & Connelly)가 20여 년간 듀이의 경험론을 기반으로 연구를 수행하면서 발전시킨 질적 연구방법의 하나이다.

클랜디닌과 코넬리(Clandinin & Connelly, 2000)는 내러티브 탐구의 과정을 5단계로 나누어 재시하였다. 다만, 각 단계가 분명하게 구분되는 것은 아니며 중첩될 수 있다고 보고 있다.

① 현장에 들어가기
② 현장에서 현장텍스트로
③ 현장 텍스트 구성하기
④ 현장텍스트에서 연구텍스트로
⑤ 연구텍스트 구성하기

2) 내러티브 연구는 개인의 삶의 이야기를 이해하고 재구성하는 질적연구방법이고, 내러티브 탐구는 클랜디닌과 코넬리가 정립한 내러티브 연구의 하나이다.

03 질적조사 연구방법의 계획서와 보고서(논문)

1) 질적조사 연구계획서의 작성

(1) 질적조사 연구계획서의 초점과 연구방법의 정당화

잘 설계된 질적조사 연구계획서는 다음의 요건을 충족하여야 한다.

① 탐구될 현상이 구체적으로 명확하게 진술되어 있어야 한다.

② 연구자의 학문분야에의 의의를 포함하여 연구필요성에 대한 증거가 충분히 제시되어야 한다.

③ 참여자에 대한 분명한 질문을 포함하여 연구자의 관점과 시각에 대한 인식이 제시되어야 한다.

④ 질적 접근에 대한 이해와 질적 접근방법을 선택한 근거를 규명해야 한다.

⑤ 수집할 자료의 형태와 내용, 자료수집시기와 절차, 자료수집을 위한 참여자와의 관계정립, 자료분석방법과 절차, 연구결과보고서 양식 등을 포함한 계획이 구체적으로 제시되어야 한다.

이러한 요건을 충족시키기 위해서는 연구문제와 초점 등 연구의 목적과 필요성을 분명하게 제시하고, 문헌고찰과 연구자 자신의 경험적 배경을 중심으로 연구의 배경을 정리한 다음, 연구방법론 일반에서 해당 연구방법을 선택한 철학적, 이론적 근거와 연구에서 다루어질 주요 용어와 개념에 대한 정의가 필요하다.

그리고 구체적인 연구방법에서는 연구의 초점이라고 할 수 있는 연구문제에 따른 세부 연구질문을 제시하고 연구참여자 선정방법, 자료수집 및 분석방법, 연구참여자 등에 대한 신뢰성 확보나 비밀보장을 포함한 윤리적·법적·행정적 문제를 제어하는 사항과 연구의 강점과 제한점을 다루는 것이 중요하다.

연구방법의 정당화를 위해서는 연구질문을 검토하는 것이 방안이 된다. 예를 들어 연구질문이 "만성질환자 가족에게 무엇이 도전이 되고 가족은 어떻게 이 도전을 관리하는가?"였다면 근거이론 방법(grounded theory methodology)이 적합하다. 왜냐하면 탐구하고자 하는 사회 현상에 대해 기술하는 것에 그치지 않고, 그 현상으로부터 하나의 이론을 개발하는 분석이기 때문이다.

그리고 "만성질환자 가족에게 건강의 의미는 무엇인가?"라는 질문은 현상학적 접근으로 그 답을 얻을 수 있다. 왜냐하면, 인간 행태의 내면적인 세계의 의미(meaning) 이해를 중시하는 접근 방법이 현상학적 접근방법이기 때문이다. 아울러 "만성질환병동에서 어떠한 인간관계의 양상이 나타나는가?"를 발견하고자 한다면 사람들의 행동, 믿음 등의 선호 사항들에 관한 보다 밀접한 접근을 시도하고 자세한 관찰을 통하여 자연적인 상황에서 그들과 소통하면서 얻은 결과를 연구하는 방법인 문화기술지(ethnography)가 적합하다(Munhall, P. L., 2001 재수정).

(2) 질적조사 연구계획서의 구성요소

질적조사 연구를 수행할 때 갖추어야 할 연구계획서의 구성요소를 정리해 보면 다음에서와 같다(신경림 · 조명옥 · 양진향 외, 2005).

Ⅰ. 서론 : 연구의 목적과 필요성
  1. 연구문제와 연구초점
  2. 연구의 정당화
  3. 연구의 필요성과 현상탐구의 중요성
  4. 연구의 해당학문과 실무분야의 관련성
Ⅱ. 연구의 배경
  1. 문헌고찰 : 연구의 근거, 역사적 맥락
  2. 연구자 자신의 경험적 배경이나 예비조사 등
Ⅲ. 연구방법론 일반
  1. 특정 질적 연구방법에 대한 개요와 절차
  2. 연구방법을 선택한 근거 : 철학적, 이론적 배경

3. 기존 연구에서의 학자들의 방법
4. 개념과 용어의 정의

Ⅳ. 연구방법
1. 연구질문
2. 연구참여자 및 선정방법
3. 자료수집 및 분석방법
4. 연구절차와 윤리적 고려

Ⅴ. 참고문헌

Ⅵ. 부록
1. 증거자료
2. 동의서
3. 자료수집틀

2) 질적조사 연구보고서(논문)의 작성

(1) 글쓰기 수준 결정

연구계획서에 따라 자료가 수집되고 분석이 되면 연구자는 질적조사 연구보고서를 작성하는 단계에 접어든다. 보고서의 글쓰기 수준은 연구자의 개인적, 학문적 배경과 글쓰기 스타일, 연구방법, 보고서를 읽게 될 독자에 따라서도 달라진다. 다시 말하면 보고서가 논문심사용인지, 연구비 지급처 제출용인지, 일반 대중 교육용인지에 따라서 글쓰기 수준이 달라져야 한다는 말이다. 즉 글쓰기 수준은 단순히 탐구현상에 대한 서술적 기술이 될 수도 있고 이론적 수준의 글쓰기일 수도 있지만 연구를 시작하기 전에 일반적으로 결정이 되어야 한다.

그러나 많은 질적 연구자들은 논문 심사용이나 연구비 발주처 제출용으로 보고서를 작성하게 되므로 이론적 수준의 글쓰기를 목표로 한다. 따라서 여기에서는 이론적 수준의 글쓰기에 대한 전략을 제시하면 다음과 같다.

첫째, 연구현상에 대하여 통찰력 있는 기술을 통해서 이론적 진술을 만든다. 이때 글쓰기의 목표는 새롭고 발견적인 방식으로 현상을 제시하는 데 둔다. 이 기술은 기존에 밝혀진 현상탐구와는 차별적인 개념화를 시도한다는 차원에서 중요하다.

둘째, 부분적이고 독특한 현상에 대한 기술을 보편적 사회과정으로 확대함으로써 이론적 기술을 생산한다. 다시 말하면 연구자는 사회적 특정 사건에 대한 기술을 정련시켜서 일반적인 사회생활의 보편적 특성을 밝히고자 하는 것이다. 이 기술은 연역적 방법이 아닌 귀납적 접근방법에 해당한다.

셋째, 글쓰기에 과학적 이론을 적용해야 한다. 이론은 현상의 범주들 간의 관계를 규정한 것이라는 점에서 연구자는 과학적 이론을 경험적으로 적용학 수정하는 데 목표를 두어야 한다.

넷째, 대표적 사례나 현상에 대한 연구를 통하여 이론을 개발한다. 이 전략은 독특한 사례들을 비교하여 이론의 타당도를 추론해내는 것을 말한다. '근거이론화'와 '분석적 귀납'이 이러한 접근에 속한다. 이 두 가지 방법은 양적조사 연구에서 다루는 가설적－연역적 방법을 병행한다(신경림·조명옥·양진향 외, 2005 재수정).

(2) 질적조사 연구보고서(논문)의 구성요소

질적조사 연구를 수행하고 연구보고서를 작성할 때는 질적 연구계획서에 따라 수행을 하는 것이 기본이 되지만, 연구계획서의 구성요소와는 다소 차이가 나는데, 질적 연구보고서의 구성요소를 정리해 보면 다음에서와 같다(Munhall, 2011; 신경림·조명옥·양진향 외, 2005).

Ⅰ. 서론
- 1. 연구목적의 필요성
- 2. 연구범위와 초점
- 3. 연구이론과 모델
- 4. 연구문제
- 5. 연구 전개내용 요약

Ⅱ. 연구의 배경
- 1. 문헌고찰 : 연구의 근거, 역사적 맥락

2. 연구자 자신의 경험적 맥락

Ⅲ. 연구방법론 일반

1. 연구방법의 개요 및 철학적, 이론적 근거
2. 기존 연구에서의 학자들의 방법
3. 연구방법의 일반적 절차
4. 개념과 용어의 정의

Ⅳ. 연구방법과 절차

1. 연구질문
2. 연구참여자 및 선정방법
3. 자료수집 및 분석방법
4. 연구절차와 윤리적 고려

Ⅴ. 연구결과 : 방법론에 따라 결과 제시

〈근거이론〉

1. 연구절차에 대한 기술
2. 발견된 이론적 구조

〈문화기술지〉

1. 맥락
2. 실제나 경험발견과정 및 결과에 대한 기술

〈현상학〉

1. 경험과 주제
2. 경험의 본질과 본질 간의 관계

Ⅵ. 발견한 결과의 논의

1. 연구결과의 의미와 이해
2. 연구의 의의와 적용
3. 학문분야의 이론과 실무에의 중요성
4. 후속연구방향 제언

- 참고문헌
- 부록 : 동의서, 연구분석틀, 증빙자료 등

3) 질적조사 연구보고서(논문)의 평가기준

양적조사 연구보고서(논문)에 비하여 질적조사 연구보고서(논문)는 사회복지학이나 상담심리학 영역에서는 평가기준이 구체화되고 있지 못한 상황에서는 연구방법에 따른 최소한의 공통적 평가기준을 설정하는 것이 중요하다. 앞에서 다루어진 연구계획서나 연구보고서의 구성요소에 따라 평가하고 심사하는 잣대를 설정하는 것이 일반적이라 할 수 있지만 질적 연구는 심층면접과 관찰방법을 사용한다는 측면에서는 양적조사 연구의 평가기준과는 차별적인 접근이 요구된다.

여기서는 Burns(1989)가 「질적조사 연구의 표준(Standard for Qualitative Research)」라는 논문에서 제시하고 있는 5가지 평가기준을 정리해 보면 다음과 같다(Burns, 1989).

(1) 생동감 있는 묘사

장소의 묘사, 대상, 자료를 수집하는 경험 그리고 연구진행과정 중 연구자의 생각을 독자에게 직접적으로 체험하는 인상을 받을 수 있도록 명확히 묘사해야 한다.

(2) 방법론의 일치도

연구자는 방법론의 일치성을 평가하기 위해서 변화이론과 특정한 방법론적 접근방법을 이해해야 하며, 연구기록의 엄밀성, 연구절차의 엄밀성, 윤리적 엄밀성을 고려해야 한다. 이 외에도 최근에는 각 대학이나 연구기관에 설치된 연구 윤리 위원회(Institutional Review Board, IRB)의 심의를 거칠 것을 학회 등의 학술단체에서는 요구하고 있다.

(3) 자료분석의 정확도

질적 연구의 자료분석 과정은 원자료가 여러 단계의 추상화과정을 거쳐

가며 변화하게 된다. 따라서 연구자는 표본추출, 해석된 문장의 분류화, 주제와 공통적 요소들의 논리성, 효과적 가설설정과 제안이 자료에서 확인이 되는지를 보아야 한다.

(4) 이론적 연결성과 해석적 연관성

논리적으로 일관성 있는 자료가 반영되었는지, 해당 학문 지식에 모순되지는 않았는지를 확인해야 한다.

아울러 연구결과가 이론적으로 중요성이나 해당 실무에 얼마나 도입이 가능한지, 향후 연구에 얼마나 영향을 미칠 수 있는지 등의 가능성을 확인 평가해야 한다.

13 CHAPTER 2차적 자료와 내용분석 연구방법

01 2차적 자료 분석의 개념과 한계

1) 2차적 자료 분석의 개념

학술논문에서 수집하여 활용할 수 있는 자료는 연구자가 직접 수집한 자료인 1차적 자료, 기존의 다른 연구자가 생산 혹은 출판해놓은 모든 이용 가능한 2차적 자료, 이미 메타분석에서 사용되어진 다수의 경험적 자료인 3차적 자료가 있다. 이중에서 학술연구자는 주로 양적연구나 질적연구에 1차적 자료를 사용하지만 이론적 배경과 연구문제 혹은 연구가설을 설정하려고 할 때는 반드시 문헌조사(Literature review) 단계에서 2차적 자료를 검토해야 한다.

하지만 여기에서 다루고자 하는 2차적 자료(secondary data)의 연구 분석방법은 연구자가 1차 자료(primary data, raw data)를 획득하기 어렵거나 상당한 기간 동안 이어진 사회현상이나 인간현상의 경향(동향)을 종단적으로 파악하고자 하는 경우에 채택할 수 있는 연구 분석방법을 말한다. 즉 주로 1차 자료를 사용한 횡단적 연구에서는 연구자가 본인이 논리를 뒷받침하기 위해 수집하거나 문제 및 가설을 지지시키기 위해 기존의 자료를 수집하는 경우와는 다르다.

즉 2차적 자료 연구 분석방법을 채택하는 경우는 통계청 등의 정부기관 발행물, 국책연구기관 보고서, 민간업연구소 등 다양한 외부 기관에서 조사한 자료를 수집하여 자신의 논문에서 새로운 가설을 설정하고 원래의 조사연구에서는 탐색하지 않았던 질문(연구문제)을 탐색하여 분석하고자 하는 것을 말한다. 특히 통계청의 경우에는 통계청 자체로 작성하는 마이크로데이터[3]뿐만 아니라 정부 각 부처, 지자체, 연구기관 등 타 통계작성기관의 마이크로데이터(기관별, 주제별)를 한곳에 모아 MDIS(MicroData Integrated Service)를 통해 국민들이 다양한 통계자료를 편리하게 이용할 수 있도록 서비스하고 있다.

이처럼 2차 분석(secondary analysis)이란 조사자 혹은 연구자가 직접 관여하지 않는 비관여적 조사(unobtrusive research) 방법 중의 하나로서, 기존 통계자료로부터 연구에 필요한 자료를 도출해내는 방법을 뜻한다. 이것은 기존에 다른 조사자가 수집한 1차 자료를 정리하여 새로운 통계자료를 만들고, 그렇게 만들어진 통계자료를 이용하고 분석하여 연구자가 연구하고자 하는 문제를 밝혀내는 데 목적이 있다.

사회과학연구에서 연구자들이 이처럼 2차적 자료를 사용하여 사회현상을 분석하거나 출판한 사례는 사회학 분야에 비교적 많은 편이다. 역사적으로 보면 프랑스 사회학자 에밀 듀르켐(Emile Durkheim, 1858~1917)이 유럽 각국의 자살률 통계를 2차적으로 사용하여 가톨릭이 우세한 국가보다 개신교가 우세한 국가에서 자살률이 더 높다는 주장을 하였고, 카를 마르크스(Karl Marx, 1818~1883)도 공식적 경제통계를 이용하여 자신의 계급투쟁론을 주장하였던 것이다. 그리고 막스 베버(Max Weber, 1864~1920)는 역사적 자료를 이용하여 마르크스의 주장에 대해 반론을 제시하기도 하였다.

이러한 예는 초기의 사회학자들뿐만 아니라 21세기 현재에도 마찬가지인데, 『제3물결(The Third Wave)』(1980)을 쓴 앨빈 토플러(Alvin Toffler, 1928~2016)와 함께 미래학의 양대 산맥으로 꼽히는 미국의 미래학자 존 나이스비트(John Naisbitt, 1929~2021)가도 주로 사용하는 연구방법이다. 그는 인터넷도

3) 마이크로데이터란 통계조사 원자료에서 조사 · 입력오류 등을 수정한 개별단위(개인, 가구, 사업체 등) 자료를 말한다(https://mdis.kostat.go.kr/).

없었던 1982년에 『메가트렌드(Megatrends)』(1982)라는 저서를 통해 산업사회에서 정보사회로의 이행을 비롯한 미래사회의 변화 모습을 10가지의 메가트렌드로 간추려 예측하였다.

그리고 1990년에는 『메가트렌드 2000(Megatrends 2000: Ten New Directions for the 1990's)』(Niasbitt & Aburdence, 1990)[4]이라는 책에서 현대 미국생활의 흐름을 분석한 것도 2차 자료를 이용한 내용분석법을 채택한 것이다. 즉 매달 수천 가지의 지역신문들을 정기적으로 분석하여 각 지역사회의 주된 흐름을 밝혀내고 그 결과를 분기별 보고서 형태로 작성하는 2차적 자료분석 방법을 사용한 것이다.

뿐만 아니라 국내외의 대학연구소에 소속된 사회과학 분야의 연구자와 대학원생들도 1차적 자료를 획득하기 위한 충분한 연구비를 확보하기 힘든 경우에 비교적 적은 비용으로 자료를 수집할 수 있는 정부나 공공기관의 2차적 자료를 확보하고, 이를 분석하여 연구에 활용하는 경향이 있다.

2) 2차적 자료의 장점과 한계

2차적 자료의 종류로는 기본적으로 기존 연구 논문 및 보고서, 주요 통계가 해당되지만 뉴스 기사, 인터넷 검색 결과, 도서관에서의 자료 검색 결과, 인터넷 온라인 데이터베이스에서의 검색 결과, 기업 보도 자료와 보도자료 분석 보고서, 산업 보고서와 경제 전망 보고서, 금융 시장 데이터베이스의 통계 정보, 시장 조사회사의 보고서 및 데이터베이스, 빅데이터 분석 결과물 등이 해당된다.

이러한 2차적 자료를 활용한 분석의 장점은 다음과 같이 다양하게 정리할 수 있다.

① 시간과 비용을 절약할 수 있고, 양질의 자료를 확보할 수 있다.

② 조사대상자와의 상호작용에 의한 자료의 편향성이 감소될 수 있다.

---

4) 1990년에 그의 두 번째 아내와 함께 낸 이 책에서는 직장에서의 여성 역할 증대, 아시아의 경제력 부상, 재택근무라는 거대하고 강력한 시대적 조류를 예측했다.

③ 1차 자료가 주로 횡단자료를 획득하는 한계가 있지만 연차별로 제공되는 2차적 자료는 종단자료를 확보할 수 있다.

④ 국제 간 통계가 있을 경우에는 비교연구가 가능하고, 같은 주제에 대한 연구자 간의 교류도 활발해질 수 있다.

이러한 장점에도 불구하고 2차 자료는 다음과 같은 단점도 있다.

① 2차 데이터는 1차 자료에 비해서 비용과 시간이 적게 들기는 하지만 과거에 수집된 자료이기 때문에 현재의 자신의 연구와 시점이 안 맞을 수도 있고 자신의 연구를 위한 데이터들이 아니기 때문에 상대적으로 적합도가 떨어질 수도 있는 것이다.

② 연구자가 타인이 작성한 2차적 자료에 익숙하지 않고, 연구자가 원하는 변수가 없을 수 있다.

③ 대부분 최신자료가 아니라 오래 된 자료이어서 시의성을 확보하기가 어렵다.

④ 2차적 자료는 대부분 누락된 값, 중복이나 잘못된 정보 등의 다양한 문제점들을 포함하고 있기 때문에 데이터 클리닝 과정이 필요하다. 즉 분석의 성공을 위해서는 원시자료의 문제점을 수정하거나 제거하여 품질을 향상시키는 '데이터 클리닝' 작업이 필수적으로 요구된다.

그리고 학술논문에서 수집하여 활용할 수 있는 2차적 자료는 이미 존재하는 자료를 수집하거나 편집하여 만들어진 자료로서 직접 수집되거나 만들어진 원시적인 자료가 아니기 때문에 신뢰성의 많은 한계도 있다.

예를 들면, 누락된 값을 처리하기 위해서는 평균값이나 중앙값 등으로 대체해야 하고, 동일한 정보를 가진 정보가 여러 번 포함되어 있을 경우에는 중복된 데이터를 찾아내어 제거해야 한다. 아울러 자료 안의 이상치도 통계적 방법을 사용하여 탐지하여 처리해야 한다. 하지만 원본 데이터의 손실이 최소화되는 것도 중요하다. 왜냐하면 특정한 데이터를 수정하거나 제거하게 되면 해당 변경으로 인하여 분석결과에 미치는 영향이 발생할 수 있기 때문이다.

02 내용분석 연구방법의 개념과 장 · 단점

1) 내용분석 연구방법의 개념과 특징

① 내용분석 연구방법의 개념

내용분석(content analysis) 연구방법은 연구자가 연구대상에 영향을 미치지 않고 자연적인 상황에서 연구를 수행할 수 있게 해준다. 편지나 일기 따위와 같은 인간이 남긴 모든 종류의 자료나 연구 대상의 성질을 파악하여 상황을 총체적으로 통찰하며 가설을 세워 그것을 검증하는 방법인데, 신문 사설처럼 대체로 문헌기록을 검토하는 방법이 여기에 해당한다.

따라서 내용분석 연구방법은 문헌연구(document study)의 일종이며, 기존에 존재하는 2차적 자료를 이용해 연구주제에 맞는 특정 단어, 개념, 문구 등의 분석범주를 의미화하고 계량화하는 기법이다. 아울러 내용분석은 의사전달 내용이나 기록물의 특성을 객관적 · 양적 · 체계적으로 확인하여 진의를 추론하는 연구방법이다. 즉 인간이 남기는 모든 형태의 이용 가능한 자료를 체계적 · 객관적 · 양적으로 분석하고 연구하는 방법이다.

그러므로 내용분석은 질적 연구방법과 양적조사 연구방법을 모두 사용하지만, 주로 질적 내용을 양적 자료로 전환하는 방법이며 기록뿐만 아니라 어떤 형태의 의사전달에도 적용될 수 있으며, 특정한 전달 내용을 코드화하고 표로 만든, s 방법을 사용한다.

예컨대 사회복지에 있어서 전문직의 성향이나 주된 개념들이 어떻게 변해 왔는가를 알아보기 위해 사회사업학회에서 발표된 논문들, 즉 기록 중에서 심리분석학적 개념, 생태학적 개념 또는 사회개혁적 개념이 언급되었던 횟수를 시기별로 집계해서 내용분석을 해 볼 수 있다. 또한 개인을 대상으로 하는 경우 일기, 낙서, 편지, 자서전 등과 같은 자료를 분석하여 그 개인의 정의적 특성을 파악하는 것도 내용분석법으로 가능하다.

연구자가 조사 연구에서 관찰법(observation method)[1]에서처럼 완전한 관찰자로서의 역할만을 수행하는 경우를 제외하면 대부분의 연구방법들에서 연구자는 자신의 연구대상에 어느 정도 개입하게 되는 것은 불가피하다. 이 경우 사람들은 연구자가 자신들을 관찰한다는 사실을 알게 되며, 따라서 그들로부터 얻게 되는 자료에는 사회적 선호편향성(social desirability biases)과 반응성(reactivity)의 문제가 있게 된다.

행위에 대한 직접 관찰에서처럼 사회적 선호편향성과 반응성은 주로 관여적인 혹은 개입적인 관찰과 관계가 있으며, 관찰대상이 연구자에 의해 관찰되고 있다는 사실을 인식하는 만큼 관찰은 개입이 된다. 그리고 관찰되고 있다는 것을 관찰대상이 인식하지 못하는 만큼 관찰은 비개입적(unobtrusive)이 된다. 즉 비개입적 연구란 연구하고자 하는 사회현상에 영향을 주지 않고 자연적인 상황에서 연구를 진행시키는 조사 연구를 의미한다. 행위를 직접 관찰할 때 자연적인 환경 속에서 연구자의 개입을 최소화하는 방법들이 계속 논의되어 왔지만 대부분의 관찰방법은 그러한 위험성을 완전히 배제하지는 못하고 있다.

따라서 개입성이 가장 적은 관찰의 형태는 이미 이루어진 기록을 사용하는 것이다. 이미 이루어진 기록의 예로는 단순한 통계자료뿐만 아니라 기관이나 조직의 사례기록, 실천가의 실천과정 기록, 신문의 기사나 사설, TV의 방영내용, 이사회의 회의록, 기관의 회람과 연간보고서, 책 또는 논문, 사회복지 관련 법률 및 법적 진술, 행정적 규정과 절차 등 무수히 많은 자료출처들이 있다. 이러한 기록을 이용하는 내용분석방법은 연구자가 연구대상에 영향을 미치지 않고 자연적인 상황에서 연구를 수행할 수 있는 비개입성을 가질 뿐만 아니라 일반적으로 다른 자료수집방법보다 비용이나 시간이 적게 든다는 점에서 편의성도 가지며, 그리고 과거에 발생한 현상에 대해서도 연구가 가능하다는 세 가지의 중요한 장점을 지닌다.

1) 관찰법은 관찰자가 응답자의 행동을 통해 나타나는 태도나 의견 등을 조사하고 분석하는 자료수집방법을 택하는 연구방법으로 '현장연구'라고도 한다.

② 내용분석 연구방법의 특징

내용분석법의 정의가 담고 있는 구체적인 특징과 내용은 다음과 같다(채구묵, 2003 : 240).

첫째, 내용분석은 의사소통의 기록물 등 커뮤니케이션의 내용을 분석대상으로 하고 있다. 즉 책, 잡지, 신문, 라디오, TV, 문서, 편지, 일기, 음악, 미술 등 상징을 통해 나타나는 기록물을 분석대상으로 한다.

둘째, 분석의 속성 또는 측면은 분명하게 나타나 있는 명시된 내용과 문맥이나 내용 속에 숨어 있는 내포된 내용을 포함한다.

셋째, 객관적·체계적·양적인 분석방법을 사용한다. 즉 관련된 내용을 다른 사람도 동일한 방법을 사용하여 분석하면 동일한 결과를 얻을 수 있다는 의미에서 객관적이며, 일정한 과학적 절차에 의해 분석한다는 의미에서 체계적이며, 그리고 분석을 통해 질적인 내용을 양적인 자료로 전환한다는 의미에서 양적이다.

넷째, 내용분석법의 특성은 관찰에 의한 측정과 유사하다는 점이다. 다만, 관찰법이 인간의 행동을 직접 관찰하는 반면, 내용분석법은 인간이 이미 만들어 놓았거나 남겨 놓은 자료를 관찰한다는 점에서 다르다.

내용분석법은 또한 사회복지실천에 직접 적용될 소지도 많다. 한 연구에 의하면 실천가-클라이언트의 관계가 개별사회사업실천의 근본원리이며, 효과적인 원조 관계의 세 가지 주요 조건은 실천가의 감정이입, 온정, 그리고 진실성이라고 한다(Fisher, 1978). 그런데 그 세 가지 조건들이 중요하다고 하는 사실은 한 내용분석연구에서 처음으로 밝혀졌다(Marsden, 1971). 이 연구에서는 치료과정을 적고 녹음한 발췌문을 주요 조건들이 관찰되는 정도에 따라 평가하였다. 결과적으로 그 세 가지 조건들이 충족될수록 임상적 과정과 결과가 더 나아지는 경향이 있었던 것이다.

또 다른 예로는 TV에서 정신질환자를 폭력적이거나 위험하다고 묘사하는 것이 어느 정도인지 평가하는 데에도 내용분석법이 사용될 수 있다. 이것은 정신질환자를 위한 전국연합에서 일반인들에게 정신질환의 성격에 대해 교육시키고, 정신질환자에 대한 두려움을 경감시키며, 정신질환자에 대한 스테레오 타입(고정관념)을 없애기 위한 캠페인이 정신질환자에 대한 TV의 묘사 내용에 영향을 미치는지 알아보는 것과 관련된다.

이처럼 내용분석법은 의사전달의 연구에 알맞으며, 의사전달 연구에서 누가, 무엇을, 누구에게, 왜, 어떻게, 어떤 영향을 가지고 말을 하는가 하는 고전적인 질문에 적절하게 대답할 수 있다. 따라서 내용분석은 "무엇"을 중요하게 다루어야 하며, 그렇게 수집된 자료를 분석하여 "왜", "어떤 영향을 가지고"라는 문제를 제기하게 된다.

2) 내용분석 연구방법의 장점과 단점

조사 연구에서 내용분석 연구방법이 갖고 있는 특별한 장점과 단점을 정리해 보면 다음과 같다(Rubin & Babbie, 2001 : 447-448).

① 내용분석 연구방법의 장점

내용분석 연구방법은 다음과 같은 몇 가지의 장점들을 지닌다.

첫째, 가장 큰 장점으로도 볼 수 있는 것이 경제성이다. 즉 내용분석은 다른 접근법에 비해 시간과 비용을 줄일 수 있다. 설문조사와는 달리 내용분석에서는 혼자서 연구를 수행할 수 있다. 즉 대규모의 연구조사원이나 특별한 도구가 필요하지 않다. 내용분석에서는 연구자가 코딩할 자료에 접근할 수만 있으면 되는 것이다. 조사자가 새로운 자료를 수집하는 대신 이미 존재하는 자료를 대상으로 수집하는 방법을 사용하기 때문이다.

둘째, 내용분석은 안전성을 갖는다. 즉 내용분석은 연구가 잘못되었을 경우 조사 연구의 일부나 전부를 다시 시작하는 것이 다른 연구방법보다 일반적으로 더 쉽다. 예컨대 설문조사의 경우 실패할 경우 시간과 돈을 다시 들여 전체 조사 연구를 다시 해야 하고, 현장조사의 경우는 실패하면 조사 연구를 다시 하는 것이 전혀 불가능할 수도 있다.

셋째, 내용분석은 장기간에 걸쳐서 발생하는 과정을 연구할 수 있게 한다. 예를 들면 1980년에서 2040년까지 한국의 복지교육정책에서 빈곤아동에 대한 교육적이고 심리적인 지원관점이 어떻게 변화해 왔는가를 연구해 볼 수 있을 것이다.

넷째, 내용분석은 비개입적인 연구방법이어서 연구대상에 거의 영향을 미치지 않는다. 의사전달 내용이나 문헌기록에 대한 분석이 시간적으로 혹은 공간적으로 완전히 분리되어 행해지기 때문에 분석대상에 아무런 영향을 미치지 않으며 또한 미칠 수도 없다.

마지막으로 내용분석은 양적 접근법으로 연구한 내용의 구체성을 통해 신뢰도를 높일 수 있다. 연구자는 원하면 언제든지 재코딩을 통해 코딩의 일관성을 확보할 수 있다. 이러한 점은 현장조사 연구가 사후에 관찰과 범주에서 신뢰도를 높일 수 있는 어떠한 것도 할 수 없다는 데서 분명해진다.

② 내용분석 연구방법의 단점

내용분석 연구방법은 양적자료(quantitative data)와 질적자료(qualitative data)를 모두 이용하는 것이 가장 좋은데, 내용분석은 장점만 있는 것이 아니라 다음과 같은 단점들도 아울러 지닌다.

첫째, 내용분석은 기록된 의사전달만을 조사 연구할 수 있다. 의사전달의 양식이 말이나 글, 혹은 그림 등 다양할 수 있는데, 내용분석이 가능하기 위해서는 그러한 의사전달이 어떤 양식으로든 기록이 되어 있어야 하고 기록에 남아 있지 않는 것은 분석할 수가 없다.

둘째, 내용분석은 타당도를 확보하는 데 어려움이 있을 수 있다. 이것은 두 개의 차원으로 나누어 설명될 수 있다. 우선 문헌기록의 내용이 현실을 그대로 반영하지 않을 경우 내용분석의 타당도가 떨어질 수 있다. 예컨대 특정한 사인에 관해 특징한 계층의 의견이 불균형적으로 많이 실린 신문기사를 분석하고서 그 결과를 사안에 관한 국민의 여론이라고 한다면 내용분석의 결과는 타당도가 낮을 것이다. 하지만 이러한 경우에도 코딩체계가 명확하게 확립되어 있고 코딩만 정확하게 이루어진다면 분석을 반복하더라도 동일한 결과를 얻을 수 있기 때문에 신뢰도는 높을 것이다.

셋째, 내용분석이 의사전달의 과정 그 자체를 분석하는 것이 아닐 경우에도 타당도의 문제가 제기될 수 있다. 예를 들면 장기간에 걸쳐 관련 분야의 소식지에 실린 사회복지사, 상담사 채용광고에 대한 내용분석 연구를 한 후에 최근에 올수록 '개별사회사업' 혹은 '심리상담'이라는 용어의 사용이 줄어든 것으로 파악된다면, 사회복지상담가들이 더 통합방법론적으로 실천하고 있으며 집단사업이나 지역사회사업 등의 보다 거시적 개입접근법을 사용하고 있다는 것으로 해석을 내리는 것이 연구문제 분석에 적합하다.

03 내용분석 연구방법의 절차와 기법

2차적 자료를 활용한 분석방법의 하나인 내용분석 연구방법의 일반적 절차로는 대체로 다음과 같은 몇 개의 단계를 거치는 것으로 정리할 수 있다. 즉 ① 연구문제의 설정, ② 가설 설정 및 개념정의, ③ 대상 문헌자료의 모집단 규정, ④ 문헌자료의 표본추출, ⑤ 분석내용의 범주 설정, ⑥ 분석단위의 규정, ⑦ 계량화의 체계규정(내용분석의 코딩), ⑧ 타당도와 신뢰도의 점검, ⑨ 자료의 분석 및 해석의 순서이다.

1) 연구문제와 가설의 설정 및 개념정의

다른 조사 연구와 마찬가지로 내용분석에서도 먼저 연구주제의 선정과 그에 따른 연구문제의 형성이 이루어져야 하는데, 적절한 연구문제가 형성되려면 관련 분야의 이론과 논문을 충분히 검토하면서 어느 정도의 독창성을 발휘해야 한다. 그리고 내용분석법을 사용하려는 취지에 맞는 연구문제이어야 한다. 즉 내용분석법이 아니고는 탐구할 수 없거나 다른 자료수집방법보다는 내용분석법이 더 적절하거나 효율적이 될 수 있는 그러한 주제를 연구문제로 삼을 필요가 있다.

내용분석은 사람들 간의 의사전달 내용을 분석하는 데 특별히 유용한 방법으로서, 예컨대 "누가, 무엇을, 누구에게, 무슨 이유로, 어떤 방법으로, 어떤 효과를 노리고 말하는가?" 하는 문제에 대한 해답을 찾는 데 더 적합한 기법이다. 내용분석을 사용한 예로서는 교사가 처벌을 찬성하느냐 아니면 반대하느냐 하는 것이 비행(非行)에 대한 아동의 인식에 어떻게 영향을 미치는가에 관해 살펴본 커닌과 검프(Kounin & Gump)의 연구가 있다(Kounin & Gump, 1961; Kerllinger, 1973 : 526-527).

이 연구의 세부적인 내용을 보면 세 초등학교들로부터 처벌찬성 교사와 처벌반대 교사들이 각각 한 쌍씩 선발되어 모두 3쌍(6명)이 선발되었다. 다른 차이점들은 모두 통제되었으며 처벌찬성－처벌반대가 독립변수였다. 선발된 6명의 교사들이 담당했던 174명의 1학년 학생들을 상대로 한 개별면접이 이루어졌다. 면접과 내용분석 코딩(coding)은 "아이들이 학교에서 저지를 수 있는 가장 나쁜 일은 무엇이지?"라는 질문을 중심으로 구조화되었다. 아이들이 답변하고 나면, "그것이 왜 그렇게 나쁘지?" 하는 질문이 다시 주어졌다. 상위범주와 하위범주들로 구성된 코드로 질문에 대한 응답들의 내용이 분석되었다.

〈표 13－1〉은 커닌과 검프의 연구결과 요약표를 좀 더 줄인 것으로서, 세 개의 큰 범주와 다섯 개의 하위범주들을 담고 있다. 선정된 구체적인 항목들은 범주체계와 결과들을 나타내며, 교사의 처벌찬성과 비행인식 사이의 관계는 분명하게 입증되었다. 이 연구는 연구가설을 검정하기 위해 내용분석을 사용한 좋은 예이다. 예컨대 네 가지 가설들 중 첫 번째가 "처벌을 찬성하는 교사의 아이들이 갖는 학교비행 관념들은 처벌반대 교사의 아이들보다 공격적인 행위들을 더 많이 포함할 것이다."라는 것이었다.

〈표 13－1〉을 보면 이 가설이 입증되었다는 것을 보여준다. 이 연구는 또한 연구목적이나 연구문제에 적합한 연구방법을 선택한 좋은 예이기도 하다. 연구자들은 면접에서 아이들의 응답이 선택항목이 주어진 질문에

대한 응답과 동일하지 않을 것이라고 추론하였다. 그리고 그들은 아이들이 주로 생각하고 있는 비행들을 알 필요가 있었던 것이다.

〈표 13-1〉 **커닌과 검프(Kounin & Gump)의 연구결과 요약표**

비행과 설명	처벌찬성 교사의 학생(%)	처벌반대 교사의 학생(%)
Ⅰ. 비행의 내용과 수준		
A. 타인에 대한 물리적 공격	38	17
B. 추상적인 비행	27	52
Ⅱ. 설명의 내용과 수준		
C. 타인에 대한 심각한 손상	45	18
D. 현실적인 보복	21	48
Ⅲ. 학교의 주된 목표들에 대한 우려		
A. 학습과 성취의 실패	20	43

N=174. 모든 차이들은 유의수준 .05에서 유의하였다.
출처 : Kerllinger(1973 : 526).

2) 연구대상 문헌자료의 모집단 규정

연구문제의 설정단계와 가설설정 및 개념정의가 된 이후에는 다른 접근법과 같은 원리로 내용분석에서도 분석될 내용의 연구문제와 관련하여 모집단이 규정되어야 한다. 즉 연구문제의 탐색에 필요하고 적합한 조사대상이 될 만한 문헌, 기록의 종류와 범위를 확정한다.

예를 들어 책, 신문, TV 프로그램, 편지, 음악이나 미술 작품 등은 분석할 대상이 되는 메시지를 담고 있는 의사전달 매체의 모집단이 된다. 앞의 커닌과 검프(Kounin & Gump)의 연구에서 모집단은 어린이들이 인식하고 있던 비행이나 아니면 단순히 좋은 행동들을 침해하는 것들에 관한 질문에서 얻은 모든 응답들이 된다.

3) 문헌자료의 표본추출

문헌자료의 모집단이 규정되면 내용분석을 위한 표본추출도 여느 표본조사와 동일한 원리와 절차에 따라 이루어진다. 문헌기록을 분석할 경우 흔히 그 수가 너무 방대하여 모두 분석할 수가 없을 뿐만 아니라 관찰한 내용을 모두 기록할 수도 없기 때문에 문헌기록에 대한 표본추출이 필요하다.

예를 들어 미국 사회에서 1950년대와 2000년대 사이에 아동학대에 관한 휴먼서비스 종사자들의 관심이 어느 정도 변해 왔는가를 연구한다고 가정하면, 이러한 연구문제는 그 기간 동안에 사회복지 관련 전문잡지가 다룬 주제의 범위를 검토함으로써 연구될 수 있다. 전문잡지의 수나 수천 쪽에 이르는 관련된 내용을 생각해 볼 때, 그러한 연구 자체가 가능하려면 표본추출이 필요한 것은 분명하다. 다른 접근법의 표본추출과 마찬가지로 여기서도 핵심적인 문제는 표본의 대표성이다.

내용분석을 일반화하기 위해서는 대표성을 갖는 표본을 추출할 수 있는 표본추출절차가 이루어져야 하는데, 문헌기록의 경우에는 다음과 같은 어려운 점이 있다.

첫째, 문헌기록에서는 모집단을 구성하는 요소들이 동일하지 못하다는 것이다. 「아동복지(Child Welfare)」나 「개인 간 폭력(Journal of Interpersonal Violence)」과 같은 저널들이 아동학대에 관한 논문을 더 많이 다룬다. 하지만 「사회서비스 리뷰(Social Service Review)」와 같은 좀 더 일반적인 저널은 아동학대에 관한 논문을 다루는 비율이 훨씬 더 낮을 것이다. 마찬가지로, 「노년학 저널(Journal of Gerontology)」과 같이 다른 분야를 전문적으로 다루는 저널은 아동학대에 관한 논문을 전혀 취급하지 않을 것이다. 모든 휴먼서비스 저널을 대상으로 한 확률표본은 관련 주제의 논문들이 가장 많이 실리는 저널들을 별로 포함하지 않을 수도 있다.

따라서 그 표본에는 가정폭력을 가장 적게 다루는 저널들이 압도적으로 많을 것이며, 그렇게 되면 가정폭력에 관한 실천가들의 관심의 변화를 측정하는 것이 곤란할 것이다. 이 문제는 가정폭력과 관련된 분야를 전문적으로 다루는 저널들만을 대상으로 표본을 구성함으로써 해결될 수 있다. 아니면 저널들을 유형별로 계층화한 다음, 거기서 계층화 확률표본을 구성함으로써 가정폭력에 관한 논문을 가장 많이 싣는 저널을 불균형적으로 더 많이 포함시킬 수도 있다.

둘째, 문헌기록의 모집단을 규정하기가 어렵다는 것이다. 예컨대 소셜워크 전문직의 이미지 변화에 대해 연구하기 위해 빌럽스와 줄리아(Billups & Julia, 1987)는 소셜워크직 채용광고에 대한 내용분석을 시도했는데 채용광고들은 지방, 주, 전국 등 여러 공간적 차원에서 발표되었으므로 문헌기록의 모집단을 규정하는 것이 어려웠다. 이 문제를 해결하기 위하여 그들은 전국 수준의 광고에만 한정하였는데, 그것은 소셜워크의 이미지 변화에 관한 전국적인 경향을 가장 잘 반영할 것이라고 기대하였기 때문이었다.

전국적인 수준에서 보면, 미국의 경우에 대부분의 광고들은 1960년대와 1970년대에서는 Social Casework에 실렸으며, 1980년대에는 NASW News에 실렸다. 따라서 시간에 걸친 경향성을 평가하기 위해 연도별로 문헌기록의 표본을 구성할 필요는 없었다. 대신에 연구자들은 관심을 갖는 기간을 포괄하는 1960년대, 1970년대, 1980년대별로 이 저널들에 실린 광고들의 10%에 해당하는 확률표본을 구성하였고, 그들이 내용분석을 통해 발견한 사회복지 실천경향의 변화는 다른 조사 연구에서 발견한 것과 일치하였다. 이로써 케이스워크와 집단실천의 구별은 시간이 흐름에 따라 점점 덜 중요하게 되었으며, 특히 대학원 학위를 가진 소셜워커들이 슈퍼바이저나 행정직을 얻는 데 더 유리하였다고 해석할 수 있다.

표본추출의 방법으로는 일반적인 표집절차들이 문헌기록에도 적용될 수 있다. 물론 단순 확률표본이 가장 보편적인 방법이지만 동일하지 않은 요소들로 이루어진 모집단으로부터 표본을 구성할 경우 편향(bias)을 피하기 위해 층화표집법이 사용될 수도 있다.

문헌기록의 표집은 다단계 표집을 포함하는 경우도 흔히 있다. 다른 다단계 표집에서와 마찬가지로 큰 단위들에서 출발하여 점점 작은 단위로 축소해 나가는 표집을 해야 한다. 레빈과 스페이트(Levin & Spate, 1970)가 구성한 지하신문의 표본추출방법이 다단계 표집의 예를 보여준다. 첫 번째 단계는 지하신문연합(Underground Press Syndicate)의 회원 신문들로부터 표본을 구성하는 것이었는데, 구독률 면에서 최상위 5개의 신문들이 선정되었다. 두 번째 단계로 1967년 9월부터 1968년 8월까지 2개월에 한 번씩 각 신문으로부터 하나의 이슈를 임의로 선정하였는데, 5개의 신문들이 각각 6개의 표본 이슈들을 갖게 되어 총 30개의 이슈들이 선정되었다. 최종 단계에서는 분석을 위한 표본 이슈들에 나타나는 모든 논픽션 기사들을 하나 걸러 하나씩 발췌하여 최종적인 표본추출에는 지하신문을 대표하는 316개의 기사들로 정해졌다.

4) 내용분석의 범주설정

내용분석에서 범주(categories)를 정하는 것은 연구의 성패를 좌우할 정도로 중요한 문제이다. 이론과 연구문제를 직접 반영하는 작업이기 때문이다. 실제로 범주의 규정이 가설의 변수들을 구체화하는 경우가 많다.

내용분석의 범주설정은 분석하고자 하는 내용의 전체를 분석하고자 하는 기준 또는 분류기준을 정하는 것을 의미한다. 예를 들어 특정 시기의 다양한 정당들의 정치강령을 분류하고 연구하는 데 있어 '경제성장'과 '사회복지 증대' 범주로 두고 각 범주별로 양적이고 질적인 차이를 분석하고 해석할 수 있다. 마찬가지로 대통령연설문이나 신문기사 등에서도 특정 주제의 범주를 설정하고 분석할 수 있는 것이다.

이러한 범주의 규정(categorization)에서 유의해야 할 몇 가지의 요건들이 있다(Holsti, 1969 : 95 ; 김광웅, 1997 : 484-488).

첫째, 범주가 연구의 목적이나 문제에 알맞게 변수들을 분명히 하고 조작화의 과정을 거쳐 지표들을 구체화하여야 한다.

둘째, 범주의 설정은 포괄적이어서 분석될 항목이 빠짐없이 포함되어야 한다.

셋째, 범주가 상호 배타적이어서 분석되는 자료가 하나 이상의 카테고리에 해당되어서는 안 된다.

넷째, 범주의 독립성 원칙이다. 어느 한 범주에서 이루어진 자료의 분류가 다른 범주의 값에 영향을 미쳐서는 안 된다. 한 범주에서 분류되는 내용의 요소가 늘거나 주는 데에 따라 다른 범주의 분류요소가 늘거나 준다면 범주들이 독립적이지 못하다. 이것은 범주화 작업에서 앞의 판단이 뒤의 판단에 영향을 주기 쉽기 때문에 흔히 나타날 수 있는 오류이기도 하다.

다섯째, 범주는 단일분류원칙에 따라 설정되어야 하고 다른 수준의 분석이 혼합되어서는 안 된다. 예컨대 출처와 태도를 동일 수준으로 묶어서 범주화하면 상호 배타적이지도 않을 뿐만 아니라 단일분류의 원칙에도 어긋난다.

가장 중요한 요건은 범주들이 연구의 목적에 적합해야 한다는 것이다. 연구자가 연구목적을 규정한 다음 그에 맞추어 적절한 범주군을 구성해야 한다. 내용분석의 범주들은 일반적으로 이론에서 도출되거나 아무것도 없는 데서 구성되지는 않는다. 연구되는 문헌기록들을 검토하여 포함되어 있는 공통적인 요소들을 확인함으로써 범주는 설정된다. 범주들이 분석되는 문헌기록으로부터 자연스럽게 나올 수 있게 해야만 상호 독립성과 포괄성의 목표가 충족될 수 있다. 문헌기록의 사전 검사 없이 구성된 범주들은 반드시 많은 중요한 범주들을 제외시키고 또한 불필요하거나 잉여의 범주들을 많이 포함하게 될 것이다.

홀스티는 과거 내용분석에서 많이 사용되어 왔던 많은 범주들을 다음과 같이 정리하여 제시했다(Holsti, 1969).

[“「무엇」을 전하고 있는가?”의 범주]

주제 : 의사전달의 주된 내용

방향 : 내용을 어떻게 다루는가?(好惡, 强弱, 善惡 등)

표준 : 방향에 의한 분류의 기준

가치 : 가치, 욕망, 목표 등의 표출

방법 : 목표 달성의 수단

특질 : 사람들의 묘사에 이용한 특성들(traits)

행위자 : 특정 행위를 하는 사람

권위자 : 누구의 이름으로 한 말인가?
원천 : 의사전달의 기원, 소식통, 정보의 원천
장소 : 행위가 일어난 장소
갈등 : 갈등이 있으면 그 원인과 수준
종결 : 갈증의 종결이 비극적인가, 불분명한가, 행복한 결말인가?
시간 : 행위가 언제 일어났는가?

["「어떻게」 전하는가?"의 범주]
의사전달의 형식이나 유형 : 의사전달의 매체는 무엇인가?(라디오, 신문, 연설 등)
진술의 형식 : 의사전달의 문법적 문장구성적 형식은 어떤 것인가?
고안물 : 수사나 선전방법 등 특별한 표현의 고안물을 쓰고 있는가?

범주를 설정하는 데에는 관찰법과 마찬가지로 이론적 틀로부터 연역적으로 도출하는 방법과 실제 자료의 관찰로부터 귀납적으로 형성해가는 방법 등 두 가지의 방법이 있다. 앞서 논의된 바와 같이 내용분석법에서는 자료가 다양하기 때문에 이론적 틀이 확고하고 완벽에 가까운 수준이 아니라면 가능한 자료를 사전에 충분히 검토하여 귀납적으로 범주를 설정하는 것이 바람직하다.

5) 내용분석의 분석단위 규정

내용분석의 분석단위(unit of analysis)는 연구문제와 관련하여 기술적 또는 설명적 진술이 이루어지는 개별 단위를 말한다. 이러한 분석단위에는 기록단위(recording unit)와 맥락단위(context unit)가 있다. 기록단위는 기록만 함으로써 자료가 수집되는 경우로서 분석하고자 하는 내용의 특정 요소가 한 번 나타남을 말해 주는 최소의 분석단위이다. 맥락단위란 출현 빈도만 가지고는 메시지의 진의를 파악할 수 없어 맥락까지를 고려해야 하는 경우로서, 기록단위의 성격을 좀 더 명확히 하고자 검토하는 내용의 최대단원이라 할 수 있다. 예컨대 단어가 기록단위라면 그 단어의 의미 파악을 위하여 한 개 혹은 몇 개의 문장으로 된 단락을 맥락단위로 규정할 수 있다.

(1) 기록단위

범주들의 선택은 일반적으로 적절한 기록단위를 확정해 주지 못한다. 즉 주어진 문헌기록들과 범주들에 대하여 사용해야 하는 단일의 기록단위가 명확하게 정해져 있지 않다. 홀스티(Holsti, 1969 : 116-119)는 단일의 단어나 상징, 주제, 인물, 문장이나 단락, 항목의 5가지의 기록단위들을 제시하였다(Bailey, 1982 : 317-318).

① 단어(Word)

자음과 모음들을 다루는 것과 같은 특수한 연구들을 제외하고는, 단어(single word)가 일반적으로 최소단위로 사용된다. 단어는 경계가 명확해서 다른 것과 뚜렷이 구별되고 확인하기도 쉽다는 장점이 있는 반면, 표본이 장황하고 긴 문헌기록들을 많이 포함할 경우 단어들이 너무 많아서 연구자로서는 처리할 수가 없을 뿐만 아니라 오히려 자료에 압도당할 수도 있다는 단점도 있다. 그리고 단어는 사용되는 맥락에 따라 다른 의미를 가질 수도 있기 때문에 맥락단위도 동시에 기록해야 하는 번거로움이 따른다. 이러한 이유로 대중매체 내용분석에서는 단어보다는 좀 더 큰 분석단위가 선호되기도 한다.

② 주제(Theme)

주제는 문헌기록의 주장된 내용이거나 도덕적 목적을 말한다. 예컨대 "공산주의는 한국인의 생명과 자유에 위협이 된다."는 것이 주제가 될 수 있다. 그 외 "인구성장이 그치지 않는다면 세계는 기아의 운명을 겪을 것이다."라는 것도 주제의 사례가 된다. 주제는 몇 개의 단어나 한 문장의 일부, 혹은 여러 단락, 여러 장들, 심지어 책 전체의 수준에서 설명되기도 한다.

따라서 주제의 경계를 결정하는 것은 단어와 같은 다른 기록단위의 경계를 결정하는 것보다 훨씬 더 어렵고 주관적이다. 주제는 단어, 문장, 단락과는 달리 문법적이거나 공간적인 경계가 없기 때문에 시작과 끝이 어디에 있으며, 또 여러 주제 중 어느 것이 중심적인가에 대한 합의가 잘 이루어지지 않고, 이로 인해 코딩을 하는 사람들 간의 신뢰도도 낮아질 수밖에 없다. 그렇지만 많은 분량의 자료를 다룰 때 주제를 기본 단위로 삼는 것이 가장 의미 있고 간편하기 때문에 흔히 주제를 기록단위로 사용한다.

③ 인물(Character)

기록단위로서의 인물은 분명히 소설, 연극, TV 드라마, 영화대사 등 인물의 배역이 주어진 문헌기록들에 한정된다. 인물에 사용되는 범주체계는 사회·경제적 지위(상위계층, 중류층)나 인종적 지위(흑인, 유대인, 스페인계) 등을 포함한다. 기록단위는 특정한 사람이며, 범주들의 각각에 해당하는 사람의 수가 기록된다. 개인은 구체적이며 명확하기 때문에 코딩에서 발생할 수 있는 경계의 문제를 피할 수 있다는 것이 이 기록단위의 장점이다. 더구나 인물을 단위로 사용하는 연구자는 아마도 수치들에 압도당하지는 않을 것이다. 따라서 인물은 가능한 영역에 사용할 수 있는 좋은 단위가 되는데, 다만 한정된 효용성을 지니며 특수한 형태의 문헌기록에만 사용될 수 있다는 단점이 있다.

④ 문장(Sentence)과 단락(Paragraph)

문장이나 문장과 문장을 모아 구성하는 단락(문단)과 같은 문법적 단위들은 경계가 파악하기 쉽다는 이점을 지닌다. 하지만 단어와는 달리 문장과 단락이 지닌 불리한 점은 그것들이 하나 이상의 주제를 담고 있는 경우가 흔히 있다는 것이다. 따라서 문장과 단락은 상호 배타적이지도 않으며 또한 크게 만족스러운 기록단위도 아니다.

예를 들어 "존스 씨는 고향 마을에서 매우 애정 어린 태도로 사회적인 대접을 받는 한편, 그는 여전히 커다란 부가 가져다주는 비공식적인 권력에 대한 존경을 모으고 있다."는 문장에서 하나의 분석단위는 애정, 존경, 권력, 부 등 네 개의 서로 다른 범주들에 속하는 단어들을 포함하므로, 어느 하나의 범주에 명확하게 해당하지 않게 된다. 이러한 경우에서는 문장과 단락보다는 단어나 상징이 더 우수한 기록단위가 되는 것이다.

⑤ 사항(항목, item)

문장과 단락은 너무 범위가 넓어서 상호 배타성 기준을 충족시키는 문제를 야기하거나 많은 분량의 문헌기록들을 비교해야 할 때 분석단위로서는 너무 작은 경우가 흔히 있다. 따라서 많은 분량의 문헌기록들을 비교해야만 할 때 유용한 것으로서 홀스티(Holsti)는 분석단위로서 사항(the item)을 제시했다.

> 사항은 전체 논문, 필름, 책, 혹은 라디오 프로그램이 묘사될 때 사용되는 기록단위이다. 이 단위는 대부분의 조사 연구에서는 너무 조잡하기도 하며, 또한 예컨대 코믹한 주제를 가진 전쟁영화는 "전쟁"에 분류될 것인지 "코미디"에 분류될 것인지 분명하지 않은 것처럼, 사항들이 두 범주들에 걸쳐 있는 경우에는 문제를 제기할 수도 있다(Holsti, 1969 : 117).

그러나 이런 큰 사항을 단위로 사용하려면 각 단위 내부의 내용적인 변량이 의미가 있을 만큼 크지 않아야 한다. 그리고 비교할 문헌기록들이 너무 방대해서 사항과 같은 큼직큼직한 단위로 기록해도 충분한 연구이어야 한다. 하지만 단위 자체가 너무 포괄적이고 내용이 너무 일반적·복합적이어서 정확성을 기할 수가 없으며 따라서 기록자의 신뢰도를 확보하는 것도 어렵다.

(2) 맥락단위(context unit)

기록단위만으로는 정확하게 분석할 수 없을 때 맥락단위(context unit)를 분석하게 된다. 예컨대 단어와 같은 어떤 기록단위가 주어질 경우, 발견된 맥락을 고려하지 않는다면 그 단위가 어느 범주에 속하는지 분간하기가 어렵거나 불가능한 경우가 흔히 있다. 즉 연구자가 가치에 대한 연구에서 단어를 기록단위로 사용하려고 한다고 가정해 보면, 우선 그에게 검토할 문헌기록들이 많지 않을 경우 단 하나의 단어를 사용하는 것은 비현실적일 수도 있다. 동시에, 그는 한 단어보다 더 큰 단위를 사용하는 것은 충분한 정확성을 제공해 주지 못할 것이라고도 생각할 수 있다.

예를 들면 당신이 권력의 존재를 결정하는 것뿐만 아니라 남편과 아내 중 누가 권력을 가지고 있는가에 관심이 있을 때, 첫째 단계는 기록단위이며 동시에 가치범주의 이름이 되는 "권력"이라는 단어를 탐색하는 것이다. 하지만 그 권력이 남편에 속하는지 아내에게 속하는지 단 하나의 단어로부터는 알 수 없을 것이다. 그 단어는 맥락 속에서 읽혀야 하므로, 연구자는 기록단위를 포함하는 더 큰 단위인 맥락단위를 선택하게 되는 경우가 많다. 기록단위가 단어라면, 맥락단위는 문장과 단락, 주제, 장, 혹은 문헌 전체가 될 수도 있다.

그리고 어떤 특수한 범주군과 문헌기록들에 대해서는 맥락단위가 필요하지 않을 수도 있다. 하지만 맥락단위가 필요할 때는 연구자는 그것을 범주들이나 기록단위와 동일한 방식으로 주관적으로 선택할 수밖에 없다. 또한 기록단위가 분석될 때 그 결점을 보완하기 위해 맥락단위가 함께 분석될 수 있다.

6) 내용분석의 코딩(계량화의 체계규정)

조사 연구에서 내용분석은 본질적으로 코딩(coding) 작업이다. 코딩은 행태들이나 요소들을 한정된 수의 범주(카테고리)들로 분류하는 것이다. 서베이나 관찰조사에서 코딩은 특정한 연구목적을 위해 연구자가 직접 수집한 자료를 대상으로 행해진다. 내용분석에서의 코딩은 조사 연구와 다른 목적으로 산출되어서 나중에 조사 연구의 목적에 이용할 수 있게 된 문헌기록들을 대상으로 이루어진다. 서베이 자료의 코딩이나 내용분석이나 모두 범주들과 코딩체계는 말이나 상징으로 된 내용을 계량화하기 위해 개발된다. 예컨대 주어진 신문사설을 진보적이거나 보수적으로 코딩할 수 있다. 소설이 복지교육 지향적인지 아닌지 코딩될 수 있다.

한편 분석의 대상이 되는 이러한 내용이나 주제는 다른 해석의 여지가 많으므로 연구자는 정의를 분명하게 구체화해야 한다. 따라서 내용분석의 코딩 역시 엄격한 개념화와 조작화의 논리를 필요로 한다. 연구자는 다른 접근법에서처럼 개념적 틀을 정교하게 다듬고 그러한 개념적 틀과의 관계 속에서 분석하기 위한 구체적인 방법을 발전시켜 나가야 한다.

(1) 명시내용과 함축내용의 코딩

조사 연구에서 이해의 깊이와 구체성이라는 두 가지의 본질적인 선택은 타당도와 신뢰도 간의 선택으로 이어지는 것이 일반적이다. 대체적으로 보면 현장연구에서는 신뢰도보다는 타당도가 더 선호되는 반면, 표준화된 설문지를 사용하는 설문조사 연구에서는 객관적으로 측정할 수 있는 구체적인 척도의 구성을 통해 타당도보다는 신뢰도가 더 중시된다고 할 수 있다. 내용분석에서도 역시 이러한 선택의 문제가 존재한다.

명시내용(manifest content)은 겉으로 표명된 가시적 내용으로서 '드러난 내용' 혹은 '현재적 내용'이라고도 한다. 문헌기록이나 의사전달의 명시내용을 코딩하는 것은 표준화된 설문지를 이용하는 것과 유사하다. 예컨대 어떤 문헌이 얼마나 성차별을 하고 있는지 알아보기 위해 높은 사회적 지위의 역할에 남성 대명사를 사용하는 빈도를 계산해 볼 수 있다. 이러한 방법은 코딩이 쉽고 신뢰도도 높으며, 성차별을 어떻게 측정했는지 정확하게 알 수 있도록 해준다는 장점이 있다.

함축내용(latent content)은 겉으로 드러나지 않고 숨겨져 있거나 혹은 저변에 깔려 있는 의미를 말하는데, 내용분석에서 이러한 함축내용도 코딩할 수 있다. 이 함축내용을 지칭하기 위해 '숨어 있는 내용'이나 '잠재적 내용'이라는 용어가 사용되기도 한다. 성차별 연구와 관련된 앞의 예에서 보면, 연구자는 명시적인 남성 대명사의 횟수를 계산하기보다는 책의 어느 페이지나 단락, 장, 혹은 전체를 읽고 그 책이 얼마나 성차별적인가에 대한 전체적인 평가를 내리고 그에 따라 적절한 코딩을 할 수 있을 것이다.

함축내용을 코딩하는 것은 의사전달이나 문헌기록의 저변에 있는 의미를 끌어내기 위해서는 좋은 방법이 되지만 측정의 신뢰도과 구체성을 희생할 수 있다. 특히 여러 사람이 코딩할 경우 서로 다른 개념정의와 기준을 사용하기 쉽고 따라서 코딩자들 간의 신뢰도가 떨어진다. 연구자 자신이 혼자서 모든 코딩을 하더라도 작업 전체 기간 동안 일관된 개념정의와 기준을 유지한다는 보장이 없다. 게다가 연구결과를 읽는 다른 사람이 연구자가 사용한 개념적 정의와 기준이 무엇인지 잘 이해하지 못하는 경우가 많다.

이러한 문제점을 고려해 볼 때 가능한 한 두 가지 방법을 모두 사용하는 것이 바람직하다. 명시내용과 함축내용의 코딩이 관찰단위의 특성을 동일하게 나타내게 될 때 적절한 타당도와 신뢰도가 확보될 수 있다. 즉 두 방법에서 얻은 측정들이 완전하지는 않지만, 어느 정도 일치하거나 가깝다면 최종점수는 두 방법에서 얻은 점수를 모두 반영할 수 있을 것이다. 한편 두 방법의 코딩이 서로 큰 차이를 보인다면 연구자는 이론적 개념화나 조작화를 재검토해 보아야 할 것이다.

(2) 개념화와 코드범주의 구성

개념화와 코드범주의 구성은 내용의 범주 설정보다 경험적 측정에 좀 더 접근하는 작업이다. 경우에 따라서는 내용의 범주를 구성하지 않고 직접 개념화와 코드범주를 구성하는 작업에 들어갈 수도 있다. 모든 연구방법에서 개념화와 조작화는 이론적 관심과 경험적 관찰의 상호작용을 통해 적절하게 이루어질 수 있다. 예를 들면 몇 개의 신문사설을 읽고 어느 것이 보수적이며 어느 것이 진보적인가를 분석하여 특정한 사설이 보수적이거나 혹은 진보적이라고 판단할 때 그 근거가 무엇인지를 확인해 볼 때, 판단의 근거가 되는 것이 드러나 있는 명시내용인가 아니면 숨어 있는 논조나 함축내용인가? 판단이 어떤 용어에 따른 것인가 아니면 특정한 쟁점이나 정치인에 대한 자신의 태도에 근거하는가?의 질문을 할 수 있다.

이러한 질문들을 다루기 위해서는 연역법과 귀납법을 모두 활용해야 한다. 만약 이론적인 명제나 가설을 검정한다면 이론에 포함된 개념들에 대한 경험적 지표가 명확하게 설정되어야 한다. 한편 구체적인 경험적 관찰을 근거로 이론을 형성하려고 하면 경험적 관찰을 통해 일반적 원칙이나 추론해 내고 그 원칙을 다른 경험적 관찰에 적용하려고 해야 한다. 그리고 이때 변수에 대한 조작적 정의는 변수의 경험적 속성으로 이루어진다. 물론 그 속성들은 상호 배타적이며 포괄적이어야 한다.

내용분석에서는 여러 수준의 측정들이 사용될 수 있다. 예컨대 신문사설의 성향을 규정하면서 진보와 보수라는 명목범주를 사용할 수도 있고, 중도를 중심으로 한 극좌와 극우 사이의 좀 더 정교화된 서열척도 내지 등간척도를 사용할 수도 있다. 하지만 코딩방법에서 택하고 있는 측정수준(명목, 서열, 등간, 비율)이 반드시 변수의 성격을 그대로 반영하는 것만은 아니다. 예컨대 어떤 소설 A에서 '사랑'이라는 단어가 100번 나오고, B 소설에서는 50번이 나왔다면 A 소설에서 '사랑'이라는 단어의 횟수가 두 배라고 할 수 있을 뿐이지, A 소설이 B 소설보다 두 배로 애정적이라고 할 수는 없다.

코딩체계는 신중하게 사전검사를 거치기 전에는 내용분석에 사용되지 않는 것이 좋다. 우선 연구자는 어떤 명시내용과 함축내용을 변수의 속성들로 삼을 것인지 결정해야 한다. 그다음 조작적 정의들을 명확하게 하여 그것들로 실제로 코딩을 해보고 그 결과들에 대한 신뢰도를 점검해야 한다. 특히 여러 명이 코딩할 때에는 그들 간에 일치하는 정도를 살펴보아야 한다. 이때 연구자는 조작적 정의를 사용하여 쉽게 분류되지 않는 관찰 내용에 유의할 필요가 있다. 끝으로 연구자는 전체적인 결과가 코딩값의 분포 등에 있어서 분석목적에 적합하게 나오는지 어떤지 검토한다. 이처럼 내용분석에서는 각 개념에 구체적인 개념적 정의와 조작적 정의를 미리 확고하게 정할 필요는 없다. 계량적인 분석을 계속해 나가면서 거기에 맞추어 가장 적절한 개념화와 조작화를 개발해 나가는 것이 바람직하다.

(3) 계량화 체계

범주들과 분석단위(기록단위와 맥락단위), 그리고 코드범주 등이 결정되고 나면 자료를 계량화시키는 방법이 정해져야 한다. 구체적인 방법을 정하기에 앞서 자료를 계량화할 경우 코딩이 반드시 자료처리에 타당해야 한다는 점에 유의해야 한다. 이를 위해서 첫째, 코딩은 최종적으로 숫자가 되어야 한다. 둘째, 연구자의 기록에서 분석단위와 관찰단위가 명확하게 구분되어야 한다. 셋째, 계산을 할 때 계산 기준을 기록하는 것이 중요하다.

내용분석의 자료를 계산하거나 계량화하는 데에는 출현 여부, 빈도, 공간의 양, 그리고 강도 등 네 가지의 주된 방법들이 있다.

① 출현 여부

출현 여부는 주어진 자료 단위 속에 코딩범주에 속하는 내용이나 속성의 존재 여부를 파악하는 체계이다. 예컨대 표집된 신문들에서 나타나는 성차별에 대해 내용분석을 하고자 할 때 분석대상을 10년간 지속된 5대 일간지로 한정한 후에 여성에 대한 상호 배타적이며 포괄적인 범주들을 다음과 같이 "(1) 집안에 있어야 한다. (2) 남자보다 열등하다. (3) 지나치게 감성적이다. (4) 투표권을 가지지 말아야 한다."로 설정하고 그러한 범주들에 해당하는 내용이 특정신문에 나타나는지(출현)를 찾아보면 될 것이다.

② 빈도

단순히 어떤 범주의 출현 여부를 측정하는 것보다 좀 더 많은 정보를 주고 보다 계량적인 측정치를 제공하는 것이 범주가 나타나는 빈도이다. 특정한 범주의 정확한 빈도를 아는 것은 출현 여부를 아는 것보다 훨씬 더 유용하다. 출현 여부가 말해줄 수 있는 것은 어떤 범주에서 빈도가 영이거나 하나 이상이라는 사실뿐이다. 하지만 빈도가 하나 이상이라면, 그 범주는 단지 출현으로만 코딩될 것이며 실제적인 빈도는 알 수가 없다. 빈도 측정치는 아마도 가장 널리 사용되는 계량화 체계이며, 일부 내용분석들에서는 핵심적인 방법이기도 하다.

③ 공간적·시간적 분량

어떤 범주가 문헌에 나타나는지의 여부만을 파악하기보다는 그 범주에 할애된 공간적 분량이 좀 더 나은 측정이 될 수도 있다. 예를 들면 국회의원 선거에 임박해서 제 1 야당 후보와 여당 후보에 관한 기사가 단 한 번만 게재되었다고 할 때, 만약 계량화 체계가 후보 이름의 출현 여부나 빈도에 있다면, 두 후보 모두 단 한 번만 문헌기록에 나타났기 때문에 후보들에 대한 신문의 편파성은 없다고 결론내릴 수도 있을 것이다. 만약 계량화 체계가 공간적 분량으로 바뀐다면, 여당 후보에게는 족히 두 개의 칼럼에 해당되는 분량이 할애된 반면 제 1 야당 후보에게는 여당 후보에게 주어진 공간의 약 10분의 1에 해당할 정도로 간단한 언급만 있었다는 것을 발견할 수 있다.

이러한 공간 측정은(라디오나 TV 프로그램의 경우에는 시간 측정이 되겠지만) 대중매체의 분석에 가장 널리 사용되는 것 같다. 예를 들면 동일 시점에서 어느 한 신문과 경쟁관계에 있는 다른 신문을 대상으로 하거나 아니면 서로 다른 시점을 택해서 동일한 신문을 대상으로 강조점이나 편파성을 서로 비교하는 것이 연구목적이라면, 가장 공통적인 측정은 관련된 주제에 할애된 칼럼의 지면 분량이거나 아니면 그 주제를 논의하는 데 사용된 헤드라인의 크기가 될 것이다. 공간 측정은 신문에서 차지하는 그 기사의 위치로 가중치가 매겨질 수도 있다.

④ 강도

빈도의 계산도 예외적으로 그럴 수도 있지만, 진술의 강도에 대한 측정만이 실제로 문헌기록의 내용적 표시 등 관련된 정보를 제공해 준다. 공간이나 출현 여부에 대한 측정은 내용에 대한 다소 정제되지 않은 2차적인 지표들이다. 예컨대 갑돌이와 갑순이 중 누가 더 나이가 많은지 알고 싶어 한다고 할 때는 문헌기록의 정확한 내용, 즉 정확한 연령들이 필요할 것이다. 연령에 얼마나 많은 공간이 할애되었다거나, 연령이 얼마나 자주 언급되었다는 측정은 연령 변수의 정확한 값을 말해 주지 않을 것이다.

변수나 관련된 범주들의 정확한 값은 일반적으로 문헌기록에서 수적인 용어로 언급되지 않는다. 하나의 숫자를 도출하기 위해 연구자는 척도화 절차를 사용해야 한다. 가장 간단한 척도화 절차는 합산해서 등급을 정하는 절차이다. 만약 응답자가 '예'나 '아니오'로 대답하도록 되어 있는 5개의 문항들로 개인의 자아정체감을 재는 경우를 생각해 보면, 찬성에 1점 반대에 0점을 준다면 한 개인의 점수는 0점(자아정체감이 전혀 없음)에서 5점(완전한 자아정체감을 가짐)에 이르는 분포를 가질 것이다. 성차별 진술의 빈도를 계산하는 것도 이러한 척도화 과정과 유사하다.

7) 내용분석의 신뢰도와 타당도 검정

조사 연구에서 내용분석법은 타당도를 확보하는 데 많은 문제점을 안고 있는 연구방법에 속한다. 그러나 분석대상의 결정단계나 분석단위의 결정 및 표본추출의 단계에서 면밀한 접근을 한다면 반드시 규정된 척도가 없더라도 타당도 문제는 해결될 수 있다.

그리고 내용분석의 신뢰도는 분석한 자료의 분류가 서로 다른 연구자 간에 얼마나 일치하는가를 보는 평정자 간 신뢰도(interrator reliability) 평가방법을 통해서 확인될 수 있다. 아울러 데이터의 계량화(코딩) 체계가 명확하게 확립되어 있고 정확하게 입력이 된다면 다른 사람이 같은 내용을 코딩하여 상호 비교하는 분석을 반복하더라도 동일한 연구결과를 얻을 수 있기 때문에 신뢰도는 확보될 수 있다.

부록

조사 연구논문의 작성과 심사

14 CHAPTER 조사 연구논문의 작성과 심사요인

01 조사 연구논문의 계획서 제출

1) 조사 연구논문의 계획서 기술내용

사회조사방법론을 기반으로 하는 조사 연구는 크게 학술적 목적과 행정적 목적으로 이루어진다. 먼저 학술적 목적은 학위논문이나 학회지 게재논문 작성을 위한 제안서로 구분할 수 있으며, 행정적 목적은 정부기관이나 민관기관에서 발주한 학술 용역이나 사업성 프로그램에 대하여 신청서를 제출하는 것이다. 따라서 대부분의 조사 연구계획서(research proposals)나 프로그램 지원신청서(program proposals)는 그 고유한 목적수행을 위하여 형식과 지침을 가지고 있는 경우가 많다.

학위논문 연구계획서(프로포절)의 경우에도 각 대학원에서 규정하고 있는 양식이 별도로 존재한다. 그리고 학위(졸업)논문을 제출할 경우에는 직전학기에 프로포절을 마쳐야 다음 학기에 논문을 제출할 수 있는 것이 일반적이다. 학위논문 프로포절은 주로 학기가 시작하는 첫 달(3월, 9월)에 신청서를 논문지도교수와 상의하여 작성한 후 전공학과 담당부서에 제출하면 학과장 혹은 부서장은 승인 후 다음달(4월, 10월)까지 프로포절 심사위원을 위촉하고 심사과정에 들어가는 순서로 진행된다.

조사 연구계획서는 연구수행의 목적이 학술적인가 혹은 사업적인가에 따라 형식(양식)과 지침이 달라질 수 있지만 일반적으로는 다음과 같은 내용이 포함되어 기술이 되어야 한다.

첫째, 기관에서 요구한 조사 연구의 주제(문제)의 중요성을 기술하고 신청서를 제출하게 된 사유와 목표를 분명히 제시해야 한다. 학위논문작성을 위한 제안서(proposals)에도 자신이 정한 연구주제에 대한 조사의 중요성을 제시하는 것이 중요하다.

둘째, 사업성 연구 혹은 학술용역의 경우에는 연구자와 연구자가 소속된 기관의 자격요건을 충족하는지의 여부를 밝혀야 한다. 즉 용역을 발주한 기관에서 요구하는 조사 연구를 충실하게 수행할 수 있는 역량을 가지고 있음을 소개하는 것이 필요하다. 경우에 따라서는 사업수행이나 연구수행에 협력할 수 있는 다른 기관이나 학술단체와의 협력관계도 기술하면 도움이 된다.

셋째, 제안된 조사 연구를 수행하기 위해, 즉 학술연구나 프로그램수행이 목적으로 하는 구체적인 목표 달성에 필요한 자료의 수집방법, 처리 및 분석방법 등 측정하고자 하는 척도와 함께 제시한다.

넷째, 용역기관에서 발주한 학술용역이나 프로그램사업의 경우에는 예산편성기준에 의해 주요 일정과 절차에 따라 소요되는 비용을 산출하여 제시하여야 한다. 이때 소요되는 예산편성은 주로 연구일정과 연관이 되는데, 대부분의 발주 기관에서는 연구 일정표 작성을 요구하고 있기 때문에 일정표를 기준으로 소요비용을 산출할 필요가 있다. 아울러 조사 연구계획서에서 제출된 소요비용 목록은 연구수행이 완료된 시점에서 회계정산과도 맞물려 있기 때문에 작성에 유의할 필요가 있다. 그리고 학위논문작성 등을 위한 조사 연구의 경우에는 필수적인 사항이 아니지만 설문지조사에 소요되는 비용이나 통계처리 시에 필요한 비용 등을 고려하여 연구를 수행할 필요는 있다.

다섯째, 조사 연구를 통해 기대할 수 있는 효과에 대한 설명과 그 활용방안을 서술하는 것이 요구된다. 대부분의 용역은 발주한 기관에서 목적으로 하는 기대효과가 제시되어 있기 때문에 제시한 목적을 고려하여 서술하는 것이 필요하다. 단, 학위논문이나 학술지 게재논문의 경우에는 연구자가 기대하는 이론적이고 실천적인 기대효과를 제시하면 된다.

마지막으로, 프로그램 지원신청서에는 필수적인 사항이 아니지만 학술성의 조사 연구 계획서에서는 조사 연구의 이론적 배경이 되는 참고문헌과 조사 연구 척도들을 제시한다. 물론 조사 연구계획서에서 제시한 문헌이나 도구들을 실제로 조사 연구를 수행한 후 보고서 작성(논문작성)단계에서는 수정이 되거나 보완을 필요로 하게 된다.

2) 조사 연구논문의 계획서 작성절차와 요령

조사 연구계획서는 본격적으로 조사가 시작되기 전에 연구의 효율성을 기하기 위하여 조사의 진행과정을 구체적으로 기술한 것이기 때문에 연구의 질적인 면과 수행 가능성 등을 평가할 수 있는 정보들이 나타나도록 작성하는 것이 중요하다. 같은 연구 주제를 다루더라도 그것이 학위 논문인가 또는 학술지 논문인가에 따라서 다르게 접근해야 하며, 용역의뢰 기관에 대한 프로젝트용 연구제안서를 쓸 때도 다른 각도에서 접근을 해야 한다.

프로젝트용 연구제안서와는 달리 논문은 공식적인 틀에 따라 쓰는 글이다. 논문제안서의 심사자나 독자는 같은 분야나 유사전공 분야의 기존학자나 동료연구자라고 할 수 있기 때문에 이해 수준이 높은 사람들이므로 연구의 내용을 객관적으로 이해하도록 선행연구 및 실험 절차 등에 대해서 정확하게 기술하는 것이 중요하다. 이와는 달리 용역 프로젝트용 제안서는 해당 분야 전문가 및 심사자를 대상으로 설득하는 형태의 글이어야 한다.

따라서 이 분야에서는 바쁜 전문가 독자들이 빠른 시간에 연구계획을 이해할 수 있도록 만드는 것이 중요하다. 즉 정부기관이나 기업체 등은 실질적이고 실용적인 결과를 요구할 때가 많기 때문에 똑같은 연구 내용을 쓰더라도 실용성을 강조하여야 한다. 이와는 달리 학위논문이나 학술논문 등의 학술용도의 프로포절용 논문제안서는 실용적인 면이 있더라도 학술적으로 연구에 기여한다는 부분을 강조할 필요가 있다.

이제 조사 연구계획서를 작성함에 있어서 일반적인 작성절차와 작성요령을 정리해 보면 다음과 같이 제시할 수 있다.

(1) 조사 연구제목

조사 연구제목은 연구내용의 전반적인 면을 나타낼 수 있어야 하며, 부제목을 이용하여 연구의 핵심을 구체적으로 전달할 수도 있다. 일반적으로 제목에는 종속변수를 중심개념으로 하여 변수들과의 관계를 나타낸다. 예를 들면 주제목이 "가계의 소비지출 유형에 관한 연구"라면, 부제목으로 "IMF 체제하의 경제적 상황을 중심으로"를 붙임으로써 연구내용을 좀 더 명확하게 나타낼 수 있다.

아울러 부제목이 없이 "자율전공 대학생의 부모와 분리－개별화 과정 관련변인이 진로의사결정수준에 미치는 영향" 등으로 종속변수를 중심으로 독립변수나 매개변수 등을 포함하여 제목을 정할 수도 있다. 조사 연구논문에서는 일반적으로 부제목이 없는 후자의 경우가 선호된다.

(2) 조사 연구목적과 연구문제

이 부분은 조사 연구의 가장 중요한 부분이며, 논문의 경우에는 서론 부분에서 연구의 필요성과 중요성이 서술되어야 한다. 왜 이 연구를 해야 하는지의 전반적인 문제제기와 그에 대한 정당성이 제시되어야 하고 어떤 결과를 알고자 하는지 그 목적이 명시되어야 한다. 그렇게 함으로써 연구의 범위와 방향이 자연스럽게 규정되는 부분이기 때문이다. 아울러 연구목적에 부합된 연구문제나 연구가설을 설정할 수 있게 된다.

(3) 문헌고찰(이론적 배경)

문헌고찰은 논문의 경우에 기존연구(선행연구)의 동향을 파악하여 이론적 배경을 구축하는 과정이다. 주제에 대한 지식이 전혀 없는 상태에서는 연구가 불가능한 경우가 많기 때문에 연구자들은 주요 학술지를 섭렵하여 자신의 연구와 관련이 있는 국내·외 기존 연구들의 동향을 논의함으로써 본인의 연구주제가 어느 정도로 연구되어 있는지와 기존 연구들의 한계점을 파악할 수 있다.

뿐만 아니라 주제와 관련된 분야의 개념적 틀을 규명할 수 있고, 연구방법에 대한 실질적 지식, 즉 선행연구들의 조사도구, 자료수집 방법과 분석방법 등에 대한 검토를 통하여 연구자 자신이 연구수행 시 직면할 수 있는 문제점과 이를 해결할 수 있는 방안에 대한 정보를 얻을 수 있다.

(4) 조사 연구방법과 연구모형

연구방법 부분에서는 연구목적을 달성하기 위한 연구수행방법이 제시되어야 한다. 연구대상, 연구모형(실증분석 모형), 자료를 수집하기 위해 사용될 측정도구, 자료수집방법과 수집기간, 변수에 대한 개념적 정의와 조작적 정의, 통계분석방법 등이 포함된다. 특히 이 부분은 연구수행의 전제적인 조건에 해당하므로 구체적으로 진술이 되어야 하며, 다른 연구자들(후속 연구자들)이 충분히 이해하여 반복하여 연구를 이행할 수 있도록 상세히 설명하여야 한다.

(5) 기대효과 및 활용방안

학문연구의 궁극적 목적이 지식의 축적을 통하여 인간의 삶의 질을 향상시키는 데 있듯이 이 부분에서는 연구자의 연구결과가 학문적으로 중요한 의미를 갖고 있고, 연구결과에 의해 얻어진 이론적인 정보가 어떻게 실제적으로 정책이나 제도 실천에 반영될 수 있는지에 대한 활용성과 효용성을 제시해야 하는 부분이다.

이 부문은 학술용 논문에서는 연구를 진행한 이후에 연구분석 결과를 근거로 이론적·실천적 함의를 제시하고 결론을 짓는 단계이므로 논문의 연구계획서에서는 제외되는 경우가 일반적이지만 프로젝트용 제안서에는 반드시 포함되어야 하는 부문이다.

(6) 참고문헌

참고문헌은 국내·외의 선행연구 논문들을 열거하는 부분이며, 주로 본문에서 인용된 것만을 목록에 포함시켜야 하는 것을 원칙으로 한다. 조사 연구계획서 작성단계에서는 본격적인 연구가 진행되지 않았으므로 이론적 배경을 탐색하는 문헌고찰 과정에서 확보된 기존 연구 자료들만 제시하면 된다.

(7) 조사 연구추진 일정

연구수행 절차를 일정에 맞추어 적절히 안배해야 한다. 조사 연구추진 일정표를 작성할 때는 약간의 시간적 융통성을 부여하는 것이 좋다. 왜냐하면 연구를 수행하다 보면 예측하지 못한 실행상의 문제에 부딪힐 수도 있고, 분배한 시간보다 더 많이 혹은 더 적게 걸릴 수도 있기 때문에 무리 없이 실천할 수 있는 일정을 수립하는 것이 좋은 결과를 얻을 수 있는 방법이다. 조사 연구추진 일정표의 예는 다음과 같다.

〈조사 연구추진 일정표〉

연구기간 연구내용	2025 3	4	5	6	7	8	9	10	11	12	2026 1	2
Ⅰ. 문헌고찰 / 연구모형 설정	⟶	⟶										
Ⅱ. 설문지 작성 및 수집 - 예비조사 - 본조사			⟶	⟶	⟶							
Ⅲ. 자료(연구결과) 분석						⟶	⟶	⟶				
Ⅳ. 연구보고서 작성									⟶	⟶	⟶	⟶

3) 조사 연구계획서의 사례

(1) 조사 연구신청서

연구과제명	국 문	사회양극화 해소를 위한 북한이탈주민 교육복지정책의 분석		
	영 문	Analysis of the North Korea disconnection resident educational material policy for a social polarization solution		
연구책임자	성 명	(한 글) 홍 갑 동 (한 자) 洪 甲 童		
	소 속	한국대학교 복지상담교육학과 교수	전 공	복지상담교육학
연 구 기 간	2025. 3. 02 – 2026. 2. 28			
공동연구원	연구책임자 외 2 명		보조연구원	1 명
신 청 금 액	오천만 원 (₩50,000,000)			

본인은 〈별첨〉 연구를 수행하고자 연구비 지원을 신청하며, 연구비 지원이 결정될 경우 본 대학교에서 정한 제반사항을 준수하여 충분한 연구 성과를 거두도록 노력할 것을 서약합니다.

첨 부: 조사 연구계획서 1부.

2025 년 01 월 20 일

연구책임자 고 갑 동 (서명 또는 인)
공동연구원 김 을 동 (서명 또는 인)

보건복지부장관 귀하

(2) 조사 연구계획서

1. 조사 연구목적
   - 본 연구에서는 사회적 양극화 현상에서 하위적 양극단으로 몰린 교육복지소외계층 중에서도 다문화적 교육복지소외계층인 북한이탈주민을 대상으로 한 교육복지프로그램을 분석한 후 그 개선을 통하여 새터민 청소년 등의 자활능력과 사회성장 동력을 강화할 수 있는 정책수립의 이론적 기초를 구축하고자 함
   - 아울러 다문화적 교육복지소외계층의 특성에 부합되고 지속 가능한(sustainable) 교육복지정책 개선 방안을 제시하는 데 목적을 두고자 함

2. 조사 연구방법
   - 논문 전개방향에서는 이론적 기초정립을 위하여 사회적 양극화와 교육양극화 및 교육복지소외를 다룬 국내외 문헌 및 정책연구 자료를 수집하고 분석함
   - 개별적 하위 교육복지소외계층에 부합된 방안을 마련하기 위한 전략으로는 우선 정책 목표집단(계층)의 특성을 규명하여 사회통합의 원리에서 문제제기와 필요성을 제시하고, 북한이

탈주민의 양적 규모 및 일반현황을 파악함
- 북한이탈주민 중 교육복지대상자에 대한 사회조사 및 분석
- 교육복지소외계층으로서의 북한이탈주민을 위한 국가정책 및 프로그램실태와 문제점을 길버트와 터렐의 정책분석틀에 의해 분석한 후 개선방안을 모색하는 절차를 취함

3. 연구내용과 관련된 국내외 연구동향
- 한국에서도 2005년 후반기 정도부터 사회양극화 문제가 다소 직관적 이데올로기로 형성되기 시작하였음. 이에 대처한 경제·사회부문의 정책적 노력이 시도되고 있는데 그 대처방안으로는 원인론적이고 결과론적인 정책대응으로 구체화될 수 있음
- 새터민 등의 교육복지소외계층에 대한 인적자원(인간자원)의 질을 향상시키는 교육복지정책은 교육양극화 등의 새로운 양극화 해소방안으로 필요성과 타당성을 찾을 수 있음. 새터민 등의 교육복지소외계층은 교육기회의 불평등으로 개인적·사회적 발전의 성장잠재력이 개발되지 못하게 될 요인이 있다는 측면에서 교육복지적 정책은 신뢰성을 얻을 수 있음에도 뚜렷한 기존의 연구실적은 나타나지 않고 있음

4. 참고문헌

- 고수현(2011). 다문화가족의 교육소외계층을 위한 교육복지정책의 산출분석. 한국가족복지학 제16권 3호.
- 문순영(2007). 〈현행법(안)을 통해 본 국제결혼 여성이주민을 위한 사회적 지원체계에 대한 탐색적 연구〉, 「女性硏究」 2007년 1호 (72), 한국여성개발원
- 법무부(2018). 제3차 외국인 정책 기본계획(2018~2022년).
- 북한이탈주민지원 민간단체연대(2007). 〈새터민 남한사회 적응 과정의 현황과 전망〉 발표문
- 조정아(2006). 새터민의 취업과 직장생활 갈등에 관한 질적 연구. [한국 사회의 새로운 갈등구조와 국민통합]. 경제인문사회연구회 학술대회세미나 발표논문집. 10월, 163~192.
- 교육부(http://www.mest.go.kr)
- 보건복지부(http://www.mw.go.kr)
- 통일부(http://www.unikorea.go.kr)
- 한국복지행정학회(2014.1). 사회복지정책론. 양서원.
- Gilbert, N. and Terrell, P.(2002), *Dimensions of Social Welfare Policy(5th ed.)*, Boston: Allyn and Bacon.

5. 연구의 기대효과 및 활용방안
- 연구대상 집단인 새터민 청소년계층은 여타의 교육복지소외계층에 비하여 문화적 낙인(stigma) 요인이 중첩된 특성이 있기 때문에 정상화(normalization)나 통합화(integration)의 이념에 따라 반차별적(anti-discrimination policy)이고 적극적인 조치(affirmative action)에 의한 교육복지정책 프로그램이 지원될 필요성을 제시하게 됨
- 다문화적 소외계층의 특성에 부합되고 지속 가능한(sustainable) 교육복지정책 개선방안을 제시함

(3) 연구추진일정

연구내용 \ 연월	2025 3	4	5	6	7	8	9	10	11	12	2026 1	2
Ⅰ. 서론 / 연구 주제의 분석틀 정립	→→	→→										
Ⅱ. 사회양극화와 소외계층 교육복지정책의 이론 탐구/ 사회조사 분석			→→	→→	→→							
Ⅲ. 북한이탈주민 교육복지정책 분석						→→	→→	→→				
Ⅳ. 개선방안 / 결론									→→	→→	→→	→→

(4) 소요예산

항목 \ 구분	금액(원)	산출근거	비 고
연구활동비	30,000,000	50,000,000 * 60% = 30,000,000	
보조원수당	3,000,000	50,000,000 * 6% = 3,000,000	
여 비	2,000,000	100,000 * 20회 = 2,000,000	
연구기기 및 부품구입비	1,400,000	350,000 * 4건 = 1,400,000	PC 주변기기 구입
소모성 재료비	2,500,000	25,000*100권(도서) =2,500,000	
연구 회의비	2,000,000	200,000*10회(회의) = 2,000,000	
현지조사 및 통계분석비	16,400,000	16,400,000 * 1건(기관) = 16,400,000	
논문게재비	700,000	심사료 200,000 게재료 500,000	
공과제잡비	1,000,000	1,000,000	
기타경비	1,000,000	기타 소요경비 1,000,000	
계	50,000,000		

02 조사 연구논문의 작성

1) 조사 연구논문의 개념과 성격

조사 연구논문은 조사 연구의 목적이나 조사시점에 따라서 그 형태나 성격이 달라지기는 하지만 연구결과를 종합적으로 정리하여 연구용역을 의뢰한 기관이나 대학과 학술연구기관에 제출하여 연구물을 이용하는 사람들에게 전달하는 수단을 말한다. 그러므로 연구보고서(연구논문)를 작성하는 연구자는 연구보고서(연구논문)를 접하는 용역의뢰기관과 그것을 이용하는 사람들에 유용성이 있도록 체계를 갖추어 작성하는 것이 중요하다.

따라서 연구보고서(연구논문)에는 연구목적에 따라 설정된 연구문제나 가설이 드러나야 하고 그것을 해결하기 위해 사용된 경험적인 측정도구(척도)나 이론체계들을 제시한 후 조사 연구된 결과를 분석하고 해석하여 결론을 맺음으로써 그것을 이용하는 사람들이 의사결정을 하는 데 가시적인 도움이 되도록 하는 노력이 따라야 한다.

그러나 조사 연구보고서(논문)는 이러한 개념적 성격을 간과함으로 인한 문제점들이 나타날 개연성이 있다. 즉 연구용역을 의뢰한 기관이 요구한 강조점이나 지향점이 연구목적에서 제대로 포함되지 못할 때 그 조사 연구보고서(논문)는 조사 연구절차나 과정에서 설정된 연구문제나 가설을 제대로 검정해내지 못할 우려가 있다.

아울러 용역기관에서 해결하고자 하는 연구문제가 제대로 지향되었다고 하더라도 체계적이고 분명한 내용으로 표현되고 작성되지 않으면 용역의뢰기관이나 이용자 입장에서는 제대로 이해하고 활용하기에는 어려움을 겪게 된다. 따라서 조사 연구보고자는 보고서를 작성하기 위해서는 이러한 문제점들을 최소화할 수 있도록 연구목적과 조사결과를 재확인하고 초안을 작성해 보거나 중간보고 방식으로 재검토하는 과정이 요구된다. 아울러 학위논문의 경우에도 지도교수나 심사자들로부터 중간점검을 거치는 과정을 필요로 한다.

이처럼 조사 연구 논문계획서가 학위논문작성이나 각종 용역사업에서 요구하는 목적달성을 위해 조사 연구의 목적과 내용, 연구대상, 자료수집 및 분석 방법, 조사일정과 조사도구 등을 미리 작성하여 해당 기관에 제안하는 의미가 있다면, 조사 연구보고서(논문)는 그러한 계획서에 따라 조사 연구를 수행한 결과를 최종적으로 문서화하여 제출하는 것을 의미한다. 조사 연구용역의 주요 단계를 행정적으로 보면 조사 연구 논문계획서를 제안(proposals)하여 그것이 채택이 되거나 통과가 되면 조사용역의 경우에는 연구수행을 위한 계약이 이루어지고 제출된 연구일정과 예산에 따라 연구를 수행하면서 발주한 기관에서 요구하는 중간보고회 등을 거쳐 중간평가를 받게 된다. 그리고 용역을 완료하는 직전 단계에서 최종보고회를 통하여 조사 연구내용을 재점검한 후 용역을 의뢰한 기관의 행정부서에 조사 연구보고서(논문)를 제출하게 되면 공식적으로 해당 조사 연구는 종료되는 것이다.

학위논문의 경우에는 논문 프로포절에서 수용이 되면 해당 연구가 진행이 될 수 있고, 연구과정이 거의 종료된 시점에서 3~4회 정도의 공식적인 논문발표회 등을 통하여 지적된 사항을 수정하거나 보완하면서 조사 연구를 지속하게 된다. 그리고 최종적으로는 완성된 학위논문은 문서나 파일 형태로 작성하여 해당 대학 당국에 제출함과 동시에 국립중앙도서관 등의 전국적인 학술통합기관에도 제출해야 종료가 된다.

2) 조사 연구보고서(논문)의 작성절차와 요령

이제 학술연구형태의 조사 연구보고서(논문)의 구성형태 및 주요 내용에 관한 작성요령을 살펴보고자 한다. 우선 조사 연구보고서(논문)의 구성형태는 조사 연구계획서에서와 마찬가지로 용역을 발주한 기관이나 대학, 학술단체에 따라서 각기 다른 형태의 양식을 제시하는 경우가 많기 때문에 그러한 요구형태에 맞추어 작성하는 것이 우선이다. 아울러 구성형태에 따라 서술되어야 할 내용들도 어느 정도의 차이를 보인다.

조사 연구논문이나 보고서에는 조사 연구의 방법과 과정, 수집된 자료들의 성격, 분석의 결과 및 해석 등 조사 연구의 전 과정이 담겨야 한다. 모든 연구과정은 보고서 작성을 통해 일차적인 종결과정에 들어가게 되기 때문이다. 타인이나 타 조직으로부터 조사 연구 의뢰를 받은 경우에는 보고서 표지 등에 구체적으로 그것을 설명하는 문구를 붙여야 한다.

조사 연구논문이나 보고서 작성을 완료한 이후에는 용역을 발주한 기관이나 학술단체에 제출하게 되는데, 논문이나 보고서를 건네준다는 의미로 프레젠테이션(presentation)이라고 한다. 프레젠테이션에는 보고서(논문)의 핵심 부분과 의뢰자에게 조사 연구를 통해 발견된 구체적인 사실과 가설로 설정되었던 논제들의 관계, 새로 발견된 사실들을 제시하고, 그에 따른 문제점이나 대응책들이 포함되어야 한다. 제출 형태로는 슬라이드를 이용한 강연이나 OHP, 프레젠테이션용 프로그램을 이용한 방법 등을 여건에 맞게 활용하면 되는데 그것이 어떠한 형태이든 포함되어야 할 주요 항목들은 살펴보면 다음과 같다.

① 일반적 상황의 개관: 연구문제를 정의하기 위해서 초기단계에서 상황적 징후로 인식되었던 현상들을 묘사한다. 상황적 징후란 이런 조사 연구를 수행한 배경에 대한 설명이다. 의뢰를 받아서 조사 연구가 이루어진 경우 의뢰 측에서 의뢰를 하게 된 배경이 있을 수 있다.

② 연구의 설계: 연구의 목표 / 조사의 형태(자료수집방법) – 조사 목표를 달성하기 위한 조사의 형태를 설명하고 범위와 기간 등을 언급한다. / 표본설계 – 모집단(조사대상)의 정의, 표본의 크기, 표본추출방법 등을 밝힌다.

③ 자료의 처리: 자료처리를 위해 채택한 방법을 언급하고 그 한계점을 명기하여야 한다.

④ 자료의 분석과 해석: 자료의 분석결과를 제시하는 데 조사 연구의 목표에 직접적인 관련이 없으나 중요하다고 판단되는 경우는 편의상 부록으로 처리할 수도 있다. 단, 분석은 이용자의 편의를 우선적으로 고

려하여야 한다.

⑤ 논의 및 이론적·실천적 함의: 조사 연구 결과를 기존의 연구와 비교하여 논의하고 자신의 연구결과에 대한 이론적·실천적 함의를 제시한다.

⑥ 결론: 조사 연구 결과의 내용을 종합하고, 조사 연구의 결과가 가지는 결론과 제한점을 명시한다.

여기에서 일반적으로 조사 연구논문이나 조사 연구보고서에서 다루어야 할 공통적인 구성형태를 제시해 보면 크게 표제, 목차, 요약, 본문, 참고문헌, 부록 등의 순서로 작성된다.

(1) 표제와 목차

조사 연구보고서(논문)의 표제에는 겉표지와 속표지에 제목을 상단부에, 조사자(조사기관)의 명칭을 하단부에 표시한다. 그리고 속표지 다음 페이지에는 조사 연구용역에 대한 보고서를 제출한다는 내용으로 조사 연구자 성명(혹은 조사 연구 기관명)과 함께 작성일자를 명기한 '제출문'을 첨부한다. 단, 학위논문의 경우에는 '지도교수'의 성명과 연구자의 성명을 기재한 제출문을 붙인다.

한편, 조사 연구의 제목은 학술용역보고서에서는 용역 발주 단계에서부터 개략적인 명칭이 부여되기 때문에 유사한 명칭을 사용하면 되지만 학위논문이나 학술지 논문의 경우에는 연구문제와 가설검정에서 사용된 주요 변인들을 사용하여 구체적인 제목이 선정될 수 있도록 하여야 한다.

그리고 목차(차례)는 연구보고서나 학위논문의 전체 내용을 나타내는 세부 제목을 '장'과 '절'로 구분하여 순서에 따라 나열하고 해당 면이 포함되는 첫 페이지를 표시하는 과정이므로 명료하게 작성해야 한다. 특히 연구보고서나 학위논문은 본문 중에 표와 그림이 많은 경우가 대부분이기 때문에 '표 목차'와 '그림 목차'를 별도로 배치하는 것이 일반적이다. 그러나 논문의 용량이 주로 20페이지 정도로 한정되는 학술지 게재논문의 경우에는 초록의 앞쪽에 논문의 순서 정도를 제시하는 경우도 있고 목차를 제시하지 않는 경우도 있다.

(2) 개요 및 초록

조사 연구보고서(논문)에서 목차 다음에 제시되는 개요(요약, 초록) 부문에는 전체의 연구내용을 요약 정리하여 본문에 포함하고 있는 중요한 내용들을 짧은 시간에 파악할 수 있도록 해야 한다. 그러므로 본문에서 다루어지는 연구조사의 대상, 조사목적, 조사문제, 가설, 조사내용, 조사방법 등을 먼저 제시하고 그에 따른 조사결과에 이어 논의 및 결론 등이 포함될 수 있도록 정리하는 것이 중요하다.

따라서 학술연구용역에 의한 조사 연구보고서(논문)에서는 개요(요약, 초록)부분을 개조식으로 작성하는 경우가 많다. 그리고 학위논문이나 학술단체에 제출하는 논문의 경우에는 개요부분을 초록형태로 제시하게 되는데 초록은 국문초록과 영문초록으로 구성된다. 먼저, 국문초록은 본문이 시작되는 직전의 위치에 배치하고 영문초록은 국문초록을 번역하여 전체 논문의 맨 마지막에 배치하며, 초록의 길이는 학위논문과 학술지 논문이 차이가 난다. 즉 학위논문은 대략 2페이지 정도로 하고 학술지 논문은 약 1/3페이지 정도로 작성하는 것이 보편적이다.

(3) 본문

조사 연구보고서나 논문의 본문에서 제시되어야 할 주요 부문을 보면 서론, 문헌고찰(이론적 배경), 조사모형설계 및 조사방법(연구방법), 조사결과(연구결과), 논의 및 결론의 순서로 구성된다.

① 서론

서론에서는 조사 연구의 필요성과 목적, 연구문제와 가설, 가설에 사용된 개념들에 대한 조작적 정의(용어의 정의) 등이 서술되어야 한다.

② 이론적 배경(문헌고찰)

이론적 배경에서는 조사문제(주제)와 조사방법에 대한 문헌고찰을 통하여 그 배경을 구축한다. 주로 이 과정은 기존의 문헌이나 연구결과를 검토하여 발견된 주요 내용들을 독자에게 설명하는 한편 자신의 조사 연구가 기존 연구에서 잘 알려지지 않은 독창적인 부분이 있음을 상기시키는 것이 중요하다. 아울러 사회적·학문적 기여 측면도 제시한다.

③ 연구방법(조사방법)

조사 연구방법에서는 조사대상(연구대상), 조사도구(연구도구), 표본추출 및 자료수집 등의 연구 절차, 조사 연구모형 설계, 자료처리 및 분석방법 등을 서술한다. 즉 어떻게 조사를 수행하였는가를 독자들이 알 수 있게 상세하게 서술하여야 하는데 조사 연구에서는 특히 측정도구의 신뢰도와 타당도를 밝히는 부분과 통계처리 기법을 분명하게 설명하는 것이 중요하다.

④ 연구결과(조사결과)

조사 연구결과에서는 기술통계와 추론통계에서 밝혀진 결과를 표나 차트 등으로 제시하고 통계적 유의미성과 함께 실천적 중요성도 해석에 포함시킨다.

조사 연구에서는 통계분석의 결과를 보고함에 있어서 주요 통계치를 중심으로 요약하고 해석하며, 서론에서 제시한 연구문제나 가설에 따라 순서대로 검정해나가면 되는데, 일반적으로 연구모형을 추론통계를 통하여 본격적으로 검정하기 이전에 조사 연구대상의 인구통계학적이고 사회경제적인 특성에 따른 통계적 차이점을 기술통계방법을 사용하여 제시하는 것이 원칙이다.

⑤ 논의 및 결론

논의(discuss) 및 결론(conclusion) 부분에서는 우선 논의 부분에서 자신의 연구결과와 기존의 연구결과를 견주어 같은 결과를 도출했는지 혹은 다른 결과나 차이가 나는지를 언급해야 한다. 만약 기존의 연구와의 차이가 있다면 실천을 위한 객관적 타당성을 제시해야 한다. 그리고 결론 부분에서 해야 할 일은 결과의 간결한 요약을 먼저 한 다음 주요 결과나 핵심적인 내용을 중심으로 일반화 가능성(실천 가능성)을 제시하는 것이다. 이러한 절차로 결론에 도달하면 최종적인 단계에서는 조사 연구의 한계나 제한점을 밝히고 후속 조사 연구에 대한 제언을 하면 본문은 종료된다.

(4) 참고문헌과 부록

참고문헌은 조사 연구 전체 과정에서 사용했던 자료들의 출처를 밝히는 작업이다. 학술용역 조사 연구보고서에서는 본문에 구체적으로 언급되지 않은 저서나 논문들도 제시하는 경우가 있지만, 학위논문이나 학술지 게재 논문에서는 본문에서 실제로 사용된 자료만으로 한정하는 것이 일반적이다. 즉 본문에서 사용된 인용문헌과 참고문헌을 일치시키는 것을 원칙으로 한다.

참고문헌을 작성하는 요령은 통상 저자의 이름에 따라 가나다 혹은 알파벳 순서로 제시하며 사회과학 분야에서는 미국심리학회(American Psychological Association, APA)가 제시한 방식에 따르는 것이 보편적인 방법이다. 그리고 국내문헌을 먼저 작성한 다음에 동·서양의 순서로 국외문헌을 작성하는 것도 일반적이다.

부록은 참고문헌을 정리한 다음 장에서 제시되는데 주로 학위논문에서는 설문지(척도) 원본을 첨부하지만 학술지에 발표되는 논문에서는 설문지 원본이 첨부되지 않는 것이 일반적이다. 그리고 학술용역보고서에서는 설문지 외에도 통계분포, 사회지표, 프로그램 소개 등이 첨부되는 사례가 많다.

03 조사 연구논문의 심사요인

1) 평가 및 심사과정

조사 연구계획서에 따라 조사 연구보고서나 조사 연구논문의 작성이 완성되면 그에 대한 평가는 심사과정에서 이루어진다. 그런데 이 심사과정은 주로 조사 연구의 결과가 작성되는 형태나 심사하는 기관과 주체가 누구인가에 따라서 이원화된다. 즉 정부기관이나 기업 등에서 특정한 사업추진에 따라 발주한 학술용역의 경우에는 해당 사업 주체가 심사를 주관하게 되고, 학자나 연구자들이 그들의 학술적 목적에 따라 발표하는 학위논문이나 학회지 논문의 경우에는 대학이나 학회가 주관이 되어 심사하고 평가를 하게 되는 것이다.

첫 번째, 정부나 기업체에서 발주하는 연구용역에 따라 제출되는 조사 연구 보고서는 크게 중간보고와 최종보고라는 2개의 단계에서 심사가 이루어진다. 이러한 단계는 용역계약서 작성 시에 대부분 제시되는 경우가 대부분이지만 일부 학술용역의 경우에는 해당 사무와 관련이 되는 개별 규정에 따라 심사단계가 정해지기도 한다. 즉 중간보고와 최종보고라는 2개의 단계는 경우에 따라서는 중간보고의 횟수가 2회 이상으로 늘어나기도 하며, 보고 시에는 발주기관의 행정책임자와 발주기관에서 선정한 전문가들이 참여한 가운데 심사받게 되는데, 심사위원들로부터 지적된 사항에 대해서는 보완하여 다음 보고 시에 제출토록 하는 것이 보편적인 방법이다. 따라서 학술용역을 수주한 연구기관이나 연구자의 입장에서는 이에 대비하기 위하여 연구과정에서 해당분야의 전문가 의견수렴을 위한 전문가 회의를 거쳐서 보고서를 작성하는 방법을 사용하는 것이 일반적이다.

두 번째, 정부나 기업체 등에서 사업추진을 목적으로 발주하는 연구보고서가 아니라 연구자나 학자 스스로 연구를 수행한 결과를 평가받고자 할 경우에는 해당 분야의 학술적 전문성을 갖춘 심사자와 심사기관의 평가기준에 근거한 심사절차를 거쳐야 한다. 즉 학위논문의 경우에는 해당 대학의 학위논문심사위원회의 평가를 통하여 논문심사의 통과여부가 결정되는데 주로 석사학위논문은 3인 이상, 박사학위는 5인 이상으로 심사위원이 구성된다. 아울러 연구자가 연구실적을 검정받기 위하여 소논문을 작성한 경우에는 해당 학문을 전문적으로 다루는 학회의 심사기준에 따른 심사과정을 거쳐서 게재여부가 정해지게 된다.

그러나 학위논문이나 학회지논문이 그러한 심사과정을 거쳤다고 하더라도 그 논문이 반드시 학술적으로 우수한 논문이라는 등식은 성립하지는 않는다. 말 그대로 학위논문은 지도교수나 심사위원들의 평가를 거쳐서 논문이 통과되었다는 말이고, 학회지에 발표되거나 게재된 논문을 기본적으로 해당 학회에서 규정하고 있는 심사절차를 거친 수준이라는 것이다. 그리고 대부분의 연구들에서는 연구의 제한점들이 있고 그에 따라 일반화하기에는 무리가 있을 수 있다. 그러므로 해당논문에서 밝혀진 연구결과들이 우수하고 정확하다고 믿기에는 한계가 있다는 점을 인식할 필요가 있다.

아울러 논문의 표절이나 조작으로 일어나는 부실논문의 대부분은 일차적으로는 연구자들의 인격적 문제에서 찾을 수 있지만, 대학의 논문심사위원회나 각종 학회의 논문심사위원회의 시스템이 특정한 논문을 자세하게 심사하고 평가할 수 있는 역량을 갖추고 있지 못하다는 점도 태생적인 한계로 볼 수 있다. 흔히 발생되는 논문표절은 인문계열의 경우 원저자의 인용을 배제한 채 타인 논문의 상당 부분을 일부 수정하거나 순서를 다소 바꾸는 방식에서 비롯되며, 이과계열의 경우에는 논문작성 계획수립 단계에서 설정한 실험의 결과가 이론이나 연구모형대로 나오지 않았을 때 연구자가 데이터를 조작함으로써 일어나게 된다.

그렇다면 논문표절이나 조작으로 발표된 연구결과물은 애초부터 학술적 가치가 없는 것으로 볼 수밖에 없는 것이다. 따라서 인문사회계열의 논문작성에서는 정확한 인용처리가 기본이라고 할 수 있으며, 인용이 되는 논문은 그 우수성을 인정받기가 용이하다. 그러나 인용 횟수가 많은 논문이라고 하더라도 해당 논문이 가지고 있는 학술적 가치에 의한 것이 아니라 해당 학회의 회원 수가 많거나 특정한 연구 집단들이 인위적으로 해당 논문의 인용지수를 늘렸다면 그것은 객관적인 우수성을 보장받기는 어렵다.

2) 조사 연구논문의 평가요인

조사 연구논문을 평가하는 일반적인 기준은 연구과정과 연구결과에 대한 타당성에 관한 질문에서 검토되어야 한다. 다시 말하면 연구의 진행과정이 얼마나 타당하게 이루어졌는가 하는 내재적 타당성(internal validation)과 내재적 타당성을 확보하였다고 하더라도 해당 연구의 결과가 다른 연구에서도 얼마나 일반화할 수 있는가 하는 외재적 타당성(external validation)도 고려해야 한다.

첫째, 연구의 진행과정에서 내재적 타당성을 확보하기 위해서는 연구결과(효과)에 영향을 미칠 수 있는 매개변인(mediate variable)을 제대로 통제하도록 설계되었는가에 관심을 가져야 한다. 예를 들어 특정한 프로그램이나 치료를 통하여 사회적응도나 적응유연성을 향상시키는 연구디자인에 의하여 연구를 진행하고자 할 때에는 특정한 프로그램이나 치료 이외의 매개적 영향을 주는 변수들이 없는가를 확인하고 통제하여야 한다. 뿐만 아니라 실험설계에서 실험집단과 통제집단을 상호 비교하는 비교 연구를 하고자 할 경우에는 출발 단계(initial stage)에서 두 집단이 동일한 수준에 있었는지도 충분히 검토가 되어야 한다. 특정한 프로그램이나 치료를 아무리 제대로 수행하였다고 하더라도 실험집단에 배치된 연구대상자들의 특성이 통제집단에 할당된 대상자들과 수준에 있어서 당초부터 차이가 있었다면 제대로 된 프로그램의 영향성을 분석해 내기는 어렵기 때문이다.

둘째, 연구결과를 일반화시킬 수 있는가 하는 외재적 타당성을 확보하기 위해서는 이른바 일반화의 오류(generalization error)에서 벗어날 수 있도록 하여야 한다. 특히 사회과학논문의 경우에는 외국의 선행논문의 결과를 바탕으로 우리나라의 연구대상에 적용하는 경우가 많은데 흔히 각 국가는 사회・경제적 배경이 다른 측면이 있기 때문에 연구대상자의 표집방법과 절차는 물론 측정도구에 있어서는 타당도와 신뢰도 검정을 필수적으로 하여야 한다. 따라서 대부분의 논문은 외재적 타당성에서 일반화의 한계점을 가지고 있는 경우가 많으므로 이를 논문에서 제한점으로 언급하는 것이 바람직하다.

이제 조사 연구논문의 내재적 타당성과 외재적 타당성 기준을 비롯한 전반적인 연구논문의 평가요인을 APA(American Psychology Association) 논문양식 순서에 따라 살펴보면 다음과 같다.

(1) 서론의 평가요인

논문의 서론 부분에서는 연구의 필요성과 연구목적의 구체성을 평가할 수 있다. 서론은 연구보고서에서 제시하고자 하는 문제성과 중요성을 구체적으로 나타내는 단계이기 때문이다. 따라서 연구의 필요성과 중요성을 제시하는 것이 가장 우선되어야 하며, 인간현상이나 사회현상 속에서 나타나고 있는 문제점을 독자들에게 확인시킨 다음, 분명한 연구목적을 제시하는 것이 중요하다. 그리고 연구의 범위와 연구목적이 구체화되었다면 그러한 연구목적에 따라 연구가설이나 연구문제를 분명하고 간단명료하게 제시하여야 한다. 이는 연구문제나 연구가설에서는 연구목적을 달성할 수 있는 독립변인과 종속변인이 포함되어야 한다는 말이다.

연구에서 문제가 되는 인간현상이나 사회현상을 설명하고 밝혀내기 위해서는 많은 변인들이 필요하기 때문에 연구가설이나 연구문제에서 중요한 변인들이 빠졌다면 설명력이 떨어질 수밖에 없는 것이다. 아울러 중요한 변인들이 독립변인으로 설정이 되었다고 하더라도 종속변인에 또 다른 영향을 미칠 수 있는 변인이 매개적 역할을 한다면 매개변수로서의 역할을 제거할 수 있는 방법도 강구할 필요가 있다.

그리고 서론에서는 연구목적과 연구문제와 상관이 있는 선행연구의 참고문헌들이 제시되어야 하는데, 이때 연구문제와 관련된 선행연구를 잘 결합시키는 것이 중요하다. 즉 자신이 규명하고자 하는 연구문제와 관련이 없는 참고문헌들을 인용하게 되면 인용문헌과 자신의 연구조사 간의 관계가 애매모호하다는 평가를 받게 된다. 단지, 자신의 연구문제가 독창적이고 연구필요성이 있다는 점을 주장하기 위해서는 선행연구 논문들을 파악하여 자신의 연구주제나 연구문제가 진부한 것이 아님을 밝히는 것도 필요하다. 아울러 선행연구들을 단순히 제시하는 것보다는 주요 연구들의 공헌들을 비판적으로 평가하고 자신의 연구와 비교하는 과정도 있어야 한다.

(2) 이론적 배경의 평가요인

논문에서 이론적 배경은 서론에서 일부 제시된 선행연구논문을 비롯하여 연구에 기초가 되는 이론을 전개하는 부분이므로 문헌 검토가 포괄적으로 이루어져야 하고 체계적으로 정리되어야 한다. 일반적으로 연구계획서를 작성할 때에는 연구논문의 기초가 되는 소수의 참고문헌만 제시하면 되지만 완성된 연구보고서를 제출할 경우에는 이론적 배경에서 연구에 참고한 모든 서적과 논문들을 제시해야 한다.

그러나 인용한 참고문헌의 수가 많으면 우수한 연구논문이 될 수 있다는 인식의 오류로 인하여 너무 많은 참고문헌을 제시하는 사례는 바람직하지 않다. 어떻게 보면 참고문헌이 많은 논문일수록 독창성이 떨어진다고도 볼 수 있기 때문이다.

반대로 반드시 참고해야 할 인용문헌이 제외되는 것도 문제가 있다. 만약에 이미 밝혀진 연구결과가 있는데도 인용하지 않고 자신이 새로운 사실을 검정한 것처럼 서술하게 되면 논문 내용이 도용된 것으로 평가받게 된다. 따라서 연구자는 최근에 발표된 연구물들까지도 충분히 검토할 수 있는 시간적 여유를 가지고 논문들을 검색하고 탐독하는 것이 요구된다. 특히 요즈음은 온라인상으로 다양한 학술지들을 검색하는 기술이 발달하여 짧은 시간에 많은 논문들을 검색하는 것이 가능해졌지만 검색한 논문들을 단순히 요약하는 수준이 아니라 비평적으로 읽은 후에 자신의 논문 주제와 상관하여 기술하는 것이 중요하다.

다시 말해서 자신의 연구주제와 상관에 있는 연구물들에서 주요 개념들을 정리하여 재개념화하는 과정이 요구되며, 그러기 위해서는 연구문제나 가설에서 제시된 용어(변인)들 간의 관계를 나타낼 수 있는 큰 범주의 이론을 제시할 필요가 있다. 왜냐하면 모든 연구는 이론적 근거가 충분해야 하기 때문이다. 일단 큰 범주에서 이론적 근거를 확보하였다면 그 이론을 구성하는 변인들 간의 관계에 대해서도 선행연구논문에서 근거를 찾아 정리하는 단계를 거쳐야 한다. 특히 서론의 연구문제에서 제시된 변인들 간의 관계에 대한 이론적 배경을 갖추는 것은 이론적 배경 부분의 평가요인으로서 핵심이 된다는 점을 인식해야 한다.

(3) 연구방법의 평가요인

연구방법은 연구수행과정에서의 연구대상, 연구도구, 연구모형, 자료처리 및 연구절차, 분석방법 등을 기록하는 부분이다. 연구계획서에서는 연구방법을 미래형으로 서술해야 하지만 연구논문이 완성된 보고서에서는 과거형으로 기술하는 것이 타당하다. 따라서 연구계획서에서 제시되었던 연구방법은 연구보고서에서는 다소 수정이 되는 수가 발생하게 된다. 이는 연구과정에서 나타난 일부의 문제점들을 보완하기 위하여 다른 방법이 사용될 수도 있기 때문이다. 연구방법 부분에서 유의해야 할 평가요인들을 제시하면 다음과 같다.

첫째, 연구대상에서는 모집단으로부터 연구대상을 표본 수집하는 방법과 연구대상의 특징을 구체적으로 진술할 필요가 있다. 즉 연구대상자의 일반적 특성까지도 제시하여야 한다. 아울러 최근에는 인간을 대상으로 하는 연구의 전 과정에서 그들의 복지를 보장하고 인권 침해의 가능성이 있는지 승인, 감시, 검토하기 위하여 각 대학이나 학술단체에 설치되어 있는 연구윤리 위원회(Institutional Review Board, IRB)에서의 심의절차도 거쳐야 한다.

둘째, 연구도구에서는 각 변인들을 측정할 척도(scale)를 제시한 후 개별

척도에 대한 타당도와 신뢰도를 제시해야 한다. 우선 척도의 타당도를 분석하기 위해서는 측정에 사용된 변인들이 각각 고유한 특성을 측정하고 있는지를 알아보기 위한 탐색적 요인분석을 하여야 한다. 그리고 측정하고자 하는 개념을 정확하게 측정하고 있는가를 알아보는 구성개념타당도를 검정하기 위한 확인적 요인분석이 요구된다. 여기에서 확인적 요인분석은 잠재변인 형태인 척도의 하위관측변인 구성 모형에 대한 적합도 지수를 살펴보아 각 구성개념들 간의 인과관계를 확인하기 위한 절차이다.

셋째, 연구모형은 연구문제에서 제시된 변인들 간의 인과관계를 잠재변인이나 관측변인 형태의 모형으로 화살표(→)를 사용하여 그림으로 제시하는 것이 일반적이다. 이때 잠재변인은 원형(○)으로 관측변인은 사각형(□)으로 표현하는 것이 원칙이다.

넷째, 자료처리 및 분석방법은 주로 통계프로그램의 패키지를 사용하여 컴퓨터로 분석하는 것이 보편적이며, 각 학문의 전공영역에 따라 선호되는 통계패키지가 다를 수 있다. 즉 학문과 이론에 적합한 프로그램을 선택하여 모형검정(척도 및 연구모형)과 가설검정에 사용된 통계기법을 기술하고 있는지가 평가요인이 된다.

(4) 연구결과의 평가요인

논문의 연구결과 부분은 연구방법에 따라서 서술하는 방식이 다를 수 있지만, 일반적으로 조사 연구는 양적조사 연구인 경우가 많으므로 양적조사 연구를 전제로 한 평가요인들을 살펴보면 기술통계와 연구모형에 따른 추리(추론)통계 부분으로 설명될 수 있다.

① 기술통계분석

기술통계분석은 자료의 특성을 파악하기 위하여 사용된다. 기술통계분석은 등간척도나 비율척도와 같은 연속 변인의 데이터를 분석할 때 사용하며, 명목척도나 서열척도와 같은 불연속 변인의 데이터를 분석할 때는 빈도분석을 해야 한다. 기술통계분석에서 나타나는 결과는 빈도분석의 통계치와 유사하지만, 빈도분석은 범주형 변숫값을 다루는 데 비하여 기술통계분석은 연속적인 변숫값으로 보고해야 한다는 점이 다른 것이다.

빈도분석이나 기술통계분석에서는 주로 변수들의 집중경향(central tendency)을 나타내는 통계치와 산포의 정도를 나타내는 통계치들을 제시하고 있는지를 평가하게 된다. 즉 빈도분석에서는 집중경향치로서 평균(M), 중앙값(D), 최빈값(O), 합계(S) 등의 통계치가 사용되며, 이 중에서 가장 많이 사용되는 것이 평균이다. 그리고 한 집단의 분포가 평균 또는 중앙값에서 얼마나 분산되어 있는지를 알아보는 산포도는 표준편차나 평균의 표준오차를 보고해야 한다.

한편 기술통계분석에서는 집중경향치로서 평균(mean), 중앙치(median), 최빈치(mode) 등의 통계치가 사용되지만 주로 평균(값)을 보고해야 한다. 그리고 대푯값을 중심으로 자료가 흩어져 있는 정도를 하나의 값으로 나타낸 산포도 값으로는 최솟값, 최댓값, 표준편차를 제시하며, 변수들의 범위(range)도 제시하는 것이 일반적이다.

이러한 기술통계나 빈도분석은 연구결과(분석결과)의 첫 부분에서 제시되는 것이 일반적인데, 경우에 따라서는 조사대상(자)의 인구사회학적인 특성과 함께 주요변수들의 기술통계치를 제시하는 수도 있다. 만약 주요변수들이 연속변수와 이분변수(불연속변수)가 동시에 있는 경우에는 변수 정의에서 이를 구분하여 표시하여야 한다.

② 추리(추론)통계분석

연구모형에 따른 추리통계는 연구에 사용되는 주요 변인들의 상관관계와 공분산성을 분석하는 과정, 연구모형의 적합도 검정, 주요 변인 간의 경로 및 효과 검정 부분으로 세분하여 제시되어야 한다.

첫째, 주요 변인들의 상관관계검정은 미국심리학회(APA)방식의 논문에서는 기술통계치를 제시한 다음에 변수 간의 '관계성의 강도'라고 할 수 있는 상관계수(correlation coefficient)를 제시해야 한다. 이때 상관계수 r은 −1.0에서 +1.0까지의 범위로 나타나며, 만약에 A변인과 B변인의 상관계수가 +1.0에 가까우면 양의 상관관계(positive correlation), −1.0에 가까우면 음의 상관관계(negative correlation), 0에 가까우면 무상관관계(non-correlation)에 있다고 해석해야 한다.

이러한 상관관계분석에서는 다중공선성문제도 동시에 해결하여야 한다. 왜냐하면 상관분석은 두 변수 간의 상관 정도를 계산하고 독립변수와 종속변수를 구분하지 않지만, 다중공선성은 두 개 이상의 변수들 간의 상관 정도를 계산하고 독립변수들 간의 관계만을 고려하는 차이점이 있기 때문이다. 만약에 독립변수 간의 선형관계(A-B)가 높게 나오면 독립변수들이 종속변수에 영향을 미치는 회귀분석을 했을 때 A변수와 B변수의 영향력을 별도로 해석하게 되면 부정확하기 때문이다. 주요 변인들의 상관관계 및 다중공선성 검정이 완료되면 연구모형의 적합도 검정단계로 가야 한다.

둘째, 연구모형의 적합도 검정은 측정모형을 분석하기 위한 확인적 요인분석과 인과적 구조모형을 분석하기 위한 경로분석으로 구분이 된다. 우선 측정모형분석은 측정하고자 하는 실증적 분석 전에 설문도구, 즉 변수(척도)가 잠재변수의 특성을 적절하게 반영하고 있는지의 신뢰도와 타당도를 검토하는 단계이다. 그리고 구조모형분석은 연구모형에서 세운 연구가설이나 연구문제를 검증하기 위하여 독립변인, 종속변인, 매개변인, 조절변인 간의 인과관계의 효과를 확인하는 과정이다. 이러한 연구모형의 적합도 검정에 사용되는 적합도지수는 주로 절대적합도지수인 카이제곱(χ^2)값, 적합도지수(GFI), 수정(조정된)적합도지수(AGFI), 근사치 오차평균 제곱근(RMSEA), 그리고 증분적합도지수인 비교적합도지수(CFI), 비표준적합지수(TLI) 등을 들 수 있다.

셋째, 주요변인(독립변인, 종속변인, 매개변인, 조절변인)간의 영향력(효과)을 검정하는 단계에서는 독립변인이 매개변인에 미치는 영향력(혹은 독립변인이 조절변인에 미치는 영향력), 독립변인 및 매개변인(혹은 조절변인)이 종속변인에 미치는 영향력 등의 순서를 직접효과와 간접효과(매개효과)를 제시하여야 한다. 이때 매개변인은 모형에서 완전 매개변인인지 부분 매개변인인지를 구분하여 해석하여야 한다. 완전 매개는 매개변인이 통제된다면 더 이상 독립변인이 종속변인에 영향을 미치지 못하는 것이고, 이 경우에는 전체효과가 곧 매개효과가 된다. 이에 비해 부분 매개는 매개변인이 통제되어도 절댓값은 다소 감소하지만 독립변인의 종속변인에 미치는 영향력은 계속 남아 있는 것이므로 전체효과는 직접효과와 매개효과(간접효과)로 해석해야 한다. 그러나 완전 매개모형은 인간현상이나 사회현상에서 많지 않다.

이 단계는 가설이나 연구문제를 검정하는 단계로서 회귀분석 논문에서는 비표준화 계수인 계수(B)와 표준오차(S. E), 표준화 계수인 베타(β)값, t-value 등을 제시하면 된다. 아울러 구조방정식 논문에서는 비표준화 추정치(B), 표준오차(S. E), 기각역(임계치, C. R), p-value(유의도), 표준화추정치(β) 등을 표로 제시하고 보고하고 있는지를 평가하게 된다.

(5) 논의 및 결론의 평가요인

연구논문의 마지막 부분인 논의 및 결론(Discussion and conclusion) 부분에서는 연구결과 부분에서와는 다르게 연구결과에 대하여 해석을 포함하여 결론을 내리는 과정이 되어야 한다. 다시 말하면 연구결과 부분에서는 연구결과 내용만을 서술하는 것이 바람직하고, 기존연구와의 비교나 해석은 결론 및 논의 부분에서 기술해야 한다는 점이다. 그리고 결론이라고 해서 연구결과의 내용을 재정리하는 것은 중복적이므로 연구결과에서 나타난 수치(통계치)들을 또다시 제시하는 것은 피해야 한다.

연구결과의 주요내용은 연구논문의 맨 앞부분에 배치하는 '요약'이나 '초록'에 서술하는 것이므로 연구결론 부분에서는 결과를 해석하고 연구결과가 미치는 이론적 실천적 함의(implication)를 제시하는 것에 중점을 두어야 한다. 아울러 연구결과에 기초한 함의에서는 연구문제에 따른 한계(제한점)를 제시하는 것도 중요한 단계이다. 따라서 '논의 및 결론' 단계는 주로 연구결과를 기존의 연구와 비교하여 해석하는 단계가 중심이 되는데 논문심사에서의 평가요인들을 세부적으로 보면 다음과 같다.

첫째, 연구결과에서 제시된 주요한 통계결과가 충분히 논의되고 있는가의 문제이다. 여기에서 논의된다는 의미는 기존의 연구들과의 공통적 결과나 상이한 결과의 해석을 말한다. 이는 연구가 기존의 연구결과들과 어떤 유사점과 차이점이 있는가를 알 수 있는 근거가 된다.

둘째, 해석은 리서치의 연구가설이나 연구문제의 관점에서 해석이 되어야 한다. 따라서 인과관계의 확인이 어려운 부분을 과잉되게 해석하는 것은 피해야 하며, 명백한 근거가 있는 부분에 대해서 일관성 있게 해석하는 것이 중요하다.

셋째, 표본연구에 기초해서 일반화에 대한 기술이 있어야 한다. 물론 일반화는 연구의 제한점에 근거하여야 한다. 지나치게 일반화를 주장하는 것은 지적을 받기 쉽기 때문이다.

넷째, 결론의 마지막 단계에선 연구와 관련한 제안(건의)을 하는 것이 보편적인 방법이다. 연구방법의 개선이나 미래연구(후속연구)를 위한 제안이 요구된다. 그러나 이러한 제안도 본인의 연구결과나 기존연구들의 결과들과 일치된 견해이어야 하며, 애매모호하거나 막연한 내용을 제안해서는 안 된다.

(6) 요약(초록) 및 참고문헌의 평가요인

조사 연구보고서에서 요약문(초록)은 대부분의 국내학술지에서 국문과 영문으로 작성하여 제출할 것을 요구한다. 따라서 요약이나 초록에서는 연구대상자와 연구방법을 포함한 연구목적과 내용을 진술해야 한다. 그러므로 연구문제와 연구결과를 중심으로 간략하게 축약하는 기술이 요구되는데 자칫하면 길이의 제한 관계로 너무 모호한 진술이 되거나 중요한 연구결과나 함의가 빠지는 경우가 발생할 수도 있다. 그리고 국문으로 작성된 요약문을 영문으로 번역하게 되면 용량이 다소 늘어날 수 있다는 점도 고려하여 문장의 길이에도 관심을 가져야 한다.

참고문헌을 작성하는 방식은 대부분의 학회가 APA방식을 기준으로 하지만 세부적으로는 다소 변용되는 사례도 있으므로 학회가 정하는 규정을 따라야 한다. 국내 학회의 경우 참고문헌은 국내문헌을 먼저 기술한 후에 외국문헌을 알파벳 순서대로 정리하는 것이 보편적이다. 그리고 연구보고서가 학술논문 형식일 경우에는 본문에서 인용한 모든 자료들이 참고문헌 목록에 일치되게 제시되어야 한다. 다시 말하면 논문에서 인용한 기존 연구물들과 참고문헌에 제시된 목록이 일치되어야 하는 것이 원칙이다. 한편 참고문헌 다음에는 연구에 사용된 척도(질문지)들이나 보조적인 자료들이 제시되는데, 학위논문이 아닌 학술지 논문에서는 제외되는 것이 일반적이다.

3) 기타

논문의 조사 연구보고서에서는 이상과 같은 논문의 구성형태에 따른 평가요인들 이외에도 다음과 같은 기본적인 문제들에서 평가될 수 있다.

첫째, 조사 연구보고서의 제목에서 중요한 변인과 조사대상(연구대상 집단)이 개괄적으로 드러나도록 해야 한다. 즉 양적조사 연구의 사례를 들면 "○○의 ○○가 ○○에 미치는 영향"으로 구체화 하는 것이 요구되며, 막연히 "~ 에 관한 연구"라는 표현은 연구의 초점이 명료하게 전달되지 못하는 문제가 있기 때문이다.

둘째, 문장이 문법적으로 문제가 없는지, 단어의 철자가 정확한지, 게재하고자 하는 학회지의 기고양식에 적합한지를 충실히 검토해야 한다. 아무리 수준 높은 연구를 수행하였다고 하더라도 문장에서 오탈자가 있거나 학술적인 양식에 맞지 않은 문서작성은 평가에서도 심각한 지적사항이 될 수 있는 것이다.

이러한 평가요인들은 각 학술단체에서 심사과정에서 적용하는 평가기준에도 항목별로 정해져 있고, 심사위원들도 정해진 항목에 따라 세부적으로 평가하도록 규정되어 있다.

강석기 · 고수현 · 한상훈(2011). 대학생의 사회불안, 내현적 자기애, 부정적 정서와 우울의 관계에서 내면화된 수치심의 매개효과 검증. **교육연구논총**, 32(2), pp. 1-27.

고수현(2009). 자율전공 대학신입생의 부모와 분리-개별화 과정 관련변인이 진로의사 결정수준에 미치는 영향. 연세대학교 석사학위논문.

고수현 · 김태량(2023). 대학생의 셀프리더십이 진로성숙도에 미치는 영향: 긍정심리 자본의 매개효과를 중심으로. 복지상담교육연구, 12(1), pp. 1-35.

김태량 · 고수현(2022). 가족건강성이 중고등학생 청소년의 진로성숙도에 미치는 영향: 자기효능감의 매개효과를 중심으로. 복지상담교육연구, 11(1), pp. 53-80.

고수현 · 박성복(2013). **사회복지조사론**. 정민사.

고수현(2002). **사회복지윤리와 철학**. 양지.

고수현(2005). **사회복지윤리와 철학**. 양서원.

김경우(2008). **사회복지조사 방법론 강의**. MJ미디어.

김기원(2001). **사회복지조사론**. 나눔의 집.

김영종(2001). **사회복지조사방법론**. 학지사.

신경림 · 조명옥 · 양진향 외(2005). **질적 연구방법론**. 이화여자대학교출판부.

이군희(2001). **사회과학연구방법론**. 법문사.

채구묵(2003). **사회복지조사방법론**. 양서원.

채서일(1993). **사회과학조사방법론**. 학현사.

Anastas, J. W. & MacDonald, M. L.(1944). *Research Design for Social Work and the Human Services*. NY: Lexington Books.

Anastasi, A.(1997). *Psychological Testing*(7th ed.). Englewood Cliffs, NJ: Prentice-Hall.

Babbie, E. R.(1975). *The Practice of Social Research*. Belmont, CA: Wadworth Publishing.

Babbie, E. R.(1990). *Survey Research Methods*(2nd ed.). Belmont, CA: Wadsworth Publishing.

Babbie, E. R.(1999). *The Basic of Social Research*. NY: Wadsworth Publishing Company.

Bailey, K. D.(1982). *Method of Social Research*(2nd ed.). NY: The Free Press.

Baron, R. M., & Kenny, D. A.(1986). "The moderator-mediator variable distinction in social psychological research: Conceptual, strategic, and statistical considerations". *Journal of Personality and Social Psychology, 51*(6), 1173-1182.

Bernal, J. D.(1979). *Science in History*. Cambridge: MIT press.

Black, J. A. & Champion, D. J.(1976). *Methods and Issues in Social Research*. NY: John Wiley & Sons.

Bullips, J. O. & Julia, M. C.(1987). "Changing profiles of social work practice". *Social Work Research and Abstracts 23*, 347-358.

Burns, R.(1989). "Standard for Qualitative Research". *Nursing Science Quarterly, 2*, pp. 44-52.

Campbell, D. T. & Fiske, D. W.(1959). "Convergent and discriminant validity by the multitrait-multimethod matrix". *Psychological Bulletin 56*, 81-105.

Campbell, D. & Stanley, J.(1963). *Experimental and Quasi Experimental Designs For Research*. Chicago, IL: Rand McNally College Publishing.

Campbell, N. R.(1957). *Foundations of Science : The Philosophy of Theory and Experiment*. NY: Dover.

Carr, E. H.(1960). *The New Society*. London: Macmillan & Co.

Chaiken, M. R. & Chaiken, J. M.(1984). "Offender types and public policy". *Crime and Delinquency*, 30, 195-226.

Cohen, P. B.(1980). *Developing Sociological Knowledge : Theory and Method*. Englewood Cliffs, NJ: Prentice-Hall, Inc.

Chenitz, C. & Swanson, J.(1986). *From Practice to Grounded Theory*. Menlo Park. CA: Addison-Wesley.

Cronbach, L. J.(1951). "Coefficient alpha and the internal structure of tests". *Psychometrika, 16*, 297-334.

Cronbach, L. J.(1975). "Beyond the two disciplines of scientific psychology". *American Psychologist, 30*, 116-127.

Durkheim, E.(1951). *Suicide*(trans. by John A Spaulding & George Simpson). NY: Free Press.

Durkheim, E.(1964). *The Rules of Sociological Method*. NY: Free Press.

Duverger, M.(1964). *Methods of Social Science*. Paris.

Feyerabend, P.(1970). "How to be a good empiricist-a plea for tolerance in matters epistemological". in Baruch A. Brody(ed.), *Readings in the*

Philosophy of Science (pp. 304-335). Englewood Cliffs, NJ: Prentice-Hall.

Feyerabend, P.(1975). *Against Method.* The Thetford Press Ltd.

Glaser, B. (1978). *Theoretical Sensitivity.* Mill Valley, CA: Sociology Press.

Glaser, B. G. & Strauss, A. L.(1967). *The Discovery of Grounded Theory: Strategies for Qualitative Research.* Chicago: Aldine de Gruyter.

Goode, W. J. & Hatt, R. K.(1952). *Methods in Social Research.* NY: McGraw-Hill.

Halfpenny, P.(1982). *Positivism and Sociology: Explaining Social Life.* London: George Allen & Urwin.

Harmon, M. M.(1981). *Action Theory of Public Administration.* NY: Longman.

Harmon, M. M. & Richard, T. M.(1986). *Organization Theory for Public Administration.* Boston: Little, Brown and Company.

Holsti, O.(1968). "Content analysis". in G. Lindzey & E. Aronson(eds.), *The Handbook of Social Psychology.* Reading, MA: Addison-Wesley.

Holsti, O.(1969). *Content Analysis for the Social Sciences and Humanities Reading.* MA: Addison-Wesley.

Homans, G. C.(1961). *Social Behavior: Its Elementary Forms.* NY: Harcourt, Brace & World.

Johnson, J. H.(1975). *Doing Field Research.* NY: The Free Press.

Kaplan, A.(1964). *The Conduct of Inquiry.* San Francisco, CA: Chandler Publishing Co.

Kerlinger, F. N.(1973). *Foundations of Behavioral Research.* NY: Holt, Rinehart & Winston.

Kounin, J. & Gump, P.(1961). "The comparative teachers upon children's conception of school misconduct". *Journal of Educational Psychology* Ⅰ.Ⅱ, 44-49.

Krueger, R. A. & Casey, M. A.(2000). *Focus Groups: A Practical Guide for Applied Research* (3rd ed.). Thousand Oaks: Sage Publications.

Kuder, G. & Richardson, M.(1933). The theory of estimation of test reliability. *Psycho-metrica 2*, 151-160.

Kuhn, T. S.(1962). *The Structure of Scientific Revolution.* Chicago: the University of Chicago Press.

Lacatos, I.(1974). "Falsification and the Methodology of Research Programmes". in Lacatos, Imre & Alan Musgrave(eds.), *Criticism and the Growth of Knowledge.* London: Cambridge University Press.

Latane, B. & Darley, J. M.(1970). *The Unresponsive Bystander: Why Doesn't He Help?* NY: Appleton-Century.

Laudan, L.(1978). *Progress and Its Problems-Toward a Theory of Scientific Growth*. Berkeley, CA: U of California Press.

Lazarsfeld, P.(1959). "Problems in methodology". in R. K. Merton(ed.), *Sociology Today*. New York: Basic Books.

Leiter, K.(1980). *A Primer on Ethnomethodology*. NY: Oxford University Press.

Mark, R.(1996). *Research Made Simple*. Thousand Oaks, CA: Sage Publications.

Mayer, R. R. & Ernest G.(1980). *Design of Social Policy Research*. NJ: Prentice-Hall.

McGaw, D. & George, W.(1976). *Political and Social Inquiry*. NY: John Wiley & Sons, Inc.

McGuire, J. E.(1992). "Scientific Change: Perspectives and Proposals". in Merrilee H. Salmon et al.(eds.), *Introduction to the Philosophy of Science*. Englewood Cliffs, NJ: Prentice Hall.

Monette, D. R., Sullivan, T. J., & DeJong, C. R.(2002). *Applied Social Research: Tool for the Human Services*. NY: Harcourt College Publishers.

Morse, J., Hutchinson, S., & Penrod, J.(1998). "From Theory to practice: The development of assessment guides from qualitatively derived theory". *Qualitative Health Research, 8*. pp.329-340.

Munhall, P. L.(2001). *Nursing Research: a Qualitative Perspective*(3rd ed.). Sudbery, MA: Jones and Bartlett.

Nachmias, D. & Nachmias, C.(1976). *Research Methods in the Social Sciences*. NY: St. Martin's Press.

Nachmias, D. & Nachmias, C.(2000). *Research Methods in the Social Sciences*(6th ed). Worth Publishers.

Philips, B.(1997). *Social Research: Strategy and Tactics*. NY: Macmillan.

Popper, K. R.(1959). *The Logic of Scientific Discovery*. NY: Harper Torchbooks.

Popper, K. R.(1972). *Conjectures and Refutations: The Growth of Scientific Knowledge*. London: Routledge and Kengan Paul.

Rubin, A. & Babbie, E.(2001). *Research Methods for Social Work*. Wadsworth.

Shulman, L. A.(1978). "A Study of Practice Skills". *Social Work 23*, 274-280.

Stake, R. E.(1994). "Case studies". in N. K. Denzin & Y. S. Lincoln(Eds.), *Handbook of Qualitative Research*. Thousand Oaks, CA: Sage, pp. 273-285.

Theodorson, G. A. & Theodorson, A. G.(1969). *A Modern Dictionary of Sociology*. NY: Barns & Nobles Books.

Weber, M.(1949). *The Methodology of the Social Sciences*(trans. and ed. Edward Shils & Henry Finch). NY: Free Press.

Weber, M.(1968a). "The Interpretative Understanding of Social Action". in May Brodbeck (ed.), *Readings in the Philosophy of the Social Sciences*. NY: Macmillan.

Weber, M.(1968b). "Ideal Types and Theory Construction". in May Brodbeck(ed.), *Readings in the Philosophy of the Social Sciences*. NY: Macmillan.

Weber, M.(1968c). "'Objectivity' in Social Science". in May Brodbeck(ed.), *Readings in the Philosophy of the Social Sciences*. NY: Macmillan.

Wolfe, V. V.(1987). "Negative Affectivity in Children: A Multitrait-Multimethod Investigation". *Journal of Consulting and Clinical Psychology, 55*, 245-250.

찾아보기

ㄱ

ㄴ

ㅂ

ㅅ

ㅊ

ㅋ

ㅌ

ㅍ

저자소개

고 수 현

경북대학교 사회복지학과(박사)
연세대학교 상담교육학과(석사)
대구대학교 사회복지학과(석사)
금강대학교 사회복지학 교수(대학원장)

〈주요 저서〉
가족상담 및 가족치료(2022)
지역사회복지론(2020)
100세 시대 노인복지론(2020)
사회복지법제와 실천(2020)
정신건강상담론(2019)
사회복지상담론(2017)
사회복지윤리와 철학(2022)
생명윤리학(2019) 외 다수

박 성 복

미국 텍사스 오스틴 주립대학교 사회정책전공(박사)
중부대학교 사회복지학과(석사)
대구대학교 사회과학대학 명예교수

〈주요 저서〉
사회복지정책론(공저, 2007)
공공복지의 이해(2005)
정책학강의(공저, 2000) 외 다수

사회복지조사론 개정판

초　판 1쇄 발행 / 2022년 1월 15일
개정판 1쇄 발행 / 2024년 9월 20일

공저자 / 고수현 · 박성복
발행인 / 이　　중　　수
발행처 / **동　　문　　사**

서울특별시 서대문구 홍제원 1길 12
(홍제동 137-8)
Tel: 02)736-3718(대), 736-3710, 3720
Fax: 02)736-3719
등록번호: 1974.04.27 제9-17호
가격: 25,000원

ISBN: 979-11-6328-619-6(93330)
E-mail: dong736@naver.com
www.dongmunsa.com